ROSA LUXEMBURGO
Crise e Revolução

Rosa Rosa Gomes

Rosa Luxemburgo
Crise e Revolução

Copyright © 2018 Rosa Rosa Gomes

Direitos reservados e protegidos pela Lei 9.610 de 19 de fevereiro de 1998.
É proibida a reprodução total ou parcial sem autorização, por escrito, da editora.

Processo Fapesp n. 2017/07160-4

Dados Internacionais de Catalogação na Publicação (CIP)
(Câmara Brasileira do Livro, SP, Brasil)

Gomes, Rosa Rosa
Rosa Luxemburgo: Crise e Revolução / Rosa Rosa
Gomes. – Cotia, SP: Ateliê Editorial, 2018.

ISBN 978-85-7480-809-3
Bibliografia.

1. Capitalismo 2. História econômica 3. Imperialismo
4. Luxemburgo, Rosa, 1871-1919 – Crítica e interpretação
5. Marxismo 6. Pensamento econômico 7. Pensamento
político   I. Título.

18-19348   CDD-330.09

Índices para catálogo sistemático:
1. Pensamento econômico: História   330.09

Maria Alice Ferreira – Bibliotecária – CRB-8/7964

Direitos reservados à
ATELIÊ EDITORIAL
Estrada da Aldeia de Carapicuíba, 897
06709-300 – Granja Viana – Cotia – SP
Tel.: (11) 4702-5915
www.atelie.com.br | contato@atelie.com.br
facebook.com/atelieeditorial | blog.atelie.com.br
2018

Printed in Brazil
Foi feito o depósito legal

Para Maria de Lourdes, Clara, Davi e Elis

Para eles a humanidade – que eles amavam como nós – era algo pronto que deveria ser conservado e protegido. Para nós a humanidade era um futuro longínquo para o qual todos estávamos a caminho, cuja imagem ninguém conhecia, cujas leis em parte alguma estavam escritas.

EMIL SINCLAIR[1]

A violência eleva o povo à altura do líder. Daí essa espécie de reticência agressiva em relação à máquina protocolar que jovens governos se apressam a instalar. Quando participaram, com violência, da libertação nacional, as massas não permitem a ninguém apresentar-se como "libertador". Elas se mostram zelosas do resultado da sua ação e se abstêm de confiar a um deus vivo o seu futuro, o seu destino, o destino da pátria. Totalmente irresponsáveis ontem, elas querem hoje tudo compreender e tudo decidir. Iluminada pela violência, a consciência do povo se rebela contra toda pacificação.

FRANTZ FANON[2]

1. Hermann Hesse, *Demian: die Geschichte von Emil Sinclairs Jugend.* s.l., Suhrkamp, 2013, pp. 169-170 (Todas as traduções de livros em outras línguas que não tiverem indicação de autoria foram feitas pela autora desta obra).
2. Frantz Fanon, *Os Condenados da Terra*, Juiz de Fora, Editora UFJF, 2005, p. 112.

Sumário

PREFÁCIO – *Lincoln Secco* 13

INTRODUÇÃO 17

CAPÍTULO 1. ENTRE A MONARQUIA CONSTITUCIONAL E A REVOLUÇÃO 25

    O Partido Social-Democrata Alemão (SPD) 41

    Reforma Social ou Revolução? 54

CAPÍTULO 2. O OBJETIVO FINAL: MASSA ELEITORAL *VERSUS* HEGEMONIA

IDEOLÓGICA 81

    Congresso de Stuttgart, 1898 83

    Panorama Econômico e Sociopolítico – Artigos Econômicos

        entre 1898 e 1899 90

    Congresso de Hannover, 1899 93

    Congresso de Mainz, 1900 103

    Congresso de Dresden, 1903 108

    Congresso de Jena, 1905 113

    Greve de Massas, Partido e Sindicatos – A Revolução Russa de 1905 124

    Congresso de Mannheim, 1906 128

    Congresso de Essen, 1907 135

    Congresso de Jena, 1911 142

    Congresso de Chemnitz, 1912 149

O Prólogo do Colapso 154

CAPÍTULO 3. ECONOMIA DA REVOLUÇÃO 159
A Acumulação do Capital: Uma Magnum Opus 163
A Acumulação: O Problema 166
A História do Problema 182
O Problema na História 197
Glosas sobre A Acumulação 213

CAPÍTULO 4. A RECEPÇÃO DA OBRA DE ROSA LUXEMBURGO 225
A Anticrítica de Luxemburgo 248

CONSIDERAÇÕES FINAIS 259

ANEXO 269

RESOLUÇÕES 271
Congresso de Hannover, 1899 271
Congresso de Mainz, 1900 273
Congresso de Dresden, 1903 277
Congresso de Jena, 1905 279
Congresso de Mannheim, 1906 281
Congresso de Jena, 1911 283
Congresso de Chemnitz, 1912 284
Manuscrito de Rosa Luxemburgo 286

GLOSSÁRIO DE NOMES 289

BIBLIOGRAFIA 303

AGRADECIMENTOS 313

ÍNDICE REMISSIVO 315

Prefácio

Lincoln Secco

A teoria da acumulação de Rosa Luxemburgo e a sua análise política foram consideradas pelos seus críticos em separado, como se ambas estivessem desvinculadas. A Economia seria sua vã tentativa de explicar o colapso do capitalismo pelo subconsumo ou pela incapacidade do sistema capitalista de gerar mercado para sua própria produção. Já a sua virtude estaria em seu exemplo pessoal como revolucionária.

A historiadora Rosa Rosa Gomes não se limita a estudar os escritos políticos como a única contribuição original de Rosa Luxemburgo. Ela se volta à totalidade e à relação entre as tendências imanentes do capital e sua forma de aparência externa na história política.

Para isso, a autora refaz a ligação do que estava separado. Ela busca através de um estudo inédito de fontes primárias alemãs relacionar as discussões nos Congressos do Partido Social-democrata Alemão (SPD) com a elaboração do pensamento econômico de Rosa Luxemburgo.

Se apenas a pesquisa empírica tivesse sido realizada, a leitora e o leitor já teriam em mãos uma contribuição inédita. A autora pesquisou inúmeras fontes em arquivos alemães. Leu manuscritos de Rosa Luxemburgo e as atas dos congressos do SPD, além de ampla literatura sobre a história política e econômica.

Acompanham este livro a tradução das resoluções dos congressos do SPD, diversas tabelas e gráficos sobre as finanças do partido, número de filiados e orçamento. Essa contribuição da historiadora permite deslocar o debate sobre a II Internacional, que reunia os maiores partidos socialistas do período 1889--1914, do patamar estritamente teórico para o seu real lugar: a História. Só ela nos permite explicar por que um estamento burocrático de lideranças médias no SPD serviu de base às leituras reformistas.

Os teóricos sociais-democratas viviam a atmosfera intelectual dominada pela concepção evolucionista da História, fundamentada na ideia de progresso e no positivismo. Mas é preciso entender por que o movimento operário compartilhou com outras filosofias uma *forma mentis* comum. Quando Eduard Bernstein lançou suas proposições revisionistas, os seus adversários eram os chamados ortodoxos, liderados por Karl Kautsky. O próprio Lenin postou-se ao lado dos ortodoxos. No entanto, errarríamos se procurássemos apenas nessa falsa dicotomia a opção revolucionária.

Como se sabe, mais tarde Bernstein, Kautsky e os reformistas terminaram sua trajetória política juntos, enquanto Rosa Luxemburgo e Karl Liebknecht morreram pela Revolução Alemã em janeiro de 1919. Não há simples acaso nesses destinos históricos. Entre ortodoxos e revisionistas havia um acordo de fundo: a de que a disputa entre Reforma e Revolução em nada afetava a prática realmente existente do partido. A prática não era o critério da teoria. Esta cumpria o papel de uma ideologia que justificava a situação material do partido e dos seus quadros, como este livro revela.

Eduard Bernstein dizia explicitamente que não haveria uma queda tendencial da taxa de lucro e nem uma pauperização da classe trabalhadora como se afirmava no *Manifesto Comunista*. Os salários cresciam e a emergência de uma nova classe média refutava a ideia marxista da simplificação de uma sociedade cada vez mais polarizada entre a classe operária e a burguesia. Se o sistema não caminhava para o *Zusammenbruch* (quebra conjunta do capitalismo) os socialistas deveriam se contentar em reformá-lo e abandonar sua finalidade revolucionária.

Os ortodoxos se agarravam à inevitabilidade de uma evolução da sociedade capitalista na direção do socialismo, mas se isso era verdade então seria necessário provar o colapso inevitável daquela sociedade. Esse passo jamais seria dado pelos ortodoxos que eram tão reformistas como Bernstein e, de certo ponto de vista, mais imobilistas e menos criativos do que ele.

Foi Rosa Luxemburgo quem descobriu o núcleo da ideologia revisionista. Anti-determinista já em sua obra *A Acumulação do Capital*, segundo demonstrou Rosa Rosa Gomes, ela não vinculou a tendência imanente ao colapso econômico com a inevitabilidade do socialismo. Sendo assim, não se pode compreender inteiramente seus escritos políticos e sua prática revolucionária pós-1913 sem a leitura de sua obra máxima supracitada.

Rosa Luxemburgo formulou o seguinte problema: pode o capital continuar a reproduzir-se eternamente em seu próprio meio, mesmo esgotando os seus mercados? Afinal, ele gera superprodução e diminuição de trabalhadores empregados em relação ao que é produzido. Ou seja, os salários podem subir, mas sempre relativamente menos do que o aumento do capital. Portanto, quem compra o capital acrescido?

Dizia-se que os capitalistas acumulariam máquinas e matérias-primas indefinidamente além da capacidade do mercado. Para acumular, os empresários precisam investir em bens de capital (Departamento I) em detrimento da produção de bens de consumo (Departamento II). Como a demanda por máquinas e matérias-primas é derivada da demanda de bens de consumo, há uma contradição.

Uma saída para os capitalistas é manter os salários num nível baixo o suficiente para aumentar sua taxa de lucro e importar matérias-primas baratas de áreas "externas". Assim, são os trabalhadores de áreas não capitalistas que constituirão o terreno da realização da mais-valia. O imperialismo, portanto, é uma política derivada de uma necessidade imanente do capital.

O mais importante é que o "interno" e o "externo" em Rosa Luxemburgo são uma distinção "didática". As áreas "externas" são um elemento indissociável da reprodução do capital em escala mundial. Não existe capitalismo em um só país.

Para a autora, a acumulação "primitiva" só pode acontecer porque é analisada como uma totalidade, em um "palco mundial".

Se se retira de Rosa Luxemburgo a necessidade de fronteiras não capitalistas (algumas não são espaciais, como os gastos militaristas do Estado), o que sobraria dela? E aí reside a operação de mitificá-la como a mártir do socialismo alemão e esquecer a mulher real e polêmica, com seus erros e acertos. Como se faria com qualquer teórico do sexo masculino.

Por isso, não passa despercebido para Rosa Rosa Gomes o quanto a ousadia de Rosa Luxemburgo em não se limitar às discussões feministas do partido, adentrando o debate teórico "masculino", contribuiu para a marginalização de seu pensamento econômico. O livro *A Acumulação de Capital* é de 1913. Alguns anos depois saíram os de Bukhárin (1916) e Lenin (1917) sobre o mesmo tema, mas nenhum dos dois polemiza com ela. Aquela obra só foi seriamente debatida depois de sua morte por Fritz Sternberg e Henryk Grossman.

A autora nos mostra que as resenhas do livro *A Acumulação de Capital* foram quase todas negativas, com exceção de alguns expoentes da extrema esquerda do SPD. Mas mesmo um homem desta corrente como Anton Pannekoek escreveu uma crítica que foi lida e aprovada por Lenin. A carta deste é modelar a respeito disso. Lenin dizia estar feliz porque Pannekoek tinha chegado à mesma conclusão que ele: a realização da mais-valia é possível em uma sociedade puramente capitalista. Mas acrescenta que "todavia, eu não li o livro de Rosa Luxemburgo".

A contradição teorizada por Rosa Luxemburgo só pode ser resolvida pela Revolução. Não significa que será. Rosa Rosa Gomes escreveu um livro que combina análise científica e engajamento socialista. Assim, oferece sua contribuição tanto aos pesquisadores acadêmicos quanto aos que militam contra a barbárie.

Introdução

Em 1899, Bernstein publicou um livro como resultado de uma série de artigos publicados na revista do SPD, *Die Neue Zeit,* durante o ano de 1896[1]. Suas ideias geraram grande polêmica no partido e explicitaram as divisões internas entre a ala dos reformistas e dos ortodoxos. Bernstein constatou um descompasso na sociedade moderna entre consumo e produção, mas que seria resolvido, na sua interpretação, regulando-se o sistema, dividindo melhor o produto final; desta forma, o socialismo se realizaria em alguma medida.

O que o revisionismo-reformismo iniciado com Bernstein questionava era a finalidade da social-democracia alemã. Sua tese visava colocar a via parlamentar como o objetivo do partido, desviando-o da revolução como fim último. Na verdade, ele teorizou sobre uma prática já estabelecida no SPD, que se afastava do movimento de rua e procurava alianças com liberais progressistas em câmaras locais para votar projetos favoráveis aos trabalhadores.

Essas ideias eram resultado do desenvolvimento histórico do final do século XIX e do marco que fora a Comuna de Paris. Esta parecia ter enterrado as barricadas como método de luta do movimento operário na medida em que

---

1. "*Die Voraussetzung des Sozialismus und die Aufgaben der Sozialdemokratie* [*Os Pressupostos do Socialismo e as Tarefas da Social-democracia*] de Eduard Bernstein foi editado em Stuttgart em março de 1899. O livro nasceu da reelaboração e do desenvolvimento de uma série de artigos intitulada 'Problemas del Socialismo' ['Problemas do Socialismo'], que o autor começara a publicar em *Die Neue Zeit* em 1896, mas que logo teve que interromper várias vezes devido à aspereza das reações polêmicas suscitadas" (Cf. Lucio Colletti, *El Marxismo y el "Derrumbe" del Capitalismo*, p. 143). Tradução de Felipe C. de Lacerda.

impôs a necessidade de democracia na Europa. Nesse sentido, o parlamento parecia ser o caminho para o socialismo, e tal perspectiva embasava-se em textos como o de Engels na introdução de *As Lutas de Classes na França de 1848 a 1850*, publicado pelo jornal *Vorwärts* em 1895, que inseriu um tom puramente reformista e democrático-burguês a um texto que defendia a via democrática sem abrir mão do momento de convulsão social[2].

Em 1898, Rosa Luxemburgo respondeu a essas posições em textos reunidos na brochura *Reforma Social ou Revolução?*, na qual ela defende a luta por reformas como um caminho para o socialismo, devendo a social-democracia direcionar suas táticas e estratégias no sentido da construção de uma consciência e de um movimento operários revolucionários. Neste momento, ela deu pouco crédito às teorias revisionistas e disse que "não é a origem da corrente oportunista, mas sim sua fraqueza que é surpreendente"[3], contando com o apoio da direção do partido e outros teóricos como Karl Kaustky, que também posicionou-se contra as teses de Bernstein, em "Bernstein und das Sozialdemokratische Programm. Eine Antikritik"[4] (Bernstein e o Programa Social-democrata. Uma Crítica). Mas a corrente "oportunista" efetivamente cresceu no partido apoiando-se em importantes sucessos eleitorais, conforme mostraremos a partir da análise das discussões dos congressos.

Para tanto, o presente trabalho parte da descrição da política alemã da época e sua estrutura partidária, seguindo para a análise do debate com Bernstein, aprofundando-se em questões da época discutidas nos congressos do SPD e relacionadas aos temas da obra de Luxemburgo. Nesse percurso, passamos por duas datas importantes para a mudança na social-democracia e no pensamento de nossa autora: a Revolução Russa de 1905 e as eleições alemãs de 1907.

Assim, para tratar de *A Acumulação do Capital* foi necessário passar pela greve de massas e pela mudança de pensamento de Luxemburgo. Nesse processo, ela enfatizou a importância da ação para a construção da organização e da unidade entre as pautas econômicas e políticas[5]. Por isso, não é possível compreender o significado político-econômico de *A Acumulação* sem enten-

---

2. Bernt Engelmann, *Vorwärts und nicht vergessen,* pp. 222 e 223.
3. Rosa Luxemburgo, "Reforma Social ou Revolução?", em Isabel Loureiro (org.), *Rosa Luxemburgo: Textos Escolhidos,* vol. 1, p. 87.
4. [1899] Referência retirada de Rosa Luxemburg, "Kautskys Buch wider Bernstein", em *Gesammelte Werke,* vol. 1/1, pp. 537-554.
5. Rosa Luxemburg, "Die Revolution in Rußland", em *Gesammelte Werke,* vol. 1/2, p. 506.

der a leitura dela da Revolução Russa de 1905 e também sua leitura das eleições de 1907, quando o partido perdeu muitos votos e, portanto, deputados no parlamento alemão (Reichstag). Esses dois momentos foram importantes para o pensamento da autora, pois impactaram também os debates e a atuação da social-democracia, constituindo-se, portanto, como momentos-chave na análise dos congressos do partido.

Veremos que depois desses acontecimentos chegamos a 1913 com um reformismo estabelecido no partido, o qual estava cada vez mais centralizado nas mãos desse setor e endurecia o discurso sobre a necessidade de um movimento operário pacífico, de mobilizar pelo pacifismo mesmo no capitalismo. É nesse momento que Rosa publicou *A Acumulação do Capital*, argumentando a favor do colapso econômico e da necessidade histórica do socialismo, contrapondo-se às teorias que postulavam a eternidade do sistema.

Foi somente com seu trabalho *A Acumulação do Capital* que a teoria econômica de Rosa Luxemburgo tornou-se controversa. Apesar de ela dizer que o livro surgiu de complicações encontradas enquanto redigia um texto popular sobre economia política, nomeadamente, sua incapacidade de relacionar o processo de reprodução capitalista global aos limites objetivos da reprodução do capital, fica claro em seu trabalho que era também uma reação à degeneração da teoria marxista iniciada pelo "Revisionismo" que varreu o movimento socialista na virada do século[6].

Um desses teóricos que serviu de base e/ou inspiração para as teorias revisionistas foi Mikhail Tugan-Baranovsky, economista russo-ucraniano autor de duas obras importantes para o debate sobre a reprodução do capitalismo: *Studien zur Theorie und Geschichte der Handelskrisen in England* (*Estudos sobre a Teoria e História das Crises Comerciais na Inglaterra*) (escrita em 1894, mas publicada em alemão apenas em 1901) e *Theoretische Grundlage des Marxismus* (*Fundamentos Teóricos do Marxismo*), de 1905.

Para este autor, o capitalismo cria mercados para si mesmo e, portanto, não há problemas com a superprodução de mercadorias e não há uma queda da taxa de lucro, pois a diminuição do valor gasto com trabalhadores também geraria lucro, na medida em que tanto máquinas quanto trabalhadores produziriam mais-valia[7]. A partir disso, argumenta que o capitalismo pode se desenvolver e expandir mes-

---

6. Paul Mattick, *Rosa Luxemburg in Retrospect*, 1978. Fonte: www.marxists.org.

7. Ele não leva em conta a teoria de Marx da mais-valia para a qual apenas o trabalho humano gera valor.

mo com um consumo decrescente, pois a mais-valia capitalizada seria reinvestida em maquinaria e suprimentos para a produção. As máquinas atuariam como os consumidores[8]. A demanda cresceria com o aumento do capital, pois este precisaria de suprimentos para a própria reprodução.

O problema do capitalismo seria, na sua perspectiva, a falta de controle ou planejamento. Por este motivo ocorreriam momentos de superprodução em alguns setores enquanto outros se encontrariam em subprodução. A chave para entender as crises seria, assim, a desproporcionalidade do processo social global causada pela anarquia econômica. E o socialismo deveria vir para regular esse sistema de acordo com as necessidades dos homens, estabelecendo a proporcionalidade entre produção e consumo, isto é, o planejamento.

Este tipo de argumentação põe de lado o colapso econômico do capitalismo e a transformação radical da sociedade, baseada na mudança do modo de produção e não na redistribuição dos lucros auferidos com ele.

A síntese teórica apresentada em *A Acumulação do Capital* vem no sentido justamente de contrapor-se a tal interpretação e fortalecer a ideia do colapso do capitalismo e da impossibilidade de reformá-lo com políticas de redistribuição de renda. Rosa se propõe a pensar o processo de acumulação para explicar a forma desse colapso, demonstrar a insustentabilidade do sistema, levando ao caminho necessário da revolução.

A forma como ela demonstra este movimento pode parecer esquemática em uma primeira leitura, levando à crença no fatalismo da revolução. É preciso atentar, no entanto, para o contexto da época e para a forma de escrita do próprio livro. Naquele momento era necessário pôr toda a ênfase nas condições objetivas da revolução, porque do ponto de vista subjetivo o proletariado parecia, para Rosa, pronto para ela. Faltava mostrar aos militantes do partido que as condições materiais também estavam dadas, como sempre estariam no capitalismo.

Por isso, Luxemburgo colocou no livro a questão do colapso do capitalismo, que Norman Geras identifica com a barbárie, não com a revolução. Este autor em *A Barbárie e o Colapso do Capitalismo*, ressalta que a divisa "revolução ou barbárie" não apareceu na obra e na vida de Rosa apenas depois da vota-

---

8. Ocorre que, desta forma, as trocas se processariam basicamente entre produtores de meios de produção, deixando à produção de meios de consumo a tarefa pouco lucrativa de sustentar o proletariado e vender pequenos luxos aos capitalistas.

ção dos créditos de guerra pelo SPD, em 1914, mas sempre esteve presente ao entender que a necessidade histórica do socialismo não é um fato dado, mas a ser construído[9].

Essa ideia é oposta à de Michael Löwy e rendeu uma polêmica entre os dois autores nos anos 1970 na *New Left Review*. Geras criticou Löwy e este resenhou o livro rebatendo as críticas. Löwy sustenta que há um corte profundo no pensamento de Luxemburgo após 1914-1915, pois considera que foi somente depois da guerra que a barbárie se apresentou como uma alternativa, antes disso só o socialismo estava no horizonte. Assim, a própria igualdade entre colapso e barbárie só apareceria depois de 1914.

Durante a realização desta pesquisa – e diferentemente do apresentado no projeto inicial –, pareceu-me que uma síntese seria a melhor solução: enquanto Geras estabelece uma continuidade de pensamento muito linear, difícil de conceber em qualquer autor, Löwy estabelece o exato oposto, um corte vertical, um antes e um depois. De fato, Luxemburgo mudou muito durante as greves de massas na Alemanha e a Revolução Russa de 1905 e, depois, com a deflagração da I Guerra Mundial em 1914. Contudo, acredito que a possibilidade da barbárie vai aparecendo aos poucos ao longo da década de 1910 como o outro da revolução, como a negação da luta de classes: se o proletariado não tomasse para si a sua tarefa, a barbárie se apresentaria. Nesse sentido, colapso não é a mesma coisa que barbárie, ele é o momento de derrocada do capital que pode levar à evolução da humanidade e, portanto, ao socialismo, ou à sua ruína geral, a barbárie. Essa diferenciação tão clara só apareceu depois de 1914, mas estava presente no silêncio, na ênfase de que o proletariado *deve* fazer a revolução antes que o capitalismo colapse.

Não pretendemos com isso imputar uma linearidade ao pensamento de Luxemburgo, apagando suas confusões, mas compreendemos que ela indicava problemas nas posições tomadas pela social-democracia durante a década de 1910 e que, para ela, estas posições poderiam levar a uma guerra mundial sem resistência do movimento operário, o que levaria à barbárie. É nesse sentido que a divisa estaria se formando no período. É claro que a confiança nas massas era maior que sua desconfiança do partido; no limite, as bases remariam contra a direção e a obrigariam a sair do lugar. Mas veremos que mesmo essa certeza apresenta momentos de dúvida quando as massas não se revoltam

---

9. Norman Geras, *A Actualidade de Rosa Luxemburg*, Lisboa, Antídoto, 1978, p. 36.

contra a direção mesmo discordando das suas ações, como aparece no texto "Novamente a Massa e o Líder" de 1911.

Para entender essas relações com o contexto intelectual e sociopolítico da época da autora, seguimos a metodologia proposta por Quentin Skinner para a história das ideias, procurando compreender os vocábulos e identificando as motivações da autora ao propor questões e utilizar determinados termos.

Mais do que isso, foi de extrema importância para essa pesquisa a advertência de Skinner de que não se devem apagar as confusões e incoerências no pensamento de nossos objetos de estudo, uma vez que isto faz parte da construção das ideias. O que se buscou seguir, principalmente, na comparação das obras *Reforma Social ou Revolução?* e *A Acumulação do Capital* e também na análise do pensamento econômico de Luxemburgo foi o que mudou nesses quinze anos e se existem incongruências.

Também usamos Jean-Paul Sartre, que pontua a importância de se entender as dimensões concretas particulares do círculo social do objeto – a social-democracia alemã, em nosso caso – e da história particular dos sujeitos, estabelecendo as bases para o surgimento desses atores.

Quando nos dizem: "Napoleão, enquanto indivíduo, não era senão um acidente; o que era necessário era a ditadura militar como regime liquidador da Revolução", pouco nos interessa, pois sempre soubemos. O que pretendemos é mostrar que *este* Napoleão era necessário, é que o desenvolvimento da Revolução forjou ao mesmo tempo a necessidade da ditadura e a personalidade inteira daquele que devia exercê-la; e também que o processo histórico propiciou *ao General Bonaparte pessoalmente* poderes prévios e ocasiões que lhe permitiram – e apenas a ele – apressar esta liquidação; é numa palavra, que não se trata de um universal abstrato, de uma situação tão mal definida que vários Bonapartes eram *possíveis*, mas de uma totalização concreta em que *esta* burguesia real, feita de homens vivos, devia liquidar *esta* Revolução e onde *esta* Revolução criava seu próprio liquidar na pessoa de Bonaparte, em si e para si[10].

Como Sartre exemplifica com Bonaparte, tentamos entender a própria figura dessa judia polonesa, que teve forte papel político dentro da social-democracia alemã no final do século XIX e início do século XX, para compreender o lugar de sua obra e de suas questões. Por que foi ela e não outro membro do

---

10. Jean-Paul Sartre, "O Problema das Mediações e das Disciplinas Auxiliares", *O Existencialismo É um Humanismo. A Imaginação. Questão de Método*, São Paulo, Nova Cultural, 1987, pp. 147-148.

partido que se dedicou à pensar sobre a acumulação do capital? De que forma sua figura foi construída pelo seu contexto, mas de que forma também as suas particularidades influenciaram a sua contemporaneidade?

As duas perspectivas complementam-se, uma tratando do contexto social e outra da relação entre particular e universal, como uma leitura teórico-metodológica da totalidade no método de Marx. Relacionam-se com o marxismo na escrita de uma história dos sujeitos concretos inseridos em realidades históricas específicas.

Por todas estas questões, preocupamo-nos em apresentar um panorama da sociedade alemã do período, em pontuar mudanças importantes nas relações de Luxemburgo e, principalmente, em investigar através de fontes primárias, ainda pouco ou nada utilizadas no Brasil, os debates do SPD. Buscamos as atas dos congressos do partido e escolhemos ali os principais debates do período, além de temas vinculados à teoria de Luxemburgo para apresentarmos o que a social-democracia pensava sobre eles, quais as mudanças que ocorreram nas diretrizes e se elas ocorreram. Essa talvez tenha sido a maior contribuição do trabalho, uma vez que a maioria das pesquisas sobre Rosa Luxemburgo, ao menos no Brasil, concentram-se em seus livros e nas grandes ideias, por vezes perdendo o pano de fundo essencial: Rosa Luxemburgo era uma militante, mulher do século XIX, no maior partido socialista da época, com grande força de mobilização de massas lutando com homens do século XIX pela Revolução social.

Por isso, se queríamos entender a contribuição de Luxemburgo para pensar o sistema capitalista e a mudança da perspectiva de revolução e o colapso econômico de *Reforma Social ou Revolução?* para *A Acumulação do Capital*, precisávamos entender com quem ela estava debatendo e por quê. Nesse processo de investigação conseguimos entender a necessidade da autora em sistematizar o conceito de "imperialismo" retornando a Marx e seu método e por que seus críticos falharam em compreender sua obra em seu ponto mais essencial, a história do capital, ao invés disso, concentraram-se no problema dos esquemas de reprodução.

Para Georg Lukács, a obra de Rosa Luxemburgo é uma retomada da dialética marxista com grande importância para a teoria econômica e para as práticas revolucionárias. Seus críticos:

[...] não compreenderam que com essas fórmulas [*os esquemas de Marx*] a realidade econômica, por princípio, nunca pode ser abarcada, visto que essas fórmulas pressupõem uma abstração (a sociedade considerada como composta unicamente de capitalistas e proletários) da realidade em seu todo, portanto, essas fórmulas podem servir apenas ao esclarecimento do problema, como um trampolim para colocar o problema verdadeiro[11].

Até mesmo Anton Pannekoek, socialista holandês em muitos pontos mais radical que Luxemburgo, falhou em compreender que o essencial não eram os esquemas, mas sim o desenvolvimento do imperialismo, a história do capitalismo contada de forma sucinta e esquemática porque foi a fundo em suas estruturas.

Para explicar o desenvolvimento dessa teoria e a falha dos críticos não nos dedicamos às análises econômicas, pois, conforme mencionamos, já existem muitas e bem-feitas que podem ser consultadas. Embora não seja possível fugir de todo aos esquemas, a intenção não é discuti-los. Pretendeu-se apresentar as contribuições de Luxemburgo para a análise do sistema capitalista, especificamente sob a forma do imperialismo, levando-nos às relações entre teoria e prática para nossa autora, relacionando-as com o momento político da Alemanha antes da Primeira Guerra Mundial.

Acreditamos que compreender os processos da social-democracia alemã e de Luxemburgo, que se entrelaçam e constituem em muitos aspectos um só, pode ajudar a entender porque a revolução mundial não aconteceu apesar de tantas crises ao longo do século XX e início do século XXI. Ao contrário do que previa, ou queria, Luxemburgo, o capitalismo triunfou sobre o socialismo. Teria sido a teoria de Luxemburgo também derrotada nesse processo? Seria possível pensarmos em revolução ainda hoje? Qual o nosso horizonte?

Pensando nas motivações desse estudo é importante ter em mente as observações de Marc Bloch acerca do ofício do historiador: "A ignorância do passado não se limita a prejudicar o conhecimento do presente, compromete, no presente, a própria ação". Nesse sentido, busca-se aprender com o passado[12].

---

11. Georg Lukács, *História e Consciência de Classe*, São Paulo, Martins Fontes, 2003, pp. 112 e 113.
12. Marc Bloch, *Apologia da História ou o Ofício de Historiador*, Rio de Janeiro, Jorge Zahar, 2001.

Capítulo 1
Entre a Monarquia
Constitucional e a Revolução

Quando se segue a história do partido nos últimos dez anos, especialmente estudando as atas dos congressos, vê-se que a tendência bersteineana fortaleceu-se gradualmente, mas não conseguiu ir adiante – e eu espero que nunca consiga.

ROSA LUXEMBURGO, Congresso de Hannover, 1899[1]

Em janeiro 1871, Guilherme I entrou no palácio de Versalhes para ser coroado imperador da Alemanha unificada, iniciando o Segundo Império (II. Reich) com uma vitória estrondosa sobre a França, arquitetada pelo chanceler Otto E. L. von Bismarck. Meses depois, os parisienses se insurgiam na Comuna de Paris, em março de 1871 e, passados noventa dias, eram massacrados por Thiers com a ajuda do exército prussiano. No mesmo ano, em março, nascia a filha mais nova de Eliasch e Lina Luksenburg, Rosalia, na cidade russo-polonesa de Zamość. Esses acontecimentos, até então independentes, se cruzariam nos anos seguintes.

A unificação tardia da Alemanha, sob o comando do chanceler de ferro e da Prússia, através de uma ação militar (a Guerra Franco-Prussiana), influenciou a história da Era dos Impérios (1870-1914), ou em outras palavras, é o seu marco inicial junto com a eclosão da Comuna de Paris.

Segundo Eric Hobsbawm[2], o período caracteriza-se por transformações na organização do sistema capitalista e da política mundial que permitem delimitá-lo como um momento histórico diferente de outros da época contemporânea. Os avanços tecnológicos do século XIX foram fundamentais para o desenvolvimento do capitalismo: a melhoria dos transportes e o consequente encurtamento de distâncias; o telégrafo, o linotipo e a fotografia revoluciona-

---

1. Rosa Luxemburg em *Protokoll des Parteitages abgehalten zu Hannover*, 1899, p. 174.
2. Eric Hobsbawm, *A Era dos Impérios (1875-1914)*.

ram a circulação de informações, disseminando a quantidade de publicações; o motor de combustão interna acelerou a produção, permitiu a invenção do automóvel e gerou uma demanda por petróleo muito alta nos países centrais.

Essas mudanças, fruto da Segunda Revolução Industrial, espalharam-se pelo continente europeu, outros países se desenvolveram industrialmente e passaram a competir no mercado internacional com a Inglaterra. Essa foi a principal transformação deste período e aquilo que caracteriza o imperialismo: a ampliação do mercado internacional. Este mercado se diferencia das transações comerciais coloniais, pois se fundamenta na concorrência entre os países industrializados e em uma divisão de funções internacionais, submetendo antigas colônias às necessidades de matérias-primas da Europa ao mesmo tempo em que faz surgir novos espaços coloniais.

A formação do estado nacional alemão contribuiu para essa conjuntura, e também se alimentou dela, pois o país foi o que mais se desenvolveu economicamente nestes anos, ultrapassando a Inglaterra, atrás apenas dos Estados Unidos. A consequência do rápido e tardio crescimento foi a disputa por áreas de exploração já conquistadas, gerando uma série de conflitos e tensões que culminaram na Primeira Guerra Mundial.

Internamente, o Império Alemão surgiu centralizado nas figuras primeiro do chanceler Bismarck, depois do imperador Guilherme ii, ou seja, sob as ordens do estado prussiano. Além disso, foi o rebento de forças conservadoras e não de uma revolução burguesa, derrotada em 1848-1849, quando tentaram implementar uma constituinte sediada em Frankfurt am Main, mas à qual os príncipes não se submeteram. A Alemanha formou-se liderada por uma aristocracia (os príncipes), por uma burocracia estatal de funcionários públicos e pelos militares, características que estruturaram o Segundo Império e influenciaram a história posterior do país.

Em 1871, a Alemanha era um império formado por quatro reinos, seis grão-ducados, cinco ducados, sete principados, três cidades hanseáticas e a Alsácia-Lorena, que constituíam os estados da federação[3]. Cada uma dessas unidades possuía um conjunto próprio de leis que incluía uma legislação elei-

---

3. Mesmo com a unificação, a Alemanha manteve seus principados e reinos anteriores, mas submetidos à uma Constituição e ao Imperador. Ela dividia-se em: Reinos da Prússia, Bavária, Saxônia e Wurttemberg; Grão-ducados de Baden, Hessen, Mecklenburg-Schwerin, Mecklenburg-Strelitz, Oldenburg, Sachsen-Weimar-Eisenach; Ducados de Anhalt, Braunschweig, Sachsen-Meiningen, Sachsen-Altenburg, Sachsen-Koburg-Gotha; Principados de Waldeck, Schaumburg-Lippe, Lippe, Schwarzburg-Rudolstadt,

toral: o sistema era unificado apenas para a eleição do Reichstag, o parlamento do império, e o voto era direto e universal para homens maiores de 25 anos. Por exemplo, na Prússia, o maior dos reinos, as eleições para o parlamento regional (Landtag) seguiam o sistema de três classes, no qual a população com mais posses tinha maior peso eleitoral, o que gerava resultados desproporcionais, na medida em que um setor menor da população tinha maior representatividade parlamentar. O Partido Social-democrata Alemão, por exemplo, conseguiu eleger os primeiros deputados na Prússia apenas em 1908, quando recebeu 23,9% dos votos e sete de 443 mandatos[4].

Até 1890, o Estado foi comandado por Bismarck, que estabeleceu a estrutura fundamental do Segundo Império, baseada em quatro órgãos: Imperador, Chanceler, Reichstag e conselho federal (Bundesrat). Até então, cinco linhas partidárias mais ou menos estáveis atuavam na política alemã: conservadores, nacional-liberais, liberais de esquerda, centro (Zentrum) e social-democratas[5].

O imperador era o rei da Prússia, o qual poderia dissolver o Reichstag, nomear e demitir o chanceler, decidir sobre a guerra ou a paz e detinha o comando do exército prussiano, o que lhe permitia sufocar oposições com certa facilidade[6].

O chanceler era também o chefe do estado da Prússia (Ministerpräsident), que tomava as principais decisões e determinava a linha política do governo, alterada diversas vezes entre 1890 e 1914 de acordo com o chanceler nomeado. No entanto, precisava negociar com o Reichstag, porque este deveria sancionar as leis e o orçamento do Estado. Assim, segundo o historiador Ulrich Herbert: "A posição do chanceler era, nesse sentido, contraditória: muito forte para um sistema democrático-parlamentar, muito fraca para uma ditadura constitucional"[7].

Reuß ältere Linie, Reuß jungere Linie, Schwarzburg-Sondershausen; Cidades-estado Hamburg, Bremen, Lubeck. A Alsácia-Lorena foi incluída em 1873 como território do império.

4. O sistema prussiano era o que mais gerava debate nos meios socialistas por ser o mais desigual. Ver Heinrich August Winkler, *Der lange Weg nach Westen. Erster Band*, p. 302.

5. Ulrich Herbert, *Geschichte Deutschlands im 20. Jahrhundert*.

6. A Constituição de 1871 unificou os exércitos alemães sob o comando da Prússia. No entanto, ela estabelecia que, em tempos de paz, cada estado era responsável pela administração e comando supremo de seus respectivos exércitos. Essa formação dava maior poder à Prússia, o maior estado, cujo exército submeteu os outros reinos na unificação. Verfassung des Deutschen Reiches vom 16. April 1871.

7. Ulrich Herbert, *op. cit.*, p. 70.

O Bundesrat possuía representantes de todos os estados e contava com 58 votos, a maioria pertencentes à Prússia. Também aprovava as leis e o orçamento e podia propor legislação, funcionando de forma similar ao Reichstag, mas com maior influência. Na verdade, compunha o poder da Prússia, que presidia o órgão.

O Reichstag era o órgão mais "democrático", que contrabalançava essa estrutura autocrática e aristocrática. Entre 1874 e 1912, compôs-se de 397 deputados, eleitos de cinco em cinco anos conforme a legislação posterior a 1888. O voto era direto para todos os homens acima de 25 anos. Tinha como funções aprovar as leis e o orçamento com o consentimento do Bundesrat e poderia chamar o chanceler a se explicar no parlamento[8].

O período de Bismarck foi marcado por uma centralização do poder possibilitada pela crise econômica de 1873-1879. Essa crise deslegitimou as ideias liberais de livre-mercado e abriu espaço para a intervenção na economia. A Alemanha nesse período passou por um rápido crescimento econômico e esse desenvolvimento refletiu-se também na formação de seu movimento operário. O crescimento dos socialistas, principalmente após sua unificação no congresso de Gotha em 1875, gerou um problema para as classes dirigentes alemãs, que acabaram colocando o socialismo como inimigo de Estado[9].

Somados a esses fatores, dois atentados contra o Kaiser permitiram a aprovação das leis antissocialistas pelo Reichstag em 1878, que proibiam organizações, reuniões e publicações socialistas. Seus deputados continuaram no Reichstag, mas sem a legenda partidária e foram proibidos de fazer propaganda política. Ao mesmo tempo, Bismarck aprovou diversas leis de assistência social – que formaram a base do sistema atual da Alemanha – como a lei de saúde (*Krankenkassegesetz*) e de acidentes de trabalho (*Unfallversicherungsgesetz*). Para Herbert, essas medidas tinham dois objetivos: afastar os trabalhadores da social-democracia e acabar com o princípio liberal de não-intervenção do Estado na economia[10].

As leis antissocialistas e a estrutura estatal expressavam a contradição, que perpassou o recém-criado Estado alemão, entre uma monarquia centralizada e

---

8. Segundo Herbert, houve uma parlamentarização progressiva do império e Bismarck tentou impedi-la de diversas formas, tendo fracassado. Ver também sobre a estrutura política do império em Isabel Loureiro, *A Revolução Alemã*, e Verfassung des Deutschen Reiches vom 16. April 1871.

9. Ulrich Herbert, *op. cit.* O que não tem nada de estranho, já que as ideias socialistas se apresentavam como transformadoras da sociedade, pretendendo tomar ou destruir o Estado.

10. *Idem.*

um parlamento burguês, entre democracia e autocracia. Na época de Bismarck, a centralização tinha mais força, os grupos liberais se dispersaram nos anos 1880, acabando por fortalecer o chanceler. No entanto, sua política econômica protecionista de produtos agrícolas e voltada a uma expansão dentro da Europa limitava a expansão industrial que precisava de maior flexibilização das tarifas alfandegárias e de participação na concorrência internacional por áreas de exportação. O desenvolvimento econômico da Alemanha colocou-a no mapa da disputa mundial por colônias, exigindo uma nova política externa e interna: tanto para garantir a fatia alemã do bolo mundial quanto para frear o crescimento da social-democracia que havia saído vitoriosa no combate contra as leis antissocialistas.

A retirada do chanceler de ferro era necessária. Em 1888, Guilherme II assumiu o comando do Império após a morte de seu pai. Seu objetivo era tornar-se representante da nação alemã centralizando o Estado em sua figura. Por isso, o recém-coroado imperador demitiu Bismarck e nomeou o conde (*Graf*) Leo von Caprivi como sucessor, em 1890.

A política do novo chefe de governo procurou favorecer a exportação de bens industrializados através de acordos comerciais que tinham como contrapartida a redução das tarifas alfandegárias para os cereais, especialmente importantes para a elite agrária a leste do rio Elba, ou seja, prussiana.

Como era de se esperar, as medidas não agradaram essa elite. Em 1893, Caprivi perdeu uma votação no Reichstag sobre a expansão do exército, o que o fez fechar o parlamento. Com a perda de apoio, Guilherme II substituiu-o pelo príncipe (*Fürst*) Chlodwig von Hohenlohe, em 1894.

Os conflitos de interesses entre as elites agrária (*Junker*) e industrial nesses anos foram muitos e refletiram certa instabilidade política durante toda a década, até que em 1900 encontrou-se o que parecia ser o ponto de união dessas elites contra a social-democracia: *die Flottenpolitik*. Desde a nomeação de Hohenlohe até 1900, a política do governo concentrou-se em combater a social-democracia através da chamada *Sammlungspolitik*, criada por Johannes von Miquel (ministro das finanças desde 1890). Ela pretendia reunir todas as forças do Estado e da sociedade para combater o socialismo[11]. Para tanto,

---

11. Heinrich August Winkler, *Der lange Weg nach Westen. Erster Band. Sammlungspolitik* significa política da reunião, do ajuntamento, no sentido de unificar forças. *Flottenpolitik* significa política da marinha.

[...] devia ajustar os fortes contrastes entre agricultura e indústria, entre defensores do livre-comércio e das tarifas alfandegárias [...]. O problema central era aqui o mesmo de 25 anos atrás: a enorme pressão da concorrência através da importação de cereais baratos do exterior colocava a agricultura sob forte pressão para a racionalização[12].

A unidade das elites não aconteceu, mas houve tentativas de desacelerar o movimento operário. Uma delas foi a *Zuchthausvorlage*, projeto de lei apresentado ao parlamento em 1899 que previa penas mais duras para pessoas que levassem trabalhadores a participar de greves ou dos sindicatos. Na prática, equivalia à criminalização de grevistas e sindicalistas. Essa lei foi rejeitada por ampla maioria no Reichstag, porque era repressiva demais até mesmo para a burguesia[13].

Em 1900, Bernhard von Bülow foi nomeado chanceler e tentou aprimorar a *Sammlugspolitik* com medidas econômicas e sociais. Ele aumentou moderadamente as tarifas alfandegárias, melhorou políticas sociais e prolongou os acordos comerciais essenciais para os industriais.

Bülow manteve-se no cargo até 1907 e, junto com seu ministro do interior *Graf* Arthur Posadowsky-Wehner, fez políticas sociais para aproximar os trabalhadores da monarquia com medidas como a ampliação, em 1900, do seguro contra acidentes de trabalho; a obrigatoriedade do *Gewerbegerichte*[14] e a construção de casas para trabalhadores, em 1901; o prolongamento do seguro contra doenças, em 1903; e a proibição do trabalho infantil para as indústrias nacionais.

Para alcançar um equilíbrio mais ou menos estável entre as elites e movimentar novos meios de conter a social-democracia investiu na construção de uma armada (*die Flottenpolitik*). A expansão da marinha, política elaborada e aplicada com o secretário de interior Arthur von Posadowsky, não era exclusividade da Alemanha, pois qualquer política internacional baseada na concorrência e conquista de colônias teria que enfrentar a Inglaterra naquilo que ela era mais forte: a armada. Além disso, essa política funcionava como uma compensação do protecionismo para a burguesia, uma vez que reunia ciência

---

12. Ulrich Herbert, *op. cit.*, p. 89.

13. Por volta desse período, August Bebel sustentava a agudização das contradições de classe na sociedade alemã o que parece ter seu fundamento no desespero do Estado em abafar a social-democracia a qualquer custo, sem grandes sucessos.

14. Tribunais de arbitragem em conflitos trabalhistas. Sentavam-se neles representantes eleitos pelos trabalhadores e pelos empregadores de forma paritária.

moderna e técnica à perspectiva de um comércio mundial, valores carregados por essa classe[15]. Ela contrabalançava a política de defesa dos interesses agrários, abria novas áreas para exportação e possibilitava a expansão da indústria bélica e naval.

No entanto, nenhum dos objetivos da *Flottenpolitik* foram alcançados. A Alemanha não conseguiu ultrapassar a Inglaterra nos mares, alcançando apenas a desconfiança internacional por causa de sua política diplomática e militarista ofensiva. Internamente, o nacionalismo não surtiu efeito para derrubar a social-democracia, que obteve bons resultados nas eleições de 1903[16], e ainda acabou com a união entre as elites porque exigia uma reforma financeira para cobrir os gastos militares, crescentes, o que encontrava forte oposição dos proprietários levando ao aumento de impostos sobre consumo e da dívida pública[17].

A situação chegou ao ápice em 1906, devido ao levante dos hereros no sudoeste da África (hoje Namíbia, na época uma colônia alemã). A revolta começou por causa da destruição dos rebanhos de gado, deixando a população indígena na miséria e acabando com seu gênero de vida, além das péssimas condições de trabalho em empresas alemãs e a constante expansão da dominação de territórios nativos. As tropas alemãs derrotaram os sublevados, mas levaram o conflito adiante transformando-o em extermínio da população local, arrastando-o por anos, o que teve como resultado, além das mortes dos hereros, altos prejuízos para o orçamento do Império que se somaram aos de conflitos anteriores, como a conquista de Kiautschou, em 1897, e a guerra dos Boxers na China, na virada do século[18].

Quando em 1906 o chanceler pediu novos recursos para o Reichstag com a finalidade de continuar a guerra, conservadores do Zentrum e social-democratas se posicionaram contra e o governo foi derrotado. Bülow, na ocasião, fechou o parlamento, convocou novas eleições e organizou uma campanha contra os "inimigos do império", suplantando os dois partidos que fizeram oposição, no que ficou conhecido como "eleições hotentote". Assim, o chanceler conseguiu maioria no parlamento, conhecida como Bülow-Block, reunindo conservadores, nacional-liberais e liberais de esquerda.

Nesse período que se iniciava, a lei mais importante foi a de associação, aprovada no Reichstag em abril de 1908. Ela retirou o direito da polícia de

---

15. Ulrich Herbert, *op. cit.*
16. Ver tabela do Anexo. Distribuição de mandatos nas eleições alemãs entre 1890 e 1916.
17. Ulrich Herbert, *op. cit.*, p. 93.
18. Ver Karl Erich Born, *Von der Reichsgrundung bis zum ersten Weltkrieg.*

fechar reuniões e associações, retirou a maioria das limitações para associações políticas e permitiu a participação de mulheres e jovens maiores de dezoito anos em reuniões políticas. Tal lei teve um grande impacto sobre a social--democracia, permitindo uma reestruturação completa do partido, como veremos a seguir.

À parte dessa lei, Bülow conseguiu apenas o isolamento cada vez maior da Alemanha no cenário internacional. A posição do país já não era muito boa devido a episódios como a visita do Kaiser ao Marrocos, em 1905, que terminou no Acordo de Algeciras de 1906, e que ficou ainda pior com o episódio do *Daily Telegraph* em 1908, quando uma carta do imperador foi publicada na qual ameaçava o Japão, criava uma situação de animosidade da Inglaterra com a França e a Rússia, além de colocar o governo inglês em situação de subalternidade ao dizer que o plano para vencer a guerra contra os boérs fora alemão[19].

Após o incidente, o chanceler sofreu ainda outra derrota: a recusa da reforma financeira de 1909 pelo Reichstag. Para demiti-lo, no entanto, Guilherme esperou alguns dias para não dar a impressão de que pressões externas e dos parlamentares atuariam sobre suas decisões, evitando dar força àqueles que queriam a monarquia parlamentar[20].

Bethmann Hollweg foi, assim, nomeado chanceler, cargo que ocupou até 1914. Avançar com reformas políticas que mantivessem o parlamento como um órgão quase sem eficácia e preservar o controle do país nos órgãos monárquicos, não democráticos, não seria uma tarefa fácil nesse começo de governo. Era uma situação complicada para buscar apoio no parlamento, primeiro porque a maioria dos partidos estava se desfazendo ou entrando em disputas internas que dificultavam a consolidação de apoio para a monarquia: "No final da Era Bülow não era possível com isso [as divisões internas e rachas de partidos] distinguir uma conjuntura majoritária de partidos que pudesse entrar no lugar do despedaçado 'Bülow-Block'"[21].

Segundo, porque a sociedade ansiava por uma monarquia parlamentar mais democrática. Havia o desejo de que o espaço político conquistado pelo parlamento como órgão de pressão ao imperador fosse efetivado na forma da lei, dando-lhe maiores poderes legislativos[22]. Os liberais haviam alcançado

---

19. Luciano Canfora, *1914*.
20. Ulrich Herbert, *op. cit.*
21. Heinrich August Winkler, *op. cit.*, p. 310.
22. Karl Erich Born, *op. cit.*

maior influência, assistia-se ao retorno do livre-comércio, mas até a guerra não conseguiriam se fortalecer, ficando presos à discussão sobre uma aliança, ou não, com a social-democracia[23].

O governo de Hollweg tentou implementar uma pequena reforma no sistema eleitoral prussiano, que sofria fortes pressões para sua modificação, mas foi derrotado neste estado. No entanto, foi bem-sucedido na proposta de uma constituição para a Alsácia-Lorena, apesar de a região nunca ter sido incorporada de fato como um estado alemão igual aos outros.

Neste período, a principal questão para este chanceler foi a política internacional, que sofria fortes interferências de grupos da elite do país. Hollweg tentou aproximar-se da Inglaterra, mas já era tarde demais para apaziguar os ânimos entre os países e, neste meio tempo, explodiu a segunda crise do Marrocos, em 1911, tensão entre Alemanha e França, mas que também envolveu interesses britânicos.

Conturbações na região, insufladas pela França, levaram a Alemanha a enviar um encouraçado, Panther, para Agadir. A intenção de Guilherme II era conseguir um pedaço do Congo em troca do Marrocos. No entanto, a Alldeutscher Verband, entre outras organizações e grupos sociais, fez muita propaganda pela anexação do Marrocos não vendo o perigo de uma guerra com a França como um problema. Ao contrário, para eles, seria a única maneira de conquistar a região africana:

> Sem guerra não era concretizável, de fato, a pretensão a um Marrocos ocidental alemão, como cobrava a Alldeutscher Verband em uma brochura. Muitos jornais conservadores, nacional-liberais, industriais e evangélicos reafirmaram explicitamente essa consequência. O mesmo fez o chefe do estado-maior, *Graf* Helmuth von Moltke. O "jovem Moltke" achava inevitável uma grande guerra e que era o momento de levá-la a cabo, pois seria mais favorável à Alemanha do que mais tarde, quando os inimigos estariam ainda mais fortes[24].

Parte da classe dominante alemã queria a guerra, ansiando conquistar o seu quinhão do mundo. No entanto, os chefes de estado, Guilherme II e Hollweg, não desejavam um conflito e resolveram a questão do Marrocos em rodadas de negociação que asseguraram o território como protetorado francês, garantindo os interesses econômicos alemães. As elites nacionalistas se levantaram contra o governo. Segundo o historiador Winkler, este seria um movimento existente dentro da burguesia e da pequena-burguesia alemãs desde o

---

23. No sentido inverso, também a social-democracia deteve-se muito no tema das alianças.
24. Heinrich August Winkler, *op. cit.*, p. 311.

começo do século e que crescia cada vez mais: um nacionalismo de direita que via na guerra mundial a saída para a crise interna e externa do país[25].

A situação agravou-se nos anos seguintes com as disputas nos Balcás, noticiadas regularmente inclusive nos jornais socialistas: o *Vorwärts*, jornal central do SPD, noticiou por meses em 1913 as tensões e conferências de paz na região, além de publicar diversos números sobre militarismo.

A guerra nos Bálcás, a princípio, tratava-se de disputas regionais com a Turquia, mas apoiadas pela Rússia, que em 1908-1909 perdera importantes áreas de influência na região. A questão tornou-se europeia quando as potências foram chamadas pela Turquia para interferir, chegando a um tratado de paz: a Alemanha acalmou a Áustria, que não queria que a Sérvia conquistasse uma saída para o mar Adriático, e a Inglaterra acalmou a Rússia, ao dizer que não faria uma guerra por causa da Sérvia. A libertação da Macedônia, Trácia e Albânia do Império Otomano abriu uma disputa entre os países balcânicos pela primeira dessas três regiões. Apesar da resolução do conflito, essa guerra acentuou as diferenças entre Áustria e Rússia, acirrando a corrida armamentista[26].

A monarquia alemã não queria uma guerra, apesar da pressão de parte de sua elite[27]. No entanto, os acontecimentos de julho de 1914 levaram ao conflito e a uma derrota avassaladora do movimento operário. Nesse sentido, aquela elite estava correta: a guerra resolveria o problema social-democrata, mas apenas por um momento, até a Revolução Alemã de 1918.

A história desse desenvolvimento político-econômico alemão se entrelaça com a de seu movimento operário ao longo dessas décadas. A expansão das organizações, ou melhor, o surgimento de organizações partidárias nos moldes que conhecemos hoje, remonta a este período e, principalmente, ao SPD, o grande modelo da época. Por isso, em 1898, Rosa Luxemburgo mudou-se para Berlim: atuar no maior partido socialista da Europa era o seu objetivo.

O que importa frisar aqui em relação ao contexto do período e do Segundo Império Alemão são seus aspectos políticos e econômicos diretamente relacionados a essa expansão do movimento operário e às teorias que nele nasceram e que levaram à sua divisão depois da Grande Guerra.

---

25. *Idem.*
26. Ver Karl Erich Born, *op. cit.*
27. Ver Luciano Canfora, *op. cit.*

Em primeiro lugar, há a questão da democratização ou não do governo alemão, o que a historiografia deste país chama de parlamentarização. A partir dos anos 1890, a figura centralizadora de Bismarck deveria ter sido substituída por Guilherme II, de acordo com os objetivos deste imperador. No entanto, o contexto histórico exigia a flexibilização do comando estatal, pois a aristocracia industrial também queria participar das decisões políticas e econômicas, levando a um jogo de acordos entre os diferentes grupos da elite, algo como uma *Schacherpolitik*[28], entendida como a possibilidade de conseguir os maiores benefícios possíveis por cada um dos grupos nas suas negociações políticas. O SPD fez também parte desse jogo ao longo desses anos.

A maior participação do Reichstag nesse período e sua interferência nas decisões estatais levaram alguns historiadores a ver um sentido parlamentarista no desenvolvimento histórico-político. Ulrich Herbert defende essa parlamentarização entre os anos 1890 e 1914[29]. Já para Heinrich Winkler os partidos estavam envoltos em problemas internos nesse período e uma tentativa séria de tomada do poder pelo parlamento encontraria forte resistência das classes dirigentes. Segundo Winkler:

> Para uma parlamentarização do Império Alemão faltava em 1909 um pressuposto fundamental: uma maioria parlamentar que ambicionasse tal sistema e estivesse pronta a sustentá-lo. E mesmo que tal maioria existisse, o Bundesrat poderia bloquear uma mudança na Constituição com uma minoria de catorze votos. Um veto prussiano era suficiente para evitar uma parlamentarização e é certo que a Prússia teria rejeitado. A dinastia Hohenzollern com o Imperador e o Rei à frente, o exército, o Rittergutsbesitz[30] e a alta burocracia estatal estavam decididos a defender o poder que possuíam. Caso o Reichstag colocasse realmente a questão do poder, deveria contar, consequentemente, com um forte conflito interno[31].

---

28. Clara Zetkin utiliza este termo no Congresso de Stuttgart (1898), referindo-se à política de compensações proposta por Wolfgang Heine, que pretendia trocar direitos sociais por apoio ao militarismo. A palavra *Schacher* se refere àqueles que procuram conseguir o maior ganho possível em acordos comerciais ou combinações de preços. Ver *Protokoll des Parteitages abgehalten zu Stuttgart*, 1898, p. 95.

29. Ulrich Herbert, *op. cit.*

30. *Rittergut* era uma terra concedida pelo senhor feudal que dava certos privilégios ao vassalo, especialmente em relação à isenção fiscal e representação no Landtag. *Rittergutsbesitz* seria esse tipo de propriedade, indicando as pessoas que as têm como uma sobrevivência da Idade Média no capitalismo.

31. Heinrich August Winkler, *op. cit.*, pp. 301-302.

De fato, o Reichstag conseguira maior influência política nesse período, levando inclusive à demissão do chanceler Bülow após seus fracassos políticos internos e externos. Entretanto, uma ameaça séria à monarquia teria tido uma resposta igualmente séria por parte desta e de seus apoiadores. Podemos ver na abertura para maior participação uma necessidade do período por democracia, gerada após a Comuna de Paris, conforme aponta Hobsbawm:

O período histórico de que trata este volume inicia-se com um surto internacional de histeria entre os governantes europeus e suas aterrorizadas classes médias, provocado em 1871 pela breve experiência da Comuna de Paris, a cuja supressão seguiu-se um massacre de parisienses em escala normalmente inconcebível nos Estados civilizados do século xix. [...] Este breve e brutal desencadeamento de terror cego por uma sociedade respeitável – pouco característico para o tempo – refletia um problema político fundamental da sociedade burguesa: sua democratização[32].

A partir de então, a esquerda organizou-se em partidos de massa e conseguiu angariar muitos adeptos. Mas, não foi apenas ela: também a direita aprendeu que precisava conversar com a população e trazê-la para próxima de si. Assim, um dos motivos da abertura política foi a necessidade de mobilizar as massas dentro de um Estado de direito burguês. Outro motivo estava no desejo de grupos da elite de participar das decisões políticas. Em alguns momentos, o próprio Bundesrat via ações de chanceleres como uma sobreposição do centralismo ao federalismo, gerando conflitos mesmo dentro do grupo que apoiava a manutenção daquelas relações.

A revolução burguesa na Alemanha foi abafada em 1848-1849, mantendo como agente político da industrialização alemã uma elite agrária. No entanto, o incômodo da burguesia com o controle monárquico se tornava insustentável dentro de um país que se industrializava e se urbanizava a passos largos. Segundo Bernt Engelmann,

[...] enquanto dos cerca de cinquenta milhões de habitantes, que a Alemanha tinha no início dos anos 1890, quase dois terços viviam no campo ou em pequenas cidades provincianas; 60% dos quase 65 milhões de alemães do Império em 1910 já estavam nas cidades e viviam predominantemente em zonas industriais[33].

32. Eric Hobsbawm, *op. cit.,* p. 140.
33. Bernt Engelmann, *op. cit.,* p. 233.

A concentração populacional, decorrente do desenvolvimento industrial e econômico, propiciou a ação da social-democracia. Conforme a tabela 1, o SPD cresceu mais de 150% de 1906 a 1913. Contudo, tal crescimento se deu também em função do quadro legislativo: em 1908, a lei de associação retirou a maioria das restrições para associações políticas permitindo a participação feminina e proibindo a polícia de intervir em reuniões, o que legalizou a participação política das mulheres no partido.

Tabela 1. NÚMERO, ANO A ANO, DE FILIADOS DO SPD (1906-1914)

Ano	Número de Filiados	Crescimento Anual (%)
1906	384 327	–
1907	530 466	38,02
1908	587 336	10,72
1909	633 309	7,82
1910	720 038	13,69
1911	836 562	16,18
1912	970 112	15,96
1913	982 850	1,31

Fonte: Protokoll des Parteitages 1913.

Além disso, o período de prosperidade também atingiu a classe trabalhadora. Apesar de diversos autores dizerem o contrário e mesmo nas discussões do SPD, militantes dizerem que o salário real não havia crescido, o que vemos nos dados é que este subiu 25% de 1895 a 1913 (Tabela 2). Engelmann, por exemplo, diz que o aumento salarial não teria sido suficiente para fazer o contrapeso do custo de vida, o que não é verdade, entretanto, seu melhor argumento é a piora das condições de vida, este sim difícil de ser medido em números. A rápida urbanização aumentou repentinamente, por exemplo, a procura por moradia nos centros urbanos, elevando o nível dos aluguéis e piorando as condições de saneamento[34].

34. Bernt Engelmann, *op. cit.*

ROSA LUXEMBURGO — CRISE E REVOLUÇÃO

Tabela 2. MÉDIA ANUAL DE SALÁRIOS DOS EMPREGADOS NA INDÚSTRIA, COMÉRCIO E TRANSPORTES*

	1. MÉDIA ANUAL DO SALÁRIO NOMINAL		2. ÍNDICE DE CUSTO DE VIDA **	3. MÉDIA ANUAL DO SALÁRIO REAL	
Ano	Marcos	1895=100	1895 = 100	Preços em 1895	1895 = 100
1871	493	74	105,8	466	70
1875	651	98	112,7	578	87
1880	545	82	104	524	79
1885	581	87	98,6	589	89
1890	650	98	102,2	636	96
1895	665	100	100	665	100
1900	784	118	106,4	737	111
1905	849	128	112,4	755	114
1910	979	147	124,2	789	119
1913	1083	163	129,8	834	125

Fonte: http://germanhistorydocs.ghi-dc.org/sub_document.cfm?document_id=1746.
* Não considerado na tabela: trabalhadores rurais, aqueles empregados na manufatura (*cottage industry*) e serviço doméstico, além de trabalhadores e assalariados cuja renda anual era alta o suficiente para que os empregadores não precisassem pagar contribuições para o fundo de seguro obrigatório contra acidentes da Lei de Seguridade de Acidentes de 1884 (e seus aditivos). Na maioria das indústrias, o limite desse salário era de 3.000 até 1913. Para maiores restrições no grupo de empregados antes de 1886, ver Hohorst *et al.*, pp. 107-08.   ** Ao calcular o custo de via, Desai considera uma base maior do que outros estudiosos ao incluir roupas, combustível e iluminação.

Além disso, embora houvesse conquistas ao longo dos anos, como a seguridade de saúde e contra acidentes, estas não eram suficientes para tornar a vida de um operário melhor, uma vez que a intensidade do trabalho aumentava, afetando principalmente a saúde dos trabalhadores.

Outro ponto a ser levado em consideração é que o ganho real de salário dos trabalhadores na Alemanha[35] foi proporcionalmente menor do que o aumento dos lucros das empresas. Se tomarmos o produto interno líquido[36] da

35. Levemos em consideração que muitos deles não eram alemães e que os dados trabalham com uma *média*, sabe-se que o salário dos mineiros do Ruhr não era o mesmo dos trabalhadores da Silésia, em sua maioria poloneses.
36. "Refere-se ao valor agregado de todos os bens e serviços finais, produzidos dentro do território econômico de um país, deduzida a depreciação do capital. São sempre as depreciações que explicam as

Tabela 3. PRODUTO INTERNO LÍQUIDO POR SETOR DA ECONOMIA ALEMÃ (1870-1913)

(em milhões de marcos, baseado nos preços de 1913)

Ano	Agricultura, silvicultura, pesca	Mineração e salinas (saltwork)	Indústria e corporações de ofício	Transporte	Comércio, bancos, seguros, restaurantes	Serviços domésticos	Outros serviços exceto defesa	Defesa	Non-agricultural housing*	Total
1870	5738	255	3742	280	1082	1014	-	-	488	14169
1875	6595	356	5453	412	1438	1025	1586	172	614	17651
1880	6427	455	5194	506	1437	1027	1694	174	765	17679
1885	7525	563	6110	629	1741	1024	1760	185	880	20417
1890	7732	674	7941	878	1982	1054	2074	203	1051	23589
1895	8573	757	9732	1073	2478	1081	2383	243	1301	27621
1900	9924	1049	12220	1576	2881	1038	2685	252	1544	33169
1905	10231	1201	13931	1984	3564	1060	3088	261	1869	37189
1910	10625	1530	17016	2621	3953	1080	3651	272	2233	42981
1913	11270	1903	19902	3146	4415	1061	4000	346	2437	48480
EM %										
1870	40,5	1,8	26,4	2	7,6	7,2	11,3	-	3,4	100
1913	23,3	3,9	41,1	6,5	9,1	2,2	8,3	0,7	5	100

Fonte: http://germanhistorydocs.ghi-dc.org/sub_document.cfm?document_id=1743.

*Decidiu-se por manter o termo em inglês devido à dificuldade de tradução. Em inglês, o termo parece significar *programa social de moradia urbana* ou apenas moradia urbana. A versão em alemão da tabela diz "Nichtland wirtschaftliche Wohnungen" que seria moradia econômica urbana. Provavelmente, o termo se refere a um pequeno comércio familiar urbano.

Alemanha neste período (Tabela 3), teremos um aumento de mais de 75% entre 1895 e 1913, enquanto a média salarial aumentou 25%, indicando que os salários cresceram muito menos do que a produtividade, ou em termos marxistas, houve aumento da taxa de mais-valia, ou ainda, da exploração do trabalho. Assim, em termos relativos, a média salarial diminuiu na medida em que os trabalhadores produziram três quartos a mais, mas receberam apenas um quarto de aumento.

Essa discussão foi levada a cabo na social-democracia nos anos anteriores à Primeira Guerra, assim como a questão da concentração ou não de capital. Vemos na Tabela 4 o crescimento das indústrias médias e grandes e a diminuição das pequenas, embora estas ainda fossem, em 1907, 31,2% do setor de indústria e comércio.

Tabela 4. EMPREGADOS NA INDÚSTRIA, COMÉRCIO E MINAS

(classificados de acordo com o tamanho da companhia)

Ano	Empregados por Empresa					
	1-5	6-10	11-50	51-200	201-1000	Mais de 1000
	1	2	3	4	5	6
%						
Indústria e Comércio						
1882	59.8	4.4	13.0	11.8	9.1	1.9
1895	41.8	7.4	17.3	17.4	12.8	3.3
1907	31.2	7.0	19.4	20.8	16.7	4.9
Minas e Salinas						
1882	1.7	0.8	5.9	14.6	44.0	33.0
1895	0.8	0.6	4.0	11.2	36.8	46.6
1907	0.7	0.3	2.5	9.6	28.7	58.2

Fonte: Germany History in Documents and Images. http://germanhistorydocs.ghi-dc.org/pdf/eng/107_Concent%20of%20Enterprise_7.pdf, acesso em 12 out 2015. Tradução da autora.

diferenças conceituais entre os valores agregados brutos e os líquidos. Os valores brutos incluem a depreciação do capital; os valores líquidos a excluem" (Cf. Paulo Sandroni (org.), *Novíssimo Dicionário de Economia,* São Paulo, Editora Best Seller, 1999, pp. 459-460).

A Alemanha até hoje é um país com predomínio de empresas médias e pequenas, no entanto, a maior parte da produção é gerada pela minoria de grandes indústrias. A questão debatida entre os membros do partido era acerca do papel dessas empresas no capitalismo. Se Marx propunha um acirramento das contradições de classe expresso na concentração de capital, como poderia haver um aumento das indústrias médias? Estariam o programa político do SPD e a teoria marxiana das crises errados?

Ao longo dos quinze anos aos quais o presente trabalho se dedica, este foi o debate entre os socialistas e a nossa perspectiva aqui é compreender a posição de Rosa Luxemburgo na análise da conjuntura da época e suas ideias sobre o desenvolvimento do próprio capital, defendendo o colapso em bases materialistas e dialéticas, retomando as relações entre micro e macroeconomia no capitalismo.

O Partido Social-Democrata Alemão (SPD)

O desenvolvimento econômico das potências europeias trouxe mudanças para o movimento operário. Tanto a transformação do trabalho com a concentração no espaço fabril, quanto a Comuna de Paris levaram à organização de estruturas que persistem até hoje: o partido e os sindicatos.

A Comuna de Paris constituiu um marco para os militantes da virada do século, um episódio que modificaria algumas concepções de socialismo e evidenciaria a necessidade de transformação social, constituindo-se assim como referência.

Quanto às transformações no processo de trabalho não se pode dizer que elas ocorreram tão rapidamente quanto a urbanização, como vimos anteriormente, ou talvez essas transformações ocorriam de forma diferente do que o modelo teórico pressupunha. Se observarmos a sociedade alemã, veremos que o operário clássico – homem, trabalhador sem qualificação, de chão-de-fábrica – constituía a minoria da população. As massas que afluíam para as cidades, em muitos casos, tinham outras características: havia muitos trabalhadores artesanais, especializados (como podemos ver na própria direção do SPD), jornaleiros[37], entre outras categorias que não se enquadravam na formulação clássica do que chamamos de operário. Por isso, na virada do século XIX para o XX, a

---

37. Jornaleiro é o trabalhador que recebia por dia de trabalho, ou seja, por jornada.

primeira questão apresentada foi a expansão deste conceito agregando aos proletários uma grande camada de trabalhadores com interesses bastante diversos.

Outra questão surgiu nas relações de solidariedade que precisavam ser reformuladas nas cidades e que podiam seguir diversos caminhos. O catolicismo, por exemplo, era bastante influente dentro do movimento operário e as bibliotecas públicas na virada do século passaram a diversificar seu acervo com o intuito de atrair esse novo público[38].

Portanto, a social-democracia disputava as massas com outros grupos, conseguindo crescer muito e chamar atenção. No entanto, é importante ter em mente que mesmo assim esta não atingiu uma maioria numérica de adeptos, embora tivesse grande influência social e os grupos dirigentes a considerassem uma ameaça constante.

Com todas essas ressalvas, o SPD era o maior partido socialista da Europa e mobilizava grandes massas, mesmo quando essa não era a intenção da direção. Durante toda a "era dos impérios", a organização cresceu muito, inclusive durante as leis antissocialistas de Bismarck, o que foi uma das causas de sua legalização. Com esse avanço, a social-democracia passou a adotar a estratégia de se opor ao estado militarista rejeitando os orçamentos encaminhados às câmaras legislativas em seus diversos níveis, ao mesmo tempo em que propunha reformas dentro daquela sociedade[39]. Essa política funcionava mais como propaganda e tinha poucos resultados práticos, pois apesar do crescimento dos votos, o número de seus parlamentares não aumentava na mesma proporção, resultando em um partido pouco influente no Reichstag.

A partir da revogação das leis antissocialistas, a organização viveria com medo do retorno à clandestinidade e evitaria atos de maior combatividade contra as políticas governamentais, abrindo maior espaço às práticas e teorias reformistas.

O programa de Erfurt, aprovado no Congresso de 1891, fundamentava-se na compreensão de Marx do capitalismo, estabelecendo o papel primordial das crises na expansão do sistema, que intensificaria suas contradições

---

38. Em alguns casos, a diversificação também foi resultado da reivindicação dos trabalhadores que, não conseguindo montar uma biblioteca própria, procuravam influenciar as públicas. Ver Wolfgang Thauer & Peter Vodosek, *Geschichte der Öffentlichen Bucherei in Deutschlad*; segundo os mesmos autores, as bibliotecas de trabalhadores tiveram um papel importante na formação de operários socialistas, mas fora desse contexto e para a história das bibliotecas na Alemanha foram secundárias.

39. Bernt Engelmann, *op. cit.*

tornando-se cada vez mais incompatível com o pleno desenvolvimento das forças produtivas e da sociedade humana, culminando com a superação do capitalismo, ou seja, com o socialismo.

Antes de sua aprovação, nas discussões em 1890, o rascunho foi encaminhado a Engels que aconselhou a inclusão da abolição do Império e a constituição de uma república democrática como exigências programáticas, ao que August Bebel respondeu ser o objetivo, mas as condições políticas (a tal correlação de forças) não permitiriam escrever isso no programa, o que poderia ser visto como uma provocação direta ao imperador[40].

A anedota acima marca o início dos dilemas que o partido enfrentou ao longo da virada do século XIX para o XX, expressos no seu crescimento organizacional e na burocratização que transforma o agitador em oficial treinado[41].

O programa de 1891 se dividia em duas partes: uma analisava a sociedade capitalista e seu desenvolvimento rumo à revolução, e outra estabelecia pautas de luta em dois níveis: o primeiro decorrente dos fundamentos (*Grundsätzen*) do partido, o segundo eram meios de proteger os trabalhadores no contexto da sociedade capitalista. Tentou-se, com isso, uma síntese entre a revolução e a reforma social que só permaneceu estável enquanto a primeira não estava no horizonte[42]. Já na década de 1890, Eduard Bernstein criticou os princípios norteadores do programa, ou seja, a teoria de Marx, e as polêmicas reformistas se iniciaram, trazendo também as diferenças de opinião dentro do partido. Nessa década, Georg von Vollmar tornou-se líder da social-democracia na Baviera e passou a defender a colaboração com os partidos burgueses até que em 1894 "sob sua direção, a bancada do SPD no Landtag da Baviera votou pela primeira vez a favor da proposta orçamentária do governo de Munique". A postura de Vollmar foi censurada no congresso do partido, mas ele não foi expulso, o que Engels considerou um erro, já que não deveriam ter medo de se separar de elementos oportunistas[43]. No final da década, iniciou-se o debate revisionista que, apesar da pressão, não conseguiu alterar o texto do programa até 1921.

A manutenção do texto, no entanto, não quer dizer que o partido não tenha se modificado estruturalmente. No decorrer desse período foram feitas várias alterações na sua organização.

---

40. *Idem.*
41. Carl E. Schorske, *German Social Democracy: 1905-1917: The Development of the Great Schism.*
42. *Idem.*
43. Bernt Engelmann, *op. cit.*, p. 221.

44   ROSA LUXEMBURGO — CRISE E REVOLUÇÃO

Em seu primeiro estatuto[44], estabeleceu-se o pertencimento ao partido de todo aquele que reconhecesse seus princípios e apoiasse a organização. A expulsão ou não de alguém seria decidida pelos companheiros de localidade.

A organização no nível local dava-se por meio da eleição de *Vertrauenspersonen* (pessoas de confiança, administradores), que eram encarregadas de cuidar dos interesses do partido em determinada região. Essa estrutura foi escolhida, porque, até então, a lei de associação não permitia organizações partidárias nacionalmente estruturadas. Essas pessoas eram coordenadas pela direção do partido que era constituída por doze membros: dois presidentes, dois *Schriftführer* (secretários que escrevem cartas, atas etc.), um tesoureiro e sete controladores, eleitos nos congressos e que cuidavam do dinheiro, dos jornais, da organização do congresso e apresentavam neste um relatório sobre as atividades anuais.

Segundo o estatuto, o congresso era a instância superior e era composto de no máximo três delegados por distrito eleitoral (*Wahlkreis*) em que o partido tinha filiados e "desde que não se encontrem mulheres entre os representantes eleitos dos distritos, uma representante feminina pode ser eleita em reuniões especiais de mulheres"[45], ou seja, havia uma espécie de cota para mulheres. Além deles, participavam também os deputados do SPD no Reichstag e os membros da direção do partido, sendo que eles tinham direito a voz, mas não a voto, quando se tratasse de questões relacionadas às suas atividades parlamentares e administrativas, respectivamente.

Um congresso tinha como tarefas: aprovar o relatório da diretoria e dos parlamentares; determinar o local do próximo congresso; eleger a direção; decidir sobre a organização do partido e sobre todas as questões que envolvessem a vida partidária; decidir sobre as propostas encaminhadas. Entre 1898 e 1913, o Partido Social-Democrata Alemão realizou congressos anuais que debatiam as questões conjunturais, os rumos do partido e sua organização. Nesse período, o estatuto foi alterado quatro vezes, desconsiderando as mudanças de composição da direção.

Em 1900, um novo regimento foi aprovado, especificando que os membros do partido não eram só aqueles que reconheciam seus princípios, mas

---

44. Eles ainda não utilizavam essa palavra, mas vamos nos referir ao documento dessa forma.

45. *Protokoll des Parteitages abgehalten zu Erfurt*, 1891, p. 8.

também "que apoiavam o partido com meios monetários regulares"[46]. Além disso, a decisão de expulsão de algum membro ficaria a cargo de um tribunal chamado pela direção, que decidiria se o acusado havia ou não rompido com os princípios. Estabeleceu-se, assim, um vínculo monetário que se aprofundou nas alterações dos anos seguintes e uma estrutura mais centralizada sobre os militantes, já que a expulsão foi, em grande medida, tirada do nível da localidade e passada para a direção central.

Essa direção, a partir dessa data, dividiu-se entre diretoria ou executiva (*Parteivorstand*) e comissão de controle (*Kontrollkommission*). A primeira era composta por sete pessoas: dois presidentes, dois *Schriftführer*, um tesoureiro e dois *Beisitzer* (adjuntos ou vogal[47]), eleitos estes últimos pela comissão de controle. Tal comissão constituía-se de nove pessoas e tinha a tarefa de inspecionar a diretoria e ser a instância de apelação de suas decisões. Na verdade, ela nunca conseguiu exercer direito seu papel e acabou, ao final deste período, dominada pela primeira.

A partir de 1905, o estatuto indica o crescimento do partido e sua complexificação organizacional. Os subitens aumentam e há tópicos sobre a estrutura, a entrega de relatórios, a expulsão e a reincorporação de membros.

O SPD passou a se organizar em associações de acordo com as zonas eleitorais (*Wahlkreis*), as quais se uniam em ligas regionais (*Bezirksverbände*) ou organizações estaduais (*Landorganisationen*), que eram submetidas à diretoria. Estas organizações eram independentes e tinham seus próprios estatutos e administração, com a restrição de não entrarem em conflito com o estatuto do partido. Estabeleceu-se também que essas organizações estaduais e ligas deveriam repassar 20% de sua arrecadação para a direção central, sendo de sua escolha o valor da contribuição dos membros[48].

As *Vertrauenspersonen*, antes encarregadas da administração local, estariam agora presentes somente nas regiões em que associações políticas fossem proibidas ou naquelas em que ainda não houvesse tal organização do partido.

Doravante, a quantidade de membros da diretoria seria escolhida pelos congressos, sendo o mínimo de dois presidentes, um tesoureiro, dois *Schrift-*

---

46. *Protokoll des Parteitages abgehalten zu Mainz*, 1900, p. 6.

47. Vogal: pessoa com direito a voto numa assembleia ou comissão. *Dicionário Eletrônico Houaiss da Língua Portuguesa*, Editora Objetiva, dez 2001, CD-Rom versão 1.0.

48. Se observarmos a Tabela 6 e o Gráfico 1, nas páginas 48 a 50 veremos que as contribuições e o orçamento total aumentam significativamente após essa data, o que pode ser reflexo desta nova regra de repasse e/ou do crescimento das organizações e do número de militantes do partido.

führern e dois *Beistizer*. Observando as eleições para a direção nas atas dos congressos, vimos que o número de membros da diretoria varia entre nove e treze de 1905 a 1913, de acordo com os embates políticos nos congressos e com a burocratização do partido[49].

O estatuto mudou mais duas vezes, em 1909 e 1912, mas as mudanças mais impactantes ocorreram em 1909, quando se determinou como membro "qualquer pessoa que reconheça os princípios do partido e seja membro da organização partidária"[50]. No ano anterior, a lei de associação foi aprovada, o que permitiu oficialmente a incorporação das mulheres na estrutura, obrigando a sua inserção nas direções das localidades, quando elas estivessem presentes como filiadas. Já em 1908, Luise Zietz foi a primeira mulher a ingressar na diretoria do spd. Estabeleceu-se também uma contribuição mínima de trinta *Pfennig* para homens e quinze *Pfennig* para mulheres por mês[51], determinou-se a data de entrega dos relatórios das associações regionais e a proporção do número de delegados de acordo com o número de membros:

§7 O congresso constitui a representação máxima do partido. Estão autorizados a participar nele:

1. Os delegados do partido de cada zona eleitoral do Reichstag[52]. A eleição dos delegados ocorre de acordo com o número de membros. Podem ser eleitos: em zonas eleitorais de até 1500 membros, um delegado; até 3000, dois; até 6000, três; até 12000, quatro; até 18000, cinco e mais de 18000, seis delegados. A representação orienta-se pelo número de membros identificados com base nas contribuições pagas à diretoria segundo o §5[53]. Onde vários delegados forem eleitos deve haver entre eles, no mínimo, uma camarada[54].

---

49. Carl E. Schorske, *op. cit.*

50. *Protokoll des Parteitages abgehalten zu Jena*, 1911, p. 6.

51. A contribuição partidária somava anualmente 3,6 Mk para homens e 1,8 Mk para mulheres (um Mark equivalia a cem *Pfennig*). O salário real na Alemanha em 1905 era de 755 Mark por ano e de 789 em 1910, de acordo com a Tabela 2. O preço da batata em 1905 variava de 5 a 8 Mk a dúzia no mercado e um quilo de carne de porco de 1,5 a 2 Mk. Ver *Statistisches Jahrbuch fur das Deutsche Reich*, 1910 e *Deutsches Munzgesetz vom 9. Juli 1873*.

52. Para as eleições do Reichstag, o Império alemão era dividido em 397 distritos eleitorais (*Wahlkreisen*) e o spd organizava-se a partir dessas divisões, por isso a contagem de delegados leva em conta o número de membros de cada uma dessas regiões. Ver Carl E. Schorske, *op. cit.*, e www.wahlen-in-deutschland.de.

53. Este parágrafo fala sobre o mínimo de contribuição mensal e o repasse de 20% do valor arrecadado para a diretoria. A partir do valor mínimo, cada região poderia determinar o valor da contribuição e esta deveria ser informada à diretoria.

54. *Protokoll des Parteitages abgehalten zu Jena*, 1911, p. 7.

A representação, que antes era genérica com o número de delegados de no máximo três, mas sem nenhuma proporção, passou a ser regrada e fixada de acordo com as contribuições repassadas à direção, o que vinculava o direito de participação no partido e nas decisões sobre as diretrizes ao pagamento da taxa[55].

O debate sobre o caixa central da organização era bastante frequente porque não havia constância no repasse das associações para a direção, o que a enfraquecia e dificultava a realocação de recursos para as regiões que precisavam mais durante os períodos de campanha eleitoral, principalmente. Se observarmos a Tabela 5 veremos que o número de participantes nos congressos aumenta significativamente a partir de 1905 quando se torna constante a presença de mais de trezentos delegados. Esse dado é reforçado pelo aumento de filiados, registrado entre 1906 e 1914 (ver Tabela 1, p. 37). A partir daí, entendemos que as alterações de 1905 e 1909 forçaram a centralização de uma organização em crescimento, principalmente entre 1906 e 1907 (38%), aprofundando a dependência das localidades em relação ao centro devido ao repasse de verba.

Tabela 5. DELEGADOS PRESENTES NOS CONGRESSOS DO SPD

Congresso	s/ Mandato*	Total	Proporção (%)**
1898	36	252	15,5
1899	48	246	19,51
1900	47	245	19,18
1901	46	240	19,16
1902	48	262	18,32
1903	70	320	21,875
1904	62	286	21,68
1905	66	320	20,625

---

55. Podemos observar no Gráfico 2 que a proporção entre as contribuições em relação ao orçamento total aumenta bastante de 1909 a 1911, o que pode ser um reflexo dessa regra.

1906	75	402	18,65
1907	42	320	13,125
1908	50	379	13,19
1909	51	349	14,61
1910	57	393	14,5
1911	58	403	14,39
1912	109	522	20,88
1913	105	494	21,25

Fonte: Registros anuais e lista de presença das atas dos congressos.

* Os considerados "sem mandatos" eram os membros da direção, deputados do Reichstag, diretores de jornais e outros funcionários do partido. Eles tinham direito a voto devido à posição que ocupavam.

** Proporção entre o número de "sem mandato" e o total de delegados.

A Tabela 6 mostra a proporção das contribuições dos militantes em relação ao orçamento total do partido. Elas atingem entre 50% e 67% após 1908, período de consolidação da tática parlamentarista do SPD e que coincide com o momento em que este depende mais de sua base do que de suas empresas, apesar do grande aumento, em números absolutos, dos lucros dos jornais e da livraria.

Tabela 6. ORÇAMENTO E CONTRIBUIÇÕES ANUAIS DO SPD

(em marcos)

Ano	Entrada total*	Contribuições**	Proporção (%)
1898	315.866,91	131.572,29	41,65
1899	340.956,90	119.186,67	34,95
1900	249.582,31	125.071,18	50,11
1901	317.934,70	142.710,55	44,75
1902	338.408,50	153.985,68	45,5

1903	628.247,23	303.423,21	48,3
1904	620.792,91	289.145,01	46,57
1905	723.069,14	295.026,18	40,8
1906	810.917,22	297.341,85	36,67
1907	1.191.819,42	570.554,12	47,87
1908	852.976,10	442.103,44	51,83
1909	1.105.249,77	571.010,92	51,66
1910	935.409,86	521.209,09	55,72
1911	1.357.761,62	911.639,41	67,14
1912	1.697.630,85	956.261,37	56,33
1913	1.687.276,89	733.799,59	43,5

Fonte: Atas dos Congressos do SPD entre 1898 e 1913.

* Total arrecadado naquele ano, incluindo juros de banco, lucros com jornais, principalmente *Vorwärts*, empréstimos etc.

** Até 1904 foi preciso deduzir dos recursos ordinários o equivalente ao repasse de alguns jornais e revistas. A partir de 1905 os dados dos recursos ordinários constituem-se apenas das contribuições, conforme consta nos relatórios da diretoria. A dedução de 1898 a 1904 foi necessária para que os dados pudessem ser comparados. Foi realizada a partir das informações constantes na seção *Tabellarische Uebersicht* das atas congressuais.

Os Gráficos 1 e 2, elaborados com dados da Tabela 6, evidenciam que: primeiro, o orçamento total acompanhava as contribuições, aumentando e diminuindo com elas; segundo, há uma queda na proporção das contribuições em 1906 e um pico em 1911; terceiro, os picos orçamentários correspondem a períodos eleitorais, o que indica o direcionamento do partido para as eleições. A queda relativa das contribuições em 1906 pode ser explicada pelas mobilizações entre 1905 e 1906, o que direcionou os recursos das localidades para manifestações e greves. Já o pico de 1911 é mais difícil de compreender, pois as eleições apareceriam no orçamento de 1912 e não de 1911; possivelmente, é resultado da nova política de repasse aprovada em 1909 e do maior crescimento do número de filiados, 16,18%.

Gráfico 1. ORÇAMENTO TOTAL E CONTRIBUIÇÕES DA BASE DO SPD (1898-1913)
(em marcos)

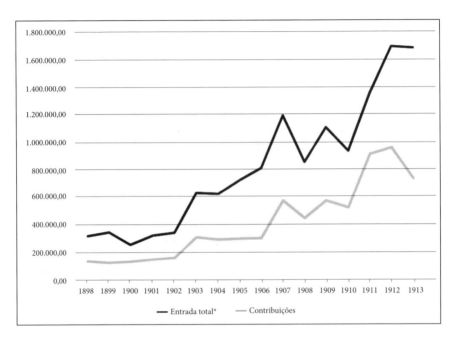

Gráfico 2. PROPORÇÃO DAS CONTRIBUIÇÕES EM RELAÇÃO AO ORÇAMENTO TOTAL (1898-1913)

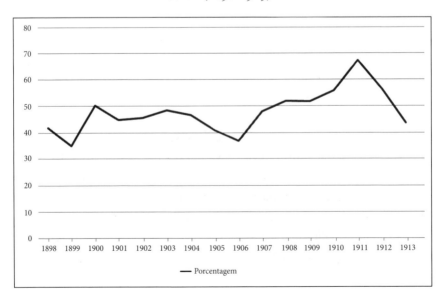

Esses dados levantam um problema: não foi a máquina partidária propriamente dita que cresceu muito além das bases[56]. As formas de controle estavam em outro lugar. Construído a partir da Tabela 5, o Gráfico 3 demonstra que até 1905, cerca de 20% dos delegados congressuais eram da burocracia do partido: membros da direção, parlamentares, funcionários. Após essa data há uma queda, voltando a este patamar em 1912, ou seja, entre 1907 e 1911 parece que os delegados eleitos nas bases do partido aumentaram sua participação nos congressos, reduzindo a presença da burocracia partidária. Mas quem eram esses delegados? Eram funcionários nas localidades? Havia algum revezamento, ou eram sempre os mesmos? Vários delegados repetem-se: Rosa Luxemburgo, por exemplo, é uma presença constante neste período, com exceção dos momentos em que esteve presa em 1904 e 1907; deprimida, em 1909; ou doente, em 1912[57]. Além

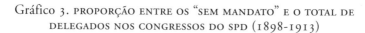

Gráfico 3. PROPORÇÃO ENTRE OS "SEM MANDATO" E O TOTAL DE DELEGADOS NOS CONGRESSOS DO SPD (1898-1913)

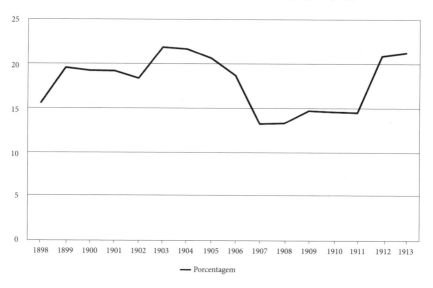

56. Isso parece se consolidar apenas depois de 1912, pois o Gráfico 1 mostra uma queda maior das contribuições que do orçamento, representando aquelas 43,5%. Daqui em diante podemos afirmar com certa segurança que a máquina partidária estava consolidada e a organização dependia menos de seus militantes.
57. Em 1909, Luxemburgo não estava disposta a comparecer a congressos ou aulas do partido por causa de um rompimento no relacionamento com Kostja Zetkin. Ver Annelies Laschitza, *Im Lebensrausch, trotz alledem. Rosa Luxemburg, eine Biographie*. Em 1912, ela estava doente e não pode comparecer ao congresso, conforme a própria ata. Ver *Protokoll des Parteitages abgehalten zu Chemnitz*, 1912.

52   ROSA LUXEMBURGO – CRISE E REVOLUÇÃO

dela, August Baudert, Wilhelm Bock, Adolf von Elm, Alwin Gerisch –
todos deputados até 1906, mas não reeleitos em 1907 – aparecem diversas
vezes, inclusive nos congressos após as eleições Hotentote, indicando que
os delegados da base entre 1907 e 1911 repetiam muitos dos antigos representantes parlamentares[58].

Assim, o controle do partido pela direção ocorria mais através de uma
estrutura difusa relacionada à prática parlamentarista e a uma teoria reformista
que a mantinha ideologicamente, do que de membros orgânicos a ela mesma.
As mudanças estatutárias descritas anteriormente indicam isso: elas reduziram
a autonomia das localidades e deram à direção o papel de administrar as organizações através de repasses financeiros para sustentar estes órgãos e também
do controle ideológico, ao estabelecer, no estatuto, como uma das tarefas da
diretoria a de evitar o ataque aos princípios do programa de Erfurt.

Segundo Carl Schorske[59], até 1898 as localidades eram livres para se es-
truturar e elegerem os *Vertrauensmänner* como representantes nas instâncias
superiores da organização. No entanto, a partir de 1900, as necessidades de
unicidade da organização aumentaram e esses *Vertrauensmänner* poderiam ser
indicados pela própria direção. A partir das polêmicas revisionistas de 1903, a
centralização só se intensificou porque os radicais viam nisso uma forma de
controlar e disciplinar os revisionistas. Este é o quadro que apresentamos acima, apesar de Helga Grebing[60] dizer que, com o crescimento das divergências,
as organizações locais teriam ganhado maior importância. Na verdade, a centralização ajudou no controle pragmático da política partidária e na liberdade
de ação de grupos regionais reformistas.

A centralização, para Rosa Luxemburgo, que fazia parte da ala radical,
não era ruim, pois serviria para abafar os elementos reformistas. No entanto,
para ela, haveria uma condição: a radicalização das bases. Era necessário que
as bases tivessem liberdade de agitação e que a vanguarda do movimento as
guiasse para a revolução. Desta forma, elas tirariam a direção de sua inércia

---

58. O dado em si não é impressionante, uma vez que os deputados eleitos seriam bem-vistos em suas
respectivas regiões e, por isso, se colocariam depois como delegados nos congressos. No entanto, é
importante prestar atenção a ele, pois o Gráfico 3 pode nos dar a falsa impressão de uma tomada do
partido pela base, quando, na verdade, não houve grande rotatividade de pessoas, mantendo-se muitos nomes em posições de decisão.

59. Carl E. Schorske, *op. cit.*

60. Helga Grebing, *Geschichte der deutschen Arbeiterbewegung: ein Überblick.*

estrutural e dariam à centralidade o sentido de unidade para a tomada do poder.

Não foi o que aconteceu no SPD. Ao contrário, a direção conseguiu contornar as bases radicalizadas em 1905-1906, tornando a situação favorável aos revisionistas que tomaram o poder de fato daí em diante. A conservação dessa estrutura mostra-se na permanência dos dirigentes[61]. As mudanças ocorriam apenas quando alguém morria e não se discutia uma alteração em sua composição durante os congressos, mesmo quando havia reclamações acerca das atitudes, ou da falta delas[62]. Chegou-se a recusar um debate eleitoral no congresso de Dresden, em 1903, com o argumento de que tradicionalmente o partido votava nos membros da direção sem debate[63]. A burocratização submeteu as localidades e melhorou a máquina eleitoral, mas levou toda a estrutura para a direita.

Conforme já dito, a proporção de políticos profissionais nos congressos diminuiu entre 1907 e 1911, reflexo da derrota eleitoral de 1907. Um ano antes (1906), houve forte queda na proporção das contribuições da base (Gráfico 2, p. 50) concomitante com forte mobilização operária desde 1905; soma-se a isso o aumento de 38% dos militantes de 1906 para 1907 e, por fim, as mudanças estatutárias centralizadoras que ocorreram exatamente no mesmo período, entre 1905 e 1909. Vemos que o processo de mobilização de 1905-1906 massificou o partido, mas não o tornou hegemônico ideologicamente, fato expressado nas eleições de 1907, quando a organização perdeu metade de seus deputados no Reichstag. A preocupação com a perda de controle das massas e a instabilidade eleitoral delas levaram o partido a um processo de centralização que submeteu as massas recém-ingressas ao controle de uma direção pragmática que visava a vitória eleitoral e não a revolução, o mesmo ocorrendo com os sindicatos. A forma de condução do processo em 1918 pela cúpula do SPD foi a coroação desse desenvolvimento de décadas.

61. Robert Michels observou isso à época. Em seu livro *Os Partidos Políticos*, escrito em 1911, ele diz: "O costume de se renovar totalmente, de dois em dois anos, a direção do partido, devia ter-se instalado há muito tempo no partido socialista, protótipo dos partidos democráticos. No entanto, os socialistas alemães não só desconhecem tal costume, como qualquer tentativa de introduzi-lo provocaria vivo descontentamento entre os camaradas" (Cf. Robert Michels, *Os Partidos Políticos*, p. 57).

62. É o caso na atuação das eleições do Reichstag em 1898; no congresso de 1899, acerca de trabalhadores reprimidos em Löbtau; em 1900, por causa da pouca agitação sobre políticas mundiais, naquele caso a guerra da China; reprimenda que se repete em 1911 na crise do Marrocos etc.

63. *Protokoll des Parteitages abgehalten zu Dresden*, 1903, p. 379.

A burocracia institucionalizada com a nova estrutura organizacional de 1905 foi galgando espaço dentro dos órgãos dirigentes e expandindo o número de seus membros como reação à derrota eleitoral de 1907, justificando que era necessário fortalecer a organização. A esquerda percebeu a necessidade de obter espaço nos órgãos centrais somente mais tarde: em 1911, elegeu Hugo Haase, intelectual radical, à presidência do partido, mas a estrutura continuou a ser dominada por Friedrich Ebert[64].

Essa transformação do SPD teve impacto direto nas posições tomadas por Luxemburgo e na interlocução entre os debates de 1898 e 1913. Para se compreender as mudanças da autora é necessário ter como suporte os debates travados dentro do partido neste período, apresentando como marcos históricos a Revolução Russa de 1905 e as eleições Hotentote de 1907. Sem passar por esses eventos e as posições de Luxemburgo dentro da organização não entenderemos a mudança de oponente e de tema da autora em 1913.

Luxemburgo radicalizou-se frente aos dirigentes do partido, tornando-se cada vez mais ácida em suas críticas e se voltando contra aqueles que no começo foram seus aliados, como Karl Kautsky. Mas antes de chegarmos a esse debate, precisamos analisar o começo da história dessa polonesa na Alemanha, o debate Bernstein.

Reforma Social ou Revolução?

Rosalia Luksenburg é o nome polonês de Rosa Luxemburgo, germanizado ao se mudar para a Alemanha. Judia, nasceu na cidade de Zamósc, Polônia, em 1871, em uma família de comerciantes[65]. Em 1889, com dezoito anos, mudou-se para a Suíça para cursar a universidade, concluindo aí, em 1897, seu doutorado em Ciência Política, intitulado *O Desenvolvimento Industrial da Polônia*[66].

A Polônia, neste período, era um país dividido entre três impérios: o russo, o austro-húngaro e o alemão. Para compreender essa repartição é preciso voltar à formação das monarquias absolutistas na Europa. Segundo Perry Anderson, a aristocracia polonesa, do século XIV ao XVII, atuou na contramão da Europa: reforçou os laços feudais, porque a região foi, durante este período, a fornecedora de alimentos para o continente, não havendo necessidade de

---

64. Ver Carl E. Schorske, *op. cit.*
65. Elzbieta Ettinger, *Rosa Luxemburgo: Uma Vida,* Rio de Janeiro, Jorge Zahar, 1989.
66. Rosa Luxemburg, *El Desarollo Industrial de Polonia y Otros Escritos sobre el Problema Nacional,* México, Siglo XXI, 1979.

centralização do poder. Ao contrário, a descentralização favorecia os interesses da elite feudal que impedia o desenvolvimento das cidades e lucrava com a concentração de terras[67].

A descentralização pode justificar a desintegração territorial e, com certeza, ajuda a entender o desenvolvimento industrial tardio da região, pois a prosperidade da expansão agrícola deu força para a elite agrária limitar a expansão das cidades ao fortalecer as importações, falindo, assim, os comerciantes locais.

No final do século XVII, diversas guerras acabaram com a estrutura agrária polonesa, diminuindo o território e a população, deixando a região em uma situação complicada, econômica e politicamente. É neste período que a nobreza começa a criar sua identidade com os ancestrais sármatas[68] e o fanatismo católico. O desenvolvimento dos conflitos durante o século XVIII com as outras monarquias europeias levou ao fortalecimento da identidade católica como forma de se opor à dominação externa, pois a maioria dos países havia passado pelas tensões da Reforma e Contrarreforma. A religião tornou-se a justificativa para os conflitos com os reis poloneses levando à invasão russa em 1767 e às repartições entre os impérios russo, austro-húngaro e prussiano.

Essa divisão transformou-se na questão polonesa durante o século XIX e primeira metade do XX, pois a Polônia não se constituiu em Estado nacional com território autônomo, com uma elite independente e com uma economia gerida por esta. O sentimento nacionalista polonês foi, assim, construído artificialmente por uma aristocracia ameaçada no século XVIII e que acabou de fato perdendo seus domínios, tendo como consequência o fervor católico por parte dos poloneses, o ódio aos judeus e o surgimento de Pogrons nas regiões dominadas pela Rússia.

Dentro dessa temática, Luxemburgo tomou uma posição política bastante polêmica: ela era contra a independência da Polônia, defendida pelo Partido Socialista Polonês (PPS). Por isso, em 1893, fundou, junto com outros companheiros, o Partido Social-democrata do Reino da Polônia e Lituânia (SDKPiL), que defendia o internacionalismo, a revolução socialista e a união entre proletários russos, poloneses e alemães. Eles se opunham à opinião majoritária da

---

67. Perry Anderson, *Linhagens do Estado Absolutista*.

68. Povo originário de uma antiga e "vasta região setentrional da Europa e da Ásia (em que depois se incluíam a Polônia, a Moscóvia, e a Tartária)" (Cf. *Dicionário Eletrônico Houaiss*).

época, que defendia o princípio da autodeterminação dos povos como uma luta revolucionária dentro de situações de opressão de um país sobre outro.

A tese de doutorado de Rosa Luxemburgo é um trabalho que embasa teoricamente sua postura política. Ela se preocupou em estudar a Polônia russa, a parte mais importante segundo ela, e seu desenvolvimento industrial, que só foi possível após o esgotamento agrário da região e sua dominação pelo Império russo que centralizou o Estado e propiciou o surgimento da atividade industrial. A Polônia estaria assim inextricavelmente ligada à Rússia, por ser a região industrial do império e ter nele seu mercado consumidor. Caso a Polônia se tornasse independente sua única opção seria voltar-se para a Europa ocidental como um país dependente, o que de fato ocorreu após a Primeira e Segunda Guerras Mundiais.

Logo após a defesa de seu doutorado, que justificava a posição política de seu partido (SDKPiL), Luxemburgo se dirigiu para a Alemanha para atuar no Partido Social-democrata Alemão, o maior partido socialista da Europa naquele momento. Militou, até o fim de sua vida, nas duas organizações – a polonesa e a alemã.

Sua chegada ao SPD poderia ser chamada de triunfal: Rosa se colocou logo de início no debate entre os grandes teóricos do partido. Espaço reservado aos homens, ela disputou em pé de igualdade com eles as táticas e teorias da organização, negando-se a se limitar à luta feminista, espaço reservado às mulheres na social-democracia[69].

Nos anos de 1896-1897, Eduard Bernstein publicou o que seriam suas primeiras teses revisionistas. Ele era um importante teórico do partido, tido como herdeiro do pensamento de Engels; por isso, a posição teórico-prática de Bernstein causou um grande debate na social-democracia. Até ali o partido agira dentro da tática eleitoral, buscando aumentar sua participação no parlamento e sua influência política para a implementação de reformas favoráveis aos trabalhadores. Mas isso não o fez abandonar sua retórica revolucionária, reafirmando a tomada do poder socialista como seu objetivo final.

---

69. Não se pretende aqui diminuir a importância dessa luta, nem de sujeitos históricos como Clara Zetkin, mas a delimitação deste como o único espaço das mulheres socialistas demonstra as limitações da época em relação à questão feminina. Quer se enfatizar a importância de Luxemburgo como referência também para essa luta, ainda que ela não se colocasse neste espectro. Ver Lisa Ann Rainwater Von Suntum, *The Rosa Myth. A Feminist Reading of Rosa Luxemburg in Twentieth Century German Culture*.

A tese de Bernstein defendia o abandono da teoria revolucionária, do colapso do sistema capitalista e da necessidade do assalto ao Estado. Para ele seria possível alcançar o socialismo através das reformas parlamentares, constituindo-se esse objetivo em uma luta de longo prazo para a conquista da maioria parlamentar pela social-democracia.

Em seus primeiros artigos de 1896-1897, "Probleme des Sozialismus"[70] ("Problemas do Socialismo"), publicados pela revista *Die Neue Zeit*, Bernstein introduz sua proposta baseada na experiência dos sindicatos ingleses e nas críticas de John A. Hobson àqueles que ignoravam a importância da compreensão econômica para estabelecer as reformas. Este autor inglês é conhecido por ser um dos primeiros a usar o termo "imperialismo" na discussão intelectual sobre o tema em 1902[71], mas até a época em que Bernstein escreveu os artigos, Hobson preocupava-se com a questão da distribuição da renda e da coletivização da produção.

A partir da ideia de coletivismo, necessidade de criar comunidades coletivistas e não de fazer a coletivização, Bernstein reformulou toda a análise socialista da sociedade, defendendo que havia uma tendência para a proliferação de médias empresas e não para a concentração da grande indústria e que mesmo a agricultura camponesa não havia sido totalmente suprimida pela industrialização. A crise agrária na Inglaterra, entre 1882 e 1892, teria sido resolvida taxando a renda da terra porque os *Landlords* e arrendatários não poderiam pressionar os salários dos trabalhadores, uma vez que estes tinham adquirido força política e pressionavam para não arcarem com os custos da crise. Assim, a democracia estabelecida na Inglaterra teria possibilitado uma vitória dos trabalhadores e a concorrência no mercado internacional realizaria uma primeira expropriação dos rentistas ao baixar seus lucros sem diminuir o salário.

Em seguida, Eduard Bernstein conclui que a social-democracia precisaria atualizar seu programa incentivando as cooperativas, geridas em seu conjunto por um Estado. Para ele, a palavra de ordem "sociedade comunista" era vazia de sentido, não explicaria a forma dessa sociedade e era preciso, por isso, falar em cooperativas de produção. Além disso, não se poderia imaginar a consti-

---

70. Eduard Bernstein,"Probleme des Sozialismus", *Die Neue Zeit*, 15.1896-97, vol. 1 (1897), n. 6, pp. 164--171, n. 7, pp. 204-213, n. 10, pp. 303-311, n. 25, pp. 772-782; vol 2 (1897), n. 30, pp. 100-107, n. 31, pp. 138-143.

71. Eric Hobsbawm, *op. cit.*

tuição de comunidades autogestionadas que trocariam produtos entre si, era necessário um Estado para organizar a vida de milhões de pessoas.

Seus artigos geraram muitas polêmicas, especialmente no Congresso de Stuttgart em 1898. Para defender sua posição, Bernstein publicou o livro *Voraussetzungen des Sozialismus und die Aufgaben der Sozialdemokratie* (*Pressupostos do Socialismo e as Tarefas da Social-democracia*)[72], no início de 1899. No prefácio, ele explica que a publicação servia para justificar suas posições expressas nos artigos anteriores e na carta que encaminhou para o Congresso de Stuttgart, lida por Bebel. O autor intencionava defender as reformas como objetivo da social-democracia, desconstruir a *Zusammenbruchstheorie*, que imperaria no partido e, principalmente, em seu programa:

> Ninguém colocou em questão a necessidade para a classe trabalhadora de lutar pela democracia. O que se discute é a teoria do colapso (*Zusammenbruchstheorie*) e a questão de se, dado o grau de desenvolvimento econômico da Alemanha e de maturidade de sua classe trabalhadora na cidade e no campo, pode a social-democracia apoiar-se em uma catástrofe repentina. Eu respondi que não e continuo negando, porque, a meu ver, há no avanço contínuo uma maior garantia de sucesso duradouro, do que nas possibilidades que uma catástrofe oferece[73].

O autor inicia o livro explicando os pressupostos do marxismo que ele depois critica e em parte reavalia: o materialismo histórico, a luta de classes e o desenvolvimento do capital. O materialismo seria o elemento mais importante da teoria marxista e aquele que daria origem à interpretação economicista da sociedade. Embora Marx e Engels tenham levantado questões subjetivas, culturais, de valores etc., o que teria mais peso em seus textos seria a estrutura econômica das formas de vida. No entanto, Bernstein enxergava em seu tempo o aumento da relevância dos fatores ideológicos, o que tornaria necessária uma reavaliação das tarefas históricas da social-democracia.

O marxismo se fundamentaria, com base no materialismo, na luta de classes e no desenvolvimento do capital que levariam às crises periódicas causadas pela anarquia da produção e subconsumo das massas; a consequência seria a maior centralização do capital, aumentando o número de proletários na luta contra os capitalistas.

---

72. O título em português é *Socialismo Evolucionário*, tradução feita do inglês.
73. Eduard Bernstein, *Die Voraussetzungen des Sozialismus und die Aufgaben der Sozialdemokratie*, Berlin, Dietz Verlag, 1991, p. 10.

Bernstein passa a desconstruir essas ideias, elaborando concomitantemente uma proposta de prática diferente para a social-democracia. Inicialmente, diz que a teoria do valor de Marx seria muito abstrata para entender as relações reais, pois não se poderia explicar a estrutura do capitalismo naquele momento através da taxa de mais-valia, já que ela teria diminuído naqueles anos com o aumento dos salários. A maior parte da riqueza produzida não viria da exploração do trabalho alheio, o que diminuiria a importância dessa taxa para entender a (in)justiça na repartição do produto do trabalho.

Através dos dados de imposto de renda e número de acionistas em sociedades anônimas, Bernstein tentou provar que o número de ricos aumentou no final do século XIX e, portanto, teria havido uma melhoria nas condições da população como um todo.

O crescimento do número de rentistas alargaria a distribuição de renda, caminhando no sentido contrário ao colapso. Outra prova desse sentido estaria na equiparação entre oferta e demanda, apesar do desenvolvimento das forças produtivas e do aumento da produção, o que só seria possível com o incremento das classes médias. Segundo Bernstein,

> [...] se o colapso da sociedade moderna depende do desaparecimento das colunas intermédias, entre o vértice e a base da pirâmide social, se depende da absorção dessas classes médias pelos dois extremos acima e abaixo delas, então a sua efetivação não está hoje mais próxima de verificar-se na Inglaterra, França, Alemanha do que estava no princípio do século XIX[74].

Outro fator de contraposição às tendências apontadas no programa social-democrata seria o crescimento das pequenas e médias empresas, coexistindo com a grande indústria, a depender do ramo, sendo este desenvolvimento contraditório com a teoria da centralização do capital. Esse aspecto se explicaria porque as grandes empresas, em alguns setores, incentivariam as pequenas ao baratearem os materiais de trabalho e liberarem capital e força de trabalho. Esses novos ramos seriam possibilidades de investimento, de capital novo no mercado e corresponderiam à demanda por novos produtos de consumo que a maior riqueza da comunidade faria surgir.

Dessa forma, as crises periódicas tenderiam a desaparecer, porque o capitalismo desenvolveria mecanismos organizativos que diminuiriam a anarquia

---

74. Eduard Bernstein, *Socialismo Evolucionário*, p. 74.

do sistema. Entre eles estariam os trustes e cartéis, que tenderiam a equalizar oferta e demanda. No entanto, a anarquia ainda estava presente e crises setoriais ou locais seriam possíveis por isso, mas não mais uma crise geral, porque a produção em diversos ramos estaria organizada (em trustes e cartéis), o mercado mundial era extenso e a produção de alimentos muito grande, eliminando as possibilidades de superprodução real e geral e crises de subsistência.

Nessa análise truncada e nada dialética do autor, o sistema de crédito cumpre papéis essenciais. Primeiro, ele expandiria as pequenas e médias empresas, porque os bancos disponibilizariam o capital da grande indústria para o desenvolvimento das menores (a liberação de capital, citada acima) e também a expansão do número de acionistas possibilitaria a inversão de capital alheio nesses setores. O crédito desenvolveria ao longo do tempo sua função positiva, criando modalidades de produção, em detrimento da negativa, a especulação, que diminuiria com a tendência à organização do sistema. Segundo Bernstein,

[...] quanto mais antigo é um setor de produção, segundo as modernas formas, excetuando a fabricação de simples artigos de moda, tanto mais o momento especulativo deixa de exercer um papel decisivo. As condições e movimento do mercado são, então previstos com mais exatidão e tomados em consideração com maior dose de certeza[75].

No entanto, vimos que as crises locais não desaparecem totalmente e aqui surge o segundo papel do crédito: poderia controlar as conturbações através do mercado monetário, ou bloqueio do crédito, em países com um sistema já desenvolvido e "bem regulado". Esse sistema permitiria também um controle do mercado, evitando-se a superprodução. Por fim, um terceiro papel estaria nas cooperativas que emprestam capital aos camponeses, fomentando a pequena produção, o que para ele seria um caminho para o socialismo.

Bernstein fala superficialmente da questão da demanda e não aponta para a formulação de um problema, ele a utiliza para sustentar sua teoria do crescimento das classes médias e organização do sistema capitalista, conforme a citação:

O que, acima de tudo, caracteriza o moderno estilo de produção é o grande incremento no poder produtivo da mão de obra. O resultado é um não menor incremento de produção – a produção em massa de bens de consumo. Onde estão esses ricos? Ou, para

75. *Idem*, p. 80.

ENTRE A MONARQUIA CONSTITUCIONAL E A REVOLUÇÃO   61

ir diretamente ao fundo do problema: onde está o produto excedente que o assalariado industrial produz acima do seu próprio consumo, limitado este pelo salário recebido? Se os "magnatas capitalistas" tivessem estômago dez vezes maior do que a sátira popular lhes atribui, e conservassem dez vezes tantos servidores quantos na realidade têm, mesmo assim o seu consumo não passaria de uma pluma na balança, contra a massa anual de produto nacional, pois devemos compreender bem que grande indústria capitalista significa, acima de tudo, produção em grandes quantidades. [...] Ou uma diminuição relativamente crescente do número de capitalistas e um aumento da riqueza do proletariado, ou então uma classe média numerosa – eis as únicas alternativas que nos são concedidas pelo incessante aumento de produção. Crises e despesas improdutivas com exércitos etc., consomem bastante, mas mesmo assim absorvem só, em última análise, uma parte fraccional do produto excedente total[76].

Para ele, a conjuntura em que viviam demonstrava uma maior distribuição da riqueza através do aumento dos salários e do crescimento das classes médias, comprovado pela "produção em massa de bens de consumo", que só poderia ocorrer se houvesse procura, encontrada no aumento das camadas médias. Assim, para Bernstein a demanda moveria a produção, sem a primeira, a segunda não aconteceria[77].

Após a crítica ao marxismo e a explanação de seus pressupostos, Eduard Bernstein identifica quais seriam "as tarefas e possibilidades da democracia social"[78].

O autor coloca como base de sua definição de socialismo a cooperatividade (*Genossenschaftlichkeit*), pois o conceito reuniria a expressão econômica e jurídica do quê deveria ser o modo de produção socialista. Ele se afasta do materialismo histórico, porque o ordenamento jurídico seria o definidor das sociedades e não as relações de produção. Deste modo, as duas condições para a realização do socialismo identificadas por Bernstein na teoria materialista

---

76. *Idem*, pp. 59-60.
77. Embora a demanda apareça em 1899, este não foi o foco de Luxemburgo e sim apenas em 1913, quando debateu com um grupo de adeptos do revisionismo/reformismo que se sustentavam na reciprocidade entre oferta e demanda e na necessidade da distribuição da riqueza social, baseados, em geral, na teoria de Tugan-Baranovsky, a qual Rosa critica em *A Acumulação do Capital*, pois teve mais influência sobre as teorias revisionistas, mesmo que Bernstein não o tenha lido já que foi traduzido para o alemão apenas em 1901.
78. Eduard Bernstein, *Socialismo Evolucionário*, p. 87. Título do capítulo três da edição brasileira. Na edição alemã, o título está com o termo "*Sozialdemokratie*" (social-democracia) e não "democracia social", como em português.

– o desenvolvimento das forças produtivas com a centralização de capital e a conquista do poder político – não se concretizariam. A primeira condição, segundo ele, seria apenas parcial, já que boa parte da produção permaneceria entre pequenas e médias empresas; e a segunda condição teria duas saídas: o parlamento ou a revolução.

Marx e Engels teriam sempre enfatizado a necessidade da revolução, baseados na ideia de que o proletariado moderno seria a maioria da população. No entanto, para Bernstein, isso só seria verdade, caso se considerasse proletário todo aquele que não tivesse propriedade; com isso, a classe ganharia dimensão e diversidade. Por causa deste último fator, ela não se perceberia enquanto classe porque os interesses e individualidades seriam muito diversos. A solidariedade entre os diferentes níveis de trabalhadores seria possível apenas em contextos específicos.

A revolução com a estatização de todos os meios de produção seria impossível, pois o Estado não conseguiria administrar todas as empresas e tão pouco as comunidades, que não teriam o conhecimento necessário para tal. Restaria, então, testar uma nova proposta: as associações econômicas, ou cooperativas.

No entanto, Bernstein enfatiza as cooperativas de consumo e não as de produção, não por ser contra estas, mas por serem mais difíceis de se organizar. Para ele, as primeiras objetivavam baixar o lucro barateando os produtos que compravam, enquanto as segundas queriam aumentar o lucro das mercadorias que vendiam; uma tenderia à democracia e a outra à oligarquia.

Ele entende que a reorganização da fábrica não seria necessária e nem desejável, pois ou ela colapsaria a produção ou restituiria a divisão do trabalho e a hierarquização. Melhor seria pensar na distribuição e através dela reduzir a expropriação da mais-valia. Como? Reduzindo os preços com as cooperativas de consumo. Estas espelhar-se-iam na sociedade burguesa em sua organização, no entanto, é precisamente isso que as tornaria um bom instrumento, já que seria ilusão acreditar que todas as relações poderiam ser transformadas de uma só vez. O autor salienta também a importância do crédito que essas cooperativas davam para os pequenos produtores rurais, ajudando-os a se recuperar. Segundo ele, "a utilização de energia mecânica, a obtenção de crédito, a melhor segurança nas vendas, tudo isso é acessível aos camponeses por meio da cooperação, enquanto a natureza da sua lavoura torna mais fácil a eles do que aos grandes fazendeiros encarar prejuízos ocasionais"[79].

79. *Idem*, pp. 105-106.

As cooperativas seriam uma forma de expropriação gradual e única para a transformação da sociedade, um novo governo deveria pensar em trabalho cooperativo e não associado. O primeiro refere-se a vários produtores que fazem parte de cooperativas de consumo, o segundo seria a cooperativa de produção ou socialização dos meios de produção.

O autor estende o raciocínio feito na circulação – as vendas – para a produção através dos sindicatos, os quais seriam a forma de baixar a taxa de lucro nesta última esfera com o aumento dos salários. Ele acrescenta,

> [...] o resultado de um aumento no preço do trabalho humano é, na grande maioria dos casos, representado por um maior aperfeiçoamento da maquinaria e por uma melhor organização da indústria, por um lado; por uma divisão mais equitativa do produto excedente, por outro lado[80].

Os sindicatos permitiriam modificar a indústria através de uma distribuição mais igualitária da renda, mas seu papel democrático se concretizaria apenas se permanecessem como associados, sem buscar o monopólio da produção, entende-se aqui "associados aos donos da(s) fábrica(s)", do contrário, poderiam oprimir a comunidade ao se colocarem no poder sobre outras classes, o que seria antidemocrático para Bernstein, que entende democracia como a supressão total das classes. Para tal, seria preciso tirar o operariado de sua condição subalterna e o elevar à de cidadão como todos os outros.

Por isso, o sufrágio universal seria uma importante ferramenta, pois fortaleceria a democracia, base para o socialismo. Este seria um modo de produção alcançado pela transição pacífica que organiza a sociedade, retirando a opressão econômica e, assim, libertando os indivíduos. O socialismo poderia ser chamado de "liberalismo organizante"[81], pois se apropriaria de categorias liberais organizando-as e universalizando de fato (como a democracia).

Diante disso, o autor defende que a construção da cidadania levaria à identificação do trabalhador com a pátria, por isso a social-democracia não deveria submeter os interesses nacionais à defesa do internacionalismo, pois este "não pode servir como motivo de sujeição inqualificável às pretensões de potências estrangeiras interessadas"[82].

---

80. *Idem*, p. 111.
81. *Idem*, p. 119.
82. *Idem*, p. 129.

Entretanto, o independentismo não serve aos povos das colônias uma vez que seria justificável a defesa de interesses alemães em Kiautschou na China e também o colonialismo, por ser um direito dos países mais desenvolvidos. Em suas próprias palavras: "A civilização mais alta pode reclamar, em última análise, um mais alto direito. Não a conquista, mas o cultivo, da terra – eis o título histórico e legal para o seu uso"[83]. A colonização não seria de todo ruim para os "povos bárbaros", a social-democracia deveria apenas cuidar do modo como esta acontecia e não ser totalmente contra. Veremos que este argumento era bastante difundido na época e algumas resoluções do SPD o aventaram.

Bernstein estabelece três frentes de atuação que deveriam estar em primeiro plano, sendo necessário rever o programa.

Primeiro, sobre a questão agrária, o SPD deveria se voltar para a *defesa do camponês* e não sua supressão, pois ele seria o "lavrador independente contra o capitalismo"[84]. Para tanto, era preciso que o partido reconhecesse a importância das *cooperativas*, as defendesse, fomentasse a sua difusão e ajudasse quando possível. Além disso era importante que se preocupasse com a organização por *municipalidade*, usando-a como base de apoio para as reformas, já que naquele momento havia alguns poderes administrativos que poderiam ser expandidos no socialismo, aliviando as responsabilidades do Estado central.

Vemos que Eduard Bernstein relativiza a importância do parlamento e do voto universal no sentido de esperar grandes mudanças a partir do Reichstag, sendo necessário ao partido abrir novas frentes de ação. Mas ele não o faz de uma perspectiva marxista ou dialética, ele inclusive tenta desconstruir essas teorias/metodologias. As suas preocupações e formulações analisavam o desenvolvimento particular das nações europeias, entendendo que a mesma forma histórica poderia propagar-se em outros lugares, semelhante à ideia implícita no binômio desenvolvido-subdesenvolvido; ignorava as relações do mercado mundial, as relações mais amplas do capitalismo, desconhecendo a extensão do problema.

Por isso, para ele, era muito fácil separar economia e política, categorizando sindicatos como atuação política, por exemplo, e dividindo uma esfera da administração política e outra econômica. Em muitos aspectos, ele propõe a permanência de características do modo de produção capitalista sem entender

---

83. *Idem*, p. 133.
84. *Idem*, p. 134.

o quanto elas fazem parte de sua estrutura, simplesmente transpondo para o socialismo como algo, por princípio, bom desde que fosse modificada a distribuição da renda[85].

Em muitos aspectos, Bernstein quer pôr os pés no chão com propostas bastante práticas e factíveis, opondo-se aos defensores da Comuna de Paris, ao propor que é necessário um Estado para organizar as comunidades e que a fábrica não pode ser administrada pelos trabalhadores porque prejudicaria o desenvolvimento da produção. Nesses aspectos, seu pensamento se aproxima de outros marxistas, mas em vez de apropriar-se e modificar a análise de Marx, angariando adeptos, Bernstein criticou-o, o que levou à sua marginalização. Em certo sentido, o seu destino foi parecido com o de Rosa Luxemburgo[86], embora estivessem em lados opostos da disputa.

Se observarmos a história do SPD veremos que as propostas de Bernstein já vinham sendo aplicadas na social-democracia desde 1890. Apesar da decisão congressual de negar todos os projetos e pedidos no parlamento, utilizando o espaço apenas como plataforma de propaganda, vimos como Vollmar foi um dos primeiros a defender e aplicar a tática das concessões que visava conquistar direitos para os trabalhadores e deixava o objetivo final em segundo plano. Mas, em Bernstein isso ganhou outra dimensão. Os reformistas da ala de Vollmar eram práticos e encontram em Bernstein a sua teoria, embora muitos deles tenham negado a pecha de revisionistas.

Em seus textos, o autor estabelece os principais pontos de debate da social-democracia destes anos envolvendo o colapso, que tem como sua outra face a revolução. Em seu livro, Bernstein, por exemplo, recusa a ideia do acirramento das contradições que levariam ao colapso e à revolução. Em nota ele diz, " 'revolução' é usado aqui, exclusivamente, no seu significado político, como sinônimo de um levante ou força ilegal. Para a mudança na ordem da sociedade, por outro lado, usa-se o termo 'reorganização social' o que deixa em acerto a questão do processo"[87].

---

85. Esse tipo de pensamento, que não problematiza as relações dentro da fábrica, a divisão do trabalho etc., era muito comum à época e não exclusividade de Bernstein. Luxemburgo também, em alguns momentos, tem dificuldades em sair da linha evolutiva da história.

86. Não quero com isso concordar com certos autores (Michael Krätke, por exemplo) que dizem ser o livro de Rosa Luxemburgo um certo tipo de revisionismo, porque este último termo não tem apenas o sentido de "rever uma teoria", mas é um conceito que determina certa corrente de pensamento econômico em determinado momento da história. A semelhança de Luxemburgo e Bernstein está na marginalização do pensamento de ambos que se deu posteriormente e a qual atribuo às críticas de cada um a Marx.

87. Eduard Bernstein, *Socialismo Evolucionário*, nota 2, capítulo três, p. 166.

Como disse Luxemburgo na citação que abre esta seção, essas ideias não eram novas no partido e a ala esquerda tinha consciência disso na época, esperando que elas não ganhassem influência na direção da organização, o que de fato aconteceu nas décadas seguintes quando foi escolhido um curso para o movimento operário que significava o apaziguamento e a conciliação com os interesses da classe dominante. Mas até a organização atingir esse quadro houve muita disputa, idas e vindas.

Em 1898-1899, Luxemburgo iniciou seu combate ao revisionismo, respondendo os textos de Bernstein com o apoio de importantes simpatizantes que havia conquistado logo de início, como Karl Kautsky e August Bebel. Sua série de artigos publicados no *Leipziger Volkszeitung* foi transformada na brochura *Reforma Social ou Revolução? (RR),* em 1899, a pedido de Bruno Schoenlank, admirador e editor do jornal. A primeira edição da brochura teve três mil exemplares e saiu em abril daquele ano, tendo vendido já em maio 2500 cópias[88]. Em 1908, recebeu uma segunda edição com alterações. Adiante, veremos que as alterações feitas dizem muito sobre o desenvolvimento teórico-prático do partido.

O texto divide-se em duas partes: a primeira corresponde às críticas aos textos de Bernstein de 1896 e 1897, principalmente *Problemas do Socialismo,* e a segunda são críticas ao livro *Pressuposto do Socialismo,* de 1899. Além de contar com o anexo "Milícia e Militarismo".

O objetivo principal de Luxemburgo nessa brochura é demonstrar que as alterações no programa, propostas por Bernstein, não envolviam apenas a tática, mas a própria essência das tarefas da social-democracia, transformando-a em um partido por reformas e excluindo a revolução de seu horizonte. Seu ponto de partida é inverso ao de seu opositor, tanto na consequência prática quanto na análise teórica: para Luxemburgo, o capitalismo caminha para uma anarquia crescente, seria em si um modo de produção desordenado e essa era a razão da necessidade de sua superação pelo socialismo. O caos capitalista constitui, para Luxemburgo, a objetividade da revolução, sua necessidade histórica, e é resultado do desenvolvimento das contradições internas do modo de produção até um impasse que torne a sua continuidade impossível[89].

---

88. Erhard Hexelschneider, *Rosa Luxemburg und Leipzig.*

89. A anarquia seria produzida pela incongruência entre produção e consumo, causada pela falta de planejamento. Esta existe porque o capitalismo tem como objetivo a produção de lucro em escalas cada vez maiores e não a satisfação das necessidades humanas. Luxemburgo não trata disso tão claramente nessa brochura, só aparece em *A Acumulação do Capital.*

Partindo desse pressuposto, Luxemburgo discorre sobre os temas que Bernstein e outros reformistas colocaram em debate: crises periódicas, crédito, associações patronais, sindicatos, democracia, política alfandegária, militarismo e colapso. A maioria desses temas apareceu muitas vezes nas discussões do partido e alguns eram importantes também para a economia política alemã, quais sejam, o militarismo e as tarifas alfandegárias.

Do ponto de vista da teoria econômica e do pressuposto "anárquico", as crises seriam a *forma* do colapso do sistema. No entanto, a *forma* tem uma importância secundária, pois para Rosa, não era o essencial para a revolução; a certeza nesta baseava-se

> [...] na crescente anarquia da economia capitalista, que faz do seu declínio um resultado inevitável; em segundo lugar, na crescente socialização do processo de produção, que cria os fundamentos positivos da futura ordem social; e, terceiro, no crescente poder e consciência de classe do proletariado, que constitui o fator ativo da transformação vindoura[90].

Por isso, quando Bernstein afirmou que o capitalismo tem uma organização crescente, ele destruiu o primeiro pilar do socialismo. Partindo deste pressuposto, Luxemburgo defende a teoria marxista e que as crises não são perturbações do sistema, ao contrário, são seu mecanismo de reorganização do descompasso entre produção e consumo. Sem elas, o capitalismo não existiria. Por outro lado, um mecanismo interno que ameaçaria o capital constantemente seria a queda da taxa de lucro, que se origina no "desenvolvimento da produtividade do trabalho, que possui a tendência extremamente perigosa de impossibilitar a produção para todos os capitais menores e médios e, assim, coloca barreiras ao progresso das inversões de capital e à sua nova formação"[91]. De maneira sucinta, Rosa apresenta o que considera o dispositivo capitalista com maiores chances de levar o sistema ao colapso.

Ao longo dos anos, esses temas aparecem de maneira marginal nos textos de Luxemburgo, talvez porque não houve nenhuma grande crise no período (*Belle Époque*) e porque o militarismo movia mais paixões e se escancarava na corrida armamentista[92].

---

90. Rosa Luxemburgo, "Reforma Social ou Revolução?", em Isabel Loureiro (org.), *Rosa Luxemburgo: Textos Escolhidos.*,vol. 1, p. 8.

91. *Idem*, p. 44.

92. Segundo Krätke, ela não entrou no debate sobre as crises nos anos que se seguiram, no entanto, alguns de seus textos falam sobre o tema, mas sem aprofundar. Em *A Acumulação*, as crises são evocadas

Mesmo assim, é interessante ver que o entendimento das crises se modifica da primeira para a segunda edição da brochura, acompanhando a conjuntura. Em 1899, Luxemburgo disse que o fato das crises não ocorrerem em intervalos de dez anos como Marx previra não invalidaria sua teoria, ainda mais porque as crises da primeira metade do século XIX seriam da infância do capitalismo, pois ele não estaria plenamente desenvolvido na maioria dos países. As crises periódicas, às quais Marx se referia, seriam características do início e do final do capitalismo e eles estariam ainda na transição.

Assim que o mercado mundial esteja devida e completamente constituído e não possa mais ser aumentado por expansões repentinas, e que, simultaneamente, a produtividade do trabalho progrida de modo implacável, então, mais cedo ou mais tarde, terá início o conflito periódico das forças do trabalho com os limites da troca, conflito que, por si só, por meio de sua repetição, tornar-se-á cada vez mais brusco e agitado[93].

O trecho citado e boa parte dessa análise se alteraram em 1908, e um dos motivos para isso foi a crise de 1907. Essa crise foi iniciada no mercado financeiro dos Estados Unidos derrubando a bolsa de valores de Nova Iorque, o que foi causado pela tentativa de monopolização de ações de uma mineradora de cobre que falhou e expôs uma série de irregularidades no mercado de ações, incluindo as empresas de trustes que se alastravam pelos Estados Unidos[94]. Após esse episódio, Rosa substitui o trecho anterior pelo seguinte:

A resposta não se fez esperar. Quando Bernstein, em 1898, havia acabado de mandar a teoria das crises de Marx para o ferro-velho, no ano de 1900 eclodiu uma forte crise geral e,

---

apenas para dizer que o problema da reprodução ampliada capitalista não deveria ser estudado desta perspectiva. Veremos adiante.

93. Rosa Luxemburgo, "Reforma Social ou Revolução?", em Isabel Loureiro (org.), *Rosa Luxemburgo: Textos Escolhidos*, vol. 1, p. 20.

94. Nesse mesmo período, o café passava por dificuldades no Brasil devido à superprodução. Segundo Carone, os preços do produto caíam desde 1895, o que favoreceu a entrada de empresas internacionais de exportação, entre elas a empresa de Pierpont Morgan, fundador do banco J. P. Morgan, importante agente na estabilização após a crise de 1907. A queda dos preços e a crescente produção levou à assinatura do Convênio de Taubaté em 1906 que estabeleceu a compra de parte da safra pelo Estado e sua estocagem para manter minimamente o preço do café no mercado mundial. Ver Edgar Carone, *República Velha (Instituições e Classes Sociais)* e Carola Frydman; Eric Hilt & Lily Zhou, *The Panic of 1907: JP Morgan, Trust Companies, and the Impact of Financial Crisis*. Rosa Luxemburgo, em suas aulas, disse que a super safra de 1906/1907 gerou pânico no mercado mundial de café, tendo os cafeicultores brasileiros obrigado o governo a comprar o produto para manter seu preço no mercado mundial. Fundo Rosa Luxemburg, BArch NY 4002/16, Bl. 116 e 117.

ENTRE A MONARQUIA CONSTITUCIONAL E A REVOLUÇÃO   69

sete anos depois, em 1907, uma nova crise expandiu-se dos Estados Unidos para o mercado mundial. Com isso, até mesmo a teoria da "adaptação" do capitalismo foi destruída por fatos decisivos. Ao mesmo tempo, isso demonstrou que aqueles que haviam abandonado a teoria das crises de Marx, apenas por ela ter supostamente falhado em dois "momentos decisivos", tinham confundido o núcleo dessa teoria com uma particularidade exterior irrelevante de sua forma – com o ciclo de dez anos. A formulação da circulação da indústria capitalista moderna como um período de dez anos, porém, era, na teoria de Marx e Engels nos anos 1860 e 1870, uma simples constatação dos fatos, que, por sua vez, não estava baseada em quaisquer leis da natureza, mas em uma série de determinadas condições históricas, que estavam ligadas aos saltos expansivos da esfera de atuação do jovem capitalismo[95].

Os acontecimentos do início do século permitiram a ela retomar com certeza e vigor a teoria das crises de Marx, ratificando-a ao mesmo tempo em que ridicularizava o revisionismo. Luxemburgo mantém sua análise de que o ciclo de dez anos é algo marginal em Marx, enfatizando a repetição das crises com *certa* periodicidade, ou seja, não seria possível dizer o intervalo exato, mas haveria algum, determinado de acordo com o avanço das forças produtivas e a velocidade de rotação do capital. Por outro lado, ela é menos taxativa quanto às barreiras da expansão do capitalismo, ao excluir o trecho em que o colapso se sustenta nos limites de ampliação do mercado, gerando crises típicas da velhice do capital. Luxemburgo insiste, em 1908, que a expansão do mercado mundial é finita, mas o capital tentaria superar essa fronteira a todo o momento e um de seus mecanismos para tal seria o crédito.

Para Luxemburgo, o crédito expande os limites do capital privado e acelera o processo de circulação de mercadorias, "ou seja, todo o ciclo do processo de produção"[96]. Ao mesmo tempo, ele intensifica as contradições porque o consumo não acompanha a expansão da produção. Diferente de Bernstein, para ela, o crédito atua como intensificador das crises e não apaziguador, porque possibilita maior produção, mas não aumenta o consumo na mesma velocidade, sem contar seu efeito especulativo, o qual Bernstein quer apagar.

Semelhante acontece com os trustes e cartéis. Eles têm o objetivo de garantir maior fatia do lucro geral para determinada empresa capitalista e, ao

---

95. Rosa Luxemburgo, "Reforma Social ou Revolução?", em Isabel Loureiro (org.), *Rosa Luxemburgo: Textos Escolhidos*, vol. I, p. 18.
96. *Idem*, p. 12.

fazê-lo, acirram a concorrência no mercado mundial, retirando de outros lugares os seus lucros adicionais através da expansão desse mercado. Este, no entanto, estanca em determinado momento, diminuindo a demanda. Quando isso acontece, o capital socializado "retrocede para capital privado"[97], iniciando um novo ciclo. Além disso, essas associações estimulam a disputa entre produtores e consumidores, já que os primeiros monopolizam os preços interna e externamente, deixando os segundos ao sabor das conjunturas econômicas e necessidades do capital de contenção da queda da taxa de lucro.

Desse modo, não seria possível atingir o socialismo por meio das reformas, primeiro porque os supostos meios de adaptação (crédito e associações patronais), na verdade, levavam à crise, como dito anteriormente, e segundo porque a política de Estado no capitalismo seria sempre a política da classe dominante. Por isso, as reformas teriam seus limites colocados nos interesses da burguesia e a democracia seria um instrumento dessa classe, teria um conteúdo burguês naquele momento, apesar de ser uma forma socialista. Nesse contexto, os sindicatos deveriam atuar apenas para minimizar a exploração e desenvolver a consciência de classe do proletariado e não fazer acordos com os patrões para regular os preços e salários, pois, dessa forma, atuariam em favor das leis do capitalismo contra os consumidores e passariam longe do controle do processo produtivo[98]. Assim, esses instrumentos não poderiam atingir o socialismo gradualmente, apenas através da revolução ele poderia ser posto – revolução entendida nesse texto como a conquista do poder político pelo proletariado, a tomada do Estado. Luxemburgo não define exatamente a forma dessa revolução, ao longo dos anos ela reiterou diversas vezes que esta não pode ser pré-determinada, e sim que precisa ser feita, sendo o seu significado genérico a tomada do poder do Estado pelo movimento operário.

Enquanto Bernstein defende a transformação gradual do Estado capitalista para o socialista através da luta interna, no parlamento, Rosa enfatiza o conteúdo de classe do Estado democrático de direito, trazendo para o primeiro plano a luta de classes, justamente aquilo que Bernstein abandonou junto com o materialismo histórico. Para Luxemburgo, ele tentaria colocar o movimento operário a reboque da burguesia, como se esta fosse a grande salvadora

---

97. *Idem*, p. 16.

98. Para Rosa, a confusão sobre o conteúdo dessas formas no capitalismo era compartilhada por muitos parlamentares social-democratas.

da humanidade, quando, na verdade, sua ala mais progressista, os liberais, teriam fracassado e sucumbido aos conservadores[99]. Era, portanto, papel dos trabalhadores retomar o rumo da história e garantir a democracia, bem como desenvolvê-la, pois, ainda que seu conteúdo nesta sociedade fosse burguês, ela servia ao movimento, permitindo sua organização e desenvolvimento da luta de classes.

Rosa entende que a democracia não era necessária para o desenvolvimento do capitalismo e em alguma medida atrapalharia os interesses da burguesia. Esta era uma conquista do movimento operário e, em alguns casos, o voto universal teria sido concedido para estabilizar regimes monárquicos. Lembremos de Hobsbawm e Herbert: apesar da vontade individual de governantes como Guilherme II, o retorno ao absolutismo não era possível depois da Comuna de Paris. A burguesia precisava negociar e ao longo da era dos impérios ela aprendeu que este regime político não era incompatível com seus interesses, era preciso cuidar de manipular as massas e manter os partidos socialistas dentro da esfera da legalidade[100].

Para Luxemburgo, a burguesia se adapta a regimes políticos de acordo com as necessidades da conjuntura e a legislação trataria de conformar a sociedade ao fundamental no capitalismo: a exploração do trabalho. Por isso, basear-se na justiça e na legalidade para alcançar o socialismo seria idealista, recusando-se a ver nas relações sociais de produção a fonte das desigualdades, como se o problema estivesse na distribuição de renda.

Anteriormente vimos que Bernstein não esconde sua discordância com o materialismo histórico, considerando-o ultrapassado. É dessa crítica que surge toda a teoria bernsteineana, termo que Rosa substitui por *revisionista* em 1908. É por isso que ele não vê o colapso como algo necessário, mas para nossa autora:

> Nada mais do que o entendimento de toda a economia capitalista como um *fenômeno histórico*, e não apenas para trás, como, no melhor dos casos, a economia clássica o entendia, mas também para a frente, não apenas com vistas ao passado econômico-natural, mas, sobretudo, também com vistas ao *futuro socialista*. O segredo da teoria do valor de Marx, de sua análise do dinheiro, de sua teoria do capital e, assim, de todo o sistema econômico

---

99. A revolução de 1848/1849 sucumbiu aos príncipes na Alemanha e a modernização capitalista foi realizada pela aristocracia *Junker*.
100. Eric Hobsbawm, *op. cit.*

– a transitoriedade da economia capitalista, o seu colapso, ou seja – e isso é apenas o outro lado – *o objetivo final socialista*[101].

A moeda da revolução tem de um lado o socialismo e de outro o colapso. Três conceitos fundamentais, assim, norteiam o texto: a história, a anarquia capitalista e o colapso.

Para Isabel Loureiro, o problema central que perpassa toda a obra de Rosa Luxemburgo é a relação entre consciência e processo histórico objetivo. A socialista tinha como fio condutor de seu pensamento político a ação revolucionária e a partir dessa preocupação formulou propostas de organização e fez sua pesquisa econômica. Luxemburgo sempre enfatizou a prática revolucionária no par teoria e prática, colocando para a história um sentido teleológico que guiaria essa prática: o socialismo, a revolução. Assim, Loureiro afirma que tanto *Reforma Social ou Revolução?* quanto *A Acumulação do Capital* são obras que apontam uma base objetiva econômica para a revolução em oposição ao moralismo revisionista[102].

No texto *Reforma Social ou Revolução?* de 1899, o materialismo histórico aparece como uma teoria que se sobrepõe aos acontecimentos, sendo capaz de predizê-los ou ao menos apontar um caminho certeiro, uma "verdade teórica revolucionária"[103]. Como vemos na última citação, o capitalismo é um fenômeno que possui história passada, mas também futura, "um presente grávido de futuro".

Gravidez cuja mãe é a "anarquia", o parto é o colapso e o filho, o socialismo. A história caminha para o colapso como base fundamental da teoria marxista que visa o socialismo, resultado de uma das três condições fundamentais da nova sociedade, apresentadas por Rosa em *Reforma Social ou Revolução?*: a desorganização crescente do sistema. Ainda segundo Loureiro, Luxemburgo sempre faz análises que partem do irracional para o racional – o capitalismo é a irracionalidade e o socialismo a racionalidade. Por isso, a anarquia tem papel fundamental nessa brochura: para explicar o capitalismo é preciso percebê-lo como relações de produção que não fazem sentido para as relações humanas

---

101. Rosa Luxemburgo, "Reforma Social ou Revolução?", em Isabel Loureiro (org.), *Rosa Luxemburgo: Textos Escolhidos,* vol. I, p. 54.
102. Isabel Loureiro, *Rosa Luxemburg: Os Dilemas da Ação Revolucionária.*
103. *Idem,* p. 27.

e que tendem a acabar, como todas as outras formas de produção: têm início, meio e fim.

É verdade que Luxemburgo, na brochura de 1899, é um tanto dogmática, guiando-se por uma interpretação que não critica o desenvolvimento do capital e vê uma linha progressiva da história. Tanto é assim que em diversos momentos Rosa diz que desacelerar o avanço das forças produtivas ou reduzir o mercado mundial a níveis locais seria retornar ao feudalismo e o socialismo não era o retorno à idade da pedra, mas a apropriação do desenvolvimento técnico e social do capitalismo para outros fins. Inserida em seu tempo, seria difícil que Luxemburgo fizesse uma crítica radical ao progresso, ou à ideia de progresso. Ainda assim, em trechos desse texto e de outros posteriores, a autora não aceitou de pronto esse desenvolvimento, enfatizando que a organização operária não poderia se basear em estruturas criadas a partir da exploração do trabalho[104].

Luxemburgo mudou suas posições desde este texto até 1913 e os acontecimentos históricos do período tiveram bastante relevância para tal. Se nessa brochura o sujeito aparece quase que como uma marionete das condições objetivas e do sentido histórico, a partir de 1905 ele terá preponderância em seus escritos. Essa é uma diferença de pano de fundo entre este texto e o livro *A Acumulação do Capital*: no primeiro, o sujeito é muito mais o partido, a organização, as massas não haviam se insurgido ainda; no segundo, a explicação objetiva para o sujeito revolucionário tem como fundamento histórico material a Revolução Russa de 1905, a insurreição das massas e o papel central que ganham na posição política de Luxemburgo.

Ainda uma ressalva sobre o tom dogmático da brochura. Ela foi também um panfleto contra o revisionismo, publicado meses antes do Congresso de Hannover de 1899. Em algumas citações, excluídas na edição de 1908, Luxemburgo inclusive defende a incompatibilidade das ideias de Bernstein com a social-democracia, o que levaria à sua expulsão do partido, segundo o estatuto da época. Ela diz, em três momentos:

---

104. É o caso de sua argumentação, em *RR*, sobre o exército massificado que arma o povo, mas que, no entanto, serve para a sua própria dominação. E sobre a disciplina no debate com Lenin em 1904, quando diferencia a disciplina operária daquela da fábrica. Vide Rosa Luxemburgo, "Questões de Organização da Social-democracia Russa", em Isabel Loureiro (org.), *Rosa Luxemburgo: Textos Escolhidos,* vol. 1, pp. 151-176.

[...] ele parece acreditar que ainda pode marchar de fato e de direito como integrante do partido, pois qual o "peso" que se deve conceder "se na (parte) teórica há uma frase que não está mais de acordo com meu entendimento do andar do desenvolvimento"? Essa explicação mostra, no melhor dos casos, como Bernstein perdeu completamente o tato para o nexo entre a atividade prática da social-democracia e os seus princípios gerais [...][105].

Se ao início da discussão alguém, juntamente com Bernstein, ainda esperava convencê-lo por meio de argumentos do arsenal científico da social-democracia, conseguir devolvê-lo ao movimento, precisa deixar essa esperança inteiramente de lado. Pois, agora, essas mesmas palavras deixaram de expressar, para ambos os lados, os mesmos conceitos, especificamente os mesmos conceitos deixaram de expressar os mesmos fatos sociais. A discussão com Bernstein tornou-se o conflito entre duas visões de mundo, duas classes, duas formas de sociedade. Bernstein e a social-democracia encontram-se, agora, sobre um terreno inteiramente diverso[106].

Bernstein deixa seu livro ressoar como um conselho para o partido, que ele queira arriscar parecer o que é: um partido de reforma democrático-socialista. O partido, isto é, seu órgão supremo, a convenção partidária, a nosso ver, teria que fugir desse conselho, fazendo que Bernstein, por sua vez, também apareça formalmente como aquilo que é: um progressista pequeno-burguês e democrata[107].

A expulsão não aconteceu, apenas uma reprimenda a Max Schippel, outro membro que havia criticado os princípios do SPD. O anexo, "Milícia e Militarismo", fez uma crítica direta a este último, que defendia o exército permanente em detrimento do povo em armas.

Esse anexo é uma continuação da análise do revisionismo, também chamado em diversos momentos de oportunismo. Segundo a própria autora, o militarismo comprovaria as consequências práticas da aplicação do revisionismo, mas aparece também o tema das tarifas alfandegárias. Em ambas as pautas, o que está em questão é a oposição entre objetivo final e interesses imediatos, melhor dizendo, pragmatismo. O reformismo é pragmático e introduz essa oposição (principismo-pragmatismo) dentro do movimento operário ao criticar as práticas do partido da perspectiva da burguesia, que é conjuntural, e não baseada em convicções como a social-democracia.

105. Rosa Luxemburgo, "Reforma Social ou Revolução?", em Isabel Loureiro (org.), *Rosa Luxemburgo: Textos Escolhidos*, vol. I, p. 66.
106. *Idem*, p. 82.
107. *Idem*, p. 88.

Por isso, a organização deveria combater o oportunismo a partir de três frentes: *1*. um amplo debate com as bases do partido, em assembleias e através da imprensa; *2*. posicionamento contrário a essas ideias da bancada parlamentar, que deveria inclusive se abrir mais com relação às suas discussões e decisões, deixando mais espaço para as demandas da base; e *3*. posicionamento contrário no congresso do partido.

Além do chamado prático ao combate do revisionismo, Rosa discorre bastante no anexo acerca do militarismo, das tarifas protecionistas e do Estado. Vamos ver o que Luxemburgo entende, neste momento, sobre cada um deles, tendo em mente que, para ela, Schippel seria a expressão prática da teoria bernsteineana e, por isso, sua posição deveria ser suprimida. No Congresso de Hannover, ela disse: "Importante é, para mim, o combate às manifestações concretas do oportunismo e, enquanto tal, considero sobretudo a posição de Schippel sobre o militarismo"[108]. Na brochura como um todo estes temas aparecem em diversos momentos.

Primeiro, o Estado atenderia aos interesses sociais até determinado momento, enquanto estes não estão em conflito com a burguesia. Quando o desenvolvimento econômico entra em contradição com os interesses da classe dominante, o Estado intervém na sociedade para defendê-la. Esse movimento se expressaria no protecionismo e no militarismo.

As políticas alfandegárias e o militarismo já tiveram, para a autora, um caráter progressista. As tarifas, nos primórdios da industrialização, teriam ajudado o desenvolvimento de produções capitalistas incipientes contra outras mais maduras. No entanto, havia chegado o momento em que servia apenas para a luta entre economias nacionais. Elas atrapalhariam, pois *1*. prejudicavam os consumidores, encarecendo os produtos para defender os interesses da agricultura; e *2*. impediam o desenvolvimento técnico-econômico, porque, ao proteger o lucro particular de um ramo, dificultavam as trocas comerciais entre os ramos e o desencadeamento da linha produtiva, pois os diferentes setores eram muito atrelados uns aos outros. Por exemplo, se um país produz algodão e outro tecido, o protecionismo do algodão poderia encarecer ou até inviabilizar a produção do tecido.

Quanto ao militarismo, Luxemburgo adverte: "Quando observamos sua história, não como ela poderia ou deveria ter sido, mas como de fato foi,

---

108. Rosa Luxemburg em *Protokoll des Parteitages abgehalten zu Hannover*, 1899, p. 266.

76 ROSA LUXEMBURGO – CRISE E REVOLUÇÃO

precisamos então constatar que a guerra constituiu um fator indispensável do desenvolvimento capitalista"[109].

Por esse motivo, o militarismo teria cumprido um papel progressista para o desenvolvimento do modo de produção, expandindo suas fronteiras. Mas no final do século XIX, para Rosa, não haveria mais conflito entre capitalismo e economia natural, os conflitos eram entre capitalistas de diferentes nacionalidades; não havia mais espaços para serem *incorporados*, apenas *disputados*. Por isso, o militarismo naquele momento servia apenas à classe dominante, que tinha três funções: *1.* combater a concorrência internacional; *2.* meio de investimento para o capital financeiro e industrial; e *3.* instrumento de dominação dos trabalhadores.

Em linhas gerais, Rosa não altera essa explicação no anexo "Milícia e Militarismo", apenas aprofunda esses temas que eram os mais importantes para ela naquele momento. O militarismo seria a concretização do poder e da dominação de classe, por isso, combatê-lo por princípio era essencial para a social-democracia e Schippel queria mudar isso.

O autor dizia que o exército permanente poderia se desenvolver em exército popular desde dentro, já que os soldados eram filhos da classe trabalhadora que estavam sendo treinados em massa por causa do serviço militar obrigatório. Além disso, argumenta que o militarismo seria uma forma de desonerar a sociedade ao diminuir o exército de reserva, empregando parte dele como soldado ao mesmo tempo em que aumentava o consumo improdutivo por parte do Estado, funcionando como um fator de contenção das crises.

Assim, para Schippel, as crises seriam resultado da desproporção entre produção e consumo, pois poderiam ser evitadas com o aumento do consumo por parte do Estado e da elite. Dessa forma, ele não leva em consideração as contradições internas da produção capitalista que só objetiva o lucro e não a satisfação das necessidades humanas. Por causa disso, o consumo é necessário para a realização da mais-valia e reprodução da força de trabalho, mas é um mal necessário, não é a finalidade. Esse dado do capitalismo leva à superprodução relativa, porque produz uma quantidade de produtos que não encontram compradores, não porque não haja necessidade deles, mas porque o assalariamento é condição necessária para o capitalismo e limita as possibilidades de realização dos produtos dentro do sistema.

---

109. Rosa Luxemburgo, "Reforma Social ou Revolução?", em Isabel Loureiro (org.), *Rosa Luxemburgo: Textos Escolhidos*, vol. I, p. 33.

Segundo Rosa Luxemburgo, esse consumo do Estado é pago com os impostos indiretos descontados dos trabalhadores, o que de fato impede uma redução brusca dos salários ao diminuir a pressão do exército de reserva. Entretanto, as condições de subsistência pioram porque o poder de compra é menor e as possibilidades de melhorias se estreitam, já que o exército é o meio de opressão das lutas dos trabalhadores.

Este imposto na mão do Estado poderia ser investido na cultura e gerar mais empregos, no entanto, o militarismo seria um investimento mais lucrativo e interessante, porque criaria uma força armada de defesa dos interesses da burguesia, além de demandar inovações técnicas constantes o que levaria ao crescimento também constante de gastos bélicos. E ainda, o Estado como comprador permite o monopólio de preço.

A demanda do Estado caracteriza-se por uma segurança, uma larga escala e uma configuração favorável – na maioria das vezes, monopolista dos preços –, o que torna o Estado o comprador mais vantajoso e os fornecimentos a ele, o negócio mais brilhante para o capital[110].

Por isso, não é indiferente ao capital o que se produz e quem consome. O Estado como comprador é um ótimo negócio e ainda mais no setor bélico, pois este representa uma demanda constante e crescente, já que o setor precisa se renovar tecnologicamente sempre e "a guerra constitui fator indispensável ao desenvolvimento capitalista"[111]. Luxemburgo já apresentou aqui sua crítica ao consumo de luxo como saída para as crises, como se os capitalistas consumissem toda a mais-valia. Aqui a demanda do Estado se diferencia da demanda das classes altas, pois o consumo não é o objetivo do capital, mas a realização da mais-valia explorada.

O Estado em *Reforma Social ou Revolução?*[112] já aparece como agente de realização da mais-valia e seu prejuízo é um problema apenas para os trabalhadores, pois ao fim e ao cabo eles pagam a conta. A importância do Estado no capitalismo, para Luxemburgo, harmoniza-se com a análise de Hobsbawm sobre o período que estudamos: a expansão dos impérios desencadeada pela transformação nos meios de transporte, pela revolução na produção e pelo

---

110. *Idem*, p. 96.
111. *Idem*, p. 33.
112. A partir daqui, este texto será referido como *RR*.

consumo em massa com a necessidade de novos mercados tinha no Estado seu ponto de apoio, pois, foi através dele que as áreas de influência se expandiram[113].

Também são retomadas diversas vezes no texto as relações entre produção e consumo, produção e circulação. Primeiro, percebemos as categorias "consumidores" em oposição aos "produtores" não determinadas por classes sociais. Luxemburgo defende os primeiros dentro da chave de que um modo de produção racional deveria atender às necessidades das pessoas, dos consumidores. No entanto, do ponto de vista marxista, essas categorias são bastante estranhas porque superficiais, correspondendo à análise das relações sociais na esfera da circulação, o que Rosa também considera uma inversão do real.

> Quanto mais próximo o ponto de vista estiver do processo de produção real, mais próxima estará a percepção da verdade. E quanto mais o pesquisador se aproximar do mercado de trocas, da região em que a concorrência domina totalmente, tanto mais estará invertida a imagem da sociedade vista daí[114].

Com Marx, a sociedade deveria ser observada do ponto de vista das relações de produção, no entanto, esta esfera seria dominada pela troca, pois o objetivo capitalista – a realização da mais-valia – se concretizaria nessa última esfera, fato que submeteria qualquer tipo de tentativa de socialização da produção aos interesses do capital através da concorrência. Concorrência esta que naquele momento dava-se entre capitais nacionais, utilizando-se das tarifas protecionistas para monopolizar mercados internos fomentando os conglomerados industriais, o que Rosa caracteriza como a "luta dos produtores capitalistas com a sociedade consumidora"[115].

Os consumidores, de novo, aparecem como um sujeito histórico retirado da esfera da circulação. Veremos em *A Acumulação* que eles disparam a reflexão de Luxemburgo sobre o problema, mas em *Reforma Social ou Revolução?* estão um tanto deslocados na análise, que, em geral, é bastante ortodoxa.

Por fim, diante da explicação dos mecanismos da burguesia agindo através do Estado para a manutenção da dominação de classe e apropriação da mais-

---

113. Eric Hobsbawm, *op. cit.*
114. Rosa Luxemburgo, "Reforma Social ou Revolução?", em Isabel Loureiro (org.), *Rosa Luxemburgo: Textos Escolhidos*, vol. I, p. 110.
115. *Idem*, p. 33.

-valia, não resta saída conciliatória. O proletariado deve tomar o Estado e esse evento só pode ocorrer no esboço de um colapso dessa sociedade. Ela diz que

[...] a conquista do poder de Estado pela grande massa popular {efetivamente} com consciência de classe, que apenas pode ser, ela própria, o produto de um colapso inicial da sociedade burguesa, motivo pelo qual traz em si mesma a legitimação político-econômica de seu aparecimento oportuno[116].

O colapso é o fim do capitalismo que caminha com certo determinismo neste texto. Em outras obras, e *A Acumulação* é uma delas, percebemos que a necessidade histórica não se confunde com teleologia (não só para ela, mas para a esquerda do SPD), mas é sim a compreensão de que nada é eterno e imutável, ponto que Luxemburgo utiliza para argumentar contra a teoria de Bernstein.

Com o passar do tempo e as vicissitudes políticas na social-democracia, parece-nos que Luxemburgo deixou maior espaço para o imponderável e obscuro, vislumbrando na anarquia capitalista de *Reforma Social ou Revolução?* a possibilidade da barbárie expressa na divisa "socialismo ou barbárie" do texto *A Crise da Social-democracia (Brochura Junius),* escrito em 1916.

---

116. *Idem,* p. 76.

Capítulo 2
O Objetivo Final: Massa Eleitoral
versus Hegemonia Ideológica

O papel da direção social-democrata é, portanto, de caráter essencialmente conservador, como o demonstra a experiência: cada vez que um novo terreno de luta é conquistado e levado até às últimas consequências, é logo transformado num baluarte contra posteriores inovações em maior escala.

ROSA LUXEMBURGO, 1903/1904[1]

Para entender as mudanças na análise econômica de Rosa Luxemburgo decidiu-se examinar, neste livro, os debates em congressos do SPD. Escolheram-se datas e temas centrais para sua teoria e importantes acontecimentos históricos, como a Revolução Russa de 1905, fator determinante na transformação do pensamento da autora, especialmente no que diz respeito à prática política. Além disso, como disse Isabel Loureiro, "o objetivo de Rosa, nesses textos [*Reforma Social ou Revolução?* e *A Acumulação do Capital*], é dar uma base econômica objetiva à revolução, para se opor ao marxismo ético dos revisionistas, que haviam reduzido o socialismo a um anseio moral"[2].

Por causa disso, não poderíamos deixar de relacionar a teoria da acumulação com o desenvolvimento do partido naqueles anos e as discussões teóricas e práticas, sempre tendo em Rosa o nosso foco.

Para tanto, utilizamos algumas atas congressuais entre os anos de 1898 e 1912, publicadas anualmente pela editora-livraria do partido, *Buchhandlung Vorwärts*, em grandes tiragens, com uma média de trinta mil exemplares por ata, quase sempre no ano seguinte ao congresso. Documentos sobre as atividades da editora neste período não foram encontrados, assim, não se sabe a rede de distribuição para tantos volumes. No entanto, sabe-se que a social-democracia

---

1. Rosa Luxemburgo, "Questões de Organização da Social-democracia Russa", em Isabel Loureiro (org.), *Rosa Luxemburgo: Textos Escolhidos*, vol. 1, p. 162.
2. Isabel Loureiro, *Rosa Luxemburg: Os Dilemas da Ação Revolucionária*, p. 68.

cresceu muito neste período e isso significa também um crescimento organizativo, aumentando o número de bibliotecas e organizações locais: de 2704 *Ortsvereinen* (associações locais) em 1907, o partido foi para 4978 em 1913, um aumento de 84,1%, além do aumento de 85,3% no número de militantes no mesmo período[3].

A necessidade de formação e informação levou à constituição de bibliotecas, jornais e revistas. Podemos supor que a grande quantidade de atas impressas era espalhada pelas diversas localidades com instituições operárias, constituindo fonte de informação, propaganda e formação.

Atualmente, elas são importantes fontes para as discussões do partido transparecendo que, apesar de os militantes enfatizarem a unidade, na verdade, as diferenças entre Marx e Lassalle nunca foram superadas, agravando-se com o florescimento do socialismo como ideário da classe operária. Bebel foi o principal ator deste processo, pois foi ele quem articulou as resoluções de consenso e que tentou a todo custo manter a unidade do partido, utilizando-se de discursos superficiais.

É dentro desse quiproquó que Luxemburgo desenvolveu sua teoria, sendo seu pensamento mesmo uma tentativa de síntese entre os dois pais da social-democracia.

Desde 1896, pelo menos, Luxemburgo escrevia para importantes jornais e revistas social-democratas alemães como *Vorwärts* e *Die Neue Zeit*. Inicialmente tratando de temas ligados à Polônia e às regiões polonesas do Império alemão, como Oberschlesien e Posen, sua mudança para a Alemanha e a entrada no partido em 1898 diversificaram também os temas. Rosa participou da agitação eleitoral deste ano nas regiões de sua terra natal; a escassez de oradores e as habilidades discursivas da novata deram a ela um lugar de destaque desde o começo. Ansiosa por alcançar seu lugar na organização, não perdeu tempo quando a possibilidade se abriu para expandir seus temas da questão polonesa para a estrutura econômica do capitalismo e a tática da social-democracia.

A partir de 1898, como já foi dito, o revisionismo se delineou como teoria. Desse momento em diante, nos congressos do partido, ele seria o pano de fundo das discussões, das quais muitas giravam em torno do conservadorismo da direção em relação a determinados acontecimentos ou da adoção de táticas

---

3. Ver Tabela 1, p. 37.

como a aliança com liberais para disputar contra os conservadores em alguns distritos eleitorais, escolhendo o mal menor.

No final desse ano, Rosa escreveu textos contra as posturas oportunistas de camaradas social-democratas, como Wolfgang Heine, que propunha o apoio às políticas militaristas em troca de direitos sociais. Nessas críticas, as políticas protecionistas e militaristas são usadas como exemplos de como deveria ser a tática do SPD, como escreve em *RR*. Em textos anteriores ao congresso de 1899, o papel das pequenas e médias empresas também aparece. No entanto, o fundamental é o combate àquelas duas políticas citadas, pois, segundo Rosa, o militarismo e o protecionismo haviam adquirido um papel reacionário oprimindo o proletariado e impedindo o desenvolvimento técnico, sendo estas as principais pautas em que o oportunismo mostrava suas consequências para a luta cotidiana pelo socialismo ao propor políticas compensatórias desconsiderando os princípios do partido e seu objetivo final.

Congresso de Stuttgart, 1898

O congresso do SPD de 1898 foi realizado na cidade de Stuttgart, em Württemberg, entre 3 e 8 de outubro.

Ano de eleições para o Reichstag e para o Landtag da Prússia, o Congresso de Stuttgart iniciou-se com o debate sobre o resultado das eleições[4]: 56 mandatos para a social-democracia, em um universo de 397 deputados[5], ou seja, 14% das cadeiras, apesar de ter obtido 27,2% do total de votos[6]. A desproporção entre a porcentagem de votos e a de cadeiras ocorria devido à divisão das zonas eleitorais que valorizava as áreas rurais e interioranas, mais conservadoras, em detrimento das zonas urbanas, mais povoadas e onde a social-democracia era mais forte.

O resultado foi considerado pela direção do partido, em 1898, uma vitória da organização, já que houve um aumento percentual do número de votos e

---

4. As eleições no Império ocorriam de forma bastante complexa, pois a Alemanha era constituída por 25 territórios (*Länder*) entre reinos e principados, cada um com uma legislação eleitoral. Somente para o Reichstag havia sufrágio universal masculino. O país era dividido em zonas eleitorais (*Wahlkreisen*) que ao todo somavam 397. Cada uma dessas zonas elegia um deputado. Ver nota 3, Capítulo 1 deste livro.

5. Ver tabela do Anexo.

6. Dados retirados do site http://www.wahlen-in-deutschland.de/. Esses dados contam apenas os resultados do primeiro turno. Apesar disso, eles conferem com a bibliografia. Vide Edgar Carone, *op. cit.*; Jacques Droz, *História Geral do Socialismo* e Helga Grebing, *op. cit.*

84 ROSA LUXEMBURGO – CRISE E REVOLUÇÃO

um aumento absoluto dos deputados. No entanto, no congresso daquele ano, algumas pessoas o acharam insatisfatório por causa da desaceleração no crescimento do partido. Segundo Arthur Stadthagen,

[...] no ano de 1887, o número de votos social-democratas importava em 7,8% em relação ao número de eleitores; em 1890 veio o grande aumento de 13,91%, então 1893 com 16,81% e agora ocorreu um aumento para 18,4%, ou seja, apenas 1,59% em 5 anos, enquanto no penúltimo período legislativo o aumento ascendeu a 2,3% e de 1887 a 1890 a 6,9%[7].

Ou seja, comparativamente, o crescimento dos eleitores foi maior entre 1887-1890 e 1890-1893 do que entre 1893 e 1898, o que significava uma redução relativa uma vez que o crescimento começava a ser mais lento. No entanto, havia aqueles, em geral ligados à direção, que consideraram a eleição um sucesso, por exemplo, Ignaz Auer, que disse: "[...] nós podemos dizer: nós tivemos sucesso, e foi grande! [...] e nós temos toda razão de estar contentes, e eu estou contente e tomo como minha obrigação não fazer censuras aos camaradas, mas dizer-lhes: vocês fizeram direito, façam ainda melhor da próxima vez!"[8]

Na discussão sobre os motivos do suposto fracasso eleitoral, o debate sobre os fins e os meios tomou corpo. Para Arthur Stadthagen, a razão do resultado insatisfatório foi a falta de ênfase no objetivo final durante a agitação. Eles precisariam retornar à prática cotidiana e organizativa acentuando os princípios do partido. Aqueles que deixaram o objetivo final (*Endziel*) em segundo plano teriam prejudicado a luta. Era preciso fazer dele uma prioridade na formação cotidiana.

Essa posição foi contestada pelos partidários de Eduard Bernstein, da ala reformista do partido. Heinrich Pëus expressou em sua fala o que significava o revisionismo/reformismo, defendendo que o retorno ao objetivo final estava em contradição com a prática, pois o partido adquirira novas responsabilidades e isso demandaria um compromisso com a satisfação das necessidades presentes dos trabalhadores: "Todo o conceito de objetivo final me repugna, pois não há nenhum objetivo final"[9].

---

7. Arthur Stadthagen em *Protokoll des Parteitages abgehalten zu Stuttgart*, 1898, p. 87. Pesquisando os dados relativos às eleições, encontra-se que em 1887 a social-democracia obteve 10,1% dos eleitores; em 1890, 19,7%; em 1893, 23,3%; em 1898, 27,2%. Isso significa um aumento de 9,6% no primeiro período, 3,6% no segundo período e 3,9% no último. No entanto, estes dados não incluem o segundo turno; mas demonstram queda na velocidade do crescimento, como argumentado por Stadthagen.

8. Ignaz Auer em *Protokoll des Parteitages abgehalten zu Stuttgart*, 1898, p. 11.

9. Heinrich Pëus em *Protokoll des Parteitages abgehalten zu Stuttgart*, 1898, p. 89.

O fim seria alcançado por si mesmo através do movimento pelas reformas. Ele apresentou o que essa ala revisionista defendia: o pragmatismo. Em geral, eles reafirmavam o objetivo final como algo óbvio, mas que não precisava ser ressaltado a todo o momento. Wolfgang Heine disse:

Camaradas, nada se desgasta mais com o uso do que as palavras de fé frequentemente utilizadas e ouvidas. Elas são vistas como clichês e o profeta entusiasmado dá a repugnante impressão de um padre, quando ele não sabe mais o que oferecer. (Vollmar: ele se torna chato!) Sim. E chateia as massas ouvir sempre a mesma coisa. Mas o que sempre sacode as massas de novo, o que sempre coloca novas tarefas, o que nunca surte um efeito entediante é a luta pelas reivindicações do dia, concretas e atuais, pelas melhorias que nós ambicionamos, porque elas significam o caminho para o grande e bonito futuro[10].

A ênfase do movimento nas demandas imediatas do operariado construiria o caminho para o futuro, que não necessariamente seria o socialismo. Falar em *Endziel* (palavra que parece esconder outra: revolução), portanto, seria um problema porque desanimaria as pessoas para a luta, já que ele seria um fim que nunca chegava.

Heine não nega o objetivo final. Na verdade, em um segundo momento ele afirmou a conquista do poder pelo proletariado como o horizonte do partido, mas haveria duas formas de fazê-lo: ou pela via parlamentar ou pela violência. Para ele, quando se negava a possibilidade da primeira, então defendia-se a segunda, não havendo uma terceira possibilidade.

Se retomarmos os argumentos de Bernstein do primeiro capítulo veremos que são os mesmos. Em 1896, ele disse que o socialismo era uma palavra muito vaga, assim como socialização, o movimento deveria se sustentar sobre o conceito de cooperação ou cooperatividade. Bernstein defendia ainda que a violência do colapso não seria necessária e não deveria ser o caminho. Os revisionistas como ele deveriam adotar a via democrática-parlamentar para a conquista do poder pelo proletariado.

Revisionistas e revolucionários se colocam, no discurso, a favor do mesmo objetivo: a conquista do poder político, mas com significados diferentes e, portanto, também com caminhos diferentes. Os primeiros questionavam a teoria do colapso do programa de Erfurt e acreditavam no parlamentarismo, na via eleitoral. Os segundos a defendiam como um mecanismo necessário no

---

10. Wolfgang Heine em *Protokoll des Parteitages abgehalten zu Stuttgart,* 1898, p. 90.

caminho para a tomada do poder, mas seria essencial o momento da catástrofe, pois o capitalismo não cairia sem uma convulsão social, violenta ou não.

No Congresso de 1898, os reformistas debatiam com um suposto dogmatismo do partido, que não perceberia as mudanças no capitalismo e as novas possibilidades táticas. Nessa perspectiva, Pëus e Vollmar manifestaram com transparência a proposta dos reformistas. O primeiro disse que "um programa, segundo a sua opinião, deveria conter apenas reivindicações"[11] e deixar a teoria para os intelectuais do partido. Para o segundo, a relação entre a teoria e as conquistas conjunturais era insignificante, as conquistas em si é que eram importantes para o desenvolvimento progressista da sociedade. Para eles, o objetivo final estaria no espírito (*Geist*) de todos, mas o primordial era a luta cotidiana pelas reformas, o pragmatismo político.

As sutilezas da retórica complicaram o debate, que se estendeu até 1913. Todos no partido disseram defender a conquista do poder político (*Eroberung der politischen Macht*), mas a clareza sobre o que seria isso aparece em poucos momentos e, principalmente, no lado revisionista. Para estes, isso significava a conquista do parlamento com a maior bancada (seguida, talvez, de uma República – com eles no comando? Não se sabe). A história mostrou o quão equivocada era essa visão. Por outro lado, os radicais não conseguiam dar uma imagem clara sobre o que seria esse momento, porque a "história se faz ao caminhar", o que dava razão ao argumento revisionista de que socialismo/socialização eram termos bastante vagos.

A esquerda, representada por Clara Zetkin, Rosa Luxemburgo e Alexander Helphand, conhecido como Parvus, entrou no debate sobre o objetivo final e as reformas ignorando o problema imediato das eleições que havia dado o pontapé inicial. Os três opuseram-se de forma mais radical ao revisionismo, por isso foram escolhidos aqui para a análise. A primeira militante reafirmou a tomada do poder político, "o caminho da luta contra o Estado capitalista"[12]. As reformas seriam o meio de amenizar o sofrimento dos trabalhadores de imediato. O que não seria o mesmo que fazer concessões como Heine sugerira: canhões por direitos sociais. A luta por reformas não deveria alimentar elementos estruturais do capitalismo, como o militarismo.

---

11. Heinrich Pëus em *Protokoll des Parteitages abgehalten zu Stuttgart,* 1898, p. 98.
12. Klara Zetkin em *Protokoll des Parteitages abgehalten zu Stuttgart,* 1898, p. 114.

Já Parvus apareceu na discussão sobre a imprensa, que é uma continuação do debate inicial com um elemento prático: a propaganda. Para ele, o partido deveria zelar por seu jornal central, *Vorwärts*, e sua revista científica, *Die Neue Zeit*, evitando que autores contrários a seus princípios fundamentais e seu programa entrassem nas redações, dirigindo-se aos aliados de Vollmar.

Quanto a Rosa Luxemburgo, em seu primeiro congresso ela falou duas vezes, complexificando a relação entre reforma e fim ao condicionar o sentido socialista de instrumentos, como os sindicatos, lutas por reformas e democracia ao objetivo final. Segundo ela,

> A verdadeira luta prática divide-se em três pontos: a luta sindical, a luta por reformas sociais e a luta pela democratização do Estado capitalista. Estas três formas de nossa luta são realmente socialismo? De modo nenhum. [...] O que então faz de nós, em nossa luta diária, um partido socialista? É somente a relação dessas três formas da luta prática com o objetivo final. É apenas o objetivo final que constitui o espírito e o conteúdo da nossa luta socialista, tornando-a luta de classes[13].

Só o objetivo final daria o conteúdo socialista às pautas imediatas, unificando forma e conteúdo, que, para os reformistas, não precisavam caminhar juntos. Para eles, as diferenças não seriam de ideias, de conteúdo, mas apenas de forma, de tática, o que seria algo menor. Mas, ao longo do debate, vemos que as duas questões estavam unidas. Como apontou Zetkin falando sobre Heine, "não se trata aqui da imagem que ele faz do Estado futuro, também não se trata da maior ou menor ênfase dos nossos objetivos finais, mas de outra coisa, das fantásticas visões que o deputado do Reichstag, Heine, tem da sociedade capitalista presente e que ele expressa na sua política"[14].

Luxemburgo disse ainda que o objetivo final deveria ser entendido como a tomada do poder político, não como uma imaginação da sociedade futura. Assim, a relação entre teoria e prática seria também uma relação entre forma e conteúdo. Por esse caminho, Rosa Luxemburgo tentou mostrar, como Zetkin, que as diferenças não eram pequenas, mas representavam a compreensão que cada ala tinha do capitalismo em si.

As lutas pela democracia e por melhorias de nível de vida eram pautas burguesas que, segundo Luxemburgo, o próprio Marx analisou na Inglaterra

---

13. Rosa Luxemburg em *Protokoll des Parteitages abgehalten zu Stuttgart*, 1898, p. 99.
14. Klara Zetkin em *Protokoll des Parteitages abgehalten zu Stuttgart*, 1898, p. 95.

como a salvação da burguesia. Só o socialismo poderia dar a essas pautas um conteúdo transformador na medida em que relacionava a sua tarefa à compreensão do limite do capitalismo por causa de suas contradições insolúveis, levando ao colapso, para o qual a social-democracia deveria se dirigir ajudando a acabar com aquela sociedade.

Para alcançar esse objetivo não haveria um momento certo, o eterno acúmulo de forças e desenvolvimento do capitalismo, era preciso ação, que neste momento se resumia à agitação e propaganda. Não haveria um ponto do capitalismo a ser atingido para sua derrubada, conforme Rosa via Bernstein defender. Por isso, ela felicitou a Comuna de Paris. "Que sorte que em 1871 os trabalhadores socialistas da França não eram tão sábios, se não teriam dito: crianças, fiquemos na cama, a nossa hora ainda não chegou, a produção ainda não está suficientemente concentrada para que possamos tomar o leme"[15].

A tarefa do partido não era pensar se a economia estava preparada para a socialização dos meios de produção, a sua tarefa era conquistar o poder político para o proletariado. E a certeza dela assentava-se no fim necessário do capitalismo, que não se caracterizava por uma evolução ascendente do sistema, mas pela sua destruição interna. O que é o oposto da análise de Bernstein em carta enviada ao Congresso de Stuttgart, pois ele ainda estava impedido de retornar à Alemanha, apesar das leis antissocialistas terem acabado. Ele se opôs "à visão de que nós estamos próximos de um esperado colapso da sociedade burguesa e que a social-democracia determine sua tática na expectativa de uma tal iminente grande catástrofe, isto é, que deva ser dependente dela"[16].

Segundo ele, as contradições do capitalismo tinham minorado e o desenvolvimento levara ao oposto do que defendia o *Manifesto Comunista*: o número de proprietários teria aumentado, as classes médias teriam mudado seu caráter e não desaparecido, os privilégios da burguesia teriam sido retirados através de instituições democráticas. Portanto, a revolução poderia se dar pela via parlamentar, como teria defendido Engels no final da vida.

À carta de Bernstein, Karl Kautsky respondeu que a derrota pacífica do capital só poderia ocorrer na Inglaterra, onde o sistema era altamente desenvolvido, mas este país era uma exceção. Na maioria dos casos, ocorreria uma catástrofe. Assim, o partido veria um período de turbulências necessário para

---

15. Rosa Luxemburg em *Protokoll des Parteitages abgehalten zu Stuttgart*, 1898, p. 100.
16. Eduard Bernstein em *Protokoll des Parteitages abgehalten zu Stuttgart*, 1898, p. 123.

a passagem ao socialismo, na verdade, para a conquista do poder político pelo proletariado.

Vemos, portanto, em Stuttgart que o debate sobre o resultado eleitoral de 1898 transformou-se em um debate sobre o próprio sentido de ser do partido, seu objetivo final, conectado com uma pergunta que apareceu e que, no entanto, permaneceu marginal: quem era o proletariado ou a base social do partido?

A definição dessa base social também implica determinada tática e expressa uma visão de mundo, na medida em que alguns defendiam que todos os oprimidos pelo capitalismo eram base do partido, outros defendiam a propaganda também para a pequena-burguesia, outros ainda encaravam os camponeses e pequenos proprietários do campo como quase proletários e outros baseavam-se na definição do assalariamento. O foco de ação levava a diferentes táticas de imprensa e à discussão se temas teóricos deveriam ou não estar presentes no *Vorwärts* e ainda se deveriam discutir a seguridade social ou a política mundial, a primeira em uma perspectiva mais imediatista e local e a segunda relacionada a uma conjuntura mais ampla e estruturante do capitalismo.

Nos anos seguintes, as discussões se repetiram, especialmente em períodos de pleito, quando a direção foi censurada por alguns militantes pela sua timidez diante de acontecimentos sérios para a classe operária internacional.

A quantidade e a força dos debates em cada ano exprimem as tendências da organização e seu afastamento da revolução quando ela se colocou na ordem do dia em 1905.

No Congresso de Stuttgart, em 1898, não foi tomada nenhuma decisão sobre a polêmica revisionista, vencendo a posição de Bebel de que era necessário primeiro um debate teórico na imprensa e em reuniões para que o congresso deliberasse sobre o tema, o que ocorreu em 1899 e 1903.

Como já vimos, a brochura *RR* divide-se em duas partes que correspondem às críticas de textos diferentes de Bernstein, de 1896-1897 e de 1899. O debate no Congresso de Stuttgart permite entrever que não é apenas com Bernstein que Rosa discute, mas com toda uma ala do SPD. A segunda parte dessa brochura dedica-se a enfatizar a anarquia crescente do capitalismo, a insuficiência de "meios democráticos" (cooperativas e sindicatos) para a conquista do poder, a conquista em si, o colapso e um último trecho sobre o que seria a própria corrente reformista, ou oportunista, nas palavras dela. Além de Rosa citar Vollmar e Heine em *RR*, os temas da brochura citados acima aparecem no Congresso de 1898.

Desse modo, ainda que isso fique claro apenas na edição de 1908 de *RR*, Luxemburgo trava um debate desde sua chegada na Alemanha não apenas com um teórico bastante importante do partido, mas com todo um setor que vinha se impondo, na prática, desde 1890, quando a legalização trouxe os primeiros atritos entre as decisões congressuais e a prática de parlamentares no sul da Alemanha[17].

Luxemburgo identifica esse setor em escritos posteriores ao Congresso de Stuttgart. Em um deles a autora argumentou que até 1890 o partido se debateu com os anarquistas que ignoravam a importância da disputa parlamentar, e que depois desse período teriam caído no outro extremo, na sobrevalorização das reformas. Havia uma disputa entre duas alas do partido e, para ela, "vemos assim também desde 1891 que a ala oportunista do partido tem erguido cada vez mais a cabeça"[18].

Panorama Econômico e Sociopolítico – Artigos Econômicos entre 1898 e 1899

Entre o final de 1898 e o início de 1899, Rosa escreveu, além de *RR,* uma série de artigos com o título "Wirtschaftliche und sozialpolitische Rundschau" ("Panorama Econômico e Sociopolítico"). Segundo Michael Krätke[19], esses artigos aparecem durante um intervalo do debate revisionista, "enquanto todos esperavam o anunciado livro de Bernstein" e se concentraram na questão da direção do desenvolvimento capitalista desde 1895.

Como a brochura *RR*, eles também apresentam um tom mecanicista: o desenvolvimento das forças produtivas leva ao acirramento das contradições internas e à revolução. Por isso, Luxemburgo saúda sempre o avanço da tecnologia e diz que, mesmo com o crescimento da pauperização e do lumpemproletariado como sua consequência, "a roda do desenvolvimento não se deixa

---

17. Ver Carl E. Schorske, *German Social Democracy* e Bernt Engelmann, *Vorwärts und nicht vergessen.*
18. Rosa Luxemburg, "Nachbetrachtungen zum Parteitag", em *Gesammelte Werke*, vol. 1/1, p. 244.
19. Michael Krätke, "Rosa Luxemburg und die Analyse des gegenwärtigen Kapitalismus", em N. Ito; A. Laschitza & O. Luban (orgs.), *Rosa Luxemburg: Ökonomische und historisch-politische Aspekte ihres Werkes*, pp. 130-174.

girar para trás"[20], e que o movimento operário deveria caminhar para a frente, utilizando-se do desenvolvimento do capitalismo. O sistema caminharia para a socialização da produção e da troca, porque sua anarquia seria cada vez mais superada pela centralização de capital. O sistema chegaria a um ponto em que a falta de planejamento não seria mais tolerável e assim seria necessária a introdução de uma direção social de toda a economia: o socialismo.

Luxemburgo é bastante evolucionista, mas não determina uma data para o colapso. No entanto, ele seria inevitável, pois as áreas de expansão do capitalismo estavam acabando, a última delas seria a China, depois disso o sistema entraria em estado vegetativo e seria superado quando o proletariado estivesse pronto para cumprir sua tarefa.

Em um outro texto, de março de 1899, Luxemburgo diz:

> Com a divisão e devoração da Ásia não sobra para o capitalismo europeu nenhuma nova região para conquista, o mundo estará então realmente repartido, e todos terão o seu senhor. [...] a grande indústria altamente desenvolvida, o monstruoso militarismo começam, então, a pesar com toda a sua força sobre os corpos sociais, pois não encontram um novo canal de escoamento. Quanto tempo os, em consequência disso, anos magros do capitalismo durarão, vai depender fundamentalmente do estado, dos avanços do *movimento operário* [itálico de Luxemburgo] nos mais importantes países capitalistas. [...] Ele [o capitalismo] pode apenas continuar vegetando, enquanto o seu legado, o proletariado socialista, não estiver maduro o suficiente para assumir a herança histórica[21].

Claro que ela acreditava que os anos de limbo seriam em breve.

Rosa percebeu a disputa pela Ásia, datada por ela desde 1895 com o fim da Guerra Sino-Japonesa, como o ponto central de viragem da política mundial. O capitalismo estava estagnado até então, apenas disputando áreas estratégicas e a China tornou possível uma nova aceleração da produção, como nunca antes. Mas também o desenvolvimento dos Estados Unidos alterou a ordem mundial. Segundo Krätke, essa é a principal contribuição desses artigos: perceber a transformação mundial por causa da decadência do monopólio inglês, mantendo sua primazia apenas no setor financeiro, e a ascensão dos Estados Unidos e outras nações na disputa pelo mercado mundial. Por isso, ela ana-

---

20. Rosa Luxemburg, "Wirtschaftliche und sozialpolitische Rundschau", em *Gesammelte Werke*, vol. 1/1, p. 330.

21. Rosa Luxemburg, "Verschiebungen in der Weltpolitik", em *Gesammelte Werke*, vol. 1/1, p. 364.

lisa também a França e a Rússia: a primeira não conseguira se industrializar de verdade e tinha uma grande camada de pequeno-burgueses que viviam às custas do Estado; a segunda adotara uma política alfandegária que possibilitou desenvolver a indústria e garantir seu mercado interno e erguera seus olhos para a Ásia.

Percebe-se que a definição de mercado interno e externo para ela enquadra-se no entendimento clássico, limitado às fronteiras nacionais. Ela não fala ainda da expansão sobre os camponeses transformando-os em assalariados como uma forma de expansão externa do capitalismo. Talvez por isso o limite do sistema seria muito mais estreito e a Ásia seria seu ponto final, desconsiderando a abertura de novas fronteiras de acumulação.

A consequência da nova ordem mundial era o estreitamento do mercado mundial e o consequente acirramento da concorrência, porque muitos países disputavam esses espaços e o avanço nos meios de transporte colaborava para tal, encurtando as distâncias e possibilitando que os cereais estadunidenses, por exemplo, entrassem no mercado europeu com a possível construção de um canal na Nicarágua[22].

Rosa explica ainda que os investimentos em transportes e tropas militares e navais eram feitos com os impostos arrecadados, citando como exemplo a reforma tributária feita na Rússia, que aumentava a participação do capital industrial nas despesas estatais.

O que parece bastante truncado nestes textos é a relação entre metrópole e colônia. As colônias inglesas e belgas teriam um sentido capitalista, tendo rendido lucros, diferente da alemã que dava apenas despesas. Ela não parece entender, nesse momento, a colonização como elemento estrutural do capitalismo, como parte de seu desenvolvimento histórico, e também não separava despesa estatal de despesa capitalista, fazendo com que ambas coincidissem. Além disso, os próprios gastos militares com a manutenção das colônias não eram, nestes textos, uma forma de acumular capital. As relações desses gastos estatais, os impostos e a acumulação desenvolveram-se em *A Acumulação*.

---

22. Neste momento, os franceses estavam construindo o canal do Panamá. Só em 1904 é que os Estados Unidos tomaram o projeto da França, inaugurando-o em 1914. Portanto, em 1899, os EUA pensavam em outro lugar onde a construção seria viável, constituindo um projeto paralelo na região.

Congresso de Hannover, 1899

O revisionismo era o tema daquele momento e apresentou-se no congresso de 1899 sob o título: "Die Angriffe auf die Grundanschauungen und die taktische Stellungnahme der Partei" (Os Ataques às Ideias Fundamentais e a Posição Tática do Partido).

O congresso foi realizado na cidade prussiana de Hannover entre os dias 9 e 14 de outubro. Entre seus temas estavam, além do revisionismo, a discussão sobre o terceiro ponto do programa que falava sobre a questão militar, o problema da *Zuchthausvorlage*[23], o Primeiro de Maio e o Congresso Socialista Internacional.

Diferente do ano anterior, em 1899 o debate sobre o revisionismo de Bernstein (ou *Bernstein-Debatte*, como foi publicado na ata) consumiu a maior parte do congresso, três dias e meio de discussão, e se baseou em grande parte em argumentos econômicos. Como Bebel havia sugerido no congresso anterior, era importante ter mais subsídios para que fosse discutido o assunto e foi o que ocorreu entre 1898 e 1899. Uma série de artigos, à esquerda e à direita, foi publicada, entre eles o livro de Bernstein *Pressupostos do Socialismo*[24] e os textos de Rosa Luxemburgo, que formam a segunda parte da brochura *Reforma Social ou Revolução?*

Estavam em debate os pressupostos do programa, que definiam o desenvolvimento histórico do capitalismo da perspectiva marxista estabelecendo: o avanço da grande indústria sobre a pequena, a separação dos trabalhadores dos meios de produção e uma proletarização crescente, a substituição das ferramentas por máquinas, o crescimento das contradições de classe entre burguesia e proletariado e o abismo cada vez maior entre eles causado pelas crises sistemáticas do capitalismo, que se tornariam cada vez mais intensas levando à necessidade da transformação social para acabar com a exploração e o sofrimento.

Bernstein, desde antes, atacava todos esses princípios, porque analisava um período de prosperidade da economia. Para ele, o movimento do modo de produção seria contrário: não havia concentração de capital, as classes médias cresciam, o nível de vida dos trabalhadores melhorava e, portanto, as contra-

---

23. Trata-se de uma proposta de lei de 1899 que estabelecia penas mais duras para quem organizasse e dirigisse greves e limitava o direito de coligação.

24. O título da edição brasileira é *Socialismo Evolucionário*.

dições de classe tornavam-se menos intensas, sendo improvável a realização de uma revolução nos próximos tempos. A perspectiva da social-democracia deveria ser, portanto, de um desenvolvimento lento e gradual rumo ao socialismo[25].

Colocavam-se assim os dois lados da questão: os defensores do programa e os reformadores.

Bebel fez a apresentação do tema no Congresso de 1899. Em sua intervenção, rebateu cada uma das teses de Bernstein: sobre a pauperização dos trabalhadores, sobre a concentração do capital, sobre trustes e cartéis. Segundo Bebel, Bernstein teria jogado fora a teoria marxista e lançado mão de conceitos filosóficos como causalidade, determinismo e fatalismo. Não teria construído, pois, bons fundamentos para a sua proposta que teria como consequência retardar a revolução para um período muito longínquo. Bebel diz,

> [...] um partido que luta quer ganhar e para isso precisa de entusiamo (intensos gritos de aprovação), precisa de coragem para se sacrificar e alegria de lutar (muito bom! Verdade!) e se retira tudo isso dele [do partido], quando se empilham, em todas as direções, as dificuldades[26].

Bernstein faria uma grande enumeração das dificuldades, o que teria como resultado acabar com a perspectiva revolucionária, uma vez que retiraria o entusiasmo e a predisposição ao sacrifício dos militantes.

Segundo Bebel, o próprio método de análise de Bernstein estava errado, porque deveria usar os números relativos e não absolutos para se entender o desenvolvimento do capital. Desta forma, Marx estaria correto. Bebel citou o exemplo das pequenas e médias empresas que, segundo Bernstein, não diminuíram tão rápido como Marx previra:

> Certamente, o número de pequenas e médias empresas é muito grande e Bernstein demonstrou sua opinião de que, em um futuro próximo, é impensável um desaparecimento perceptível das classes médias. Os números absolutos e superficiais dão razão a ele, aparentemente. Enquanto, em 1882, incluindo as indústrias caseiras, havia 2 270 000 empresas autônomas, em 1895 havia apenas 2 146 000, uma diminuição de 5,4%. Mas a

---

25. Para Loureiro, Luxemburgo enfatiza em *RR* a falta de totalidade em Bernstein, o que permite a ele encontrar uma teoria da adaptação ao não analisar as relações capitalistas como um todo, como economia mundial. Ver Isabel Loureiro, *Rosa Luxemburg: Os Dilemas da Ação Revolucionária*.

26. August Bebel em *Protokoll des Parteitages abgehalten zu Hannover*, 1899, p. 120.

população cresceu, neste intervalo de tempo, 14,5%; assim, se deveria ter mais ou menos 2 600 000 empresas em 1882 (*sic* – 1895), se tratava, relativamente, de uma diminuição não de 5,4, mas de 20%[27].

Com estes cálculos, Bebel procurou demonstrar que para determinar a diminuição das empresas médias se deveria levar em conta o crescimento populacional, adquirindo-se uma visão mais real do desenvolvimento capitalista na Alemanha. A mesma coisa ocorre com a proletarização, o êxodo rural e a pauperização da classe trabalhadora.

A pauperização deveria ser vista no salário real, na comparação entre os ganhos e o custo de vida. Além disso, muitas pessoas foram empurradas do campo para a cidade, piorando a vida de boa parte da população. O aumento do número de mulheres casadas trabalhando em serviços perigosos comprovaria a pauperização, porque elas trabalhavam para ajudar no sustento da casa. Se elas cresciam no mercado de trabalho seria porque a situação de vida em geral dos trabalhadores estava piorando[28].

Além disso, a descentralização da produção à qual Bernstein se referia seria apenas aparente, porque as empresas que ele enumerava eram, na verdade, ramos dependentes de empresas maiores, como os padeiros que dependeriam dos comerciantes de trigo e os açougueiros que passaram a comprar a carne já cortada nos abatedouros.

Bebel segue para a diminuição do número de trabalhadores por causa da concentração da produção. Para ele, isso não ocorreria, por causa da tendência do capital a se diferenciar, criando novas empresas, nas quais os trabalhadores seriam reincorporados.

Bebel falou de Marx, Lassalle e utilizou autores burgueses que confirmavam as teses dos dois primeiros para provar que nem mesmo os inimigos da social-democracia negavam o estabelecido na primeira parte de seu programa.

Reafirmou, ainda, a proposta de expropriação da burguesia pelo proletariado: a socialização dos meios de produção. Para Bernstein isso seria impossível e não haveria precedente histórico. Bebel então apresenta uma série

---

27. August Bebel em *Protokoll des Parteitages abgehalten zu Hannover*, 1899, p. 99.
28. Nota-se a concepção machista, pois parte do pressuposto de que o lugar da mulher é em casa. No entanto, é necessário ponderar os contextos históricos e perceber que esse tipo de argumentação também era utilizada por mulheres como Clara Zetkin, expoente do feminismo proletário naquela época e hoje.

de exemplos em que a burguesia expropriou a aristocracia e os camponeses durante o processo de acumulação primitiva: a Reforma, a Guerra dos Trinta Anos, a abolição da escravidão. Sobre este último tema, Bebel diz,

> [...] para a burguesia norte-americana valia pôr de lado o escravismo e deixar o caminho livre para o desenvolvimento do capitalismo moderno. [...] Milhares de donos de escravos foram despojados de suas propriedades em escravos. Do ponto de vista ético, isso se chama roubo[29].

Embora essa citação cause bastante incômodo, é importante saber que Bebel ironizava Bernstein, pois achava que este defendia certa ética entre burgueses e proletários que impediria a expropriação imediata. Note-se que Bebel colocou a abolição da escravidão como um processo de espoliação de um setor da classe dominante em decadência, processo necessário para o desenvolvimento do capitalismo, para sua modernização, ou seja, a introdução do trabalho assalariado[30].

Bebel segue dizendo que Bernstein defendia o reacionarismo da burguesia como fruto da ameaça de uma revolução violenta pela social-democracia respondendo que "ninguém quer subir às barricadas amanhã"[31], mas isso não seria o mesmo que compactuar com a burguesia, amenizando a luta de classes. "Eu digo novamente, nós somos em essência um partido revolucionário. Isso não exclui apenas, isso inclui que nós não recusamos as reformas onde podemos obtê-las"[32].

Assim, o partido revolucionário não recusaria reformas, mas trabalharia para a revolução, como defendia Rosa Luxemburgo. Ocorre que essa luta pela melhoria das condições de vida não levou necessariamente à revolução uma vez que, de acordo com os debates nas atas, pouco se fazia em termos de agitação revolucionária e as propostas giravam mais em torno de reformas. A prática do partido era reformista, embora ele reafirmasse a teoria marxista de seu programa.

---

29. August Bebel em *Protokoll des Parteitages abgehalten zu Hannover*, 1899, p. 121.
30. A abolição da escravidão foi uma conquista muito importante e que ainda não havia se realizado totalmente. Não se pretende colocar como somenos os movimentos de libertação em cada localidade. Trabalha-se aqui com a perspectiva macroeconômica do impacto da abolição para o comércio no contexto de expansão do capitalismo. Considera-se os interesses econômicos da classe dominante neste processo e a importância do trabalho livre para o desenvolvimento do capital.
31. August Bebel em *Protokoll des Parteitages abgehalten zu Hannover*, 1899, p. 125.
32. *Idem, ibidem.*

Eduard David foi o primeiro a falar quando se abriu o debate. Como no início não havia limite de tempo, sua fala foi tão longa quanto a de Bebel e tocou nos pontos principais da discussão: pauperização da classe trabalhadora, concentração das indústrias, crise e colapso.

De início, disse que Bernstein fora mal interpretado, pois estaria em acordo com o programa, mas proporia uma terceira via: haveria uma ala que defendia a revolução somente, outra que defendia só as reformas e a proposta de Bernstein, qual seja, "[...] é falso conquistar primeiro a administração política e depois a econômica; também é falso o contrário, devem-se direcionar ambos esforços simultaneamente lado a lado, interdependentes, cuidar de ambos. Desse modo será alcançado um dia o 'objetivo final'"[33].

Para David, haveria em Bernstein uma junção quase dialética, embora eles a rejeitassem, entre objetivo final e prática cotidiana, em que ambos deveriam ser buscados de forma que um alimentasse o outro. Essa ideia é idêntica à de Luxemburgo, no entanto, as propostas dessa ala compreendiam sempre um pacto com a burguesia por reformas e a desistência da revolução ao colocá-la em um futuro muito longínquo, quase inexistente.

David reafirmou o discurso de Bernstein. A pauperização dos trabalhadores que se encontrava no programa do SPD não seria relativa como Bebel dissera, mas absoluta e, por isso, estaria errada. O capitalismo teria trazido melhorias nas condições de vida dos trabalhadores e a pobreza existiria apenas em lugares menos desenvolvidos[34]. A concentração das empresas ocorreria apenas em alguns ramos industriais e seria importante fazer essa distinção. Por causa disso, a luta de classes assumiria formas mais brandas e não mais intensas como o programa dizia.

Por fim, a relação entre crise e colapso estaria equivocada. Ainda de acordo com David, Kautsky dizia que não se falava em colapso no programa, mas quando se diz que as crises tomarão proporções cada vez maiores e serão mais intensas, apontar-se-ia para o colapso. Isso se basearia na teoria de Marx de que haveria uma contradição no capital entre sua capacidade de expansão e o consumo cada vez mais limitado, o desenvolvimento das forças produtivas esbarraria no objetivo capitalista de aumento do lucro, porque este signifi-

---

33. Eduard David em *Protokoll des Parteitages abgehalten zu Hannover*, 1899, p. 129.

34. Percebe-se aqui a dificuldade de fazer uma análise generalizante do capitalismo. Em geral, os revisionistas não têm uma compreensão global do sistema, falam de desenvolvimentos locais sem conectá-los às relações entre os povos: concorrência e dominação.

caria limitação do consumo dos trabalhadores e, portanto, de realização da mais-valia. No entanto, a contradição descrita por Marx não deveria levar à compreensão de que o socialismo viria através das crises, seria necessário a organização, a consciência de classe do proletariado.

David disse,

[...] eu vejo nessa frase a expressão clara da esperança do colapso construída a partir da teoria das crises de Marx. Se ela não é mais válida, bom, digamos isso. Então estamos unidos! Não joguemos às escondidas, falemos: nós aprendemos com isso, nós reconhecemos essa teoria como um "conto de fadas ridículo".

Eu resumo que essa teoria das crises é um problema e não um fato e que as conclusões extraídas são apenas hipóteses, não verdades positivas e nós não devemos colocá-las em um programa decisivo [*autoritatives Programm*], não devemos dizer que as crises se tornarão sempre mais extensas e devastadoras até que isso seja provado[35].

Em teoria, a social-democracia defendia que ocorreria uma crise de grandes proporções e esta levaria ao fim do capitalismo e, portanto, ao socialismo. No entanto, para David, isso não se comprovou e era preciso retirar esse ponto do programa. O programa, para ele, era um norte de ação para o partido e, portanto, só poderia conter teses comprovadas, não hipóteses. O agravamento das crises que levaria ao colapso seria uma hipótese.

As consequências dos argumentos de David para a prática social-democrata eram a defesa do parlamentarismo como forma de construir o socialismo já no tempo presente. Tratava-se, para ele, de olhar a tática até então adotada como forma de alcançar os princípios do partido: a democratização e a socialização. O parlamentarismo construiria o socialismo já no presente na medida em que conquistava direitos para os trabalhadores e expropriava a burguesia aos poucos.

Assim, a revolução e o colapso aparecem entrelaçados neste debate, pois a compreensão do desenvolvimento do capitalismo, defendendo ou negando o colapso, determinou a posição em relação à revolução.

Apesar das alegações de David, que apresentou os argumentos dos revisionistas em geral, a esquerda não compreendia a derrocada final como

---

35. Eduard David em *Protokoll des Parteitages abgehalten zu Hannover*, 1899, p. 142.

algo inevitável e economicamente determinado, mas como obra da classe trabalhadora[36].

Wilhelm Liebknecht disse: "E não há dúvida: o capitalismo cria as circunstâncias nas quais ele próprio deve ser destruído. Se será um colapso violento ou não, não sabemos, pois isso depende da ação dos nossos inimigos"[37]. O que se estabelecia era que o capitalismo criava as condições de sua derrota, mas não era possível prever a forma como ela ocorreria. O que não se podia perder de vista era a necessidade de sua queda devido ao seu desenvolvimento histórico e lógico.

Karl Kautsky também falou nesse sentido: o modo de produção capitalista se tornaria impossível a partir do momento histórico em que a superprodução fosse crônica, mas isso não queria dizer que acreditava em uma teoria do colapso. Nem Marx defenderia isso, ele dissera apenas que a tarefa histórica do capitalismo – o desenvolvimento das forças produtivas – estaria em contradição com as suas relações sociais de produção, quais sejam, a exploração do trabalho tendo o lucro como objetivo. Encarar os limites históricos do capitalismo, entendendo estes como a contradição entre o desenvolvimento das forças produtivas e a valorização do valor, não queria dizer acreditar no fim econômico do capitalismo por uma crise generalizada.

Ao fim de sua fala, Kautsky afirmou a importância do trabalho político mais do que o econômico porque ele levaria a consciência de classe aos trabalhadores tratando o problema em sua essência, diferente da luta econômica que tinha um caráter apenas paliativo.

A questão entre luta econômica e luta política relaciona-se ao debate sobre qual tipo de organização teria a prerrogativa sobre o movimento operário, o partido ou os sindicatos. Neste debate entre revisionistas e ortodoxos, o partido é o centro da questão, no entanto, a relação entre as duas lutas é diferente para cada um dos lados: os primeiros acreditam que o socialismo viria com a melhoria econômica dos trabalhadores e isso levaria ao ganho político do partido; os segundos enfatizam o aspecto da consciência de classe que o partido deveria fomentar, tratando a luta econômica como uma forma de desenvolver essa consciência. Os primeiros acreditam nas teorias subconsumistas do final do século XIX e os segundos se concentram no aspecto estrutural do capitalis-

---

36. Por vezes isso aparece como uma teleologia, mas a construção dá-se do ponto de vista histórico, do desenvolvimento da humanidade, em que as formas sociais começam e terminam necessariamente e não são eternas.

37. Wilhelm Liebknecht em *Protokoll des Parteitages abgehalten zu Hannover*, 1899, p. 152.

mo. Tais questões se complexificaram quando as massas surgiram como sujeito político ativo, dividindo o partido em três grupos[38].

Neste debate, Rosa Luxemburgo explicou porque a conquista do poder econômico não poderia ser um pressuposto para alcançar o poder político: o proletariado não pretendia criar uma forma de propriedade, como fizeram outras sociedades, ele queria abolir a propriedade por uma produção social, daí a necessidade da conquista do poder político – a tomada do Estado – para realizar a transformação econômica. O colapso ligava-se a uma compreensão dialética da história, em que as mudanças não se davam sem turbulências. Para os revisionistas, era possível realizar transformações socialistas no capitalismo, então eles transformaram a ruína em "um conceito muito confortável de evolução"[39].

Para ela, depreendia-se da história que as reformas fortaleceram as classes dominadas para se libertarem no momento em que estivessem fortes o suficiente, mas as lutas deram-se por meio de catástrofes sociais e políticas. Assim, a revolução não poderia ocorrer sem conturbações, mas estas não precisariam ser sangrentas ou violentas de fato, poderiam se dar no nível cultural, por exemplo. No entanto, a forma seria imprevisível, uma vez que isso dependia, também para Luxemburgo, da reação de seus adversários.

Ela apontou também que aquela discussão só se fazia necessária porque Bernstein não era o único, havia uma corrente revisionista no SPD e ela havia se fortalecido, mas não chegara ao poder e era preciso impedi-la de controlar o partido. No entanto, mesmo entendendo Bernstein como o representante de uma ala, Luxemburgo dirigiu-se a ele em sua primeira edição de *Reforma Social ou Revolução?*, alterando o alvo da crítica para os revisionistas na edição de 1908.

---

38. Carl Schorske delimita duas correntes no SPD – reformistas e radicais – até 1910 quando, segundo ele, a esquerda se divide e se forma um centro liderado por Karl Kautsky. Se observarmos as posturas de Bebel, Kautsky, Frohme e Luxemburgo veremos que as divisões já estavam dadas desde o princípio. Bebel sempre teve uma postura mais conciliadora; com a radicalização de 1905 e a conservação de sua posição, ele acaba se deslocando para a centro-direita do partido. Kautsky era um pouco mais radical e muda de posição ao longo dos anos colocando-se ao centro. Para Schorske, ele seria de centro-esquerda, mas sua análise das tensões imperialistas colocam-no mais próximo da direita. É importante ressaltar ainda que esses grandes grupos não eram coesos, e que talvez o mais unificado deles fosse a direita reformista. Mas a esquerda, ou o que eles mesmos chamavam de radicais, incluía uma série de posições muito diferentes que se juntaram para combater o conservadorismo do partido.

39. Rosa Luxemburg em *Protokoll des Parteitages abgehalten zu Hannover*, 1899, p. 174.

Dessa discussão, destacamos um último argumento apresentado por Clara Zetkin para refutar as reformas como proposta de transformação social.

Com certeza, com a legislação fabril, o trabalhador pode ser um pouco protegido, mas a questão fundamental da dependência não é eliminada, a sua força de trabalho permanece como antes uma mercadoria e está subordinada às leis da produção de mercadorias capitalista[40].

Embora importantes para a classe trabalhadora, as reformas não acabavam com a exploração do trabalho, com a venda da força de trabalho no mercado, ponto essencial do sistema. Zetkin, assim, chegou ao cerne do problema.

A votação final aprovou a resolução de Bebel praticamente sem alterações[41]. Ela mantinha os princípios do partido e também sua tática, ou seja, tinha como objetivo a socialização dos meios de produção e circulação e usavam como método tudo o que não estava em contradição com o socialismo, devendo analisar cada caso para decidir sobre os meios de luta visando a melhoria da situação dos trabalhadores. Na prática, a tática permanecia sendo o parlamento e as eleições.

A resolução tocava, ainda, na questão do militarismo, contra o qual manteriam sua posição combativa, defendendo uma união internacional dos trabalhadores, em primeiro lugar dos países civilizados, construindo uma federação para concretizar suas tarefas civilizacionais.

Este ponto da resolução conectava-se à discussão seguinte desse mesmo congresso: a questão militar. O programa do partido estabelecia a dissolução do exército e o armamento do povo, o qual decidiria sobre a guerra e sobre a paz através de representantes.

No final de 1898, Max Schippel publicou artigos no *Sozialistische Monatshefte* com o pseudônimo de von Iselgrim em que defendia a transformação do exército em exército do povo ao invés da criação de milícias, além da concessão de verbas para o militarismo em pontos que não fossem contraditórios com os princípios do partido. Segundo ele, o próprio Engels não era contra o exército, pois um país como a Alemanha, cercado pela Rússia e pela França, precisava ter uma boa defesa.

Essas ideias geraram muita polêmica, como o texto de Luxemburgo "Milícia e Militarismo", e levaram o assunto à pauta do congresso, no qual Schippel sustentou sua tese dizendo que naquele momento não era possível abolir

---

40. Klara Zetkin em *Protokoll des Parteitages abgehalten zu Hannover*, 1899, p. 179.
41. Ver Anexo, Resoluções, pp. 271-273.

o exército e a Alemanha precisava se defender. Além disso, a milícia era mais cara, o que levaria mais miséria à população, e a estrutura militar permitiria que a milícia se desenvolvesse dentro dele, porque era composto pelos próprios trabalhadores.

Por fim, para ele, o militarismo não poderia sobreviver sem o operariado, porque eles constituíam os soldados, fabricavam as bombas, os trilhos de transporte etc. Assim, em caso de uma guerra, a social-democracia poderia usar sua influência na sociedade para impedir um confronto, tornando o exército seu instrumento.

Rosa Luxemburgo encarou as teses de Schippel como a expressão concreta do revisionismo, como vimos no capítulo anterior, e disse:

> Camarada Geyer disse que se nós renunciássemos da nossa oposição principista contra o militarismo, a nossa luta se prolongaria muito. Não, eu acredito que se nós renunciarmos à luta contra o militarismo na sua forma atual, então podemos desistir, então sobretudo deixamos de ser um partido social-democrata. O militarismo é a expressão mais concreta e importante do Estado de classes capitalista e se nós não combatermos o militarismo, então a nossa luta contra o Estado capitalista não passa de um palavreado vazio[42].

A consequência do discurso de Schippel seria o abandono do socialismo, pois o militarismo era o cerne do Estado capitalista e para alcançar o socialismo era preciso tomar este Estado, portanto, acabar com o exército.

A social-democracia enquanto tal deveria combater o militarismo com todas as suas forças e defender o sistema de milícias, porque não se tratava de uma questão técnica, de um meio ser mais caro que o outro, mas de ter um instrumento de defesa interna e externa para derrotar a opressão. O militarismo não servia porque tinha nesta última o seu principal objetivo.

A resolução aprovada afirmava que proteger a classe dominante era a essência do exército, sacrificando trabalhadores. Por isso, a social-democracia deveria combatê-lo, transformando a força militar da nação de um meio opressor em um meio de defesa dos oprimidos. Para tanto, era necessário construir organizações democráticas de proteção do povo e do país, armando todos os homens capazes e treinando-os.

Desta forma, eles mantiveram o ponto três do programa inalterado, mas não aceitaram a proposta de expulsar Schippel, apesar de aprovarem a moção

---

42. Rosa Luxemburg em *Protokoll des Parteitages abgehalten zu Hannover*, 1899, p. 266.

de Adolf Hoffman, Ledebour, Rosa Luxemburgo e Clara Zetkin dizendo que o partido refutava todas as afirmações do primeiro e que viam nelas um atentado contra os princípios do partido. Deste ponto de vista, o estatuto previa a expulsão, pois só era considerado membro aquele que aceitasse e defendesse os princípios do programa. Mas Schippel permaneceu, assim como os revisionistas, que também se enquadrariam nesse ponto.

A questão do revisionismo/reformismo não saiu da pauta após o Congresso de 1899. Na verdade, ela nunca deixou as discussões, pois todos os encontros anuais tinham temas cujas posições se relacionavam a campos teórico-práticos conflitantes, o que só se agravou com o acirramento da luta de classes.

Congresso de Mainz, 1900

Atrelada à discussão sobre militarismo há nesse período a discussão da política mundial, da colonização, o que se transforma ao final do momento aqui determinado na questão do imperialismo.

Em 1900, o Congresso do SPD foi realizado em Mainz, no Grão-ducado (*Grossherzogtum*) de Hessen próximo a Frankfurt am Main, entre 17 e 21 de setembro de 1900. A ordem do dia incluía os temas: organização do partido, Primeiro de Maio, política mundial, política de transporte e de comércio e tática do partido nas eleições dos *Länder*.

O tema da *Weltpolitik* (política mundial) entrou na pauta porque em 1900 organizou-se um exército internacional para intervir na Guerra dos Boxers na China. O episódio envolveu o levante de um grupo de chineses contra a dominação estrangeira, atacando comerciantes, missionários e companhias. A revolta foi derrotada com a ajuda de militares da Inglaterra, França, Japão, Itália, Rússia e Estados Unidos, comandados pelo conde alemão Waldersee. Como recompensa, a Inglaterra concedeu o livre-comércio para os alemães na China[43].

No começo deste ano, Luxemburgo dedicou-se ao tema da política mundial, pois outro episódio se relacionava a ele: a Guerra dos Boérs, ou Guerra Sul-Africana, iniciada pela Inglaterra em 1899 por causa da descoberta de minas de ouro na região.

A Guerra Sul-Africana terminou em 1902 com a vitória dos ingleses, no entanto, em janeiro de 1900, a potência europeia tinha dificuldades militares

---

43. Hermann Kinder & Werner Hilgemann, *Atlas Histórico Mundial: De la Revolución Francesa a Nuestros Días.*

na região e parecia ter perdido o conflito. Desse resultado, Luxemburgo analisa as consequências do fortalecimento do imperialismo no mundo: o fortalecimento do militarismo, pois a Inglaterra precisaria modificar seu exército instituindo o serviço obrigatório e investindo em equipamentos, ou seja, mais orçamento, mais pressão econômica sobre a população. O único efeito positivo dessa política burguesa seria o acirramento das contradições de classe[44].

Além desses episódios, a política militarista do governo alemão para a repartição do mundo levou Luxemburgo a se dedicar ao tema intensivamente neste ano, escrevendo artigos e participando de reuniões abertas convocadas por organizações do partido[45]. Por isso, suas intervenções foram quase todas direcionadas para este assunto, mesmo quando a pauta era transporte ou comércio, conectando a política nacional e a internacional.

Luxemburgo defendeu que o partido precisava se engajar mais na agitação em relação à *Weltpolitik*: não adiantava escrever sobre isso na imprensa, era necessário fazer debates públicos e colocar a importância das relações internacionais para as massas. A guerra na China que ocorria por causa da Revolta dos Boxers, era uma guerra de europeus contra asiáticos que traria modificações no capitalismo mundial. O partido deveria ser mais radical na ação contra esse tipo de empreitada, evitando as suspeitas de que fosse apenas parlamentarista ou concordasse com o nacionalismo, era preciso agir com mais ênfase.

A resolução proposta para este tema afirmava a necessidade de expansão do capital para novas áreas, visto que os países centrais já não conseguiam absorver todo o excedente, e isso justificava o colonialismo do ponto de vista da classe dominante. No entanto, ela não rejeitava de todo a política colonial, porque afirmava a importância de civilizar o mundo através da cultura europeia, já que os outros povos viveriam em barbárie e precisariam da civilização, mas não através da coerção, como na *Weltpolitik*, e sim através de ensinamentos e exemplos. A atitude a tomar seria reprovar a ação do governo alemão na China no Reichstag[46].

Observa-se que mesmo no partido socialista, existia a ideia de que a Europa era portadora da civilização e deveria espalhar a sua cultura pelo mundo. Este espírito, que poderíamos chamar de um *Zeitgeist* (espírito de época)

---

44. Rosa Luxemburg, "Ein Ergebnis der Weltpolitik", em *Gesammelte Werke*, vol. I/1, pp. 676-678.
45. Annelies Laschitza, *Im Lebensrausch, trotz alledem*.
46. Ver Anexo, Resoluções, pp. 273-277.

O OBJETIVO FINAL: MASSA ELEITORAL *VERSUS* HEGEMONIA IDEOLÓGICA 105

europeu, deveria ser criticado do ponto de vista dos operários, porque ele justificava um tipo de dominação que era essencialmente econômica, como o próprio SPD afirmou. Mesmo Rosa Luxemburgo e a esquerda do partido não conseguiram fugir totalmente a essa dicotomia entre mundo bárbaro colonial e mundo civilizado europeu, adotando o mesmo vocabulário.

O discurso de Paul Singer para defender a proposta tentou vincular a política colonial com o sofrimento dos trabalhadores alemães: a *Weltpolitik* só seria concretizada porque a burguesia cobrava impostos indiretos e tarifas alfandegárias, encarecendo os produtos de subsistência dos trabalhadores. Além disso, os alemães seriam substituídos pelos chineses como mão de obra, o que causaria problemas internos. A social-democracia deveria opor-se veementemente a isso, tendo a favor dela a ilegalidade cometida pelo Estado que não havia encaminhado ao parlamento a decisão sobre o envio de tropas. Eles deveriam se colocar como defensores dos poucos direitos que a constituição dava ao povo.

> [...] os produtos, que podem encontrar mercado do lado de lá são produzidos na Alemanha e assim a classe trabalhadora alemã tem a oportunidade de uma ocupação assalariada, o capitalismo internacional vai estabelecer fábricas próprias na China; na própria China é que as chaminés queimarão e os produtos serão feitos, com a utilização da força de trabalho barata dos Kulis, para serem então vendidos no país [Alemanha]; portanto, exatamente o oposto de vantagens para os trabalhadores. Os recursos dos trabalhadores, com os quais a política chinesa é explorada – os quais provêm de impostos indiretos e tarifas alfandegárias – servem apenas para dar a possibilidade para o capital produzir na China com trabalhadores chineses como *Lohndrücker*[47]. Assim, através da política colonial utilizam-se os recursos materiais retirados principalmente dos trabalhadores em prejuízo dos trabalhadores[48].

Assim, Singer expõe o financiamento da política mundial através dos impostos indiretos e tarifas protecionistas, prejudicando os trabalhadores alemães. O capital utilizava-se desse volume de dinheiro para financiar sua empresa na China, explorando os trabalhadores dessa região. Surge, assim, a relação entre centro e periferia com a transferência de capital para as áreas dominadas: primeiro na forma de produtos para o consumo e depois com as próprias empresas, o que se refletia nas condições econômicas dos trabalhadores

---

47. Grupo que pressiona o salário dos trabalhadores para baixo por serem mais explorados, com uma mão de obra mais barata.

48. Paul Singer em *Protokoll des Parteitages abgehalten zu Mainz*, 1900, p. 157.

do centro. Isso justificava o internacionalismo da social-democracia, embora ela não tivesse uma atividade prática efetiva nesse sentido.

Luxemburgo enfatizou que esse era "o primeiro acontecimento da era da política mundial no qual todos os Estados civilizados estão envolvidos"[49] e o movimento operário internacional deveria tomar uma atitude à altura, chamando uma mobilização em todos os lugares, mas isso não aconteceu nem na Alemanha, onde os socialistas eram mais fortes, e este era um problema. Eles deveriam se preparar para o que estava por vir e isso significava agitação generalizada, não apenas fazer uma grande manifestação em Paris com todo o movimento operário, ou representantes dele.

A proposta inicial foi aprovada com algumas alterações feitas pelo próprio Singer, que modificou um parágrafo responsabilizando diretamente o governo e reforçando os interesses lucrativos da burguesia. Conclamou também os jornais do partido a expandirem os protestos, chamando o povo a lutar contra a política na China.

O congresso deliberou também sobre a política de transporte e comércio da Alemanha. O tema é importante pela presença que tem na teoria da acumulação de Luxemburgo: os transportes e as tarifas protecionistas são instrumentos essenciais na acumulação do capital.

Na virada do século, discutia-se o sistema tributário alemão pois o aumento com os gastos militares estava fazendo a dívida do país crescer muito e os impostos não conseguiam cobrir as despesas. Até 1908, o debate sobre impostos e tarifas esteve na ordem do dia do Reichstag, pela necessidade de cobrir os gastos do Império, principalmente o orçamento militar[50].

O Congresso de 1900 propôs uma diretiva que afirmava a necessidade de um transporte gratuito, que favorecesse as condições de trabalho e novas áreas de exploração industrial. A mobilidade era afirmada como uma melhoria na vida do operariado. Em relação ao comércio, opuseram-se às tarifas alfandegárias porque elas encareceriam a subsistência do trabalhador. Colocavam-se, então, contra qualquer tipo de tarifa: de transporte e de comércio, propondo políticas que favorecessem as trocas internacionais do ponto de vista dos operários[51].

---

49. Rosa Luxemburg em *Protokoll des Parteitages abgehalten zu Mainz*, 1900, p. 165.
50. Karl Erich Born, *Von der Reichsgründung bis zum Ersten Weltkrieg*.
51. Ver Anexo, Resoluções, pp. 273-277.

No entanto, Richard Calwer, que deveria defender a proposta, disse o contrário: apoiou a redução das tarifas de transporte e o direito de morar e permanecer em qualquer lugar, mas foi contra o livre-comércio, pois isso prejudicaria os alemães. Deste modo, os privilégios que alguns países tinham por causa de acordos comerciais deveriam ser desfeitos e as fronteiras taxadas[52]. Luxemburgo opôs-se a esse discurso, porque a social-democracia deveria defender o proletariado internacional e isso significava o livre-comércio. O protecionismo, na verdade, atrapalharia o desenvolvimento econômico das indústrias. Rosa citou o exemplo russo para sustentar seu argumento:

> Fala-se especialmente da Rússia como um país cuja indústria pereceria sem tarifas protecionistas. Qualquer conhecedor das circunstâncias russas dirá que a indústria russa atualmente sofre com o sistema de tarifas protecionistas. As altas tarifas, sem dúvida, dão aos empresários russos lucros incríveis, mas os tornam apáticos, sem iniciativa e completamente incapazes de competir no mercado mundial. Os trabalhadores são novamente os que sofrem mais com isso, pois com as tarifas protecionistas mantêm-se na Rússia métodos de trabalho primitivos e atraso na proteção do trabalhador, de modo que os social-democratas russos lutam pela revogação das tarifas protecionistas[53].

Assim, apesar dos lucros, as taxas tirariam o espírito empreendedor do capitalista e o impediriam de desenvolver as forças produtivas, o que seria necessário para a revolução. O caminho para a constituição do livre-comércio seria a construção de um plano para a abolição gradual das tarifas, permitindo que as indústrias se preparassem.

Mas o argumento que ela, e boa parte dos presentes no congresso defendiam, é liberal em seu sentido mais clássico: a defesa do livre-comércio, como sabemos, longe de salvaguardar os interesses dos trabalhadores, piora as condições de vida nos lugares em que atua, permitindo a exploração do capital internacional, o que aconteceu, e acontece, com os países do terceiro mundo. A abertura das alfândegas para mercadorias e transações de capitais beneficiou, e beneficia, os grandes conglomerados capitalistas.

Não era diferente naquele período, em que a própria análise da acumulação de Luxemburgo atentou para a necessidade do capital de ter mobilidade

---

52. Calwer fala especificamente contra um dispositivo, chamado *Meistbegunstigungsklausel* ou *Meistbegunstigungsprinzip*, que concede as vantagens comerciais de um país para todos os outros membros do contrato. É um princípio liberal.

53. Rosa Luxemburg em *Protokoll des Parteitages abgehalten zu Mainz*, 1900, pp. 199-200.

para a exploração de outras regiões, primeiro na forma de mercadorias e depois na forma de empréstimos. Ela diferencia, no livro *A Acumulação do Capital*, as políticas para o centro e para a periferia, explicando que o livre--comércio *no centro* correspondia a um período muito curto da história do capitalismo, enquanto na periferia, nas colônias, ele era apregoado pelos grandes capitalistas como a melhor forma de desenvolvimento econômico.

Mas as emendas que ela propôs na resolução reforçavam uma posição a favor do livre-comércio e contra qualquer tipo de tarifa ou determinação de esferas de influência dentro e fora da Europa. Ela estava na perspectiva do internacionalismo proletário sem perceber as consequências de uma política do mundo socialista aplicada no capitalismo.

O caráter nacionalista e localista de um setor considerável do partido apareceu aqui, porque a defesa das tarifas alfandegárias tinha uma perspectiva nacional. No entanto, do ponto de vista internacionalista, do qual Luxemburgo fala, as tarifas impediriam a construção de uma irmandade entre os trabalhadores e serviriam, nos países centrais, para a disputa concorrencial entre as nações, por isso o partido deveria se opor, como de fato fez neste congresso.

A primeira década do século xx verá o acirramento das tensões bélicas entre os países europeus afundando a social-democracia em conjecturas sobre a possibilidade da paz no capitalismo. A previsão de Luxemburgo sobre os conflitos que se seguiriam confirmou-se nas crises do Marrocos, nos conflitos na Ásia e nos Balcás.

Congresso de Dresden, 1903

Nestes primeiros anos do século xx, Luxemburgo participou de muitas discussões sobre a questão polonesa, o problema do nacionalismo e da independência nacional em sua terra natal. Houve também muitos debates sobre o movimento operário internacional, principalmente sobre a tática a ser usada para a conquista de pautas intermediárias e o caminho da revolução; debate incentivado também por uma greve geral na Bélgica, em 1902, iniciada em regiões mineradoras e portuárias exigindo o sufrágio universal. A greve expandiu-se para outras localidades e durou seis dias até que, depois de muitos conflitos com mortos e feridos, a direção do partido belga chamou os trabalhadores para retornar a seus postos contra a vontade de muitos grevistas. A greve terminou derrotada, pois o parlamento ignorou as suas reivindicações[54].

O episódio desencadeou a discussão sobre as táticas de rua e sua relação com a militância parlamentar. Os belgas decidiram abrir mão do voto feminino e da tática revolucionária para conseguirem alianças com os liberais pelo voto universal masculino. Luxemburgo via nisso um erro, porque não haveria aliança possível com os liberais. Para ela, os líderes socialistas belgas causaram a derrota ao deterem o movimento antes de seu momento decisivo, tornando-o um fantoche dos liberais, que teriam se tornado, por isso, os verdadeiros líderes. Segundo Laschitza, ao término da polêmica, Luxemburgo dedicou-se à relação entre os meios revolucionários e a legalidade. Conforme a biógrafa:

> Na imprensa alemã e belga, manifestavam-se opiniões que consideravam a tática revolucionária ultrapassada e a greve geral inútil ou supérflua. Rosa Luxemburgo contorceu-se contra ideias sobre fazer a revolução arbitrariamente através de dirigentes ou partidos, como imaginavam a polícia ou o historiador oficial burguês. Revolução ou transição legal para o socialismo não seria uma questão de tática, mas de relações históricas e circunstâncias concretas[55].

Por ser uma questão concreta, de cada momento histórico, o movimento operário não poderia determinar previamente seus instrumentos já que alguns poderiam, em determinados contextos, ser reacionários. Para aquela época seria necessário trabalhar o parlamentarismo e as greves, ambos no sentido da revolução, um e outro isoladamente teriam pouca eficácia para a concretização do socialismo[56].

Assim, as questões teóricas e o movimento real vão colocando também o debate da tática, da atividade. Até aqui, a direção do partido, representada em nomes como August Bebel e Karl Kautsky, queria conter a ala revisionista e formava um só bloco com a esquerda. Pretendendo derrotar a direita do partido de uma vez, o revisionismo foi colocado em pauta no congresso de 1903.

Em Dresden, localizada no reino da Saxônia, ocorreu, entre 13 e 20 de setembro de 1903, o congresso anual que teve como pauta: tática do partido; eleições do Reichstag; questão do vice-presidente e os esforços revisionistas.

---

54. Annelies Laschitza, *Im Lebensrausch, trotz alledem*.
55. *Idem*, pp. 179-180.
56. *Idem, ibidem*.

ROSA LUXEMBURGO – CRISE E REVOLUÇÃO

Em junho deste mesmo ano ocorreram as eleições do Império que deram ao SPD 31,7% dos votos de primeiro turno e 81 mandatos no Reichstag[57], um aumento importante na trajetória do partido, mesmo não sendo proporcional à quantidade de votos recebidos. O sucesso eleitoral e as discussões táticas colocaram a questão: diante desse resultado, qual deveria ser a postura do SPD?

O número de deputados do SPD daria direito ao cargo de vice-presidente do Reichstag[58]. Deveria o partido aceitar esse cargo? Discutiu-se uma suposta tradição partidária de mudança de tática e se debateu muito a violência como caminho para a revolução. Delineia-se aqui o discurso sobre o caráter parlamentarista da atuação partidária.

Diferentemente dos outros debates, este teve duas apresentações para defender os dois lados do problema: a de Bebel e a de Vollmar.

O discurso de Bebel demonstrou que a leitura dos dirigentes sobre o resultado eleitoral era de que a força do partido havia crescido e, portanto, aquela tática se mostrava correta – a utilização do parlamento para agitação e propaganda e para conseguir reformas.

Bebel avaliou que os tempos vindouros seriam difíceis porque a burguesia se uniria para combater o SPD e a economia entraria em uma crise de superprodução, causando problemas sociais na Alemanha. No entanto, o SPD teria uma grande chance de sair fortalecido disso, porque a votação demonstrava seu apoio social para combater as políticas do governo. As massas estariam cientes de que inclusive a política mundial recaía como um peso sobre elas através de impostos e mortes. Por isso, o partido não poderia se unir ao Estado, a social-democracia deveria derrubá-lo por ser um instrumento dos interesses da burguesia.

Por estes motivos, Bebel defendeu maior radicalização.

No entanto, alguma coisa sim, nós crescemos, temos mais deputados e por isso devemos mudar nossa tática em certo sentido, mas não no sentido de frear ou conter. Não. Depois que essa gigantesca massa eleitoral nos deu o seu "sim" e a sua aprovação através de seu voto e baseada na nossa tática atual, nós devemos avançar ainda mais enérgica, implacável e claramente do que até agora[59].

---

57. O partido tinha 56 mandatos anteriormente, o que significou um aumento de 44,64% dos deputados, mas representava 20,4% do total de cadeiras, o que não correspondia à sua força eleitoral – mais de 30% dos votos.

58. Bernt Engelmann, *Vorwärts und nicht vergessen*.

59. August Bebel em *Protokoll des Parteitages abgehalten zu Dresden*, 1903, pp. 305-306.

O OBJETIVO FINAL: MASSA ELEITORAL *VERSUS* HEGEMONIA IDEOLÓGICA   111

Para ele, a forma do discurso do parlamento deveria ser alterada, deixando-o mais duro, mas mantendo o Reichstag como espaço de atuação a ser cuidadosamente pensado. Havia anos que os deputados brigavam entre si sobre o posicionamento diante dos projetos a serem votados no parlamento, as discussões tornavam-se mais ríspidas, segundo Bebel, porque os reformistas eram maioria na bancada e queriam fazer concessões praticando uma política de troca de favores. O papel do congresso, naquele momento, seria dar diretrizes claras à bancada social-democrata para que ela não se transformasse em auxiliar da pequena burguesia.

Ainda segundo Bebel, os reformistas não acreditavam nas massas e queriam decidir tudo de portas fechadas, queriam conciliar trabalhadores e burgueses. No entanto, o SPD teria sido escolhido pelo povo, porque era o único partido que o defendia, o que demonstraria a conscientização das massas. Por isso, era desnecessário aos socialistas fazerem acordos com a burguesia.

Percebe-se a confusão entre massa eleitoral e força política real na fala de Bebel, confusão que se desfez parcialmente nas eleições seguintes em 1907, quando a opinião pública alemã foi jogada contra o SPD por sua posição internacionalista, fazendo-os perder em percentual de votos, embora os números absolutos tivessem aumentado.

Vollmar divergia de Bebel e na sua fala fez um pequeno histórico do partido. Em seus primeiros anos de existência, o SPD teria se oposto à participação nas eleições e rejeitado acordos com a burguesia. Em seguida, passaria a concorrer às eleições utilizando o parlamento como palanque e, por fim, a prática eleitoral se tornaria uma obrigação e as alianças seriam permitidas se houvesse o consentimento da direção com a aprovação de propostas importantes para os trabalhadores.

Na perspectiva de Vollmar, o partido mudara diversas vezes de tática, como teria demonstrado no histórico. Sua forma de atuação seria pautada, portanto, na mudança de tática sempre que necessário. Teria sido desta maneira que a organização crescera e se desenvolvera. Bebel e seus seguidores estariam sendo conservadores ao defenderem uma tática principista que tinha como consequência a constituição do SPD em uma seita, separando-o das massas populares.

Nesta linha argumentativa, Vollmar defendeu que não deveriam estabelecer uma regra – nunca aceitariam cargos – porque poderia haver uma conjuntura em que isso fosse desejável. Mesmo assim, defendeu a aprovação da resolução para acalmar os ânimos dentro do partido, mesmo não reconhecendo nenhum revisionista.

Durante o congresso, aqueles que eram reconhecidos pela esquerda da época como revisionistas – ou são colocados hoje nessa posição – não se reconheciam enquanto tal, questionando diversas vezes qual seria a definição do termo. Apenas Bernstein se colocou neste lugar.

Wilhelm Kolb resumiu a diferença entre as duas linhas do partido, conectando teoria e prática: se a teoria do colapso – atribuída por ele a Kautsky – estava correta, então eles deveriam fazer uma greve geral e derrubar o Estado; se o socialismo poderia ser construído aos poucos, então deveriam continuar com o trabalho eleitoral dentro das leis. Embora dramático e pouco preciso sobre a posição da esquerda, Kolb apresentou a divergência de forma clara: colapso e revolução ou evolução e parlamentarismo.

E Daniel Stücklen sintetizou os pontos do debate: *1.* os revisionistas sempre agiam como se não houvesse diferenças entre as alas do partido e as decisões dos congressos não eram seguidas, pois cada deputado agia de acordo com seu pensamento[60]; *2.* se aceitassem o cargo de vice-presidente poderiam passar a impressão de que buscavam se inserir na ordem burguesa; *3.* os revisionistas diziam que haveria uma perseguição à liberdade de pensamento e expressão no partido e que isto sim seria um perigo para a organização. Stücklen disse que,

> [...] falou-se muito da liberdade de pensamento, mas também esta liberdade tem um limite certo. [...] nós queremos a liberdade do indivíduo contanto que ela não prejudique os direitos do outro. [...] Nosso partido será sempre proletário-revolucionário e os camaradas devem sempre cuidar para que a direção do partido não caia nas mãos de um punhado de acadêmicos cultos que não têm contato algum com o povo[61].

Uma última observação sobre a intervenção de Kautsky. Ele disse que a intenção da proposta era posicionar o partido contra uma tendência interna, o revisionismo. Tanto revisionistas quanto revolucionários queriam a liberdade do proletariado, mas havia divergência sobre a forma de se chegar lá. Kolb teria levantado a questão fundamental: colapso ou evolução. Até aquele momento, o SPD acreditou no aumento das contradições que o levaria à conquista

---

60. Bebel havia comentado sobre isso na sua apresentação e admitiu a desunião do partido sobre o revisionismo.

61. Daniel Stücklen em *Protokoll des Parteitages abgehalten zu Dresden*, 1903, p. 353.

do poder, mas a nova teoria queria evitar o conflito e escamoteava a luta de classes.

Teorias diferentes geram práticas diferentes. Por isso, Kautsky disse que ao alterar as bases do marxismo, a ala direita do partido fez uma revisão teórica que levou a uma prática reformista. A diferença era que os revisionistas queriam alcançar a administração do Estado sem conflito, o que Kautsky também gostaria, mas analisava a conjuntura de uma forma diferente. No Estado, as contradições estariam mais acirradas, porque a burguesia se organizava a partir dele para oprimir o proletariado. Por isso, só com a tomada deste poderiam governar e não havia um caminho gradual para isso.

A resolução proposta por Bebel reafirmava o compromisso do partido com a transformação social, a ideia de que as contradições só se intensificavam e a luta de classes tomava um caráter mais acirrado com o passar dos anos. Mas a resolução final sofreu modificações. A maioria delas tornava o texto mais radical ou complementava alguns pontos. Contudo, Legien acrescentou a seguinte frase ao final: "E agir energicamente para a construção da legislação social e realização das tarefas políticas e culturais da classe trabalhadora"[62]. Com este acréscimo não havia motivos para o setor reformista não aprovar o texto da resolução, porque a maioria deles reivindicava, na teoria, o socialismo e o objetivo final e não se reconhecia como revisionista/reformista. Além disso, o acréscimo permitia que eles continuassem com a mesma atuação política no parlamento. Por isso, quando vemos os votos a favor da resolução encontramos Legien, Heine, Auer, Noske, militantes da direita do partido.

Embora este congresso tenha sido encarado pelos social-democratas como uma derrota para o reformismo, na verdade, só escamoteou a divisão interna. Com o passar dos anos, pelo contrário, foi justamente essa ala que cresceu e tomou conta do partido.

Congresso de Jena, 1905

Em 1904, Luxemburgo ficou presa por volta de dois meses acusada de injúria à majestade, o imperador da Alemanha, por isso, não pôde participar do congresso daquele ano, mas publicou o famoso texto de debate com Lenin "Questões de Organização da Social-democracia Russa". Nele Luxemburgo

---

62. *Protokoll des Parteitages abgehalten zu Dresden*, 1903, p. 419.

aponta críticas à forma de organização centralizada defendida por Lenin e praticada pela própria social-democracia alemã.

É igualmente importante para a social-democracia, não a previsão nem a construção prévia de uma receita pronta para a tática futura, mas manter viva, no partido, a avaliação histórica correta das formas de luta vigentes, manter vivo o sentimento da relatividade da atual fase da luta e da necessária intensificação dos momentos revolucionários, a partir do ponto de vista do objetivo final da luta de classes proletária[63].

Essa passagem contém a mesma crítica feita à atuação da direção belga no movimento grevista de 1902 e aos socialistas que defendiam a tática parlamentar como a essência do caminho para o socialismo, ou ainda à ortodoxia que se apegava aos princípios do partido para fazer oposição aos oportunistas. Um movimento revolucionário não poderia se imobilizar em principismos, deveria sim estabelecer pressupostos a partir dos quais atuaria, mas a sua atividade mesma deveria caminhar para o socialismo, deveria, portanto, desenvolver a tática. Nesse sentido, o partido serviria para dar direção ao movimento que só poderia ser realizado de fato pelas massas conscientes[64].

Diferente de Lenin, Luxemburgo não acreditava em um partido centralizado e centralizador, no qual um comitê decidiria todas as ações. Para ela, as direções tendiam a se conservar e por isso a se estabilizar aquém do movimento das massas, as quais tinham o papel de revolucionar a direção, empurrando-a adiante.

Diante dos acontecimentos de 1905 e posteriores, essa crítica se confirma para a social-democracia alemã. As direções sindical e partidária tornaram-se moderadas, evitando a radicalidade, inclusive minando ações diretas.

Em 1905, antes do Congresso do Partido em Jena, os sindicatos da Alemanha fizeram o seu quinto congresso. A *Generalkommission* (Comissão Geral), direção dos sindicatos, incumbiu Theodor Bömelburg, também membro do SPD e presidente do sindicato dos pedreiros, de falar contra a greve de massas. O resultado foi a aprovação, por este congresso, de uma resolução contrária à tática e que procurava encerrar a discussão sobre o assunto. A direção sindical precisava parar as ações espontâneas dos trabalhadores que ocorreram também

---

63. Rosa Luxemburgo, "Questões de Organização da Social-democracia Russa", em Isabel Loureiro (org.), *Rosa Luxemburgo: Textos Escolhidos*, vol. 1, p. 162.

64. Annelies Laschitza, *Im Lebensrausch, trotz alledem*.

na Alemanha, neste ano, com uma greve de mais de duzentos mil mineiros no Ruhr[65]. Segundo Vieira de Souza:

> Se a espontaneidade enquanto fenômeno sociopolítico de massas atrelava-se, na Rússia, à inexistência de organizações sólidas e dotadas de recursos que lhes permitissem orquestrar um movimento de tamanha envergadura, no vale do Ruhr ela expressou-se no fato de que metade dos grevistas não pertencia a qualquer sindicato, ao passo que a outra metade teve de voltar-se contra a burocracia incrustada nas entidades a que pertenciam para dar vazão à sua revolta elementar[66].

Os dirigentes sindicais manobraram a base e abafaram o movimento. Essas manifestações, a forma como foram conduzidas e os debates sobre a Revolução Russa de 1905, colocaram a greve de massas na pauta do Congresso de Jena, ocorrido entre 17 e 23 de setembro, ou seja, antes do fim do processo, porque só em outubro o czar fez a proposta da Duma com uma posterior reordenação conservadora que abafou o levante[67].

A pauta do Congresso de Jena em 1905 contava com dois temas, para além da discussão de relatórios que ocorria todos os anos: o Primeiro de Maio (questão que também não saía da ordem do dia) e a greve política de massas e a social-democracia.

Além disso, houve uma moção da diretoria e de outros membros do partido sobre a revolução que acontecia na Rússia. Ela foi discutida em "outras propostas" e aprovada por unanimidade. Note-se que ela foi sancionada depois da discussão, que durou um dia, sobre a greve de massas.

O texto fez um elogio ao proletariado russo, especialmente, àqueles homens e mulheres que trabalharam pela revolução formando e organizando o proletariado durante anos, pois o movimento teria sido resultado desse trabalho cotidiano, de operários russos guiados pela social-democracia, com o objetivo de derrubar o absolutismo e conscientes de que esta era uma etapa necessária para a luta contra o capitalismo. A resolução contestava a legitimidade do czarismo também por causa da repressão, o que justificaria o combate ao regime[68].

---

65. Ver Luiz Enrique Vieira de Souza, *A Recepção Alemã à Revolução Russa de 1905*.

66. *Idem*, p. 189.

67. Volin, *A Revolução Desconhecida*.

68. Ver Anexo, Resoluções, pp. 279-281.

A resolução expressava um ponto de vista bem diferente do relato que temos de Volin (Vsevolod Mikhailovich Eikhenbaum), que admite a importância do trabalho da social-democracia russa, mas diz que ela não teve influência nas massas e que o movimento nascera das condições materiais da população, que foi se auto-organizando em *Soviets* no decorrer da luta[69].

O debate sobre o papel do partido e das massas no movimento não era controverso apenas entre russos e alemães, mas também internamente ao spd e a discussão sobre a greve de massas nos conta mais sobre a questão de fundo: o papel das massas e do partido no processo revolucionário.

A discussão sobre a *Greve Política de Massas e a Social-democracia* começou com a apresentação de Bebel. Na resolução, afirmava-se que os trabalhadores deveriam utilizar todos os meios para conseguir seus direitos de cidadãos e a igualdade jurídica. Eles deveriam preparar-se para defender o voto universal, secreto, direto e igual, porque a burguesia não hesitaria em tirar esse direito quando pudesse.

Neste mesmo ano, logo após o congresso, alguns estados alemães com forte presença social-democrata tentaram impor mudanças na lei que restringiriam mais as eleições locais. Em Hamburg, por exemplo, a proposta era alterar o voto de três para cinco classes, diminuindo mais ainda a representação das classes mais baixas. Na Saxônia, o movimento de restrição encontrou a resistência dos trabalhadores com uma série de reuniões e manifestações de massa que se radicalizaram e espalharam para outros *Länder* que viviam a mesma ameaça[70].

O sufrágio universal foi apresentado como condição para o desenvolvimento político da comunidade (*Gemeinwesen*) e para preservá-lo a classe trabalhadora deveria usar, inclusive, seu meio mais eficaz: "die umfassendste Anwendung der Massenarbeitseinstellung". Essa frase, ao pé da letra, significa: a utilização mais abrangente da suspensão em massa do trabalho. Observe-se

---

69. Ver Volin, *A Revolução Desconhecida*. A tradução deste livro para o português tem apenas a primeira parte da obra que trata longamente de como se chegou à revolução de 1905 e a tomada do poder de 1917. Considerado um anarquista russo, Volin apresenta-se em seu livro como um professor que deu aulas aos trabalhadores, fazendo elogios ao marxismo e admitindo o trabalho dos socialistas dentro das massas russas. No entanto, parece acreditar no poder organizativo da ação pelas próprias massas, porque é isso que seu livro demonstra, constituindo-se em um relato histórico da ideia de Luxemburgo da ação como formadora da consciência e, portanto, da organização das massas, a espontaneidade. Ver também Daniel Guérin, *Rosa Luxemburg y la Espontaneidad Revolucionaria*.

70. Carl E. Schorske, *German Social Democracy.*

que o termo mais utilizado para "greve de massas" em alemão, e, teoricamente, essa resolução defende a greve de massas, é *Massenstreik*, mas a palavra não foi usada.

O resto da resolução condicionou a eficácia do método à expansão das organizações dos trabalhadores, partido e sindicatos, e ao esclarecimento das massas sobre a importância do voto e do direito de coligação dentro do Estado burguês. Assim, a velha prática de agitação e propaganda foi reiterada e colocada em primeiro plano, o que teria, como efeito prático, nenhuma alteração na vida parlamentar e extraparlamentar do partido.

Como consequência da importância da conscientização dos trabalhadores para a eficácia da greve de massas, ou algo parecido com ela, todos os membros do partido seriam obrigados a participar das organizações sindicais de suas respectivas profissões, expandindo a social-democracia e cumprindo seus deveres com a organização política da classe.

Esta resolução foi proposta por Bebel e já tinha em si um caráter bastante conciliador, nem radical, nem reformista demais, mas conservador por manter a linha do partido. E a intervenção de Bebel teve o mesmo sentido: reafirmar o parlamentarismo e submeter a greve de massas a ele.

Segundo ele, depois de 1903 e por causa do aumento de eleitores e de deputados do SPD, a burguesia começou a atacar o direito de voto e a adotar uma tática de apoio às reformas para atrair os eleitores do SPD. Os inimigos estariam mais agressivos, as contradições de classe mais acirradas e isso se evidenciaria em vários debates no Reichstag – tarifas alfandegárias, proteção aos trabalhadores, economia. Bebel parece entender que o acirramento deu-se principalmente dentro do Reichstag, e que as disputas da rua teriam sido internalizadas ali. No parlamento, o SPD não era maioria, mas o fato de os inimigos estarem tão incomodados com sua presença demonstraria a importância da eleição. Por isso, eles precisavam conscientizar o proletariado do seu poder, que era maior que o da burguesia,

> [...] o poder da burguesia baseia-se no dinheiro, nos milhões e bilhões, mas é a classe trabalhadora que tem o enorme número de cabeças, assim que ela tomar consciência dessa circunstância, um poder tão gigantesco, ela superará finalmente o poder da burguesia, tendo esta dez bilhões no cofre[71].

---

71. August Bebel em *Protokoll des Parteitages abgehalten zu Jena*, 1905, p. 291.

Para alcançar essa consciência e esse poder, que transforma quantidade em qualidade, seria necessário o trabalho de agitação do SPD, importante para tomar o poder e evitar a catástrofe, que se igualava, na fala de Bebel, com a revolução. Ele acabou negando a revolução ao dizer que "é um erro quando se diz que a social-democracia luta por revoluções. Não pensamos nisso. Qual o interesse que temos em produzir catástrofes nas quais os trabalhadores, em primeiro lugar, sofreriam muito?"[72]

Não havia necessidade na Alemanha de criar um caos, mas isso dependeria do inimigo que eles combatiam. Bebel sempre dizia que era o inimigo quem decidiria, dependendo de sua reação à conquista do poder pelo proletariado[73].

Assim, a greve de massas é colocada como mais um instrumento de luta por mais direitos e em defesa deles, um instrumento reformista, e não deveria ser usada para a revolução. Um instrumento de luta à disposição do trabalhador alemão, a ser usado eventualmente. Segundo Bebel, a greve de massas deveria estar a serviço do direito de voto e não ignorá-lo, como defendiam alguns dentro do partido, que diziam que o parlamento não tinha importância. Aqui ele se dirigia principalmente a Raphael Friedeberg[74].

Bebel disse que Friedeberg defendia a economia como o problema essencial e o direito de voto seria ignorável diante das possibilidades revolucionárias da greve de massas. No entanto, para Bebel, a luta era política e econômica e, por isso, os sindicatos sozinhos não poderiam alcançar a transformação, era preciso o partido para organizar o movimento e o colocar no âmbito da polí-

---

72. August Bebel em *Protokoll des Parteitages abgehalten zu Jena*, 1905, p. 292. Lembremos do capítulo anterior: Bernstein equipara colapso e revolução, ambos correspondendo a desordem. Ideia que se apresenta nos reformistas e revisionistas em geral.

73. Já vimos aqui que Kautsky e Luxemburgo disseram o mesmo. A questão era não temer a revolta ou utilizar o medo como argumento para frear a ação revolucionária. Para Luxemburgo, era preciso preparar as massas para agirem por si mesmas e não esperar a concessão da burguesia, como queriam os revisionistas.

74. Daniel Guérin fala sobre a discordância de anarcossindicalistas com essa instrumentalização da greve geral pelos socialistas que a utilizavam somente para fins parlamentares ou eleitorais retirando todo o seu valor incendiário para a transformação social. "Era um fato que os sindicalistas revolucionários, particularmente os franceses, reprovavam a greve geral (ou greve de massas, segundo a terminologia alemã) desde o momento em que esta foi posta a serviço de um objetivo 'político', no sentido parlamentarista e eleitoreiro do termo. Tal era, com efeito, o uso que se havia dado, entre outros, no caso das greves belgas de 1893 e de 1902, quando o assunto havia sido a extensão do sufrágio universal. Esse devia ser também o objetivo na Prússia, entre 1910 e 1914, da greve geral preconizada, de resto em vão, por Rosa Luxemburgo" (Cf. Daniel Guérin, *op. cit.*, p. 60). Tradução de Felipe C. de Lacerda. Ver também Jörn Schütrumpf (org.), *Rosa Luxemburgo ou o Preço da Liberdade*.

tica, levando à tomada do Estado. A tarefa do SPD era fortalecer a organização, porque só com um aparato forte e eficiente poderia o proletariado fazer uma ação de massa que desse resultados.

Se, ao mesmo tempo, a imprensa do partido se dedicar mais do que até então às questões de organização, se por toda a parte for trabalhado no sentido da minha resolução, se por toda a parte for intensificada a agitação no sentido de um sólido esclarecimento político, se antes de qualquer coisa retomar o estudo dos escritos fundamentais do socialismo e de uma maneira bem diferente do que até agora foi feito, então não será um golpe de mestre que o número de membros das nossas associações dobre no decorrer de um ano, que os sindicatos cresçam no mínimo 25% e que os leitores de nossos jornais aumentem de 50 a 100%. Assim, conseguiremos uma massa de meios para esclarecimento dos camaradas de partido e para preparar para as duras lutas. [...] Nesse sentido peço a vocês para aprovar minha resolução, nesse sentido queremos trabalhar e lutar até que a vitória seja alcançada inteiramente[75].

Bebel não defendeu a greve política de massas propriamente em seu discurso, mas o crescimento do próprio partido e instigou os militantes a buscarem isso.

Desta fala, vários elementos foram debatidos ou comentados no congresso. A disputa era, novamente, entre a revolução e o parlamentarismo, tensão que apareceu na intervenção de Bebel defendendo o parlamentarismo e recusando a revolução – ao menos um tipo dela.

Aqueles que rejeitavam a greve de massas ou a aprovavam com cautela, sem que fosse propagandeada, traziam em suas falas o argumento do cuidado com as massas, porque elas não estariam prontas para este tipo de enfrentamento. Segundo Wolfgang Heine:

Bebel quis nos provar que temos poder. Com certeza, temos esse poder intelectual, mas a pergunta é se temos o poder de executar uma greve geral no próximo período. Eu acho que não! [...] Em primeiro lugar, os trabalhadores! Quer dizer, toda causa exige sacrifício. Certamente, se a causa fosse favorecida por isso. Mas aqui, as vítimas seriam levadas para uma derrota certa. Viola-se o direito de voto, realmente ruim! Mas se declaramos agora que queremos responder a isso com greve de massas, estamos longe de desanimar o inimigo. Este é muito mais o melhor meio para estimular a retirada do direito de voto[76].

---

75. August Bebel em *Protokoll des Parteitages abgehalten zu Jena*, 1905, p. 313.
76. Wolfgang Heine em *Protokoll des Parteitages abgehalten zu Jena*, 1905, pp. 315-316.

Eles não teriam o poder efetivo para uma greve de massas, não estariam prontos para lidar com as consequências jurídicas e muitos trabalhadores seriam prejudicados. Além disso, responder à ameaça ao sufrágio universal com greve seria terminar de acabar com este direito. No entanto, Heine se aproximava de Bebel ao defender que a organização deveria ser o foco. Karl Frohme falou o mesmo sobre a tática, pedindo cautela e direção dos esforços para os órgãos de imprensa do partido. Do ponto de vista da direita falaram também Robert Schmidt, Legien e David.

Para Robert Schmidt, a resolução colocava uma situação nova: a utilização da greve de massas para autodefesa. Bebel havia dado um exemplo: os ataques contra o sufrágio. No entanto, para Schmidt, se a situação não era diferente da época do *Zuchthausvorlage*, então por que deveriam utilizar um outro meio de combate?

Em sua visão, as massas não eram disciplinadas como o exército, por isso, a sua direção seria muito difícil. Além disso, uma greve na Alemanha levaria mais de dois dias para ser organizada e, por último, entrar em confronto com o aparato repressivo alemão seria suicídio político. Por isso, Schmidt defendia a mesma tática da época das leis antissocialistas:

[...] não posso responder melhor que as palavras ditas por Liebknecht [Wilhelm] em Halle [Congresso de 1890]: "colocaram-nos fora da jurisprudência comum com as leis antissocialistas, devíamos então ou nos retrair covardemente ou, mais corretamente, cometer suicídio ou fazer o que fizemos – declarar: nós recusamos a força, mas não reconhecemos essa lei como Direito; sob estas leis não podemos existir como partido, mas nós existimos e queremos existir, por isso devemos, seguindo o mandamento de autopreservação, quebrar a lei e isso nós não podemos 'legalmente', isto é, sob esta lei. Nossa decisão em Wyden [Congresso de 1880 em Zurique] era a resposta necessária e lógica para as leis socialistas; era simultaneamente nosso programa de ação e a realização seguiu à decisão"[77].

Para ele, fora importante transgredir leis ilegítimas e agitar por fora da institucionalidade como forma de combate. Mas há também um espírito de ação dentro da legalidade implícito na sua intervenção e que estava muito presente no partido. A manifestação de David contra o que ele chamava de revolucionarismo (*Revolutionarismus*), por exemplo, defendia a tática de transformação através das leis, supostamente uma prática tradicional do partido.

---

77. Robert Schmidt em *Protokoll des Parteitages abgehalten zu Jena*, 1905, pp. 319-320.

Aquela corrente significava, para ele, a defesa da implantação do comunismo por meios violentos e por acreditar que o capitalismo precisaria ser levado a sua morte, seria oposta ao colapso.

David ainda questiona: "o que podemos fazer para guiar, eventualmente, semelhante greve de massas, semelhante recusa ao trabalho, de maneira vitoriosa, para o objetivo"[78].

O problema apresenta-se do ponto de vista de um dirigente: as massas, os trabalhadores, precisam ser guiados e, por isso, tudo deve ser planejado para garantir o lugar de cada um. É o que se encontra também no discurso de Legien que pediu para que a "greve de massas" (*Massenarbeitseinstellung*) fosse retirada da resolução porque já estava escrito "a utilização de todos os meios". Para ele, ao sair às ruas, as massas começariam a revolução e ela seria violenta, mas as pessoas deveriam estar cientes disso antes de iniciar o movimento. O perigo estava no partido colocá-las despreparadas na rua, o que não deveria acontecer.

A resposta a todos esses medos e cuidados veio de Luxemburgo, Zetkin e Liebknecht, da esquerda do partido. Clara Zetkin viu uma confusão de conceitos entre greve de massas e greve geral. Segundo ela,

[...] enquanto a greve política de massas exige a concentração do poder político, econômico, intelectual, moral, existente e disponível, do proletariado para um determinado e limitado objetivo de curto prazo, a greve geral anarquista quer, através da parada generalizada do trabalho, transformar toda a ordem capitalista ou algumas de suas instituições essenciais, como por exemplo o militarismo, como reivindicara Domela Nieuwenhuis[79].

A diferença entre a greve anarquista e a socialista seria a concretude de seus objetivos: os socialistas construiriam estes de acordo com as conjunturas, analisariam as condições materiais, enquanto os anarquistas seriam golpistas, voluntaristas. A greve política de massas apresenta-se definida na fala de Zetkin como um instrumento que concentrava todas as forças do proletariado: econômica, política, moral, intelectual. Essa greve unificaria as diversas facetas da luta operária fortalecendo-a em torno de um objetivo específico. A necessidade de Zetkin de diferenciar os dois termos vinha das disputas entre

---

78. Eduard David em *Protokoll des Parteitages abgehalten zu Jena*, 1905, p. 328.
79. Klara Zetkin em *Protokoll des Parteitages abgehalten zu Jena*, 1905, p. 324. Zetkin refere-se à defesa do socialista holandês Domela Nieuwenhuis nos congressos da Internacional Socialista de 1891 e 1893 de que fosse aprovada resolução de greve geral em caso de guerra entre as potências europeias, principalmente nos setores da indústria bélica. Daniel Guérin, *op. cit.*

anarquistas e socialistas na Internacional, sendo que os primeiros eram desprezados pelos segundos e a alcunha de anarquista era considerada um insulto para os socialistas. Legien, por exemplo, disse neste congresso que o termo daria uma conotação anarcossocialista à resolução, lançando as massas despreparadas às ruas. Não obstante, essa tentativa de distinção não convence, ainda mais quando observamos o processo russo.

A intervenção de Rosa Luxemburgo, anterior à de Zetkin, enfatizou os ensinamentos da Revolução Russa e a radicalidade do momento.

Impressionada com os discursos, Rosa questionou: "vivemos de fato no ano da gloriosa revolução russa ou estamos há dez anos atrás?"[80], porque muitos pareciam ignorar o momento, o ano da Revolução. Não era a hora de fazer perguntas sobre como seria exatamente a greve de massas, se haveria sangue ou não, quem fazia essas conjecturas não sabia nada sobre as massas. Era preciso aprender com a revolução. À preocupação de Heine, de que também as massas desorganizadas iriam às ruas, Rosa respondeu: "as revoluções até agora, especialmente a de 1848, provaram que em situações revolucionárias não são as massas que devem ser colocadas nas rédeas, mas os advogados parlamentaristas para que eles não traiam as massas e a revolução"[81].

A preocupação com o controle das massas, demonstrada pelos revisionistas, deveria ser direcionada a eles mesmos.

Para Rosa, as massas deveriam sim ser esclarecidas, mas em um sentido diferente daquele defendido pelos moderados do partido, porque, para ele, a organização vinha em primeiro lugar. Segundo ela, "não a organização acima de tudo, mas sobretudo o espírito revolucionário do esclarecimento!"[82] deve ser a forma de conscientizar as massas. Espírito esse que pode significar o sentido do Iluminismo na transformação da compreensão do mundo, recusando formas de dogmatismo. Esclarecer o proletariado sobre a luta de classes e a revolução social feita pela classe e que a liberta de seus grilhões. Este movimento não seria feito, portanto, somente pela organização. Esse era o grande ensinamento da Revolução Russa.

> Aprendam uma vez com a Revolução Russa! As massas foram empurradas para a revolução, quase nenhum rastro de organização sindical e elas fortalecem agora sua organização

---

80. Rosa Luxemburg em *Protokoll des Parteitages abgehalten zu Jena*, 1905, p. 320.
81. *Idem, ibidem.*
82. *Idem*, p. 321.

O OBJETIVO FINAL: MASSA ELEITORAL *VERSUS* HEGEMONIA IDEOLÓGICA   123

passo a passo através da luta. É mesmo uma concepção totalmente mecânica e não dialética a de que organizações fortes devem sempre preceder a luta. Ao contrário, a organização nascerá também na luta junto com o esclarecimento da classe[83].

Luxemburgo opunha-se aos que defendiam a organização acima de tudo, contestando, por conseguinte, também Bebel já que ele advogava a organização das massas antes de fazer a greve.

Por último, fechando a argumentação da ala esquerda do partido, Karl Liebknecht atestou o limite do desenvolvimento eleitoral.

Vê-se que, apesar do grande sucesso eleitoral, tudo continua na mesma. Isso explica a mudança de posição que há por trás disso, que haja uma sensibilidade maior em relação a ações extraparlamentares como o Primeiro de Maio, que se procure por novas ações extraparlamentares e que a greve de massas encontre sempre mais adeptos[84].

Para Liebknecht, as eleições de 1903 não mostravam que eles estavam no sentido certo, ao contrário. O fato de nada ter saído do lugar levou à tentativa de radicalização. Assim, a greve de massas seria um meio, uma forma de luta política orgânica ao proletariado, porque nascera dentro dele, servindo para proteger os direitos conquistados até ali.

O congresso votou a favor da resolução de Bebel sem qualquer alteração: foram 287 votos a favor e 14 contra. Apesar de a esquerda defender a proposta, ela não era totalmente oposta aos reformistas, um setor do partido que crescia e ganhava força, contando também com sindicalistas como Legien. A resolução, apesar de não retirar o termo "greve de massas", enfatizou o fortalecimento do partido, o que servia à tática reformista.

Percebe-se que os discursos foram se encaminhando para a cristalização do parlamentarismo como tática do partido, ora reivindicado de acordo com certa tradição de luta pela via eleitoral, ora com uma suposta necessidade de mudança tática, como no caso do cargo de vice-presidente em 1903, embora o SPD não o tenha aceito.

---

83. Rosa Luxemburg em *Protokoll des Parteitages abgehalten zu Jena*, 1905, p. 321.
84. Karl Liebknecht em *Protokoll des Parteitages abgehalten zu Jena*, 1905, p. 326.

Greve de Massas, Partido e Sindicatos – A Revolução Russa de 1905

No final de setembro de 1906, Rosa Luxemburgo publicou o famoso texto *Greve de Massas, Partido e Sindicatos*[85]. A sua leitura, à luz do congresso de 1905, permite-nos perceber o debate com o partido. Não é apenas um texto teórico sobre a greve de massas, mas uma defesa dentro da social-democracia dessa forma de luta como expressão da revolução.

No final de 1905 e início de 1906, Luxemburgo dirigiu-se para o meio da tormenta. Enfrentando determinações de companheiros do partido polonês como Leo Jogisches que a queriam em Berlim, ela viajou para Varsóvia a fim de participar da revolução. Foi presa na Polônia em 1906 e libertada em junho daquele ano. Ao retornar para a Alemanha, editores encomendaram um estudo sobre a experiência russa que resultou em *Greve de Massas...*[86]

O texto, dividido em oito partes, foi escrito após os acontecimentos e dialogava com argumentos levantados no congresso anterior: a Rússia não era a Alemanha, a greve era um instrumento anarquista e precisaria ser muito bem organizada antes de colocada em prática, entre outros temas.

Luxemburgo desconstruiu essas objeções, originárias da rejeição de Engels à greve geral anarquista, com base no marxismo e sem deixar de condenar também o anarquismo, muito malvisto pelos socialistas da época. Seu diálogo com os reformistas do partido é direto, citando Bernstein, Frohme, Bömelburg e suas tendências de que ou a greve de massas deveria ser um instrumento cronometrado com data e hora de início e fim, ou ela sequer deveria ser discutida.

Para a autora, a greve de massas seria o resultado de condições sociais, nasceria da materialidade e não explodiria artificialmente. Era preciso entender as condições que a produziam, porque "é impossível 'propagar' a greve de massas como meio abstrato de luta assim como é impossível propagar a 'revolução'. A 'revolução' e a 'greve de massas' são conceitos que enquanto tais significam apenas a forma exterior da luta de classes, que só têm sentido e conteúdo em situações políticas bem determinadas"[87]. Da mesma forma, seria impossível

---

85. Daqui em diante, utilizaremos apenas *Greve de Massas...*
86. Annelies Laschitza, *Im Lebensrauch, trotz alledem.* Ver também John P. Nettl, *Rosa Luxemburg.*
87. Rosa Luxemburgo, "Greve de Massas, Partido e Sindicatos", em Isabel Loureiro (org.), *Rosa Luxemburgo: Textos Escolhidos,* vol. 1, p. 271.

impedi-la, proibi-la e sua discussão só faria sentido dentro das condições concretas que a fizeram, objetivamente.

A distinção entre a greve de massas e a greve geral anarquista pontuada por Luxemburgo, logo no começo do texto, não convence o leitor, apesar da intenção de estabelecer limites claros dizendo que o instrumento revolucionário da classe se caracteriza por um processo de lutas radicais que se traduzem em aprendizado e auto-organização, e não em um processo repentino que de uma só vez derruba o Estado e faz a revolução, como quereriam os anarquistas. O principal objetivo dela, e também de Zetkin no congresso anterior, em se diferenciar do anarquismo era para manter uma distância segura com o que era considerado quase uma doença no movimento operário. Segundo Peter Nettl, "a primeira coisa era arrancar a greve de massas da posse mais ou menos exclusiva dos anarquistas – pelo menos aos olhos de seus oponentes. Rosa Luxemburgo estava bem consciente das fortes reservas que o partido alemão tinha sobre o assunto"[88]. O argumento mais forte para afastar o anarquismo era o fato de que a greve de massas, para Luxemburgo, não poderia ser planejada[89].

Para ela, as greves de massas na Rússia começaram em 1896 por motivações econômicas que se transformaram em fenômenos políticos, em necessidade de organização para os trabalhadores, criando e fortalecendo sindicatos. Ao longo do tempo, diversas greves teriam surgido por questões políticas, como apoio a operários massacrados em outras regiões. Já o movimento de 1905 teria um acúmulo de todas essas lutas e das organizações formadas, partindo da centralização da social-democracia e se fragmentando em inúmeras reivindicações locais: a luta política contra o absolutismo transformara-se em lutas econômicas, misturando-se as duas pautas. Conforme Nettl, a greve de massas era a unificação de uma série de eventos[90].

Contudo, a greve de massas teria se esgotado na Rússia antes da revolução, porque as condições para tal não estariam dadas no país. Ao contrário, ela teria ajudado a desenvolver o capitalismo na região, modernizando-o, ao mesmo tempo em que conscientizou os trabalhadores, que se organizavam. A greve de massas teria cumprido seu papel na Rússia naquele momento. Na longa duração, com o desenvolvimento das lutas, a greve de massas deveria levar à

---

88. John P. Nettl, *Rosa Luxemburg*, pp. 151-152.
89. *Idem.*
90. *Idem.*

transformação profunda da sociedade através do levante popular, para o qual ainda não havia uma conjuntura política[91].

Ao contrário de seus camaradas alemães, Luxemburgo não entendia a greve movida por questões técnicas, cálculos matemáticos e estratégicos precisos, mas pela correlação de forças políticas e sociais de cada momento – era isso que determinava o desenrolar dos acontecimentos. A greve de massas era a *"forma de expressão da luta proletária na revolução* (grifo no original)"[92], e o seu conteúdo era feito das contradições sociais.

Ela se dirigiu diretamente aos "oportunistas alemães" – que só questionavam o derramamento de sangue da luta de rua sem entender que a classe operária se sacrifica todos os dias – afirmando que a diferença na revolução é que o sacrifício é em causa própria e civilizacional, pois uma revolução traz a transformação das relações sociais em prol de todos. Esta deveria ser a preocupação de um socialista científico. Enquanto a revolução não estivesse na ordem do dia, as lutas parlamentares por questões econômicas, como as tarifas alfandegárias, não teriam um efeito revolucionário, pois as melhorias de vida poderiam ser retiradas pelos capitalistas a qualquer momento. Para que as lutas econômicas fossem revolucionárias deveriam se unificar com as políticas: a sociedade burguesa separou-as, era preciso reunificá-las. Em Luxemburgo, "é a revolução que primeiramente cria as condições sociais nas quais é viabilizada aquela transformação imediata da luta econômica em política e da luta política em econômica, que encontra sua expressão na greve de massas"[93].

A revolução acaba com as divisões instituídas pelo capitalismo, permitindo suplantar a divisão social do trabalho e, assim, também a divisão da vida social em setores.

Ainda contra os reformistas alemães, para Luxemburgo, as condições do proletariado na Alemanha não eram tão diferentes da Rússia quando se observava a massa de trabalhadores fora da luta sindical, como os camponeses, por exemplo. Portanto, também ali as condições permitiriam a eclosão de uma ação revolucionária. Mas, no caso alemão, a revolução deveria levar ao socialismo, pois já viviam a democracia burguesa. E aí encontra-se a questão da organização. Na Alemanha, havia muitos sindicatos e o grande partido

---

91. Ver Rosa Luxemburgo, "Greve de Massas, Partido e Sindicatos", em Isabel Loureiro (org), *Rosa Luxemburgo: Textos Escolhidos,* vol. I, p. 298.

92. *Idem,* p. 299.

93. *Idem,* p. 305.

socialista, que achavam que era necessário fortalecer a máquina antes de agir e não compreendiam o desenvolvimento dialético da organização como produto da ação. Era isso que a experiência russa demonstrava: a organização também se constrói na luta e é nesta que a grande massa proletária aparece e cumpre suas tarefas.

Na Rússia, a base material que levou ao surgimento dessa nova forma revolucionária, para Luxemburgo, era o modo de produção capitalista economicamente dominante amalgamado com uma estrutura absolutista arcaica. O capitalismo já se desenvolvia ali, de maneira periférica, por isso já existia o proletariado e, devido ao arcaísmo da classe dominante russa, este deveria fazer a revolução burguesa. Entretanto, a greve de massas transpusera este ponto e acenava para o futuro, colocando a Rússia como precursora da história da revolução social. O proletariado alemão deveria olhar para ela como um desenvolvimento de sua própria história, da revolução que ele mesmo deveria fazer. Por mais contraditório que fosse, o desenvolvimento capitalista não era uma "bela linha reta, mas [n]um zigue-zague grosseiro, similar a um raio"[94], não se podia esperar que todos os países alcançassem o mesmo estágio de desenvolvimento "para que o todo possa continuar seu movimento"[95]; nesse sentido, o fato de a Rússia ser um país atrasado, embora contraditório, não impediria que ela impusesse tarefas ao operariado alemão visando a revolução social.

Diante disso, quando as condições estivessem postas na Alemanha, eles não poderiam esperar até que todos os trabalhadores estivessem no mesmo estágio de consciência e fossem membros do partido, o que era a proposta da resolução aprovada em 1905. O papel do partido era acelerar os acontecimentos, explicando as contradições sociais, esclarecendo suas táticas e o objetivo final para que a greve de massas acontecesse e carregasse todos consigo, conscientizando a massa em seu processo.

Assim, a resposta de Luxemburgo aos revisionistas do partido foi clara: não adiantava querer aplicar receitas, nem ser o senhor da situação, a greve de massas era fruto de condições sociais concretas, do desenvolvimento das contradições capitalistas, e uma forma de expressão da revolução. Eles não poderiam freá-la com medo do derramamento de sangue operário argumentando que "o sangue do povo é muito caro para mim"[96]. Para Luxemburgo,

---

94. *Idem,* p. 331.
95. *Idem, ibidem.*
96. Wolfgang Heine em *Protokoll des Parteitages abgehalten zu Jena,* 1905, p. 316.

128 ROSA LUXEMBURGO – CRISE E REVOLUÇÃO

[...] todas as revoluções foram feitas às custas do sangue do povo. A grande diferença é que até agora o sangue do povo foi derramado em prol das classes dominantes, e agora, quando se falou da possibilidade de dar seu sangue por sua própria classe, aí vem os assim chamados social-democratas cautelosos e dizem: não, este sangue é muito caro para nós[97].

A cautela da social-democracia não se justificava nem do ponto de vista do desenvolvimento histórico, nem das condições daquele momento. A radicalização das contradições de classe permitia maior esforço de agitação e propaganda por parte do partido. Em *Greve de Massas...*, Luxemburgo acreditava que a revolução na Alemanha ainda demoraria a se realizar, mas poderia vir mais rápido do que o esperado e o partido não poderia se esquivar das suas tarefas durante períodos de efervescência. Se a greve de massas era um processo de lutas, 1905 e 1906 foram momentos importantes também na Alemanha com manifestações em diversos lugares. Haveriam outros nos anos seguintes, mas, ao contrário do que defendia Luxemburgo, a direção não cumpriu seu papel de agitadora, tentando, antes, travar os movimentos espontâneos dos trabalhadores.

Congresso de Mannheim, 1906

No mesmo ano de publicação do texto *Greve de Massas...*, o Congresso de Mannheim discutiu novamente a tática e aprovou outra diretriz. O congresso ocorreu entre 23 e 29 de setembro de 1906 na cidade que pertencia ao então Grão-Ducado de Baden, no sudoeste da Alemanha. A pauta contava com os seguintes temas: greve política de massas, congresso internacional de 1907, Primeiro de Maio, social-democracia e educação popular e direito penal. Foi adicionada como pauta a relação entre partido e sindicatos, muito comentada durante o exame da greve de massas.

A diretriz sindical de 1905, que se recusava a discutir a greve de massas, gerou revolta na base tanto do partido quanto dos sindicatos levando a discussão ao congresso de 1905, como vimos. Esse debate retornou à pauta em 1906, pois, no começo deste ano, a direção do partido e a *Generalkommission* fizeram uma reunião a portas fechadas para discutir um entendimento entre as organizações sobre as práticas, unificando as ações.

---

97. Rosa Luxemburg em *Protokoll des Parteitages abgehalten zu Jena*, 1905, p. 321.

O OBJETIVO FINAL: MASSA ELEITORAL *VERSUS* HEGEMONIA IDEOLÓGICA 129

Uma parte da ata dessa reunião foi publicada em junho pelo jornal *Einigkeit* da oposição sindical de Berlim, os localistas. Isso gerou nova discussão e acusações à direção do partido de que ela teria moderado o movimento pelo sufrágio de 1905-1906 na Alemanha, logo após o congresso anterior.

O retorno da pauta ao congresso deu-se, então, por um descontentamento entre base e direção acerca das ações da segunda: ela teria sido pouco radical e evitado fomentar a greve. Vimos como a defesa de Bebel desta tática foi insatisfatória, ele advogou na verdade pelo fortalecimento do partido e não pela utilização da tática, o que era parte da crítica de Luxemburgo em *Greve de Massas...* Na verdade, a autora achava que era necessário o preparo da vanguarda social-democrata para o movimento que viria, a greve de massas. A diferença entre a resolução e aquilo que as bases queriam gerou dissensões, mas, no congresso, não se tratava de ouvir as bases e sim os dirigentes e, aqui, temos a esquerda e a direita novamente.

A proposta apresentada por Bebel mais uma vez reafirmava a posição do partido tomada em Jena, enfatizando a obrigação de todos os membros de expandirem a organização e a unidade entre as duas instituições da classe trabalhadora – partido e sindicatos –, porque elas dependeriam uma da outra para serem eficazes em seus objetivos. Assim, a decisão de fazer uma greve de massas deveria ser tomada entre os dois órgãos dirigentes para que ela fosse bem-sucedida.

A apresentação de Bebel foi uma explanação sobre o sentido da resolução de Jena. Esta colocaria a greve de massas como uma possibilidade, sem apelar para o seu uso imediato. Era um instrumento que exigiria muita organização e o partido não estaria preparado para isso. Além disso, os sindicatos resistiam em adotar a tática, o que distanciaria as massas impedindo a sua realização. Bebel disse que

> [...] é uma falsa interpretação da resolução de Jena dizer que ela exigia que nós entrássemos em uma greve de massas na próxima oportunidade. [...] Um olhar sobre o debate da greve de massas até aqui mostra que sem a aprovação dos dirigentes e membros sindicais não se pode pensar na realizabilidade de uma greve de massas. [...] É, em geral, impensável realizar uma greve de massas sem que haja uma disposição geral nas mais amplas massas[98].

98. August Bebel em *Protokoll des Parteitages abgehalten zu Mannheim*, 1906, p. 231.

Também na Rússia as greves não teriam se estabelecido sem o apoio da ampla maioria dos trabalhadores. Este seria um fator determinante para a eficácia do instrumento, que só era compatível com estruturas econômicas específicas; a greve de massas não serviria para todos os lugares e ganhava características diferentes em cada contexto. Assim, se na Alemanha o norte fizesse uma greve, o sul não acompanharia, porque eram realidades muito diferentes e "uma esperança de uma greve geral de simpatia por parte dos alemães do sul estaria construída sobre a areia"[99].

A greve, para Bebel, precisava de uma maioria numérica de trabalhadores, algo que eles não tinham e, por isso, as condições da Rússia e da Alemanha seriam muito diferentes. Neste último país, seria mais fácil fazer uma greve para defender direitos do que para conquistá-los.

Expressa-se, nesse momento, a influência que os sindicatos passam a ter nas decisões do partido[100], pois foi depois de um ano de reuniões e debates com a direção sindical que Bebel moderou mais seu discurso, declarando com todas as letras que a greve de massas era um último recurso e mesmo em caso de guerra, como haviam defendido alguns socialistas na Internacional, a greve geral ou greve de massas não seria viável. Encerrando seu discurso, Bebel disse:

> Na eclosão de uma tal guerra [entre Rússia e Alemanha], marcharão em armas, do primeiro dia em diante, na Alemanha 5 milhões, entre eles, muitas centenas de milhares de camaradas do partido. A nação toda estará em armas! Miséria horrível, desemprego generalizado, fome, paralisação das fábricas, queda das ações – alguém acredita que se poderia em um momento destes, no qual cada um só pensa em si, encenar uma greve de massas? [...] A direção do partido estaria desnorteada para encenar uma greve de massas em um momento desses, com a mobilização do estado de guerra declarado imediatamente em toda a Alemanha, e então não seriam mais os tribunais civis a julgarem, mas os militares[101].

Assim, mesmo em caso de guerra – o que ele considerava improvável, porque a Alemanha estava isolada na política internacional – a radicalização não seria uma opção, já que as pessoas estariam em um momento muito individualista para fazer uma ação coletiva.

---

99. August Bebel em *Protokoll des Parteitages abgehalten zu Mannheim*, 1906, p. 233. Aqui, Bebel faz referência a greves de apoio ocorridas na Espanha em solidariedade a movimentos em outros países. Em geral, no SPD, esse tipo de ação não surtia efeito.

100. Carl E. Schorske, *German Social Democracy*.

101. August Bebel em *Protokoll des Parteitages abgehalten zu Mannheim*, 1906, p. 241.

A tensão entre partido e sindicatos era grande neste congresso e, por isso, um segundo orador foi escolhido: Karl Legien. Em 1905, ele havia proposto a retirada do termo *Massenarbeitseinstellung* da resolução porque isso incentivaria elementos anarcossocialistas. No discurso de 1906, retomou essa observação dizendo que foi exatamente o que ocorrera no decorrer do ano: ao se posicionar explicitamente pela greve de massas, a resolução teria dado a certos setores do partido a impressão de que ela deveria ser feita imediatamente; e criticou Bebel por não ter deixado mais claro a necessidade de organização antes da prática, o que na opinião dele significaria retirar a palavra do texto.

O problema daquela discussão, segundo Legien, era que muitos membros do partido confundiam as condições da Alemanha com as condições da Rússia: elas seriam muito diferentes. Era preciso ter clareza de que: *1.* a greve de massas não significava a revolução; e *2.* as condições para esta não estavam dadas na Alemanha, porque a tomada de setores estratégicos por parte do movimento operário era essencial para se fazer a derrubada do Estado burguês. Eles ainda não tinham alcançado esses setores, esses trabalhadores estariam distantes do movimento, o que tornava a revolução algo improvável.

Sobre sindicatos e partido, ainda que houvesse diferenças entre as organizações, para Legien, não havia grandes contradições entre elas. Para ele, a resolução do Congresso de Jena e a resolução do Congresso Sindical em Colônia não eram contraditórias: a diferença é que este deixara a questão em aberto, não definindo nada sobre o tema da greve de massas nem estabelecendo instrumentos de luta, enquanto aquele falara explicitamente em *Massenstreik*.

Essa defesa de uma suposta unidade entre as duas organizações é um elemento muito mais retórico do que real, visto que a recusa dos dirigentes sindicais em debater o tema era, na verdade, a negação do próprio instrumento e, portanto, estava em confronto com o partido. A tentativa, bem-sucedida, de impor uma interpretação conciliadora estava ligada à busca de hegemonia dentro da organização social-democrata, o que ocorreu de fato. Os sindicatos, em sua briga por uma independência em relação ao SPD, tomaram conta deste e o submeteram a seus dirigentes[102].

Havia um conflito entre membros do partido e membros do partido sindicalizados, pois estes ignoravam as decisões congressuais em sua atuação nas

---

102. Carl E. Schorske, *German Social Democracy*.

organizações de trabalho. Por isso, Kautsky fez uma proposta de emenda à resolução de Bebel, preocupado com a disciplina partidária.

Para Kautsky, os sindicatos na Alemanha floresceram e se desenvolveram por causa de sua ligação com a social-democracia e de seu duplo caráter: organização de assistência e de luta. Para que o sindicato continuasse crescendo, este precisaria ser mais do que uma organização de apoio, precisaria ser combativo e tal combatividade, na Alemanha, viria da atuação do SPD nas organizações de trabalhadores, fazendo-as se expandir. Contudo, isso exigiria disciplina na atuação dos membros do partido em todos os seus espaços de militância.

A falta de disciplina enfraquecia a organização, a disciplina era "a força motriz da luta de classes proletária"[103]. Por isso, sua proposta acrescentaria este último parágrafo à resolução de Bebel:

> Mas para assegurar essa uniformidade do pensamento e da ação do partido e do sindicato, que constitui uma exigência indispensável para o progresso vitorioso da luta de classes proletária, é absolutamente necessário que os sindicatos sejam comandados pelo espírito da social-democracia. Por isso, é dever de cada camarada do partido agir nesse sentido nos sindicatos e se sentir ligado às resoluções dos congressos do partido na atividade sindical, assim como em todas as outras ocupações públicas, no sentido definido pelo camarada Bömelburg. Isto é conveniente ao interesse do próprio movimento sindical, pois a social-democracia é a forma mais elevada e mais abrangente da luta de classes proletária e nenhuma organização proletária, nenhum movimento proletário pode fazer justiça completa à sua tarefa se não for preenchido pelo espírito da social-democracia[104].

As propostas de emenda de Legien e Kautsky não se confrontavam diretamente, mas expressavam posições internas diferentes. Legien queria abafar os conflitos entre partido e sindicatos apagando as diferenças, já Kautsky queria enfatizar a necessidade de disciplina por parte dos companheiros de partido em sua atuação nos sindicatos: para os membros do partido, esta organização deveria estar acima de qualquer outra e as suas práticas deveriam ser guiadas pelas resoluções partidárias, mesmo na atividade sindical.

Expressam-se, acima, as opiniões de um dirigente sindical e de um dirigente partidário, Legien e Kautsky, respectivamente. No meio dessa disputa,

---

103. Karl Kautsky em *Protokoll des Parteitages abgehalten zu Mannheim*, 1906, p. 258.
104. *Protokoll des Parteitages abgehalten zu Mannheim*, 1906, p. 138.

uma questão reaparece: revolução ou transformação pela via parlamentar? É a continuação do mesmo debate refletido no embate entre sindicalistas e membros do partido, pois a direção sindical não queria radicalizar, enquanto uma parte do partido sim. Por isso, a Rússia foi um elemento de disputa: seria possível ou não a comparação entre os dois países?

David defendeu que não era possível. A Alemanha não estaria pronta para utilizar a greve de massas sem ser massacrada pelo aparato repressivo ou transformar o movimento em uma batalha campal. A revolução que os social--democratas defenderiam era o estabelecimento de uma nova economia, não uma revolução de rua. Segundo ele, "nós queremos dizer que entendemos por revolução aquele desenvolvimento orgânico (muito bem!); que, no que depender de nós, não queremos provocar violência"[105].

Deste modo, o desenvolvimento orgânico seria um caminho pacífico até uma nova ordem econômica. "Pacífico" significava a aprovação de leis progressistas através da atuação parlamentar. Assim o partido atuara até ali, e agora o "revisionismo revolucionário", nas palavras de David, queria alterar a tática voltando ao tempo das barricadas. Com poucas diferenças, essa foi a posição daqueles que eram contra a utilização da greve de massas: Kolb, Legien, Bömelburg etc.

Diante dessas posturas, Rosa Luxemburgo criticou vários companheiros defensores da unidade acima de tudo e que apoiavam, por causa disso, uma proposta que não fazia o menor sentido: a afirmação de que não havia contradição entre a resolução de Jena e a de Colônia, aprovando-se também que o partido nunca teria entendido a greve geral como arma de luta.

Para Luxemburgo, não havia problema em criticar a greve geral, como faziam os revisionistas, já que ela diferenciava este instrumento da greve de massas, identificando a greve geral com o anarquismo e um certo voluntarismo, e a de massas como instrumento potencial para a revolução. Como social-democratas, eles deveriam tirar lições dessa história e a Rússia ensinava que as organizações poderiam ser criadas e fortalecidas a partir do movimento das massas e que não eram os dirigentes quem decidiriam sobre o momento da ação, mas as bases. Da perspectiva de Rosa, a social-democracia estaria aquém de suas bases, como demonstrava o discurso cada vez mais à direita de Bebel defendendo certa inércia do partido no caso de um conflito internacional, enquanto os socialistas franceses haviam aprovado a

---

105. Eduard David em *Protokoll des Parteitages abgehalten zu Mannheim*, 1906, p. 260.

revolta popular. A social-democracia deveria fazer o mesmo e se a direção não fizesse, então que a base do partido a empurrasse para a radicalização, desconsiderando os acordos feitos às escondidas. Ela defendia a proposta de Kautsky e a denegação da proposta de Bebel-Legien, pois revolução se faz com disciplina, a disciplina operária[106].

Vemos que sua brochura e seu discurso no congresso apresentam uma terceira posição, pois ela não defende a greve de massas como algo que possa ser deflagrado, ela defende que a organização não se coloque acima do movimento, mas, ao contrário, o fomente com agitação e conscientização. Era necessário entusiasmo[107].

Por diversas vezes, sindicalistas e reformistas pediram para Kautsky retirar a sua proposta porque ela atrapalharia a unidade do movimento operário, gerando uma preponderância do partido sobre o sindicato. Kautsky atendeu em parte o pedido, retirando o trecho final do parágrafo que deveria ser adicionado e que falava diretamente da disciplina e respeito às decisões partidárias em todos os meios de militância. Segue o trecho retirado:

> [...] agir nesse sentido nos sindicatos e se sentir ligado às resoluções dos congressos do partido na atividade sindical, assim como em todas as outras ocupações públicas, no sentido definido pelo camarada Bömelburg. Isto é conveniente ao interesse do próprio movimento sindical, pois a social-democracia é a forma mais elevada e mais abrangente da luta de classes proletária e nenhuma organização proletária, nenhum movimento proletário pode fazer justiça completa à sua tarefa se não for preenchido pelo espírito da social-democracia[108].

O parágrafo final aprovado foi:

> Mas para assegurar essa uniformidade do pensamento e da ação do partido e do sindicato, que constitui uma exigência indispensável para o progresso vitorioso da luta de classes proletária, é absolutamente necessário que o *movimento sindical* seja *preenchido* (grifo meu) pelo espírito da social-democracia. Por isso, é dever de cada camarada do partido agir nesse sentido[109].

---

106. Ver Rosa Luxemburgo, "Questões de Organização da Social-democracia Russa", em Isabel Loureiro (org.), *Rosa Luxemburgo: Textos Escolhidos*, vol. 1.

107. John P. Nettl, *Rosa Luxemburg*.

108. *Protokoll des Parteitages abgehalten zu Mannheim*, 1906, p. 138.

109. *Idem*, p. 305.

O OBJETIVO FINAL: MASSA ELEITORAL *VERSUS* HEGEMONIA IDEOLÓGICA   135

As palavras trocadas (sindicatos por movimento sindical e comandados por preenchido) suavizaram o sentido disciplinar do texto e tiraram a obrigatoriedade de alinhamento dos sindicalistas militantes do SPD com a linha partidária ao não especificar a organização em si (sindicatos), tratando de sindicalismo genericamente (movimento sindical), e ao trocar o verbo "comandar" por "preencher", dando um tom mais conciliador ao texto. Além da exclusão do trecho anteriormente citado, que era mais enfático em relação às diretrizes partidárias e à disciplina dos sindicalistas social-democratas.

Além dessa manobra, também a emenda Bebel-Legien foi adotada. Ela dizia que "o congresso ratifica a resolução do Congresso de Jena sobre greve política de massas e tem como superada toda a discussão sobre a resolução do Congresso Sindical de Colônia depois da constatação de que essa resolução não está em contradição com a resolução de Jena"[110].

O resultado final foi mais uma decisão conciliatória e ineficaz que gerava dissensão na hora da prática. A greve de massas, embora afirmada como recurso, foi colocada como a última arma e não seria fomentada pela direção nem em casos extremos, como a crise do Marrocos de 1911 ou a Guerra Mundial.

Congresso de Essen, 1907

Após o encaminhamento da greve de massas como ferramenta ocasional, o final do ano de 1906 apresentou surpresas para o SPD e impôs a questão colonial e o imperialismo como pauta.

A Alemanha enfrentava revoltas na colônia no sudoeste da África, atual Namíbia, desde 1903-1904. Vimos que em 1906 mais um levante dos hereros aconteceu e sua debelação se transformou em genocídio dos povos nativos pelo exército imperial alemão. Neste ano, o Reichstag foi fechado por não votar a lei orçamentária encaminhada pelo chanceler Bülow para cobrir os gastos militares da expansão colonial. A propaganda eleitoral que se seguiu direcionou-se, sobretudo, contra a social-democracia, enfatizando seu antinacionalismo. O resultado foi a constituição de um bloco a favor do chanceler (Bülow-Block), mas que também não se sustentou por muito tempo.

---

110. *Protokoll des Parteitages abgehalten zu Mannheim,* 1906, p. 148.

136 ROSA LUXEMBURGO – CRISE E REVOLUÇÃO

Com a eleição adiantada e os recursos mobilizados contra o SPD, o resultado eleitoral do partido foi ruim, perdendo metade de seus mandatos[III]. Como não poderia deixar de acontecer, o tema foi calorosamente debatido na imprensa e no Congresso, especialmente pelas atitudes tomadas pela direção e pela bancada social-democrata após as eleições, atitudes bastante cautelosas e polêmicas.

Os temas do militarismo e da colonização também estiveram presentes no Congresso da Internacional Socialista deste ano, realizado em Stuttgart. Segundo Edgard Carone, as discussões sobre ambos os temas foram acaloradas. As colônias não eram vistas por todos os socialistas como um problema em si, como já observamos em debates do próprio SPD. Para alguns, elas eram necessárias para a sobrevivência da Europa, sendo que o problema estaria na forma brutalizada do capitalismo; para outros, ela era uma missão civilizatória europeia. O ponto em comum residia nos métodos capitalistas que foram rechaçados na resolução[112].

Quanto ao militarismo, o debate não apenas foi intenso como teve reviravoltas. As primeiras resoluções apresentadas eram bastante diferentes entre si e não geraram consenso, o que possibilitou à minoria radical, representada por Rosa, Lenin e Martov, manobrar o congresso e aprovar uma diretriz mais à esquerda, conclamando os socialistas de todo o mundo a resistirem caso os Estados declarassem uma guerra[113].

Pouco após estes debates, e sem a presença de Luxemburgo, aconteceu o Congresso do SPD em Essen, entre 15 e 21 de setembro de 1907, na cidade situada no Ruhr, onde extraía-se carvão e produzia-se aço. Na pauta constaram os temas: Primeiro de Maio, as eleições parlamentares e a questão do alcoolismo.

Após as eleições abriu-se novamente no Reichstag a discussão sobre o orçamento militar. Bebel e Gustav Noske defenderam no plenário a ideia de que a milícia não era contraditória com a defesa nacional. Segundo Carl Schorske, Bebel chegou a dizer que o SPD apoiaria orçamentos militares caso fossem pagos com impostos diretos. Noske extrapolou mais o discurso de Bebel e disse que a social-democracia defenderia militarmente o país caso necessário, que a Alemanha seria muito mais forte se os partidos trabalhassem juntos com o SPD

III. Ver Tabela do Anexo. A maioria dos partidos ganhou parlamentares, resultado da redistribuição das cadeiras do SPD.
112. Edgar Carone, *A II Internacional Pelos Seus Congressos*.
113. *Idem.*

para produzir uma sociedade melhor. Para Schorske, "onde o partido tradicionalmente advogava reforma militar como parte da luta por uma sociedade livre, Noske clamava por uma sociedade mais livre para produzir um Estado mais forte"[114].

O discurso não poderia passar batido pelos militantes socialistas e foi muito criticado na imprensa e no congresso, na seção sobre a atividade parlamentar. Foi Albert Sudekum que iniciou o assunto, defendendo as práticas da bancada já que era membro dela. Defendeu o discurso de Noske sobre a questão militar e o voto a favor da elevação dos soldos. Embora Sudekum fale das críticas dos deputados à política colonial alemã, diz também que o ponto de partida da bancada é "que, de um lado, é sua tarefa defender os interesses de seu próprio povo e, por outro lado, engajar-se por um tratamento humano dos indígenas"[115]. A crítica à colonização é, portanto, muito rasa, esbarrando sempre no dever "civilizatório" dos alemães ou dos socialistas, espírito presente também na Internacional.

O debate sobre o militarismo é carregado com essa ideia. Após sofrer uma derrota eleitoral, avaliada como resultado do internacionalismo do partido, revisionistas e lideranças antes de esquerda posicionaram-se na salvaguarda do território nacional com a necessidade de um braço armado. A partir daí, muitas falas afirmaram uma suposta tradição do partido de defender a mudança gradual do exército para as milícias, tendo como elemento a conscientização dos soldados nessa mudança. É o que defendem Noske, Bebel, David e até Clara Zetkin quando diz:

> Não temos que fazer nenhuma concessão para ele [o militarismo], mas trabalhar constantemente na sua superação. Dois caminhos que levam a esse objetivo devem ser ambos seguidos por nós. Um é trabalhar continuamente pela democratização do exército existente no sentido do armamento universal do povo. Não para entregar a pátria indefesa ao inimigo. Não. Mas para tornar a pátria fortificada. Outro é minar o militarismo por dentro através da revolução das mentes[116].

A confusão sobre o papel do militarismo no capitalismo e para a revolução era grande, à direita e à esquerda, principalmente porque envolvia sentimentos nacionais que afloravam e eram insuflados pela propaganda. Como pedir ao

---

114. Carl E. Schorske, *German Social Democracy*, p. 77.
115. Albert Sudekum em *Protokoll des Parteitages abgehalten zu Essen*, 1907, p. 228.
116. Klara Zetkin em *Protokoll des Parteitages abgehalten zu Essen*, 1907, p. 250.

alemão que se irmanasse ao francês no combate à burguesia em detrimento de seu território nacional? O dilema era grande e as eleições Hotentote colocaram-no ao partido.

Por isso, a discussão girou em torno do que seria o patriotismo, enfatizado por Noske e defendido por ele como um patriotismo proletário, verdadeiro, em oposição ao burguês. Mas ele não teria feito essa diferença durante seu discurso e esta foi uma das críticas, feita por Stadthagen, por exemplo.

De um modo geral, a direita com David, Vollmar, Noske e Bebel defendeu o patriotismo operário na salvaguarda de seu país, berço de sua cultura, sua língua, e o engajamento de todo o povo no caso de uma guerra de autodefesa. Esse é o sentido do discurso feito no parlamento e reiterado em diversas intervenções: a necessidade de proteger a pátria no caso de serem atacados, a guerra seria, então, de defesa e os socialistas deveriam se comprometer com o país nesse caso.

Do outro lado, a esquerda com Lensch, Stadthagen, Zetkin, Liebknecht e Kautsky pensava que não existia uma posição de princípios e que a decisão deveria ser tomada na conjuntura em que uma guerra de autodefesa estivesse colocada. O importante na questão do militarismo seria explicar suas relações com a classe dominante, como ele servia a ela, e enfatizar a solidariedade internacional da classe.

Lensch salientou a mudança de contexto que viveram depois da Revolução Russa de 1905. Até então a Rússia era o bastião do reacionarismo na Europa e uma guerra contra ela teria tido um sentido revolucionário. Assim como a Guerra Franco-Prussiana em 1870 teve um sentido de autodefesa, ao menos em um primeiro momento. No entanto, após 1905, uma guerra contra a Rússia combateria avanços do proletariado, adquirindo, portanto, um caráter reacionário.

Essa posição é semelhante à de Zetkin e que foi atacada por Bebel, quando ele ignorou a mudança de conjuntura e reafirmou que uma guerra contra a Rússia seria de autodefesa, combatendo o czarismo. E ele continuou, dizendo que todo social-democrata seria capaz de identificar tal tipo de guerra, devendo apoiar o esforço do povo para defender o país.

A isso Kautsky respondeu: "Eu gostaria de não tomar essa responsabilidade para mim"[117]. Para este, não seria fácil essa tarefa, pois o governo poderia enganar o povo. Além disso, "trata-se para nós, na eventualidade de uma guer-

---

117. Karl Kautsky em *Protokoll des Parteitages abgehalten zu Essen*, 1907, p. 261.

ra, não de uma questão nacional, mas internacional, pois uma guerra entre grandes Estados seria uma guerra mundial, ela tocaria toda a Europa e não apenas dois países"[118].

Observa-se durante este debate que o SPD estava forjando outra ideia acerca da questão nacional: a possibilidade de apoiar a defesa da pátria. A ela soma-se a russofobia, que via na Rússia o bastião da reação na Europa, daí a defesa de um engajamento em uma possível guerra contra o país; e também a questão da milícia presente em seu programa e discutida desde 1899[119].

Com o passar do tempo, as posições se alteraram. Se antes não havia acordo sobre a transformação gradual do exército em milícia, agora, esse se torna o discurso hegemônico; inclusive com a reprovação da proposta de Karl Liebknecht de uma propaganda antimilitarista. O argumento de Vollmar foi de que isso apressaria os acontecimentos, eles precisavam ter calma.

Nós devemos, decerto, aproximar-nos dos jovens a que temos acesso, mas não com grandes frases feitas, mas aprofundando a formação deles em todos os sentidos, plantando nossa visão de mundo, nossos ideais de cultura para despertar neles o sentimento de honra e os ensinar a sentirem-se como cidadãos mesmo com uniforme militar e lutarem pela cidadania e por direitos humanos[120].

Apesar da discussão não há resolução sobre o assunto. O orador Sudekum encerrou o debate dizendo que não havia críticas à atividade parlamentar que, portanto, permaneceria a mesma. O discurso é um tanto estranho, pois havia críticas e foram elas que causaram o debate, elas só não se materializaram em uma resolução, porque os críticos eram minoria.

Assim como na questão nacional, também para o Primeiro de Maio, a direção mostrou-se conservadora, pois se recusou a alterar suas práticas diante das mobilizações de 1905. Depois de 1907, na verdade, ela tendeu a se moderar cada vez mais. No Primeiro de Maio de 1907, a direção encaminhou um comunicado para os comitês/núcleos do partido dizendo que a greve deveria ser evitada em regiões de alta tensão, o que deu força para retaliações por parte dos empregadores[121].

---

118. *Idem, ibidem.*
119. Carl E. Schorske, *German Social Democracy.*
120. Georg von Vollmar, em *Protokoll des Parteitages abgehalten zu Essen*, 1907, p. 257.
121. Carl E. Schorske, *German Social Democracy.*

O problema no congresso ficou, então, entre a maior radicalização da luta ou sua moderação nessa data, por causa da questão do dinheiro necessário para dar suporte aos trabalhadores que sofriam *lockouts* ou eram demitidos. Os sindicatos queriam dividir os custos com o partido, o que era desproporcional pois o caixa dos primeiros era muito maior, devido ao também maior número de filiados.

Richard Fischer, o orador, defendeu a posição da direção separando luta política, parlamentar e partidária, da luta econômica, na fábrica e sindicalista. O Primeiro de Maio seria uma luta econômica, por isso não poderiam abrir mão do apoio financeiro, o que trazia sérias dificuldades na convocação de greves no mesmo dia.

Fischer disse também que, caso houvesse uma mobilização real, não seria um comunicado da direção que a desmantelaria. De fato, algumas regiões conseguiam tomar a dianteira, mas muitas se guiavam pelos avisos da diretoria. Não podemos esquecer que o partido como forma de organização dos trabalhadores surgiu neste momento, era uma forma recente do movimento operário e, por isso, não era tão simples se desvincular de uma estrutura que se hierarquizara ao longo do tempo e que fora criada pelos trabalhadores, trilhando, aparentemente, um caminho que levaria à revolução, pois já haviam tido várias conquistas. O partido criara uma disciplina, um *modus operandi*, por isso, dizer que a diretoria não impediria uma mobilização é em parte verdade. Diferente da Rússia, na Alemanha o movimento já estava hierarquizado e quebrar com isso demandaria mais esforço do que criar organizações a partir da autoatividade, como na Rússia[122].

Essas questões todas vêm à superfície devido ao momento de ebulição social que viviam e que gerava reações das próprias classes dominantes. Ao menos esta é uma leitura possível, feita por Bebel na discussão sobre as eleições de 1907 e o lugar político da social-democracia, sobre as causas da derrota eleitoral daquele ano.

O motivo geral apontado para a perda de mandatos foi a falta de organização do partido em cidades pequenas, interioranas, e o bloco formado pelo governo e classes dominantes contra a social-democracia. Mas havia a discussão acerca das alianças com outros partidos. Essa aliança sempre acontecia, principalmente em períodos eleitorais, em diversas regiões. Em 1907, porém,

---

122. Ver Luiz Enrique Vieira de Souza, *A Recepção Alemã à Revolução Russa de 1905*.

O OBJETIVO FINAL: MASSA ELEITORAL *VERSUS* HEGEMONIA IDEOLÓGICA   141

os liberais foram importantes na campanha contra o SPD, por isso, havia sete propostas no congresso que queriam a abstenção do partido no caso de segundo turno em que não houvesse socialista participando.

Bebel foi o orador desse tema e sua fala foi um pouco ambígua, pois ele afirmou o acirramento da luta de classes ao mesmo tempo que falou das votações conjuntas com o Zentrum ou liberais para aprovar propostas sociais, já que o SPD sozinho não conseguiria nada. Em torno disso ficou o debate, uns criticando as alianças (em 1907, a direção indicou a aliança com o Zentrum, conservador) e outros defendendo-as ocasionalmente. Ao final, nenhuma resolução foi aprovada.

Apesar de um ascenso do movimento operário entre 1905 e 1906, as direções operárias na Alemanha se moderaram, evitando grandes ações, o que se evidencia com a queda no número de greves e de participantes.

Luxemburgo, em um discurso de março de 1907 sobre o tema da eleição, alertou para a sobrevalorização do parlamentarismo, o qual não deveria ser o foco da militância. A derrota eleitoral teria sido resultado da mudança de lado das classes médias e pequena-burguesia que se uniram aos opressores. No entanto, a importância do Reichstag para os socialistas estava na sua capacidade de mobilização que, naquele momento, era baixa. Mais importante seria a rua; os acontecimentos de 1905 haviam trazido as ruas de volta como meio de luta, e a libertação das camadas médias obrigaria o partido a radicalizar para uma política puramente operária. O dever do SPD seria agitar o proletariado, a massa revolucionária, colocá-la em movimento para que ela carregasse a massa eleitoral junto com ela. A derrota eleitoral deveria, portanto, empurrá-los adiante, não os desanimar. A certeza do caminho se fazia sentir com os acontecimentos e com a própria mobilização da burguesia contra o partido[123].

A eleição de 1907 foi um marco para a social-democracia alemã. Redesenharam-se os grupos, Bebel foi para a direita, caminho que trilhava desde 1905, assim como Kautsky logo depois. Os reformistas tomaram a cena e a esquerda tornou-se "revisionista", "querendo rever as táticas do partido". Ganhou a cena um discurso tradicionalista que ignorava os acontecimentos recentes. A direção imobilizou-se, conservou-se. Enquanto o trem da história passava, a social-democracia não subiu nele, permanecendo na plataforma, olhando.

---

123. Rosa Luxemburg, "Die Lehren der letzten Reichstagswahl", em *Gesammelte Werke*, vol. 2, pp. 191-198.

Congresso de Jena, 1911

A luta pelo sufrágio universal na Prússia, em 1910, alterou os aliados de Luxemburgo no SPD. Em janeiro, a mobilização pela reforma eleitoral na Prússia começou com um congresso regional que aprovou táticas contra alianças e com uso de manifestações e greves. Em fevereiro, o governo anunciou uma proposta de reforma do sufrágio prussiano que não mexia no voto de três classes, habilitando apenas alguns funcionários públicos e militares a votarem fora da terceira classe e instituindo a eleição indireta. A insatisfação se espalhou por todo o país unindo-se à crise econômica que reduzira os empregos. A direção do partido, no entanto, não tomou o movimento para si, procurando manter as discussões o mais discretas possível[124].

Com essa diretriz, o *Vorwärts* iniciou a prática da censura, intensificada a cada ano até a deflagração da guerra. Kautsky, redator-chefe de *Die Neue Zeit*, rejeitou o texto de Luxemburgo sobre o movimento dizendo que ela levaria a massa à derrota por causa de sua radicalidade. Kautsky passara a defender a revolução pacífica através da maioria parlamentar[125]. Inicia-se aqui o rompimento entre ele e Luxemburgo e também as dificuldades desta em publicar seus artigos nos jornais do partido.

O ano de 1911 não melhorou as relações políticas de Luxemburgo. Logo no início do ano, a votação do orçamento da marinha inglesa para 1911-1912 previa o aumento de seus navios de guerra, "a Inglaterra deveria ter em 1913 mais *Dreadnoughts* prontos para a guerra do que a Tríplice Aliança e a França juntas"[126], o que gerou revolta em todos os países europeus, pois uma parte acreditava caminhar para o desarmamento e não para o reforço de seus aparatos militares.

A bancada social-democrata encaminhou para o Reichstag um documento que exigia do imperador um posicionamento pelo desarmamento diante da França e da Inglaterra. A proposta foi recusada com a aprovação da moção dos liberais que isentava o governo de qualquer atitude.

Diante disso, Georg Ledebour enfatizou três pontos sobre a questão militarista naquele momento: *1.* o SPD não deveria alimentar ilusões com desarmamento, tribunais de conciliação ou coisas semelhantes, pois havia forças

---

124. Carl E. Schorske, *German Social Democracy.*
125. *Idem.*
126. Annelies Laschitza, *Im Lebensrausch, trotz alledem*, p. 377. *Dreadnoughts* eram os encouraçados de guerra do início do século xx.

econômicas trabalhando pela guerra; *2.* deveria fortalecer as instituições e a cultura democráticas no país; e *3.* esboçava a ideia de Estados Unidos da Europa[127]. Karl Kautsky também defendeu essa ideia. Luxemburgo, então, adentrou o debate com o texto "Friedensutopien" ("Utopias de Paz")[128], criticando a postura social-democrata como defensores da paz. A diferença a ser esclarecida naquele momento entre burgueses e socialistas encontrava-se na essência do militarismo: sua relação com o capitalismo, era sobre isso que o partido deveria discursar, movimentar-se.

Para agravar as tensões entre os países europeus e os conflitos internos do SPD, seguiu-se em julho desse ano a segunda crise do Marrocos. Este país era um ponto de disputa entre as potências europeias desde 1904, pelo menos. Segundo Karl Erich Born[129], a Alemanha se envolveu na questão do Marrocos em 1904, durante a primeira crise, para fazer a França se afastar da Inglaterra e se aproximar da Alemanha. Não haveria, portanto, um interesse real na região.

De qualquer forma, o resultado final foi a abertura do território para o comércio de todos os países com a supremacia administrativa da França. Nisso consistiu o tratado de Algeciras, de 1906. Contudo, entre 1910 e 1911, a França tentou expandir seu domínio na região e isso levou à reação alemã: o imperador enviou dois navios de guerra, em julho de 1911, para a cidade de Agadir, na costa sul do Marrocos, com a justificativa de que defenderia interesses de empresas alemãs na região.

Esta crise transformou a guerra em tema urgente e a questão Marrocos foi para o debate no congresso do partido entre 10 e 16 de setembro de 1911, em Jena. O ano era de preparação para a campanha eleitoral para 1912 e o partido se perguntava como seriam a forma e o conteúdo da propaganda política. A disputa entre reformistas e revolucionários no partido estava mais acirrada e as críticas à atuação da direção não seriam aceitas, e nem feitas, de forma tranquila como em 1900.

Neste último congresso, Luxemburgo criticou a atuação cautelosa do órgão central do partido sobre a questão da China e foi acompanhada por outros membros que discordavam dela em diversos temas, como Adolf Müller. Já em 1911, as críticas de Rosa, apontadas como muito duras e até mal-educadas por

127. *Idem*, p. 379.
128. Publicado no *Leipziger Volkszeitung*, n. 103 de 6.mai.1911 e n. 104 de 8.mai.1911. Ver Annelies Laschitza, *Im Lebensrausch, trotz alledem.*
129. Karl Erich Born, *Von der Reichsgründung bis zum Ersten Weltkrieg.*

uma parte dos militantes, foram duramente atacadas durante o congresso, não por seu conteúdo, mas por sua forma.

O problema todo foi que a crise estourou em 1º de julho de 1911 e a direção do partido só se pronunciou em 8 de agosto com um panfleto escrito por Karl Kautsky[130], enquanto manifestações e reuniões aconteciam na Alemanha para debater a crise e o perigo da guerra que se avizinhava.

Nesse meio tempo, Luxemburgo participou dessas reuniões e tentou forçar a direção a se posicionar, até que publicou um artigo, em 24 de julho, em torno do qual se deu o debate no congresso de 1911. Isso porque no artigo "Um Marokko" ("Sobre o Marrocos"), publicado no *Leipziger Volkszeitung*, Rosa divulgou trechos de uma carta enviada por Molkenbuhr, membro da diretoria àquela época, para o Bureau da Internacional. Isso foi considerado uma traição, exposição de um camarada e das táticas do partido. No artigo, Luxemburgo não cita nomes e diz que o texto já havia sido publicizado em uma reunião em Berlim, portanto, não haveria problema em reproduzi-lo ali[131].

Quando a direção decidiu escrever um panfleto, seu argumento principal era que os verdadeiros representantes da paz eram os socialistas, pois eram os únicos que não tinham compromissos com os interessados na guerra e nem eram servis ao governo. Ignorava, portanto, as questões de classe e a essência do militarismo – o capitalismo.

Rosa dirigiu uma série de artigos contra este panfleto e às ideias que circulavam na imprensa social-democrata. Em um deles, contra Bernstein, ela enfatizou o tom moralista de suas acusações como se o problema fosse a quebra dos tratados e acordos e não a política imperialista em si. Para Luxemburgo, a tarefa era mostrar a relação entre imperialismo e capitalismo, que a essência do imperialismo é o progressivo e constante esgarçamento de áreas não capitalistas, utilizando nessa guerra os conflitos militares e o jogo diplomático de tratados. Essa política era apenas outra fase do desenvolvimento capitalista, constituindo-se como seu período final. Para Luxemburgo, "a inseparável ligação do imperialismo com o desenvolvimento capitalista, cujo filho legítimo ele é, apesar de sua assustadora feiura ou, pelo contrário, exatamente em sua feiura – é isso que precisamos ensinar a classe trabalhadora a compreender"[132].

---

130. Karl Kautsky, *Weltpolitik, Weltkrieg und Sozialdemokratie!*. Publicado originalmente como panfleto da direção do SPD em agosto de 1911.
131. Rosa Luxemburg, "Um Marokko", em *Gesammelte Werke*, vol. 3, pp. 5-11.
132. Rosa Luxemburg, "Kleinbürgerliche oder proletarische Weltpolitik", em *Gesammelte Werke*, vol. 3, p. 30.

Houve muita discussão sobre o ocorrido, Rosa foi ameaçada de expulsão do partido, mas o debate de fundo era sobre a forma da agitação em casos como este. O problema desde 1900 não se alterou tanto, mas a crítica se intensificou, porque a moderação da direção do partido se acentuava principalmente em períodos eleitorais. Clara Zetkin afirmou no congresso de 1911:

Já foi dito que nós tínhamos que ser cautelosos e discretos por causa das eleições. Mas precisamente a utilização da aventura marroquina para fins eleitorais era o estímulo mais forte para nós entrarmos em cena imediatamente. Não há melhor preparação da nossa marcha para as próximas eleições parlamentares que levar para as massas mais amplas o esclarecimento sobre as relações históricas, das quais a aventura do Marrocos naturalmente cresceu, como fruto maduro[133].

Argumento muito semelhante ao utilizado por Luxemburgo no artigo citado, "Sobre o Marrocos". Ela diz:

Fala-se muito da "excelente situação" na qual entramos para as eleições parlamentares e, ao mesmo tempo, somos sempre avisados de que podemos perder essa "situação" por uma ação descuidada: antes era a luta pelo sufrágio prussiano, agora deve ser a agitação sobre o Marrocos. Nós pensamos que toda "excelente situação" não é uma conjuntura ocasional exterior que se pode estragar por uma irreflexão, mas é um fruto de todo o desenvolvimento histórico dentro e fora da Alemanha nas últimas décadas. E nós podemos perder a dádiva *dessa* "situação", no máximo, se nós simplesmente começarmos a ver toda a vida do partido e todas as tarefas da luta de classes sob o ângulo da cédula de votação[134].

A esquerda queria a radicalização das ações, um discurso mais socialista para as massas, enquanto à diretoria restou se defender dizendo que agiu dentro dos padrões e fez de tudo ao seu alcance para combater a crise imperialista disparada após o envio dos navios e de boatos de que o Deutsche Bank quebraria com a guerra, pois não poderia trabalhar apenas com o capital nacional. Disso Bebel deduziu que

[...] talvez a maior garantia de uma paz mundial seja a movimentação internacional do capital. [...] Essa movimentação faz com que uma guerra seja algo muito perigoso, aqui

---

133. Klara Zetkin, em *Protokoll des Parteitages abgehalten zu Jena,* 1911, pp. 262-263.
134. Rosa Luxemburg, "Um Marokko", *Gesammelte Werke,* vol. 3, p. 11.

como em outros lugares, e seria uma clara loucura se um governo quisesse levar as coisas às últimas consequências por causa do Marrocos[135].

A ala conservadora do partido não acreditava que uma guerra viria. Fosse por causa da conformação do capitalismo mundial, como mostrou Bebel, muito interdependente entre si, ou porque se ela viesse seria danosa para as burguesias nacionais, para as quais compensava mais a paz, como diria Kautsky em 1914, poucas semanas antes da deflagração do conflito[136].

Enquanto a esquerda pedia a greve de massas, a direita do partido, representada na fala de Bebel, pedia comedimento:

> Chamou-se a atenção para a nossa postura no ano de 1870; afirma-se, ainda, que a social-democracia, em caso de guerra, lidaria com ela encenando uma greve de massas. Não consigo me lembrar de dizer uma única palavra relacionada a essas acusações. Eu não tenho nenhuma razão para isso. [...] A posição do partido em caso de uma guerra foi definida há muito tempo, não hoje e nem ontem. Essa questão até hoje teve um papel em quase todos os congressos internacionais. Em Zurique, foi Nieuwenhuis quem recomendou ao lado de uma greve de massas, uma greve militar, mas ele foi derrotado unanimemente por ampla maioria de votos do partido alemão[137].

Bebel rejeitou a greve de massas com todas as letras, posicionando-se mais claramente do que nos congressos de 1905 e 1906, quando a colocou como último recurso. Continuou, dizendo que em caso de guerra a situação da Alemanha seria tão desesperadora que o povo pensaria em pão e trabalho, não em greve.

As diferentes posições se explicitaram na proposta de resolução e suas emendas. A proposta da direção trouxe os seguintes elementos:

1. O congresso opõe-se à possibilidade de uma guerra entre povos civilizados – franceses, alemães, e ingleses – que levaria a uma catástrofe mundial.

---

135. August Bebel em *Protokoll des Parteitages abgehalten zu Jena*, 1911, p. 345.

136. Esses argumentos não se restringiam à social-democracia. Norman Angell, inglês membro do Partido Trabalhista, escreveu um livro intitulado *A Grande Ilusão* no qual explicava a necessidade de mudar a política armamentista, pois ela prejudicava o comércio mundial e uma guerra seria prejudicial para a economia. O livro tinha como objetivo mudar a opinião pública europeia para influenciar a política dos governos. O livro está disponível em http://www.gutenberg.org/files/38535/38535-h/38535-h.htm, data de acesso 9.dez.2014.

137. August Bebel em *Protokoll des Parteitages abgehalten zu Jena*, 1911, p. 345.

2. Os esforços para a exploração do Marrocos e a utilização de sangue alemão para isso eram justificados através da honra e do interesse da nação, mas isso era uma falsificação dos fatos e hipocrisia.

3. Os interessados na guerra eram os colonizadores e fabricantes e distribuidores de armas.

4. Os exploradores tentavam pressionar o governo para ir à guerra e o episódio demonstrou o grau de servilismo deste à classe dominante.

5. O congresso condenou esse desaforo feito ao povo e esperava que a classe trabalhadora alemã fizesse de tudo para evitar a guerra.

6. Como medida prática, o congresso exigia a convocação do Reichstag para que os representantes do povo pudessem se expressar opondo-se aos seus inimigos.

Ao enfatizar o problema dos "povos civilizados" e dos "alemães", o partido reafirmou, indiretamente, seu compromisso com a civilização dos "povos bárbaros", como fez no Congresso de 1900[138]. Além disso, expressou uma espécie de fé de que o povo se oporia à guerra sem que o partido precisasse levá-lo a isso, tomando como única medida comentar o assunto no Reichstag. O SPD se recusou a organizar os trabalhadores.

Rosa Luxemburgo, Clara Zetkin e Gustav Hoch propuseram alterações na resolução:

1. No primeiro ponto, eles acrescentavam a rejeição a qualquer guerra que levasse à sujeição de "povos bárbaros ou semibárbaros" por Estados capitalistas. Deixavam o âmbito apenas europeu e reconheciam, assim, o massacre feito pela colonização.

2. No terceiro ponto, que se referia também à incitação dos povos civilizados uns contra os outros pelos capitalistas, eles adicionaram o interesse na exploração e opressão dos povos indígenas.

3. Acrescentaram ainda que a corrida armamentista se intensificou sob o pretexto da paz e os partidos que não levavam a sério a iminência do conflito deveriam ser responsabilizados.

---

138. Ver a resolução sobre a política mundial do Congresso de 1900 nos Anexos: "Exige que as desejáveis e necessárias relações culturais e de circulação com todos os povos da Terra sejam realizadas, respeitando e protegendo os direitos, as liberdades, assim como a independência desses povos e que eles sejam ganhos para as tarefas da cultura moderna e da civilização apenas através do ensino e do exemplo".

148   ROSA LUXEMBURGO – CRISE E REVOLUÇÃO

4. No quinto ponto, acrescentaram também a rejeição ao aumento de colônias por parte da Alemanha, mesmo aquelas conquistadas diplomaticamente.

A ala radical rejeitava qualquer tipo de opressão e colonização, seja feita por acordos ou pelo exército, colocava-se contra a opressão de todos e não apenas dos alemães. Mas o caráter nacionalista de um setor importante do partido havia se intensificado e a defesa do povo alemão na diretriz foi aprovada.

As alterações acima, que foram recusadas, não propunham ações específicas contra o conflito que se esboçava, permanecendo apenas como declaração de oposição. Nesse sentido, não se distancia tanto da proposta da direção, mesmo depois das discussões acaloradas sobre sua inércia. E neste ponto é interessante notar a reflexão de Luxemburgo no final de agosto, um pouco antes do congresso.

É bastante confortável jogar toda a culpa na direção partidária – e, de sua parte, ela pode de fato ter revelado uma grande falta de decisão e de energia. Mas uma parte igualmente grande da culpa cai na conta daqueles que sempre aguardam toda a bênção de cima, e até mesmo em casos tão claros e inquestionáveis recuam perante um mínimo de autonomia e iniciativa própria[139].

No texto "Novamente a Massa e o Líder", Luxemburgo problematiza a falta de ação autônoma das massas partidárias, naquele momento com oitocentos mil militantes. A direção do partido de fato foi lenta. No entanto, ela deveria ser uma expressão das massas do partido e não um comandante no sentido militar ou burguês da palavra, pois somente com a autoatividade é que a classe trabalhadora poderia se libertar por si mesma.

Ela reivindica novamente a disciplina operária como diferente da disciplina burguesa, porque a primeira não responde a um comandante, mas se mantém alerta para atuar frente a medidas regressivas e diante da oportunidade da revolução. Não era o que se apresentava no partido e isso apareceu na questão do Marrocos.

Alguns setores achavam que a lentidão da direção era resultado da falta de quadros, especialmente após a morte de Paul Singer. Seria preciso, então, aumentar o número de membros e encontrar líderes capazes de substituir o falecido. Para Luxemburgo, essa era apenas uma parte do problema. De fato a

---

139. Rosa Luxemburgo, "Novamente a Massa e o Líder", em Isabel Loureiro, *Rosa Luxemburgo: Textos Escolhidos*, vol. I, p. 418.

direção estava sobrecarregada, mas acreditar que o problema era a falta de um líder capaz de guiar as massas social-democratas era acreditar em um messias e retirar dos trabalhadores a responsabilidade pelas mudanças sociais, substituindo-se o chefe burguês por um chefe vermelho.

Nenhuma direção partidária no mundo pode substituir o próprio vigor do partido em sua massa, e uma organização que conta 1 milhão de cabeças, que numa grande época, em vistas de grandes tarefas, se queixasse de não possuir líderes autênticos, redigiria para si mesma um atestado de pobreza, pois provaria não ter compreendido a própria essência histórica da luta de classes proletária, que consiste em que a massa proletária não precisa de um "líder" no sentido burguês, mas que ela em si é seu próprio líder[140].

O congresso de 1911 alterou a composição da direção incluindo mais dois membros: Philipp Scheidemann e Otto Braun, além da adição de um *Beisitzer* (adjunto), Liepmann. Hugo Haase ocupou o lugar de Paul Singer e foi visto como um representante da esquerda radical na direção. No entanto, este não era seu trabalho integral, dividindo-o com a advocacia, um dos motivos pelos quais a direção de fato ficou com Friedrich Ebert[141].

Congresso de Chemnitz, 1912

O ano de 1911 terminou com o acirramento das disputas na direção do Partido Operário Social-democrata Russo, o que viria a dividir definitivamente as alas menchevique e bolchevique em dois partidos. Luxemburgo e seus camaradas poloneses e lituanos eram contra a divisão, o princípio da unidade lhes era muito caro. No entanto, estas disputas refletiram também no SDKPiL e levaram à expulsão de um setor do partido que era a favor da separação do partido russo[142], os separatistas, entre eles Karl Radek.

Com a expulsão do SDKPiL, Radek foi acolhido por social-democratas de Bremen que o filiaram ao SPD. A atitude gerou muita polêmica entre alemães e poloneses do partido; estes acusavam a oposição separatista (de Varsóvia) de querer representar o SDKPiL em reuniões internacionais. Para eles, era um absurdo que Radek fosse integrado à social-democracia alemã depois de ser

140. *Idem*, p. 423.
141. Ver Carl E. Schorske, *German Social Democracy*.
142. O partido polonês havia se unificado ao russo em 1903 e voltou a se separar com o acirramento das disputas em 1911.

expulso de um partido que era seu aliado. No entanto, Radek permaneceu no SPD, atuando na esquerda de Bremen[143].

1912 é também o ano da grande vitória social-democrata, com a eleição de 110 deputados para o Reichstag. A euforia era grande e os debates também, porque a direção do SPD, entendendo que não teria tanto sucesso sozinha, fizera acordos com o Fortschrittlichen Volkspartei (Partido Popular Progressista) para o segundo turno. Segundo o combinado, os progressistas deveriam apoiar o SPD em 31 distritos nos quais os socialistas disputavam com o Zentrum e partidos mais à direita, enquanto que o SPD faria o mesmo e ainda silenciaria a campanha em 16 distritos nos quais disputavam com os progressistas[144].

A direção fez o silenciamento sem alarde, comunicando apenas os distritos afetados, mas a diretriz causou perplexidade e revolta nesses lugares. Mesmo assim, dos dezesseis distritos, catorze seguiram a disciplina partidária e entregaram a eleição aos progressistas. Além disso, os social-democratas foram decisivos para a vitória deles em 21 dos 26 distritos onde disputavam com não--socialistas. "Dos 42 assentos no Reichstag, os progressistas deveram 35, mais de 80%, ao Partido Social-Democrata"[145].

Do outro lado, os progressistas não se empenharam tanto na campanha a favor dos social-democratas. A direção deles enfatizou o esfacelamento do bloco conservador e não citou o SPD nominalmente, apenas indicou que seria melhor votar no partido contrário ao Zentrum e seus aliados. Mas a base do partido não respondeu tão bem quanto a do socialista e, na maioria dos lugares, os eleitores optaram pelos conservadores. Dos 31 distritos, os progressistas tinham o poder de decisão em 25 e destes os socialistas conseguiram apenas onze, nem sempre com a maioria dos votos da base daquele partido. O SPD conseguiu ainda mais quatro distritos que contavam destes 31, mas não foi possível medir nesses lugares qual foi o efeito da coligação[146]. Ou seja, o SPD entregou catorze assentos que lhes eram garantidos e recebeu onze em troca.

Na eleição para a presidência do Reichstag, o SPD ainda estava em coligação com partidos liberais, mas estes abandonaram os socialistas que ficaram isolados no parlamento[147].

---

143. Annelies Laschitza, *Im Lebensrausch, trotz alledem.*
144. Carl E. Schorske, *German Social Democracy.*
145. *Idem*, p. 231.
146. *Idem, ibidem.*
147. *Idem, ibidem.*

Rosa Luxemburgo escreveu alguns textos sobre as táticas adotadas na campanha e o significado do resultado. Ela criticou muito as alianças feitas pela direção no segundo turno que, para ela, foram totalmente desnecessárias, pois o partido conseguiria o mesmo número de mandatos ou até mais sem o acordo. A sua avaliação do resultado englobava o período desde 1907. Para ela, este ano fora uma derrota apenas do ponto de vista burguês, porque o SPD perdeu deputados. Não obstante, desde então a social-democracia nunca teria sido tão forte, visto que seu vigor não estava no parlamento, mas na luta de classes e o desenvolvimento do capitalismo, a passos largos, levava ao desenvolvimento igualmente veloz de seu coveiro, o proletariado. "Nunca a nossa organização foi tão ampla e profunda como depois de 1907, nunca a nossa imprensa foi tão alargada e difundida e se pode dizer que sem a derrota de 1907 não haveria a esplêndida vitória de 1912"[148].

As eleições de 1912, para Luxemburgo, precisavam demonstrar a força socialista e colocar o partido no caminho tático correto. Sua força estava no movimento de massas, que barraria a reação da burguesia ao crescimento das contradições. Era tarefa das massas social-democratas arrumar os erros da direção e consertar o caminho.

No meio destas discussões e depois das posições frente à crise do Marrocos, Luxemburgo escrevia *A Acumulação*. Iniciada em janeiro de 1912, ela termina a obra em julho, aglutinando uma série de materiais estatísticos e teóricos que vinha estudando há anos.

Pouco tempo depois, entre 15 e 21 de setembro de 1912, teve lugar o Congresso de Chemnitz no qual o imperialismo foi discutido como pauta. Foi a primeira vez que o tema apareceu na ordem do dia com este termo, antes o debate era sobre *Weltpolitik,* como vimos em 1900 com a China.

A mudança de termo implicou também uma mudança de concepção, pois a política mundial não era algo genérico, mas marcava um momento histórico diferente: a disputa por áreas de colonização entre os países europeus, constituindo impérios, era a fase do imperialismo, a "Era dos Impérios"[149].

Luxemburgo não pôde participar deste congresso porque estava doente, mas a tendência geral do encontro foi reafirmar a possibilidade de um de-

---

148. Rosa Luxemburg, "Unser Wahlsieg und seine Lehre", *Gesammelte Werke,* vol. 3, p. 125.

149. Segundo Eric Hobsbawm, o termo começou a ser conceituado em 1900 e era usado para descrever algo novo na própria época. Eric Hobsbawm, *A Era dos Impérios.*

senvolvimento capitalista pacífico. Segundo Laschitza, "entre os camaradas predominou a tendência de encobrir que as áreas de atrito entre os Estados imperialistas aumentavam e de difundir ilusões sobre a possibilidade de solução pacífica dos conflitos imperialistas"[150].

Na discussão sobre o tema, é difícil dizer que houve esse predomínio. Na realidade, é perceptível a falta de um pensamento majoritário acerca do que era o imperialismo. Há sempre uma relação entre ele e o armamentismo, mas havia muita discordância sobre a organicidade ou não disso. A tendência majoritária, no sentido apontado por Laschitza, é perceptível nas discussões anteriores, no panfleto de Kautsky por exemplo, e na aprovação da resolução Haase, em 1912, que fala justamente da manutenção da paz através de acordos e do desarmamento das nações.

Quatro falas de nove acreditavam na possibilidade da solução pacífica: Hugo Haase, Salomon Grumbach, Eduard Bernstein e Georg Ledebour, mas mesmo entre eles a interpretação sobre o momento em que viviam variava muito: Haase e Grumbach acreditavam que o militarismo e um conflito militar não eram do interesse do grande capital, já Bernstein via a aproximação de um conflito e a pressão dos impostos indiretos sobre os trabalhadores para sustentar o belicismo.

Haase foi o orador da pauta e iniciou a análise do problema apontando que a conquista por novas áreas de influência, asseguradas com belicismo e tarifas alfandegárias, tem origem no desenvolvimento dos grandes Estados capitalistas e foi possibilitada pelo desenvolvimento dos transportes, que alargou os mercados e aproximou as fronteiras. Os Estados capitalistas, para Haase, não exportavam apenas mercadorias de consumo, mas também meios de produção, capital, através de empréstimos. Haveria, assim, uma forte relação entre capital bancário e industrial.

Para ele o imperialismo era uma etapa do desenvolvimento capitalista que tendia a gerar guerras por causa do alto grau de armamentismo e violência, muito semelhante à acumulação primitiva de Marx. Contudo, a guerra não seria inevitável, primeiro porque a maior parte da burguesia perderia muito com um conflito aberto; segundo porque o proletariado estaria forte e unido internacionalmente, sendo uma força de resistência, mesmo que apenas através da falta de entusiasmo no combate.

---

150. Annelies Laschitza, *Im Lebensrausch, trotz alledem*, p. 416.

Do outro lado, entendendo o militarismo como uma faceta da concorrência mundial e do imperialismo, estavam Paul Lensch, Anton Pannekoek, Karl Liebknecht, Max Cohen e Ludwig Quessel.

Lensch defendeu que a limitação do armamentismo era uma utopia, pois o capitalismo não sobreviveria sem violência. Além disso, essa corrida desenvolveu-se em conexão com a concorrência pelo mercado mundial, que estabeleceu o protecionismo e exteriorizou a disputa por mercados. Essa situação produziria suas contratendências que seriam o socialismo e a social-democracia; elas seriam, por isso, revolucionárias e não apaziguadoras.

Pannekoek concordou em grande medida com Lensch, pontuando a necessidade histórica do imperialismo, no sentido de que foi assim que a história se desenvolveu. Já Liebknecht enfatizou a necessidade da solidariedade internacional da classe trabalhadora e o fortalecimento da luta de classes no combate ao imperialismo. Assim, sua fala teve um sentido mais propositivo e menos analítico, enquanto Quessel concordou com Lensch e Pannekoek e debateu a liberdade comercial nas colônias e o quanto isso era prejudicial para o desenvolvimento desses lugares.

A esquerda tinha um discurso um pouco mais coeso acerca da relação entre militarismo e imperialismo e do momento histórico que viviam, vendo naquela fase um resultado histórico do desenvolvimento do capital e não uma anomalia. Ainda assim, nas discussões, cada um trouxe para o primeiro plano uma faceta do imperialismo e diferentes interpretações sobre suas determinações e expressões econômicas: capital financeiro, industrial, bancário, papel dos trustes e cartéis.

Ocorre que mesmo permeando todos os temas da política da época, o imperialismo em si não havia sido discutido até então como tema específico. Textos sobre o assunto estavam sendo publicados, como o livro de Karl Radek *Der deutsche Imperialismus und die Arbeiterklasse* (*O Imperialismo Alemão e a Classe Trabalhadora*, publicado em 1911) e o panfleto de Julian Marchlewski *Imperialismus oder Sozialismus?* (*Imperialismo ou Socialismo?*, publicado em 1912). Por isso, alguns achavam melhor não tomar decisão alguma sobre o assunto, mesmo porque a resolução de Haase fora proposta durante o congresso.

Mesmo assim ela foi aprovada com um voto contrário e duas abstenções. Seu texto expressava a tentativa de unidade do partido que acabava em conformismo. Colocava-se a relação entre a exportação de mercadorias e capitais e a expansão imperialista, a consequente política protecionista e o impulso que ela daria para a corrida armamentista. Há também a acentuação do caráter capitalista da indústria bélica, de como é a classe dominante que se beneficia dela enquanto os trabalhadores têm seus salários achatados e direitos sociais cortados para sustentar o belicismo. Entretanto, mesmo que o imperialismo não pudesse ser destruído sem a derrota do capitalismo, era necessário brigar por acordos internacionais que garantissem a paz, sendo tarefa da social--democracia construir organizações operárias fortes que trabalhassem para a revolução.

A organização passou definitivamente ao primeiro plano e as ações do SPD expressavam movimentos de proteção dela sem considerar o quanto ela refletia o desejo do proletariado consciente ou o quanto ela o educou para lutas pouco radicais. A perspectiva revolucionária perdeu-se ao longo dos anos para a defesa e autoconstrução eterna da organização e seus dirigentes.

O Prólogo do Colapso

O quadro do desenvolvimento do partido entre 1898 e 1912 apresentou dois momentos-chave: a Revolução Russa de 1905 e as eleições de 1907. O primeiro tem forte impacto na prática de Luxemburgo, o segundo é mais importante para entender o nacionalismo dentro do SPD e as dissenções dela com o partido.

É importante ter sempre em mente que a organização partidária era recente. O SPD era a primeira grande experiência do movimento operário, assim como as eleições. A junção entre tática eleitoral e agitação popular parecia um caminho viável para a revolução e Luxemburgo a defendeu durante todo o período, passando, de fato, a enfatizar mais a segunda.

A experiência do SPD naquele momento acabou por comprovar as críticas de Luxemburgo à forma de organização leninista: uma direção centralizada e centralizadora imobiliza o partido, porque a direção em si tem um caráter conservador por querer se manter enquanto tal. O partido e seus dirigentes foram caminhando para a direita, ou melhor, a radicalização da conjuntura, após a Revolução Russa de 1905, colocou antigos dirigentes na direita do movimento operário e possibilitou a ascensão do reformismo como prática oficial, e não mais oficiosa, da organização.

Esquerda e direita são conceitos relacionais e dizem respeito aos contextos em que são aplicados. Por isso, se Bebel estava à esquerda em 1898-1899, passou para a direita em 1907. Assim como o "renegado Kautsky". Quando a revolução se fez presente em 1905 e nas agitações de 1910, a cautela falou mais alto e o parlamentarismo apareceu por trás do fraseado radical da direção, consolidando a impressão parlamentarista apontada por Luxemburgo em 1900, na questão da China.

É verdade também que após a derrota de 1907 o partido não teve outra saída a não ser voltar-se às massas, pelo menos em parte. Entretanto, é também verdade que articulava uma reestruturação com um tom muito mais conciliatório com os partidos burgueses se observarmos as reticências de se constituir um movimento nacional pelo sufrágio ou contra o imperialismo. Há um descompasso entre organizações locais radicalizadas e direção e, apesar disso, o número de filiados só cresceu.

Para Robert Michels, membro do SPD até 1907, autor do livro *Os Partidos Políticos* e filiado ao fascismo nos 1920, o crescimento do partido dá a medida exata da imobilidade da organização, "o que vale dizer que ele perde o impulso revolucionário, torna-se pesado e inerte, moroso não apenas na ação como no pensamento"[151]. Michels explica a tendência de organizações partidárias como o SPD a se burocratizarem, centralizarem e se tornarem conservadoras brigando ao fim para manter o *status quo* alcançado. O problema é que ele essencializa os movimentos, dizendo que é próprio de toda a sociedade humana a existência de um dirigente e, portanto, a democracia plena seria impossível. Além disso, existiria uma lei geral que demandaria sempre uma hierarquia da organização.

Michels generalizou a análise do SPD para todas as outras formas de organização, bem como o comportamento das massas, que demandariam sempre um chefe. Isso não explica a história, embora o livro de Michels seja uma boa análise da experiência do partido alemão.

É verdade que o partido se estruturou ao longo desses anos em torno de uma cúpula dirigente, o que se acentuou em seu período de crise, período correspondente com o avanço do imperialismo e o acirramento dos conflitos entre as potências europeias. O barril de pólvora estava pronto e o partido social-democrata queria desarmá-lo com conciliação, tentando evitar que explodisse contra ele.

Também é verdade que ao longo do tempo os dirigentes vão acentuando o discurso de responsabilidade sobre as bases social-democratas, transformando

---

151. Robert Michels, *Os Partidos Políticos*, p. 228.

a prudência quase em um princípio. Mas essa posição também diz respeito às forças políticas internas e externas ao partido. Esse discurso contra a violência estava presente nas primeiras polêmicas sobre o colapso: os defensores do puro parlamentarismo temiam a revolução por ser um processo violento. Naquele momento, antigos militantes se posicionaram a favor desta, mas quando a catástrofe se tornou uma realidade, com o perigo iminente de uma guerra mundial, a teoria do colapso precisou ser abandonada em nome de campanhas que tentassem reestabelecer a paz em vez de combater o imperialismo. O receio de que o aparato prussiano se voltasse contra os socialistas também colaborou para o seu imobilismo.

Para Luxemburgo, o acirramento dos conflitos imperialistas significava também o acirramento da luta de classes. O partido precisava esclarecer, portanto, a quem servia a guerra colonial e o exército para unificar os trabalhadores contra a burguesia e não os separar em nacionalidades, uns contra os outros.

Entretanto, vimos que em 1912 o partido não conseguia definir claramente o que era o imperialismo. Do ponto de vista socialista, a discussão era recente com os livros de Rudolf Hilferding em 1910 e Karl Radek em 1911. Como unificar a ação contra o imperialismo se não havia clareza do que era e as suas consequências?

Esse problema aparecia em todas as pautas; as decisões do partido eram sempre muito amplas e permitiam toda sorte de manifestações. A questão é que o imperialismo era uma pauta delicada porque envolvia, necessariamente, o internacionalismo da classe, ponto que se tornou muito sensível aos dirigentes após a mobilização nacionalista contra o SPD em 1907.

O imperialismo era também o problema central da época. Como disse Luxemburgo, era o ponto que relacionava todas as políticas internas e externas da Alemanha – e das outras potências. Deixar de atacá-lo, de fazer formação política sobre ele era um grave erro, pois dele viria o colapso da civilização.

Em discurso sobre as eleições de 1912, Rosa Luxemburgo disse "riram e zombaram de nós porque nós adorávamos a chamada teoria da catástrofe. Não vivemos agora em uma práxis capitalista da catástrofe? Não vivemos em um tempo no qual a guerra mundial é um perigo crescente?"[152].

A catástrofe batia à porta e trazia a guerra. Cabia ao partido impedi-la com socialismo, não com um acordo de paz cujo resultado em décadas fora apenas adiar o conflito.

---

152. Rosa Luxemburg, "Unser Wahlsieg und seine Lehre", *Gesammelte Werke*, vol. 3, p. 127.

Ainda que Peter Nettl não veja uma relação direta entre o livro *A Acumulação* e os escritos políticos do período, Rosa Luxemburgo usa a economia para explicar porque a guerra mundial era iminente e não improvável, como queriam Kautsky e Bebel. Luxemburgo queria relacionar o desenvolvimento bélico com a expansão capitalista, apontando para uma guerra que beneficiaria grandes grupos econômicos e levaria ao massacre dos trabalhadores, caso a revolução não fosse feita. Ela unifica, assim, uma série de teorias debatidas nos congressos naqueles anos, sublinhando o papel das colônias na história da acumulação capitalista.

A Acumulação do Capital cumpre o papel de unificar economia e política para Luxemburgo, dando a base econômica para uma prática revolucionária.

Capítulo 3
Economia da Revolução

... não existe um livro razoável sobre a história da economia política.
Apenas um bom marxista poderia escrevê-lo.

ROSA LUXEMBURGO[1]

O livro de Rosa Luxemburgo, *A Acumulação do Capital: Uma Contribuição para a Explicação Econômica do Imperialismo*, foi publicado em 1913 pela livraria-editora do partido Buchhandlung Vorwärts. Essa primeira edição teve uma tiragem de dois mil exemplares e custava *6 Mark*. É difícil analisar a extensão da influência dessa obra no movimento operário, mas o provável é que tenha sido pequena. Diferente de *O Capital* de Karl Marx, que contou com três mil exemplares nas segunda e terceira edições[2], não muito distante do livro de Luxemburgo, a recepção de *A Acumulação* na esquerda não foi boa. Enquanto Marx alcançou indiretamente grande influência no movimento operário, se pensarmos na formação dos partidos socialistas do século XIX e na popularização de suas ideias através de intelectuais-militantes como August Bebel, Luxemburgo foi rejeitada pelos dirigentes logo de início e a dificuldade de leitura de sua obra restringiu-a aos círculos de intelectuais socialistas[3].

---

1. Fundo Rosa Luxemburg, BArch NY 4002/16, fol 101.

2. Palestra de Rolf Hecker, pesquisador da MEGA (Marx-Engels-Gesamtausgabe), no grupo de leitura do Capital da Fundação Rosa Luxemburgo em Berlim (Das-Kapital-lesen). Título da palestra: "Zur Rezeptionsgeschichte des 'Kapitals' von seinem Erscheinen bis zum Ausgang des 19. Jahrhunderts" ("História da Recepção d'*O Capital*: Do Seu Aparecimento Até o Final do Século XIX"), 14 de abril de 2015. Berlim, Rosa Luxemburg Stiftung. Ver também Lincoln Secco, "Notas para a História Editorial de *O Capital*", 2002.

3. Quando muito, pois até hoje o valor de sua obra econômica e política é subestimado, mesmo entre os meios de esquerda. Ora tomada como heroína, ora como traidora, ora como guardiã da democracia burguesa, poucos são os que de fato se debruçam sobre seu pensamento e a tratam como uma

Apesar de o movimento operário ter construído uma cultura de leitura relativamente importante na virada do século, leituras mais acadêmicas ou científicas eram pouco acessíveis pela própria linguagem e conhecimento acumulado que exigiam. Uma das críticas feitas a Rosa Luxemburgo vai nesse sentido e não se restringe apenas a ela, mas sim ao modo de escrita dos intelectuais socialistas quando analisavam questões econômicas[4].

Embora o número de bibliotecas de trabalhadores (*Arbeiterbibliotheken*) tenha crescido no início do século xx, constituindo-se em um importante instrumento de formação, era muito difícil concorrer com a literatura burguesa, limitando, assim, o círculo de trabalhadores alcançado por essa estrutura. Além disso, ao longo do tempo, abriu-se mais espaço para a literatura burguesa naquelas bibliotecas em detrimento da construção de uma forma própria, acreditando-se que a publicação de jornais seria a literatura proletária. O caminho ficou livre para que a literatura do *status quo* ganhasse cada vez mais influência entre os trabalhadores[5].

Os operários liam jornais e revistas do partido e através disso se formavam politicamente, mas poucos liam as obras fundamentais do socialismo e o número de trabalhadores que se engajavam no movimento operário, embora grande se comparado ao de outros países, era pequeno em relação ao total de empregados na Alemanha[6].

Quando olhamos catálogos das bibliotecas públicas (*Volksbibliothek*), por exemplo, encontramos obras de diversos socialistas, mas aqueles que se tornariam mais citados e estudados no século xx, dentro da literatura da esquerda, como o próprio Karl Marx ou Karl Kautsky, não se faziam presentes ou se faziam de maneira bastante tímida: de quatro catálogos de bibliotecas em Berlim entre 1913 e 1914, apenas um contava com o Livro i de *O Capital*, três possuíam o livro de Friedrich Engels *A Origem da Família, da Propriedade Privada e do Estado* e todas contavam com a obra de August Bebel *Die Frau und der Sozialismus* (*A Mulher e o Socialismo*), muito popular naquele

---

intelectual-militante igual a tantos outros, em geral, homens. Rainwater von Suntum fala de quatro figuras míticas atribuídas a Luxemburgo: o mito de mãe dos trabalhadores, o mito de devoradora de homens, o mito de virgem Maria e o mito de demônio.

4. O. Jenssen, "Die Akkumulation des Kapitals (Bucherbesprechungen)", *Der Bibliothekar*, April 1913.

5. Lutz Winckler, *Autor-Markt-Publikum: zur Geschichte der Literaturproduktion in Deutschland*, Berlim, Argument-Verlag West Berlin, 1986.

6. *Idem*.

período[7]. Mesmo o catálogo da Zentralbibliothek der freien Gewerkschaften (Biblioteca Central de Sindicatos Livres) em Münster apresentava essa composição com livros de Engels e Bebel, entre outros social-democratas, mas sem um livro de Marx, ao menos no catálogo de 1913. Claro que as *Volksbibliotheken* não correspondiam à necessidade de formação da consciência de classe, ao contrário, existiam dentro da ordem institucional burguesa, mas o fato de nelas serem encontradas obras de Engels, mas não de Marx é um indício também da baixa leitura de estudos mais complexos, por falta de oportunidade ou baixa formação. Além disso, Lutz Winckler aponta que também nas bibliotecas de trabalhadores esses títulos eram menos procurados[8].

Importante ter em mente também que a difusão da literatura socialista relacionava-se à insatisfação da burguesia com o imperador Guilherme II, considerado muito autoritário. Nessa disputa pela dominação de classe, a literatura de esquerda pôde florescer; claro que dentro de limites bastante exíguos, pois, segundo Reinhard Wittmann, a compra de livros era um luxo para os trabalhadores, que se limitavam ao gasto de 10 *Mark* anuais com literatura:

> Na classe assalariada até 1200 *Mark* anuais, a compra de um livro era um luxo pouco acessível. O máximo de 10 *Mark* do orçamento do trabalhador, que podiam ser destinados para fins literários, eram gastos com uma assinatura de jornal ou, talvez, com uma remessa de romance de *Kolportage*[9].

Assim, o mercado de leitores socialistas e suas instituições eram bastante restritos, mais ainda se pensarmos em obras com densidade teórica. É, pois,

---

7. Não é que Bebel e Engels não sejam importantes ou estudados, no entanto, é de se constatar que frente aos outros autores, eles são menos lidos atualmente.

8. O que os trabalhadores procuravam, até 1900, era uma leitura mais fácil que explicasse os fundamentos do socialismo, leitura que hoje é menos frequente entre os meios marxistas, que acabam por ler Marx e seus críticos e não as obras de popularização. A diferença de época na história do marxismo é bastante grande: logo em seu início, era uma teoria para a prática revolucionária e, por isso, a necessidade e procura das obras de popularização; hoje em dia, é uma teoria acadêmica entrincheirada na disputa pela correta interpretação do original. Luxemburgo não conseguiu fazer uma obra fácil de ler, acabou discutindo entre pares, mas essa não era a sua intenção. Por isso, não deixou de ir também a reuniões, manifestações e assembleias para falar diretamente o que era o imperialismo e a importância de combatê-lo, entre elas a reunião de julho de 1913, em Berlim, quando falou sobre a importância da greve política de massas e como o parlamento já não trazia mais vantagens para o proletariado (Cf. "Der politische Massenstreik", 1. Beilage, *Vorwärts*, 24 de julho de 1913).

9. *Kolportage* refere-se a um tipo de livro barato e de baixa qualidade literária (Reinhard Wittmann, *Geschichte des deutschen Buchhandels: ein Überblick*, p. 296).

claro que a obra de Luxemburgo, como tantas outras de intelectuais socialistas, não teve grande circulação fora do pequeno grupo de intelectuais do partido. Apesar disso, muitas foram as críticas que recebeu nos jornais social-democratas desde janeiro de 1913. Esse debate pode ter espalhado um pouco mais suas ideias, mas apenas no sentido de reprová-las enquanto análise econômica do imperialismo, visto que as críticas foram bastante enfáticas nos erros cometidos, sem avaliar a pertinência do problema que ela apontou e, mais ainda, da sua compreensão sobre o desenvolvimento do capitalismo. Essas críticas reproduziram-se ao longo do século xx, reverenciando a figura da mulher combativa sem levar em conta suas ideias políticas e econômicas. No entanto, no início do século passado, pouco antes da Primeira Guerra Mundial, as críticas tinham outro peso e outros objetivos políticos[10].

Nos debates dos congressos do Partido Social-democrata Alemão entre 1898 e 1912 está claro como os acontecimentos históricos influenciaram a mudança na composição dos grupos dentro da organização, levando uns e outros a se aliarem às teorias revisionistas que rejeitavam o colapso do capitalismo presente no programa do spd, ou aos radicais, como eram chamados seus opositores de esquerda. As questões sobre o imperialismo e as diferentes táticas emergiram com mais força na década de 1910.

Desde antes da crise do Marrocos, em 1911, as divergências entre Luxemburgo e a direção aumentaram muito. Suas críticas à inação, ou timidez, da organização tornaram-se mais ácidas e menos bem-vindas pelos companheiros. No final deste mesmo ano, de acordo com suas cartas, ela começou o trabalho obstinado para escrever sua *magnum opus*. Em um ano o livro foi escrito, impresso e publicado. A urgência do momento exigia, já que os debates sobre o imperialismo e o colapso se dirigiam cada vez mais para a direita do spd. Apesar de o partido falar sobre a importância das colônias para o capitalismo em suas resoluções, muitos acreditavam que a guerra não aconteceria por causa das relações econômicas intracapitalistas, como está colocado no debate do congresso de 1912. Desde a guerra da China, em 1900, Luxemburgo enfatizou, ao lado de outros militantes, a necessidade de

---

10. Ao longo do século xx, as críticas a Rosa Luxemburgo foram retomadas com diferentes objetivos. A rejeição da revolucionária pelo stalinismo, por exemplo, visava a manutenção da revolução dentro do curso traçado por Stálin; as ideias de Luxemburgo poderiam apresentar um caminho diferente que não era bem-vindo. Por outro lado, a rejeição vinha acompanhada da reivindicação de sua figura ou como militante socialista ou como defensora incondicional da liberdade.

combater a guerra colonial e se tornou mais virulenta em sua crítica com o passar dos anos, porque a direção social-democrata não agia frente ao acirramento das tensões internacionais, apostando todas as fichas na vitória eleitoral de 1912[11].

Diante da imobilidade da direção, Rosa publicou uma obra para enfatizar as condições históricas objetivas da revolução, sem abandonar a necessidade da consciência de classe. Como coloca Loureiro, até a Primeira Guerra, as massas revolucionárias eram o motor da revolução e toda a fé de Luxemburgo foi colocada na ação destas, o que só foi questionado com o estopim da guerra[12]. Rosa Luxemburgo tentou apresentar uma leitura dialética da revolução e do movimento operário e sua proposta gerou reações bastante acaloradas entre seus colegas de partido.

A Acumulação do Capital: *Uma* Magnum Opus

De acordo com o prefácio do livro, Luxemburgo começou a escrever sua teoria da acumulação em janeiro de 1912, mesmo ano em que finalizou o texto. Segundo ela, a obra saiu de problemas encontrados no Livro II de *O Capital,* de Karl Marx, mais especificamente da explicação do processo global de produção e seus limites históricos. A importância do problema estaria na sua relação com a política imperialista da época: era necessário resolver a teoria para formular uma práxis eficaz.

Não conseguia expor com clareza suficiente o processo global da produção capitalista em suas relações concretas, nem suas limitações históricas objetivas. Examinando melhor a questão cheguei à conclusão de que não se tratava de um simples problema de exposição; havia inclusive um problema teoricamente ligado ao conteúdo do volume II de *Das Kapital* de Marx, ao mesmo tempo extensivo à práxis da política imperialista atual e às raízes econômicas da mesma. Caso eu tenha êxito na tentativa de abordar esse problema com a devida exatidão científica, quer parecer-me que este trabalho, além de apresentar um interesse puramente teórico, também adquire importância para a luta prática na qual nos empenhamos contra o imperialismo[13].

---

11. As manchetes do *Vorwärts* ao longo do ano de 1913 relatam a tensão nos Bálcãs e a dificuldade de acordo entre as nações.
12. Isabel Loureiro, *Rosa Luxemburg: Os Dilemas da Ação Revolucionária.*
13. Rosa Luxemburgo, *A Acumulação do Capital: Contribuição ao Estudo Econômico do Imperialismo*, p. 3.

164   ROSA LUXEMBURGO – CRISE E REVOLUÇÃO

Portanto, Rosa Luxemburgo apresenta sua obra como contribuição para a prática do movimento operário, e não como uma pura teoria economicista, maneira pela qual ficou conhecida historicamente[14]. Não obstante, diante dos embates travados desde 1898, observados anteriormente, fazia-se urgente entrar também no debate econômico[15] para tentar levar a organização à revolução.

O livro está dividido em três partes: "O Problema da Reprodução"; "Apresentação Histórica do Problema" e "As Condições Históricas da Acumulação". As duas primeiras constituem a apresentação do problema como ela o encontrou, trabalhando com autores clássicos que influenciaram o desenvolvimento da teoria de Marx e diversos autores que chegaram próximos da questão, mas não conseguiram apresentar um resultado satisfatório, limitados por seus contextos históricos e teóricos. A última parte é onde Rosa expõe a sua teoria.

Todo o livro é recheado de exemplos históricos, sendo que o próprio desenvolvimento do debate teórico e do capitalismo é compreendido por Rosa historicamente. Ao observar os relatos de suas aulas na escola do partido, suas anotações de estudo e vários de seus artigos vemos que a história é uma parte essencial da forma como ela analisa a realidade. Não poderia ser diferente, já que desde o começo do livro ela aponta o grande avanço da teoria marxiana: a historicização do modo de produção.

Smith considera a criação de valor, de imediato uma propriedade fisiológica do trabalho, uma expressão do organismo animal do homem. [...] E como qualquer homem produz objetos úteis (pois é o lar que dele faz um produtor de mercadorias), da mesma forma a sociedade humana baseia-se na troca, donde se conclui que a economia mercantil é a forma econômica normal do homem. Foi Marx o primeiro a reconhecer que o valor era uma relação social especial, a qual surgira sob condições históricas determinadas [...][16].

Diferente dos economistas burgueses, que essencializavam a economia mercantil como própria da sociedade humana, o estágio mais alto de civilização, Marx demonstrou que o surgimento desta deu-se por causas historicamente determinadas e sua forma de organização pode, e deve, ser colocada no tempo.

14. Utilizo o termo "economicista" no sentido de uma teoria da autodestruição do capitalismo sem necessidade de ação dos trabalhadores, como alguns autores entendem a teoria de Luxemburgo.
15. A economia faz parte de todos os textos de Luxemburgo, porque é através da análise que ela faz do capitalismo e da conjuntura que ela determina sua prática revolucionária, como a própria disse no Congresso de 1898. No entanto, a maioria das obras partem de uma questão política e entremeiam análises econômicas. Em *A Acumulação*, Luxemburgo parte de questões econômicas que servem à prática política.
16. Rosa Luxemburgo, *A Acumulação do Capital: Contribuição ao Estudo Econômico do Imperialismo*, p. 32.

Para Luxemburgo, o pressuposto básico do materialismo histórico – os homens fazem a história sob condições determinadas – é essencial para qualquer análise social que se pretenda revolucionária, mas para ela "os homens não fazem arbitrariamente a história, mas, apesar disso, fazem-na eles mesmos. A ação do proletariado depende do grau de maturidade do desenvolvimento social, mas o desenvolvimento social não é independente do proletariado"[17].

A ênfase está na ação dos homens, e não nas condições objetivas, como Marx colocou em *O 18 Brumário de Luís Bonaparte*. Na relação entre teoria e prática, essa frase explicita bem que ela tendeu a colocar na última seu foco. Pesa mais, neste ponto, uma influência lassaliana, no entanto, é em Marx que ela busca a análise da realidade e do qual tira sua compreensão da história, vendo no materialismo histórico uma metodologia de investigação do passado e do presente, mas com uma perspectiva futura[18].

Por meio do pensamento de Marx, então, é que a humanidade primeiramente descobriu o segredo de seu próprio processo social. Além disso, ela [*sic* – pela] descoberta das leis do desenvolvimento capitalista foi mostrado o caminho que a sociedade percorre de seu estágio natural e inconsciente, em que fazia sua história como as abelhas fazem seus favos, para o estágio da história consciente, desejada, verdadeiramente *humana*, em que a vontade da sociedade e sua ação chegam à harmonia mútua, em que o ser humano social, pela primeira vez em milhares de anos, fará *aquilo* que *quer*[19].

O materialismo desvendou os segredos da sociedade para os homens e a partir daí deu-lhes a oportunidade de direcionar o caminho da humanidade de acordo com os seus desejos, *enquanto coletividade*. Luxemburgo identifica-se, assim, com a terceira tese sobre Feuerbach, teses publicadas pela primeira vez por Engels em 1888.

A doutrina materialista sobre a modificação das circunstâncias e da educação esquece que as circunstâncias são modificadas pelos homens e que o próprio educador tem de ser educado. Ela tem, por isso, de dividir a sociedade em duas partes – a primeira das quais está colocada acima da sociedade. A coincidência entre a altera[ção] das circunstâncias e a

---

17. Rosa Luxemburgo, "A Crise da Social-democracia", em Isabel Loureiro, (org.), *Rosa Luxemburgo: Textos Escolhidos*, vol. 2, p. 28.
18. Isabel Loureiro, *Rosa Luxemburg: Os Dilemas da Ação Revolucionária*.
19. Rosa Luxemburgo, "Karl Marx", em Isabel Loureiro (org.), *Rosa Luxemburgo: Textos Escolhidos*, vol. 1, p. 133. Rosa Luxemburg, *Gesammelte Werke*, vol. 1/2, p. 371.

atividade ou automodificação humanas só pode ser apreendida e racionalmente entendida como *prática revolucionária*[20].

Assim, a busca pelas "limitações históricas objetivas" do capitalismo, ou seja, explicar o colapso do sistema não tem a ver com um determinismo econômico, mas com desenvolver a consciência de classe, explicando como funciona a realidade vivenciada e as tendências que ela tem para que a classe possa encaminhar suas ações para a revolução. Não é, pois, um desmerecimento das questões subjetivas, mas sua complementação para a realização da práxis[21].

É preciso lembrar dos debates acalorados sobre a greve de massas e a pressão da esquerda do partido por uma prática mais radical ou revolucionária. Portanto, a teoria luxemburguiana da acumulação não pode ser compreendida sem levar em consideração as perspectivas revolucionárias que se abriram em 1905, embasando economicamente a defesa, por Luxemburgo e seus companheiros da esquerda social-democrata, da greve de massas como instrumento transformador.

Com o objetivo de ajudar a práxis, conforme o prefácio, e na chave do materialismo histórico e da teoria do valor de Marx, Luxemburgo debateu com os teóricos da época, com Bernstein e Tugan-Baranovsky, que tentavam revisar a metodologia e a teoria marxianas, respectivamente.

A Acumulação: O Problema

Na primeira parte do livro, Luxemburgo determina seu "objeto de investigação", explicando os conceitos básicos do modo de produção capitalista de acordo com a teoria de Marx e também os progressos deste autor para a análise da economia política a partir dos clássicos e fisiocratas.

A partir do materialismo histórico como método de análise, em seu primeiro capítulo "Objeto da Investigação", Luxemburgo vai das condições gerais de sobrevivência em qualquer sociedade humana para aquilo que é específico no capitalismo, mostrando a historicidade desse modo de produção. Durante

---

20. Karl Marx, *A Ideologia Alemã*, pp. 533-534. Ver também Michael Löwy, *Método Dialético e Teoria Política*.

21. Segundo Isabel Loureiro, a relação entre consciência e processo objetivo é o problema central do pensamento político de Luxemburgo. A questão abrange também seu pensamento econômico, não sendo possível separá-lo do político, uma vez que entende o marxismo como práxis. Isabel Loureiro, *Rosa Luxemburg: Os Dilemas da Ação Revolucionária*.

todo o livro, Luxemburgo faz esse movimento, enfatizando aquilo que é geral e aquilo que é historicamente determinado. Assim, a reprodução

> [...] tomada literalmente, é simplesmente reiteração, repetição, renovação do processo de produção. [...] Em primeiro lugar, a repetição regular do processo de produção é o pressuposto geral e fundamento de um consumo regular; com isso, constitui a condição prévia para a existência cultural da sociedade humana sob todas as formas históricas. [...] Mas é somente com a agricultura, com a domesticação de animais e com o pastoreio visando o suprimento de carne que se torna possível o ciclo regular de consumo e produção, característico da reprodução. Nesse sentido, o conceito de reprodução significa algo mais do que a simples repetição; ele já pressupõe [...] determinado grau de produtividade do trabalho[22].

A reprodução como repetição é condição de existência para qualquer sociedade humana em qualquer tempo histórico, no entanto, ela não é apenas a reiteração regular das condições de vida, ela é a reprodução consciente dessas condições e, nesse sentido, demanda determinado grau de domínio da natureza, ou seja, de produtividade do trabalho. Diversas sociedades desenvolveram graus diferentes de produtividade, diferentes ferramentas e, portanto, distintas formas de reprodução, no entanto, há dois pressupostos básicos gerais: meios de produção e mão de obra preexistentes e em quantidade determinada. Ou seja, antes de se iniciar um processo de reprodução é necessário que existam ferramentas, matérias-primas e pessoas para trabalhar em determinada proporção, ou um número suficiente de cada um desses elementos para a reprodução da mesma quantidade de objetos.

E qual a especificidade da produção capitalista?

A sociedade capitalista entra em contradição com esses pressupostos, pois, às vezes, existem os meios e a mão de obra necessários, no entanto, a reprodução não acontece, porque o motor dessa sociedade é o lucro: se há condições para a produção, mas não para a realização de valor excedente, ela não acontece. A realização dos produtos, ou seja, sua troca por dinheiro, é condição para a reprodução no capitalismo, mais ainda, sua realização com lucro!

Além disso, ao analisar o modo de produção capitalista é preciso ter em conta que a sua reprodução acontece por ramos independentes entre si e apresenta ciclos de crescimento e recessão, não ocorrendo de forma contínua por-

---

22. Rosa Luxemburgo, *A Acumulação do Capital: Contribuição ao Estudo Econômico do Imperialismo*, pp. 7-8.

que de tempos em tempos afloram as contradições entre a produção independente e as necessidades sociais, causando as crises.

Por esses motivos, a reprodução capitalista tem duas particularidades: *1.* inclui a circulação, o processo de troca; *2.* a inconstância, "alternância periódica de expansões maiores da reprodução e suas contrações até a interrupção parcial, ou o que se denomina o ciclo periódico de conjuntura recessiva, auge de conjuntura e crise, é a particularidade mais marcante da reprodução capitalista"[23].

Alguns textos de Luxemburgo, até esse momento, falavam marginalmente das crises, muitas vezes através de termos como anarquia capitalista ou colapso[24]. Em sua brochura *Reforma Social ou Revolução? (RR)*, ela fala do papel das crises procurando mostrar, contra Bernstein, que elas eram um fenômeno intrínseco ao capitalismo, resultado da contradição entre produção e consumo, e que o sistema de crédito aguçava essas crises e não as amenizava, como queria o autor de *Pressupostos do Socialismo*.

Nas suas aulas da escola do partido, datilografadas e guardadas no Fundo Rosa Luxemburg do *Bundesarchiv* em Berlim, há uma história das crises na segunda metade do século XIX que corresponde aos manuscritos encontrados no mesmo fundo[25] e seguem um padrão: primeiro, abertura de fronteira para o capital seguida de investimentos europeus aumentando a demanda por mercadorias provenientes de países desenvolvidos e também especulação e empréstimos. Em algum momento aquela demanda é saturada e ocorre a crise, resolvida com a destruição de capital e abertura de um novo ciclo de expansão.

A descrição das crises nessas anotações preocupa-se com o papel do Estado, dos empréstimos e das tarifas alfandegárias, assim como na brochura de 1899. Alguns de seus escritos com análises econômicas também buscam entender o papel desses agentes na política mundial do período[26], pois eram

---

23. *Idem*, p. 10.
24. O texto "Im Rate der Gelehrten" ("No Conselho dos Eruditos"), em Rosa Luxemburg, *Gesammelte Werke*, vol. 1/2, pp. 382-390, trata do debate das crises em 1903/1904, especialmente a escola histórica alemã e Tugan-Baranovsky. E os textos "Utopias da Paz" e "Sobre o Marrocos" tratam de anarquia da produção no contexto da crise do Marrocos de 1911 (em Rosa Luxemburg, *Gesammelte Werke*, vol. 2, pp. 491-504 e Rosa Luxemburg, *Gesammelte Werke*, vol. 3, pp. 5-11; respectivamente).
25. Fundo Rosa Luxemburg, BArch, NY 4002/16, Bl. 106-140 e NY 4002/75, fol. 34-39 e 43-59.
26. Ver "Panorama Econômico e Sóciopolítico" citado no capítulo anterior. Rosa Luxemburg, "Wirtschaftliche und sozialpolitische Rundschau", *Gesammelte Werke*, 1974, vol. 1/1, pp. 278-294, 308-317, 326-347, 352-360.

temas da ordem do dia não só para a esquerda, mas também para a política de Estado, neste novo contexto de concorrência internacional entre potências.

Assim, as crises a partir de 1857, a primeira crise mundial segundo Luxemburgo[27], seguem um padrão de expansionismo através, principalmente, dos transportes e da abertura violenta de fronteiras, paralelamente a investimentos bancários que geravam a especulação. Se em um primeiro momento há uma expansão da demanda, ela se contrai assim que a produção chega a seu auge, ou por causa do desenvolvimento técnico ou por revezes da natureza. Nesse momento ocorre a crise, que destrói capital para reiniciar novamente o processo de expansão[28].

No entanto, diferente do que os teóricos fizeram até ali, em *A Acumulação* Luxemburgo não priorizou o estudo das crises, porque "a alternância conjuntural periódica e as crises constituem a forma específica do movimento no modo de produção capitalista, mas não o movimento em si"[29]. Para entender o problema da reprodução capitalista era preciso estudá-la em sua regularidade, como ela acontece sem perturbações, na média. Os trabalhos até então tinham se perguntado por que as crises ocorriam, se a reprodução capitalista seria possível ou não, e dessas perguntas decorreram uma série de teorias sobre a (im) possibilidade da reprodução. Ao contrário, Luxemburgo tentou entender a reprodução em seu próprio movimento e nele demonstrar os limites objetivos do capital. As crises eram intrínsecas a ele, o crescimento só poderia, portanto, ser visto em uma média das oscilações de alta conjuntura e crise.

---

27. Em *A Era do Capital*, Hobsbawm considera essa crise como uma pausa no processo de crescimento da época, mas que teve impacto político, retomando pautas liberais como a unificação da Alemanha. "Esse período de calma chegou ao fim com a Depressão de 1857. Economicamente falando, tratava-se apenas de uma interrupção da era de ouro do crescimento capitalista, que continuou numa escala ainda maior na década de 1860 e atingiu seu clímax na expansão ocorrida entre 1871 e 1873. Politicamente, ele transformou a situação. [...] Em pouco tempo, todas as velhas questões da política liberal voltaram à ordem do dia – unificação nacional da Alemanha e da Itália, a reforma constitucional, liberdades civis e tudo o mais. [...] Em resumo, a política ganhou novo ânimo num período de expansão, mas já não era a política da revolução" (Eric Hobsbawm, *A Era do Capital*, Rio de Janeiro, Paz e Terra, 2013, pp. 63-64).

28. De acordo com a aula *Praktische Nationalökonomie. 2. band des* Kapitals *von Marx* (*Economia Política Prática. Segundo Volume de* O Capital *de Marx*), Luxemburgo estabelece as seguintes datas de crises para o século xix: 1815, 1825, 1836-1839, 1847, 1857, 1864-1866, 1873, 1882, 1891-1892, 1893, 1895, 1900--1901, 1907. Fundo Rosa Luxemburg, Barch NY 4002/16, Bl. 122. Essa lista não é muito diferente da que consta no manuscrito em Barch NY 4002/75, Bl.35.

29. Rosa Luxemburgo, *A Acumulação do Capital: Contribuição ao Estudo Econômico do Imperialismo*, p. 10

Em 1899, ela disse que as crises eram a forma de resolução da contradição entre produção e consumo, e em seus estudos, que devem datar entre 1907 e 1912, as crises aparecem como colapsos momentâneos.

1834 faliram nos Estados Unidos 618 bancos .... Na Inglaterra, não houve bancos quebrados, apenas grandes dificuldades, mas foi a indústria de algodão a que mais sofreu com esse colapso, porque ela era a principal exportadora para os Estados Unidos. Houve um grande desemprego, uma pressão sobre os salários e essa crise contribuiu muito para a agitação do movimento cartista[30].

Nos Estados Unidos começa [*sic*] o colapso [crise de 1873] em uma firma que havia iniciado a construção de ferrovias. Então, ele foi se reproduzindo sozinho. [...] A quebra americana, naturalmente, repercutiu também na Alemanha e Áustria, fortalecendo o colapso[31].

Ela identifica, até aqui, o colapso com as crises, apresentando-o como um momento de quebra seguido de renovação, estreitamente relacionado às ascensões do movimento operário. Já em *Acumulação*, é o colapso como tendência e não como sinônimo de crise que toma o primeiro plano: ele não é um momento que antecede a renovação do capitalismo, mas sim a sua destruição, é parte da própria estrutura de reprodução e é latente na constituição do sistema. Desta forma, ela inverte o sinal da pergunta "o que torna o capitalismo possível?" e procura entender o que possibilita seu desmantelamento[32], por isso, volta-se para a organização interna do modo de produção e não para aquilo que o regeneraria.

A autora delimita, então, a reprodução ampliada capitalista – a acumulação – como seu tema. Essa reprodução, historicamente determinada, é a ampliação da produção através do reinvestimento de parte da mais-valia pelo dono dos meios de produção, o capitalista. A reprodução ampliada é necessária para qualquer sociedade humana, porque os grupos crescem, suas demandas crescem, é necessário fazer provisões etc., por isso é importante que a produção cresça. No capitalismo, no entanto, ela aparece como *acumulação de capital*: valor que se valoriza e tem como objetivo se valorizar. As necessidades sociais, portanto, não estão no horizonte a não ser no fato de que a realização

---

30. Rosa Luxemburg, *Praktische Nationalökonomie. 2. band des "Kapitals" von Marx*, Fundo Rosa Luxemburg, BArch, NY 4002/16, Bl. 120.
31. *Idem*, BArch, NY 4002/16, Bl. 133.
32. Ver Michael Krätke, *The Luxemburg Debate*.

do valor só se dá quando o produto tem uma utilidade social, ou valor de uso (que pode ser também forjado nessa formação social).

Assim, a mais-valia capitalizada deve assumir "a forma concreta que lhe permita viabilizar-se como capital produtivo, isto é, como capital gerador de nova mais-valia"[33], ou seja, meios de produção e força de trabalho, capital constante e capital variável. Mas para isso precisa encontrar no mercado esses meios na forma material, concreta, para a realização da produção planejada. Além disso, precisa encontrar também no mercado a força de trabalho em quantidade suficiente. Por fim, é preciso que os produtos adicionais correspondentes à fração da mais-valia se realizem.

Assim, ela elenca cinco condições para a reprodução ampliada capitalista:

1. Produção de mais-valia.

2. Realização da mais-valia, ou seja, sua transformação em dinheiro.

3. O capital adicional tem que assumir a forma produtiva: meios de produção e força de trabalho.

4. O capital destinado à força de trabalho deve ter, circulando no mercado, seu correspondente em produtos para a subsistência dos trabalhadores.

5. A nova produção tem que ser realizada, transformada em dinheiro, para que possa ser reconvertida em capital novamente[34].

Até aqui, Luxemburgo trabalha com os pressupostos de Marx para a reprodução ampliada, encontrados já no Livro I, na seção VII "O Processo de Acumulação". No entanto, neste livro, Marx abstrai o processo de circulação, tratando do tema como mero processo de produção. Ele inclui a circulação apenas nos rascunhos para o Livro II, quando trata da reprodução social. Rosa transita, em consonância com o Livro II, entre a produção e a circulação, porque, como vimos, a reprodução capitalista abrange as duas esferas. Para que ela ocorra são necessários meios de produção e força de trabalho em quantidades suficientes. Tais elementos são encontrados no mercado, no entanto, é na produção que se produz a mais--valia realizada na circulação. Por isso, o movimento sai sempre de uma esfera para a outra, sendo impossível analisá-lo sem levar em consideração as duas.

Inicialmente, Luxemburgo analisa a acumulação do ponto de vista do capital individual, o que a leva a formular a pergunta como segue: diante de um modo

---

33. Rosa Luxemburgo, *A Acumulação do Capital: Contribuição ao Estudo Econômico do Imperialismo*, p. 15.

34. *Idem*, p. 16.

de produção sem planejamento, como pode o capitalista encontrar no mercado a mão de obra, os meios de produção e a demanda em escalas crescentes?

Essa questão leva à apresentação da categoria "capital social total" para conseguir entender a produção social total. Por isso, ela segue para a análise de François Quesnay, "pai da escola fisiocrata", e de Adam Smith, mestre da economia clássica e da teoria do valor. Ambos desenvolveram análises sobre a reprodução social sendo, assim, o ponto de partida para entender o desenvolvimento da categoria do capital social total.

Quesnay introduz a categoria acima e sua reprodução, processo que seria parte da esfera da circulação. No entanto, ele entende a reprodução como um processo sem contradições ou problemas, além de acreditar, como toda a escola fisiocrata, que apenas os agricultores seriam um setor produtivo na sociedade, ou seja, a agricultura produziria todo o valor social e a partir dela se iniciaria o processo de circulação das mercadorias, a partir do qual se daria a reprodução.

Já Smith seria confuso e concluiria que não existe capital social total e todo o produto social se dividiria em salários, lucros e renda fundiária, ou capital variável e mais-valia. O capital estaria imobilizado nos meios de produção, não entrando na conta total. Além disso, o que é capital para um seria renda para outro, podendo resumir o produto social total em v + m (capital variável e mais-valia).

Apesar de ignorar a importância do capital constante na reprodução social, Smith teria feito avanços importantes inserindo conceitos como capital fixo e circulante, além do desenvolvimento da teoria do valor, compreendendo este último como resultado do trabalho humano. No entanto, não o caracteriza como uma relação social determinada historicamente, pois todo trabalho humano produziria valor, o que transforma a sociedade de trocas e a mercadoria em essência dos homens[35].

O problema aqui, prossegue Luxemburgo com Marx, é que Smith não percebe o duplo caráter do trabalho produtor de mercadorias: útil e abstrato.

---

35. Na análise entre Quesnay e Smith, há grandes diferenças entre Rosa e Marx. Ela aponta maiores avanços em Smith do que Marx; este acha que os fisiocratas, apesar de usarem outra nomenclatura, avançaram mais sobre a questão da reprodução social, pois definiram adiantamentos originais e anuais de acordo com a forma como entram no valor do produto, equiparando-se a capital fixo e capital circulante; enquanto Smith faz uma análise confusa desses conceitos, essencializado-os e tratando-os apenas como resultado da sua circulação ou não. Assim, em Smith, capital fixo não circula e, portanto, não entra no valor do produto, e capital circulante é tudo aquilo que faz parte da troca.

No capitalismo, o trabalho, como trabalho útil, cria valores de uso necessários à reprodução em sua forma material concreta, mas há também o trabalho abstrato, genérico, que cria valor mas também transfere. Assim, as novas mercadorias produzidas com trabalho humano têm o valor novo criado, mas também o valor antigo dos meios utilizados para a sua produção. Portanto, é necessário incluí-los na conta do produto social total, terminando com a fórmula c + v + m, onde (c) é o capital constante, (v) o capital variável e (m) a mais-valia.

Essa ligação específica de cada período produtivo anterior com o seguinte, que constitui a base geral e eterna do processo de reprodução social e que consiste no fato de parte do produto de cada período ser destinada a constituir os meios de produção para o próximo, aos olhos de Smith desaparece totalmente[36].

Na verdade, do ponto de vista da circulação e do uso, a diferenciação entre trabalho pago e não-pago não tem importância, ela expressa uma relação de exploração entre capitalista e trabalhador. O que é fundamental, no entanto, para o uso da mercadoria é sua forma como meio de produção ou subsistência.

Saber se, na produção da máquina, foi empregado trabalho pago ou não-pago, só tem significado para o fabricante da máquina e para os trabalhadores. Para a sociedade que adquire a máquina por meio da troca, só tem importância suas propriedades na qualidade de meio de produção, função que exerce no processo de produção[37].

A reprodução social só poderá ocorrer se esses meios de produção existirem em determinada quantidade, mais um motivo pelo qual eles devem ser inseridos na análise do processo social total. Ao se incluir o capital constante na análise, deve-se estudar a teoria marxista, pois foi a partir dela que este capital passou a ser considerado. Assim, do capítulo 4 ao capítulo 9 da sua obra, Luxemburgo dedica-se a estudar a reprodução deste ponto de vista, desde a reprodução simples até a ampliada, explicando diversos conceitos: capital constante e variável, mais-valia, mercadoria, reprodução ampliada etc. E, apesar de citar em algumas passagens a seção sobre acumulação do Livro I de *O Capital*, o foco da análise é o Livro II, porque é nele que Marx trabalha com o

---

36. Rosa Luxemburgo, *A Acumulação do Capital: Contribuição ao Estudo Econômico do Imperialismo*, p. 35
37. *Idem*, p. 35

capital social total, enquanto no primeiro permanece sob o ponto de vista do capitalista individual[38].

Daí em diante, Luxemburgo sai da categoria de capital total (*Gesamtkapital*), que é o capital total do capitalista individual, para a de capital social total (*gesellschaftliches Gesamtkapital*). Vimos que o primeiro capítulo da obra dela trabalhou com o primeiro conceito e o problema apareceu da seguinte forma: em uma sociedade não regulada, em que se produz individualmente sem qualquer tipo de contabilidade social, como é possível "assegurar ao capitalista quantidades crescentes de meios de produção, mão-de-obra e possibilidades de venda para suas mercadorias, de acordo com suas necessidades respectivas de acumulação, isto é, em determinadas proporções e tipos?"[39]. Nos dois seguintes, ela faz uma análise crítica de Smith e insere o capital social total, necessário à análise da acumulação, e chega à expressão geral c + v + m.

As relações existentes nessa expressão representariam qualquer sociedade (relações entre meios de produção, força de trabalho e mais-trabalho), sendo mais condizentes com sociedades planejadas, pois no capitalismo não há nenhum tipo de regulação, os produtores individuais se relacionam apenas no mercado e ali experimentam a satisfação das necessidades sociais. Seria, então, o capital social total uma ilusão estatística? Não, porque a *taxa média de lucro* "domina por completo o movimento aparentemente independente dos capitais individuais"[40], ela determina quanto cada capital terá de lucro independente de quanto cada um produziu. Essa taxa expressa-se na relação entre a mais-valia (m) e o capital adiantado para a produção, ou seja, m/(c+v). Além disso, para o capital social total importa a forma material de cada um desses componentes e sua proporção, porque a forma concreta dos produtos determina a reprodução. Por isso, é necessário dividir a produção social em dois departamentos: meios de produção (i) e meios de subsistência (ii).

Rosa apresenta, então, as relações que Marx estabeleceu entre os dois departamentos:

Departamento I $c^1 + v^1 + m^1 = T^1$

Departamento II $c^2 + v^2 + m^2 = T^2$

Para que a reprodução simples ocorra, temos que:

---

38. Na verdade, na Seção VII do Livro I, ele fala também da reprodução capitalista como classe. No entanto, é só no Livro II que a perspectiva social total entra em foco.

39. Rosa Luxemburgo, *A Acumulação do Capital: Contribuição ao Estudo Econômico do Imperialismo*, p. 17.

40. *Idem*, p. 39.

$$T^1 = c^1 + c^2$$
$$T^2 = v^1 + m^1 + v^2 + m^2$$
$$c^2 = v^1 + m^1.$$

No entanto, para Luxemburgo, a reprodução simples é uma ficção, pois toda e qualquer sociedade precisa ampliar sua produção, a diferença é que no capitalismo a ampliação é impulsionada pelo lucro e não pelas necessidades sociais. "A reprodução simples só pode ser concebida em alternância periódica com a reprodução ampliada"[41], porque após determinado tempo, os meios de produção como um todo deverão ser trocados, o que exige um aumento na produção em determinado período[42]. Além disso, grandes obras como a construção de ferrovias só se realizam se há grande dispêndio de trabalho de uma vez em curto período de tempo, o que sairia do esquema da reprodução simples. Luxemburgo observa uma contradição entre a forma do capital fixo e a reprodução simples, pois aquele precisaria de grandes quantidades de trabalho de uma vez, ou seja, a reprodução ampliada[43]. A necessidade de ampliação, de tempos em tempos, da produção e o progresso técnico exigem que se passe à reprodução ampliada.

Antes de analisar a reprodução ampliada em Marx, Luxemburgo passa pela "circulação do dinheiro". Ela se guia pela análise de Marx na terceira seção do Livro II "A Reprodução e a Circulação do Capital Social Total". Ainda na esfera da reprodução simples, a questão monetária (circulação, reposição material, entesouramento e capitalização) é recorrente, tratando-se de um ponto central para a reprodução.

Até aqui, Luxemburgo frisou em diversos momentos que, para a reprodução ocorrer, a mercadoria deve se realizar no mercado, transformar-se em

---

41. *Idem*, p. 47.
42. Essa avaliação é feita por Marx em alguns momentos do Livro II. A reprodução simples e a reprodução ampliada são alternadas no capitalismo. Por isso, ele diz: "A reprodução simples em escala constante aparece como uma abstração, à medida que é estranho supor, de um lado, na base do sistema capitalista, a ausência de toda acumulação ou reprodução em escala ampliada e, de outro, as condições em que se produz não permanecem absolutamente iguais em diversos anos. [...] Entretanto, à medida que ocorre acumulação, a reprodução simples constitui sempre parte da mesma podendo, portanto, ser examinada em si mesma e é um fator real da acumulação" (Cf. Karl Marx, *O Capital: Crítica da Economia Política*, Livro segundo, vol.3, p. 276).
43. Para Rosa, Marx teria tratado dessa contradição apenas indiretamente, quando fala da necessidade de superprodução relativa ou estoque de capital produtivo para a renovação de capital fixo. O que ele fala, na verdade, é que uma desproporção entre capital fixo e circulante não é a causa das crises, como querem os economistas burgueses, mas necessária para a renovação periódica do primeiro.

dinheiro, forma pura do valor. Neste momento, ela analisa o dinheiro: *1.* do ponto de vista da *reprodução simples* e *2.* como meio de troca. É importante, por isso, fazer uma ressalva sobre a tradução que utilizamos.

Na tradução de *A Acumulação* da editora Nova Cultural de 1985, encontramos:

> [...] até agora, ao considerar o processo de reprodução, prescindimos totalmente da circulação do dinheiro. Não prescindimos dele como representação de valor e medida de valor; pelo contrário, todas as relações do trabalho social foram supostamente expressas e avaliadas em dinheiro, enquanto meio de troca[44].

No entanto, na nossa tradução do original em alemão, teríamos:

> [...] até agora, na consideração do processo de reprodução, abstraímos totalmente da circulação de dinheiro. Não [abstraímos] do dinheiro como representação do valor e medida de valor; pelo contrário, todas as relações do trabalho social foram tomadas e medidas como expressas em dinheiro. Agora, é também necessário provar o esquema dado da reprodução simples do ponto de vista do dinheiro como meio de troca[45].

A última frase, não traduzida na versão editada, parece-nos importante para entender do que trata o capítulo, tão criticado por outros teóricos: trata-se de entender o dinheiro como meio de troca no esquema da reprodução *simples,* sem deixar de lado outros papéis que cumpre, principalmente como capital monetário. Aqui, o principal problema a ser analisado é a (re)produção do material monetário.

No capitalismo, é fundamental o fato de os operários não receberem seu salário em produtos, mas através de um vale que precisa ser trocado no mercado, o dinheiro. "A venda de energia de trabalho e a livre compra de meios de consumo pessoal pelos trabalhadores são os aspectos decisivos do modo de produção capitalista. Ambos se expressam e são mediadas pela *forma de dinheiro* do capital variável *v*"[46]. Portanto, o dinheiro (capital monetário) entra em circulação como pagamento dos salários, ou como diz Marx: "O processo de reprodução é iniciado com a compra da força de trabalho por determinado

---

44. Rosa Luxemburgo, *A Acumulação do Capital: Contribuição ao Estudo Econômico do Imperialismo*, p. 49.
45. Rosa Luxemburg, *Gesammelte Werke*, vol. 5, p. 66.
46. Rosa Luxemburgo, *A Acumulação do Capital: Contribuição ao Estudo Econômico do Imperialismo*, p. 49.

tempo"[47]. Terminada a circulação, ele sempre retorna ao seu ponto de origem, o capitalista, e com ele torna-se capital que será trocado por mercadorias e, assim, sucessivamente; dinheiro e mercadoria estão em constante movimento, trocando de posições, perfazendo a circulação do capital entre capital-dinheiro, capital-produtivo e capital-mercadoria.

O dinheiro possui uma forma física que precisa ser reposta, é um meio de troca ou meio de circulação e é sobre essa reposição que Luxemburgo diverge de Marx, dizendo que a produção de ouro como dinheiro não pode estar atrelada ao Departamento I, ela precisa constituir um terceiro departamento. Primeiro porque colocá-la no Departamento I geraria um déficit na reprodução de meios de produção de I e II e, segundo, porque os esquemas de reprodução simples servem a uma economia planejada como a socialista para a qual o dinheiro não tem importância.

Apresenta-se até aqui uma reprodução sem contradições, sem distúrbios, que ocorre sem problemas, mas, na prática, existem flutuações de preços, de lucros, capitais passando de um ramo a outro, crises. É que o "esquema representa uma média social" e tem a circulação como a intermediária do processo total de reprodução. Segundo Luxemburgo, se a questão fosse elaborada do ponto de vista das crises tudo se resumiria à relação produção-demanda, o que não elucidaria a acumulação.

Do exposto até aqui podemos ver que o problema da reprodução do capital social não é coisa tão simples, como frequentemente é visto sob o ponto de vista exclusivo da crise e sob o qual a questão se coloca mais ou menos em termos de: como é possível que em uma sociedade não planificada e composta de inúmeros capitais individuais as necessidades totais possam ser cobertas por intermédio de sua produção total? Sob esse mesmo prisma então se espera que os sinais de oscilação constante da produção em função da demanda, isto é, a mudança cíclica da conjuntura, forneçam a resposta. Essa concepção que aborda o produto social total como um misto homogêneo de mercadoria e necessidade social, e o faz de maneira confusa, igualmente deixa de lado o mais importante: a diferença específica que caracteriza o modo de produção capitalista[48].

Do ponto de vista das crises, a questão pareceria um problema de oferta e demanda, característico das teorias liberais e que Marx critica no capital. Por

---

47. Karl Marx, *O Capital: Crítica da Economia Política*, Livro Primeiro, vol. I/ t.2, p. 154.
48. Rosa Luxemburgo, *A Acumulação do Capital: Contribuição ao Estudo Econômico do Imperialismo*, p. 56.

isso, é necessário impor uma média à reprodução capitalista para que seja possível perceber seu movimento real, entre as esferas da produção e circulação.

Mas, mesmo impondo uma média, a reprodução simples nem de longe corresponde à acumulação capitalista, pois esta se caracteriza fundamentalmente pela ampliação, porque o objetivo deste modo de produção é a valorização do valor em escala sempre crescente. Isso se manifesta na alteração da composição orgânica do capital, que é maior investimento em capital constante em relação ao capital variável. É o que Marx apresenta no Livro I e que Luxemburgo repete no capítulo 6, "A Reprodução Ampliada", de seu livro. O resultado disso é que a aceleração da acumulação repõe as condições geradoras do capitalismo, a separação do trabalhador dos meios de produção, aumentando cada vez mais a miséria e o exército industrial de reserva.

Essas condições servem aos pressupostos da acumulação: meios de produção, meios de subsistência e força de trabalho adicionais e capitalização crescente de parte da mais-valia, em vez de consumi-la, diferença fundamental com a reprodução simples, na qual os capitalistas consumiam-na totalmente.

Nos esquemas de Marx, a composição orgânica e as taxas de mais-valia e de capitalização anuais estão estabelecidas e a acumulação ocorre indefinidamente, sem conflitos. Para Luxemburgo, era preciso buscar as condições concretas da acumulação, essenciais para entender seu movimento. Não bastavam os esquemas. Eles mostrariam determinadas relações quantitativas, mas para a reprodução do capital social total o valor de uso deve ser levado em consideração, pois a troca das mercadorias na sociedade ocorre de acordo com a utilidade delas. Para Rosa, seguindo Marx, é preciso ter em conta essa forma material do valor na análise da reprodução ampliada; essas formas devem corresponder às necessidades daqueles que os realizarão, tanto no modo de produção capitalista como em outros.

Analisando os esquemas de Marx do Livro II, Rosa observa que eles explicam uma certa relação entre os departamentos I e II submetendo a acumulação de II a I, ao obrigá-lo a incorporar todos os meios de produção a capitalizar de I, produzindo determinada quantidade de meios de consumo para realizar a acumulação de I. O departamento I acumula muito mais rápido que o II, apesar de Marx dizer que é necessário o contrário. A questão é resolvida quando ele estabelece igual composição orgânica de capital em I e II. A partir daí, ambos os departamentos acumulam metade de sua mais-valia. Luxemburgo não se satisfaz com essa resposta, pois ela pressupõe que a demanda crescente para a ampliação encontra-se no consumo dos trabalhadores, no aumento de capital variável o que, para ela, é incompatível com o capitalismo.

Além disso, o esquema de Marx pressupõe a troca direta de produtos entre I e II e a reprodução capitalista exige a transformação em dinheiro. A questão toda para Rosa é a necessidade da troca por dinheiro, da realização na forma do equivalente universal. I e II não poderiam ser suas respectivas demandas porque antes de II inserir os produtos de I na sua produção, I precisa vender esses meios, trocá-los por dinheiro; no entanto, quem os compra? Assim, no segundo exemplo de Marx, temos:

I. $5.000c + 1.000v + 1.000m = 7.000$

II. $1.430c + 285v + 285m = 2.000$

Total = 9.000

500mI será capitalizada sendo: 417 para c^i e 83 para v^i. Segundo Marx, para que $83v^i$ entre na produção, I adianta capital aos trabalhadores que compram 83 em meios de consumo de II. Com esse capital adiantado, II compra 83 em meios de produção que serão incorporados ao seu novo capital constante. Assim, o capital adiantado retorna a seu dono inicial e o capital social total pode circular com uma massa monetária diferente de seu valor total.

Rosa não vê sentido nessa operação, porque o estímulo à acumulação se encontraria no consumo do trabalhador, este constituiria a demanda crescente, o que do ponto de vista do capitalismo não teria sentido. Ela pressupõe que para aqueles 83 serem adicionados ao capital variável de I deve existir um mercado anterior a ser atendido. Ela parece entender a rotação do capital de maneira diferente de Marx. Este induz a realização dos $83v^1$ adicionais no mesmo ano iniciando o trabalho antes que o capital tenha completado sua rotação; enquanto para Rosa os $83v^1$ em mercadorias precisam ser realizados antes de serem incorporados na produção como (v) adicional no ano seguinte; dessa forma o novo período de trabalho só pode começar depois de terminada a primeira rotação do capital, por isso a demanda não pode vir do trabalhador. Enquanto Marx separa períodos de rotação de capital de períodos de trabalho, Luxemburgo parece fazer coincidir os dois[49].

---

49. Para Marx, a reprodução do capital social total atua conforme o ciclo M'...M', pois este é o movimento da mercadoria e nele se demonstra o que acontece com cada parte do valor desse produto global, importando o consumo produtivo e pessoal. Assim, sua rotação não necessariamente, ou quase nunca, se iguala ao período de trabalho. As diferenças nos tempos de rotação são transformadas em médias na análise da reprodução social. No entanto, ela continua diferindo do período de trabalho e se entrela-

180   ROSA LUXEMBURGO – CRISE E REVOLUÇÃO

O esquema faz girar dentro de uma sociedade puramente capitalista toda a reprodução ampliada, o que para Rosa seria impossível, pois, no capitalismo, a reprodução tem como sua condição fundamental "a realização da mais-valia em sua forma pura de valor"[50], ou seja, dinheiro[51]. Para tanto, é necessário que haja demanda. Portanto, quem compra a mais-valia ampliada?

Note-se que ela se equivoca ao exigir de um esquema matemático uma correspondência imediata com a realidade quando este não era o objetivo de Marx. Veremos depois que ela mesma demonstra ter consciência disso.

Segundo Luxemburgo, não são os operários nem os capitalistas que compram a mais-valia. Os primeiros resumem seu consumo ao valor equivalente ao capital variável. Os segundos consomem parte da sua mais-valia, mas a parte que é reinvestida, acumulada, não pode ser consumida por eles mesmos, se não voltariam à reprodução simples. Assim, "a acumulação só pode efetivar-se na medida em que o mercado cresce fora dos Departamentos I e II"[52].

As tentativas de Marx de resolver o problema da realização não foram suficientes para ela, o erro é que ele não partiu da demanda, mas da origem do dinheiro necessário para a realização. A origem do dinheiro seria muito clara: está com o consumidor, mas onde está este consumidor? Onde se encontra "a utilização possível da mercadoria"?[53]

Do ponto de vista do dinheiro como meio de circulação, o problema inexiste, pois, apesar de ser uma forma necessária, é preciso considerar que sempre haverá material dinheiro suficiente para a circulação das mercadorias na sociedade. Dever-se-ia considerar o dinheiro como circulação de capital, como momento dessa circulação, quando ela toma a forma do capital monetário, essencial à acumulação. Só observando o processo de circulação como parte da reprodução social é que se poderia chegar ao problema correto, que não

çando a ele. Quando um período de trabalho recomeça, a rotação ainda não se encerrou. Luxemburgo parece considerar que o período de trabalho só recomeça quando a rotação termina, daí a necessidade de transformação de toda a mais-valia a capitalizar em dinheiro antes de reiniciar a produção.

50. Rosa Luxemburgo, *A Acumulação do Capital: Contribuição ao Estudo Econômico do Imperialismo*, p. 80.

51. Jorge Miglioli acentua que não há necessidade de realizar a mais-valia antes de iniciar a acumulação, porque a parcela vendida aos mercados externos e a acumulada não precisam coincidir e se são vendidas para mercados internos a venda e a acumulação são "duas faces, ou dois momentos, de um mesmo fato" (Cf. Jorge Miglioli, *Acumulação de Capital e Demanda Efetiva*, pp. 169-171).

52. Rosa Luxemburgo, *A Acumulação do Capital: Contribuição ao Estudo Econômico do Imperialismo*, p. 81

53. *Idem*, p. 95. Na verdade, Marx não levantou o problema da realização, ele queria explicar como funcionava a reprodução do capital constante na acumulação, debatendo com a economia clássica.

se colocava do ponto de vista da fonte/origem do dinheiro (*Geldquelle*) para a circulação da mais-valia e sim na demanda, na *zahlungsfähig Bedürfnis*[54] e, por isso, a forma concreta das mercadorias importa na análise do capital social total.

Em Marx, a solução não teria se apresentado porque ele não terminou sua obra, sendo o Livro II a parte mais inacabada. Além disso, sua análise do processo de reprodução é dominada pela discussão com Adam Smith acerca de v + m como representante do produto social total para o último. Marx insiste, então, que no valor das mercadorias, principalmente no processo de reprodução, era preciso repor o trabalho morto, ou seja, (c). Por isso, segundo Luxemburgo, o problema da realização teria ficado em segundo plano.

Esse problema se resume a "quem realiza a mais-valia?" e quem são seus compradores. Não podem ser nem capitalistas, nem operários; os primeiros devem deixar de consumir parte da mais-valia para aumentar a produção e os segundos consomem apenas o valor do capital variável. Rosa apresenta então a sua tese: é preciso existir um mercado fora de I e II não apenas para realizar a mais-valia de um ciclo, mas ele deve ter uma expectativa futura para que a mais-valia realizada seja capitalizada. O mercado externo envolve, portanto, realização e investimento.

Do ponto de vista estrutural, essa Seção I do livro de Rosa segue a Seção 3 do Livro II de *O Capital*. Seu primeiro capítulo "Objeto da Investigação" e o desenrolar do problema são baseados na estrutura de Marx, que começa com o mesmo item no capítulo 18, "Objeto da Investigação", passando por Quesnay e Smith até colocar a sua questão e apresentar os processos de reprodução simples e ampliada na sequência. Luxemburgo segue esse roteiro na Seção I para apresentar os problemas da análise marxiana encontrados exatamente naquela Seção 3, a mais inacabada segundo ela mesma.

Mas não foi apenas Marx que se atrapalhou com a reprodução ampliada. Antes dele, o debate entre os economistas burgueses, com pressupostos smithianos, foi intenso e durou décadas a partir de uma questão vital do capitalismo: é possível a sua ampliação ou não?

---

54. Rosa Luxemburg, *Gesammelte Werke*, vol. 5, p. 132. Neste trecho, o termo foi traduzido em português como "necessidades sociais efetivas" (Cf. Rosa Luxemburgo, *A Acumulação do Capital: Contribuição ao Estudo Econômico do Imperialismo*, p. 101). No entanto, o termo *zahlungsfähig* quer dizer capacidade de pagamento, solvente, e *Bedürfnis* é necessidade, o que significaria necessidade solvente ou as necessidades que encontram meios de pagamento. Por tanto, não é qualquer necessidade social, mas aquela que pode ser comprada, realizada em dinheiro; demanda solvente.

182 ROSA LUXEMBURGO – CRISE E REVOLUÇÃO

Essa pergunta perpassou a história da economia política e Luxemburgo apresenta esse debate na Seção 2 de seu livro, contribuindo para completar a lacuna na História da Economia Política.

A História do Problema

Luxemburgo começa a história do problema no início do século XIX com a crise de 1815 causada pelo bloqueio continental de Napoleão I à Inglaterra. A Inglaterra acreditava que a revogação do bloqueio abriria uma grande demanda para sua indústria têxtil, mas não levou em consideração que o comércio ilegal para o continente não conseguiria fornecer a quantidade necessária de produtos, o que incentivou o desenvolvimento da indústria continental, por exemplo na Saxônia, atrapalhando a expansão industrial inglesa[55]. Além disso, as guerras napoleônicas esgotaram o continente, restringindo o mercado.

Nas aulas datilografadas, Luxemburgo fala que essa crise não era característica da modernidade do capitalismo, porque não seria causada pelas relações econômicas. A primeira crise moderna seria datada de 1825[56]. Nessa época, ela estava mais próxima à análise da primeira edição de *RR*, pois a avaliação acima implica a divisão entre crises da infância e crises da maturidade. No entanto, em *Acumulação* não há referência a essa divisão, e ela argumenta que a crise de 1815 abalou as concepções de que o capitalismo fosse um sistema harmônico e já teve todas as características de qualquer crise capitalista: "mercados saturados, lojas cheias de mercadorias que não encontravam compradores, numerosas bancarrotas, além da miséria gritante das massas trabalhadoras"[57].

Com o abalo da perfeição capitalista, surgiram as primeiras reivindicações de trabalhadores e os primeiros debates sobre a reprodução social no capitalismo. Os principais representantes do primeiro confronto são Sismondi, Malthus, Say e Ricardo.

Jean C. L. Sismondi[58] foi um suíço que estudou teoricamente os defeitos do capitalismo, ao contrário de Robert Owen que tentou resolvê-los na

---

55. Fundo Rosa Luxemburg, BArch NY 4002/75 Bl.43.
56. Fundo Rosa Luxemburg, BArch NY 4002/16 Bl. 109.
57. Rosa Luxemburgo, *A Acumulação do Capital: Contribuição ao Estudo Econômico do Imperialismo*, p. 109. Ver também Tadeusz Kowalik, *Teoría de la Acumulación y del Imperialismo en Rosa Luxemburgo*.
58. O livro em questão é *Nouveaux Principes d'Economie Politique*, publicado pela primeira vez em 1819. Rosa leu a tradução do alemão: *Neue Grundsätze der Politischen Ökonomie*, trad. Robert Prager, Berlin, 1901.

prática. Segundo Rosa, Sismondi descreve os principais problemas do sistema – ruína da pequena indústria, despovoamento do campo, proletarização, empobrecimento, maquinaria, desemprego, crédito, contrastes sociais, crise e anarquia – mas estava circunscrito ao dogma de Smith, desconsiderando a renovação do capital constante, e via a causa das perturbações na desproporção entre produção e distribuição de renda. Mesmo com esses erros, Sismondi foi o primeiro a identificar o problema: quem realiza a mais-valia?

O suíço deduzira que o limite da reprodução no capitalismo estaria na desigualdade da distribuição e, de acordo com manuscritos de Luxemburgo, encontrara uma saída temporária para as crises no comércio exterior[59], mas "de fato, a teoria sismondiana acaba declarando, em princípio, impossível a acumulação"[60].

Sismondi caiu no mesmo erro de Smith ao ignorar a renovação do capital constante no produto total e os economistas marxistas invalidaram toda a sua análise por causa disso. No entanto, estes não perceberam que a fórmula do produto social total não era o central, embora essencial, nem para Sismondi, nem para a questão da acumulação, pois a inserção de (c) não resolveu o problema da demanda[61]. Tratava-se, em Sismondi, da polêmica com os representantes da escola clássica sobre a impossibilidade ou irrestrita acumulação de capital, que para ele é impossibilidade porque não haveria como realizar a mais-valia.

A partir daí, Luxemburgo analisa aqueles com os quais Sismondi polemizava: MacCulloch, Ricardo e Say, representantes da escola clássica e defensores da reprodução ampliada ilimitada no capitalismo.

John Ramsay MacCulloch, inglês, era adepto da escola ricardiana e publicou um texto em outubro de 1819 dirigido contra Robert Owen, mas também respondendo ao livro de Sismondi[62]. Para MacCulloch, não havia contradição entre oferta e demanda, pois a mais-valia[63] seria consumida pelos capitalistas em objetos de luxo. Essa descrição corresponde, para Luxemburgo, à circula-

---

59. "Sismondi findet den Ausweg aus der Schwierigkeit im auswärtigen Handel". Fundo Rosa Luxemburg, BArch NY 4002/75 Bl. 189.

60. Rosa Luxemburgo, *A Acumulação do Capital: Contribuição ao Estudo Econômico do Imperialismo*, p. 119.

61. A referência aqui é aos marxistas legais russos que ela analisa no final dessa seção. Ela cita Lenin e seus seguidores, especificamente, o texto "Zur Charakteristik der ökonomischen Romantik (Sismondi und unsere einheimischen Sismondisten)" de 1897. A crítica aos marxistas se refere ao fato de eles não perceberem que o central era a questão de quem realiza a mais-valia, e não o problema do dogma de Smith.

62. Texto publicado na *Edinburgh Review*, em outubro de 1819.

63. Observe-se que ele não usava o termo "mais-valia".

ção simples de mercadorias, processo que não acontece na realidade capitalista. Ele exclui a circulação do dinheiro para chegar a essa conclusão, fazendo parecer que uma mercadoria é paga por outra[64], quando na verdade a presença do elemento monetário é fundamental para separar compra e venda.

MacCulloch pretendia resolver a questão com o consumo de luxo e o equilíbrio entre agricultura e indústria. Sismondi, por sua vez, conclui que a expansão dos mercados não seria suficiente para resolver as crises pois as regiões periféricas se industrializariam. Afinal, o capitalismo teria a tendência de superar todas as barreiras, agravando a concorrência e a anarquia da produção[65].

Entre 1821 e 1823, David Ricardo apresentou-se também na polêmica Sismondi-MacCulloch[66], adotando a tese de que a produção acompanhava o consumo, mas, segundo Luxemburgo, ele apenas aumenta os valores de uso produzidos sem elevar o valor; do ponto de vista capitalista não há, portanto, ampliação, porque isso significa aumento dos valores. Na análise de Ricardo, as mercadorias produzidas trocar-se-iam entre si sem problemas, ideia filiada ao pensamento de Jean-Baptiste Say[67] – o último desta escola –, que afirmaria em 1824 que não havia crises, pois não havia contradição entre produção e consumo, a produção seria seu próprio mercado junto com a ampliação da força de trabalho. Funda-se com Say a linha harmonicista.

A ordem dessa primeira polêmica é inversa à influência de seus autores. Temos Sismondi, de um lado, e os harmonicistas, de outro; entre estes, Say era considerado o herdeiro de Smith, influenciando Ricardo que, por sua vez, influenciou MacCulloch.

Para Luxemburgo, Sismondi era superior aos ricardianos, pois veria o reflexo dos problemas econômicos na realidade, mas o debate de seu tempo se fechava sobre as crises e tinha base no dogma smithiano. Assim, ou se dizia que a acumulação não era possível ou eram as crises que não existiam. No entanto, qualquer uma das opções não corresponderia à realidade.

---

64. Raciocínio semelhante ao que Luxemburgo faz em anotações sobre James Mill e as teorias da impossibilidade das crises. Fundo Rosa Luxemburg, BArch NY4002/75 Bl. 136.

65. Ver Rogério Arthmar, "A Economia Clássica Contra os Fatos ou Sismondi Entre Ricardianos". Ver também Rosa Luxemburgo, *A Acumulação do Capital: Contribuição ao Estudo Econômico do Imperialismo*, p. 128.

66. O texto de referência é a terceira edição (1821) de *Princípios da Economia Política e Tributação*, de David Ricardo. Rosa Luxemburgo utilizou a tradução alemã de Eduard Baumstark de 1877 – *David Ricardo's Grundgesetze der Volkswirtschaft und Besteuerung*.

67. Cita a obra de Say, *Traité d'Économie Politique* (Paris, 1803, vol. 1), mas o artigo principal da polêmica foi publicado na *Revue Encyclopédique*, em julho de 1824.

Luxemburgo encerrou o primeiro confronto com Thomas Malthus, que também se contrapunha aos ricardianos, mas era um apologista do modo de produção capitalista, diferente de Sismondi, e via no consumo dos agregados da classe dominante a saída para a acumulação ilimitada. Por um lado, Malthus enfatizaria a necessidade da troca de produtos por dinheiro e não entre si. Por outro, ele observaria somente a troca de mercadorias e não a reprodução social. Sismondi e Malthus teriam em comum a busca por uma solução da acumulação em consumidores que comprem sem vender: o primeiro conclui que há sempre um excedente invendável aliviado pelo comércio externo, o segundo que são classes improdutivas as consumidoras da mais-valia.

O que Rosa faz neste primeiro trecho é confrontar as ideias de Jean Sismondi com a dos harmonicistas ingleses. Os argumentos expressos neste trecho do livro encontram-se também em anotações no Fundo Rosa Luxemburg do *Bundesarchiv*[68]. Encontramos nesses papéis os pontos de destaque da obra de Sismondi para Luxemburg: não inclui o capital constante na reprodução; entende a importância do comércio externo, das colônias para a reprodução ampliada e, o principal, apesar do caminho errado, ele encontra o verdadeiro problema da acumulação, a realização da mais-valia.

A escolha destes nomes não foi aleatória, eles aparecem também no Livro II de Marx e foram escolhidos por este como seus interlocutores, porque herdeiros diretos da obra de Adam Smith e David Ricardo, principalmente. Além disso, para a questão da acumulação, Luxemburgo viu neste debate um avanço: a formulação do problema.

Já no segundo confronto, não houve avanço e nem sequer a identificação da questão. Desenvolveu-se mais ou menos na metade do século XIX, entre os anos 1840 e 1860, e o debate foi tributário das ideias iniciais. Rosa contrapõe em três capítulos as ideias de Johann Karl Rodbertus e Julius Hermann von Kirchmann, ambos alemães que viveram no século XIX[69].

Um pouco antes deste período, o movimento operário fazia seus primeiros levantes. Luxemburgo cita os trabalhadores em Lyon, na França, em 1831 e 1834, e os cartistas na Inglaterra, em 1836. O desenvolvimento da luta dos tra-

---

68. Fundo Rosa Luxemburg, BArch, NY 4002/75 Bl 186 a 205.

69. Rodbertus publicou em 1842 o livro *Zur Erkenntniss unserer staatswirthschaftlichen Zustände*. Kirchmann respondeu-o no *Demokratischen Blättern* em dois artigos: "Über die Grundrente in socialer Beziehung" e "Die Tauschgesellschaft". Rodbertus, então, replicou com *Socialen Briefen* de 1850-1851.

balhadores deu novo impulso aos estudos teóricos e Rodbertus levou adiante a perspectiva de Sismondi como crítico da produção capitalista.

Ao mesmo tempo em que os trabalhadores se organizavam, as contradições do sistema em seus aspectos econômicos se apresentavam com mais clareza nas crises de 1837, 1839, 1847 e a primeira crise mundial, em 1857. Essas conturbações colocaram por terra a teoria dos clássicos da impossibilidade das crises.

A crise de 1857 foi a primeira crise mundial. Em seus manuscritos, Luxemburgo descreve o processo que levou à quebra: desde 1846, a Inglaterra estabelecia o livre-comércio, iniciado com a abolição das tarifas para os cereais; ao mesmo tempo, novas minas de ouro foram encontradas na Califórnia e na Austrália e a Guerra da Crimeia chegou ao fim em 1856. Todos esses acontecimentos abriram novos mercados para a indústria inglesa. No entanto, após as revoluções de 1848, outros países europeus desenvolveram sua indústria e, também por causa das revoluções, investiram seus capitais nos Estados Unidos, iniciando um movimento de especulação e avanço sobre aquelas terras com a construção de ferrovias. Em 1857, um pequeno banco estadunidense quebrou e iniciou o pânico nas bolsas americanas. A queda do preço dos cereais e do algodão, a conexão internacional entre os bancos, os investimentos estrangeiros e a industrialização de outros países fez espalhar a crise, atingindo diversos países como Alemanha, Suécia e Dinamarca[70].

As teorias de Rodbertus e Kirchmann tinham esse contexto político e econômico como pano de fundo. O primeiro via a origem das perturbações e da miséria na má distribuição de renda, causadas pela redução relativa dos salários na parte do produto total devido à crescente produtividade do trabalho. O segundo vê a causa nos limites do mercado, a falta de consumidores. Assim, apesar de Kirchmann se colocar como opositor de Sismondi, eles encararam a mesma questão e perceberam a importância da abertura de mercados.

Para este segundo autor, a solução das crises estaria no consumo de luxo pelos capitalistas, o que tem como consequência, para Luxemburgo, a impossibilidade da acumulação em uma sociedade constituída de operários e capitalistas. Por isso, Kirchmann combate o consumo produtivo de mais-valia, mas como era um apologista do sistema, seus pressupostos não contribuíram para o avanço da discussão, pressupondo uma paralisação no desenvolvimento das forças produtivas ao querer parar a acumulação.

70. Fundo Rosa Luxemburg, BArch NY4002/75 Bl 46-47.

Já Rodbertus percebeu a contradição entre produção e consumo, mas via a origem disso na decrescente participação dos trabalhadores no produto total levando à pauperização de grande parte da sociedade. Por este motivo foi visto como o primeiro a falar sobre a piora das condições de vida com o desenvolvimento do capital e é considerado por catedráticos alemães como o pai do socialismo.

Há alguns avanços na análise da reprodução de Rodbertus, especialmente quando aponta a periodicidade das crises e sua intensificação com a expansão do capitalismo, resultados do progresso técnico. No entanto, ele avalia a causa das crises no decréscimo da participação dos salários, aproximando-se das análises de Say e Ricardo de que subprodução de um lado é superprodução de outro. Propõe então a fixação da taxa de salários para conter as crises, mas não percebe que isso pararia a acumulação.

Neste segundo debate, os autores continuam a tentar explicar as crises sem entender que elas são a forma do movimento do capital, como no confronto anterior. Além disso, há uma inversão de valores, von Kirchmann, defensor do capitalismo, aproxima-se mais da análise de Sismondi ao identificar o problema nos limites do mercado do que Rodbertus, crítico do sistema, que retoma concepções ricardianas aparentemente sem perceber.

Devido à sua posição crítica ao sistema, alguns socialistas de cátedra alemães, e o próprio Rodbertus, insistiram que Marx o plagiara, roubando-lhe a teoria da mais-valia. Engels, então, respondeu no prefácio ao Livro II:

> A existência da parcela do valor do produto que agora chamamos de mais-valia havia sido detectada muito antes de Marx; igualmente havia sido expresso, com maior ou menor clareza, em que ela consiste, ou seja, no produto do trabalho pelo qual o apropriador não pagou um equivalente. Mas não se chegou mais longe do que isso. Uns – os economistas burgueses clássicos – no máximo investigaram a proporção em que o produto do trabalho é repartido entre o trabalhador e o possuidor dos meios de produção. Outros – os socialistas – consideraram injusta essa repartição e procuraram meios utópicos para eliminar a injustiça. Uns e outros ficaram presos às categorias econômicas que já haviam encontrado[71].

Até Marx, todos os autores trabalharam com Smith (produto social total = v + m) e este já havia apresentado a mais-valia como elemento do modo de produção. No entanto, foi apenas Marx que incorporou o trabalho morto

---

71. Karl Marx, *O Capital: Crítica da Economia Política*, Livro segundo, vol. 3, p. 15.

e o capital social total como elementos da reprodução social, promovendo grandes avanços na Economia Política. Com Rodbertus e von Kirchmann terminou o debate da economia burguesa sobre este tema e, a partir de Marx, as discussões mais importantes foram entre economistas marxistas. É a essa corrente que Luxemburgo dedicou o terceiro confronto.

O debate sobre a possibilidade ou impossibilidade da acumulação baseou--se na fórmula v + m e a confusão de definições entre renda e capital. Depois deles, Marx revolucionou a economia política e demarcou novos parâmetros incluindo a análise do capital social total, como já vimos. Assim, no terceiro confronto, Luxemburgo dedica-se aos teóricos russos, que se consideravam herdeiros de Marx, entre os anos 1880 e 1890, antes que o tema fosse colocado em pauta entre os socialistas alemães.

Os marxistas legais russos e os populistas foram os primeiros a polemizar sobre a análise da acumulação de Marx ao tentarem entender questões concretas da Rússia: afinal, seria ou não possível o desenvolvimento do capitalismo no país? Os populistas responderam à pergunta ceticamente, enquanto os marxistas foram otimistas. Os últimos venceram o debate e suas teorias teriam se espalhado entre os meios marxistas, especialmente a obra de Tugan--Baranovsky, que chegou à Alemanha em 1901, acendendo o debate sobre as crises e os esquemas de reprodução e estimulando ainda mais o revisionismo.

A vitória teórica do grupo marxista não o tornou mais revolucionário que os outros; segundo Rosa, na aurora da revolução, em 1905, a maioria manteve--se em seus jornais e suas revistas, apenas Lenin teria seguido junto do proletariado.

Nesse último confronto, encontramos Vasilii Vorontsov e Nikolai Danielson representando os populistas e Peter von Struve, Sergei Bulgakov e Mikhail Tugan-Baranovsky representando os marxistas.

Para os populistas, a reprodução capitalista interessava para provar a impossibilidade do capitalismo na Rússia devido à falta de mercados. Essa seria, aproximadamente, a teoria de Vorontsov[72]. Segundo Luxemburgo, este autor acreditava que o capitalismo poderia existir eternamente dentro de limites

---

72. Refere-se ao livro de Vorontsov, publicado em 1882, *Schicksale des Kapitalismus in Russland*; artigo publicado na revista *Vaterländische Memoiren*, em 1883, "Der Überschuss bei der Versorgung des Marktes mit Waren"; artigo publicado em 1889 na revista *Russischer Gedanke*, "Militarismus und Kapitalismus"; livro publicado em 1893, *Unsere Richtungen*; livro publicado em 1895, *Umrisse der theoretischen Nationalökonomie*.

nacionais se houvesse melhor distribuição da renda e os capitalistas não capitalizassem; do contrário, o problema da realização da mais-valia não poderia ser resolvido pelo mercado interno. Por isso, os capitalistas criariam meios de eliminar sua mais-valia, como o militarismo, que seria, deste modo, financiado pelos capitalistas e não pelos operários. Ainda assim, a mais-valia só poderia ser totalmente realizada se houvesse mercados externos e, como a Rússia chegara atrasada na industrialização, não haveria mais mercados para ela.

Essa observação sobre os mercados externos é muito semelhante ao próximo populista apresentado por Luxemburgo, Nikolai-On[73]. Este autor tentava provar o efeito danoso do desenvolvimento do capitalismo na Rússia e se diferenciaria de Vorontsov porque o desenvolvimento da Rússia, atrasada na disputa mundial por mercados externos, teria como consequência a compressão do mercado interno com o avanço da produtividade do trabalho, que diminuiria a quantidade de mão de obra empregada gerando uma massa de pobres dentro do país. Como a Rússia chegara atrasada na concorrência mundial, o incentivo ao desenvolvimento capitalista ali só trazia miséria. Danielson sugeriria, então, a incorporação dos avanços técnicos modernos à forma de produção dos camponeses russos, ou seja, não realizar a separação entre produtores e meios de produção.

Para Luxemburgo, o retorno ao modo de produção camponês proposto por Danielson é reacionário, porque abre mão dos avanços que o capitalismo proporcionou. Para ela, seria necessário transformar este modo de produção e não voltar a roda da história.

Contrapondo os populistas, o primeiro marxista é Peter von Struve. Struve enfatizaria a criação do mercado interno pelo capitalismo para realizar a mais-valia. No livro *Observações Críticas Sobre a Questão do Desenvolvimento Econômico Russo* de 1894 (publicado em russo), Struve aponta que Danielson observara apenas a pauperização da população, mas não percebera o aspecto econômico disso: o avanço da economia mercantil sobre a economia natural criando um mercado interno através da expansão da economia monetária.

Para Struve, não existiriam apenas capitalistas e operários, era preciso considerar as "terceiras pessoas" que consumiriam o produto referente à mais-va-

---

73. Nikolai Frantsevich Danielson, primeiro tradutor de *O Capital* para o russo, publicou todos os volumes logo após suas edições em alemão. Rosa refere-se a um ensaio publicado em 1880 na revista *Slowo* e ao livro de 1893, *Abhandlungen über unsere Volkswirtschaft nach der Reform*.

lia. Elas seriam funcionários públicos, profissionais liberais etc. Essas pessoas, no entanto, explica Rosa, participam do consumo de mais-valia do capitalista ou dos salários, portanto, não podem ser elas a realizar a mais-valia a ser capitalizada. Struve acreditaria que o capitalismo poderia se constituir em um espaço fechado por tempo ilimitado, quando, diz Luxemburgo, este sistema é "por natureza uma produção de âmbito mundial"[74].

Para Luxemburgo, Struve só pode conceber um sistema fechado, porque se concentra, como os populistas, na venda dos produtos e se esquece do abastecimento da produção com meios de produção e força de trabalho, fatores igualmente importantes para o mercado mundial.

Struve também aceita a tosca concepção populista russa que reduz à simples preocupação mercantilista com o "mercado", principalmente, as conexões internacionais da economia mundial capitalista, com sua tendência histórica de constituir um organismo unitário vivo, baseado na divisão social do trabalho por sua vez baseado na multiplicidade da riqueza natural e nas condições de produção do globo terrestre. Adotando a ficção de Wagner e Schmoller sobre os três grandes reinos mundiais auto-suficientes – Inglaterra e suas colônias, Estados Unidos e Rússia – Struve ignora ou restringe artificialmente o papel fundamental do abastecimento ilimitado da indústria capitalista com gêneros de primeira necessidade, matérias-primas, produtos auxiliares e mão-de-obra, tão importantes para o mercado mundial quanto a venda de produtos acabados[75].

Aparece, então, Bulgakov, que rejeitaria as teses de Struve e todas as anteriores que procuravam "terceiras pessoas" para resolver a realização. Bulgakov partia do produto social total e sua reprodução, como Marx fez no Livro II, o que o levou a dizer que os mercados externos não são uma exigência para a reprodução social capitalista e que a acumulação poderia ocorrer sem contradições através das trocas entre os Departamentos I e II. Segundo Rosa, Bulgakov retornou ao problema de Marx sobre a origem do dinheiro e, se em um primeiro momento, endossou a resolução dele dos produtores de ouro, logo em seguida a abandona e aponta o crédito como elemento responsável pela circulação.

Para Bulgakov, os autores citados anteriormente erraram porque achavam que o produto social total constituía-se de meios de consumo, sem levar em

---

74. Assemelha-se a MacCulloch e o consumo de luxo e von Kirchmann e o consumo por parasitas.

75. Rosa Luxemburgo, *A Acumulação do Capital: Contribuição ao Estudo Econômico do Imperialismo*, p. 200.

conta a crescente produtividade do trabalho que faz aumentar o capital constante além do variável, diminuindo a capacidade de consumo na sociedade. Por isso, o mercado encontrava-se na própria reprodução ampliada; a produção capitalista é seu próprio mercado[76].

Por isso, o mercado externo não teria tanta importância para a reprodução, ainda mais que as vendas seriam anuladas pelas importações de produtos de outros lugares, pois os países industrializados comprariam produtos agrícolas de países menos desenvolvidos e vice-versa, tese que Luxemburgo assemelha a Friedrich List, derivando o comércio internacional das diferentes condições naturais dos países. A consequência dessas ideias de Bulgakov é que alguns países podem ter um desenvolvimento capitalista ilimitado devido às suas condições naturais, outros não.

Para encerrar o debate russo, Luxemburgo analisa Tugan-Baranovsky. Este foi o primeiro a publicar sua teoria econômica entre os russos, no entanto, ele aparece mais tarde na Alemanha (1901) e gerou maior polêmica que os outros, talvez por isso encerre a seção.

A diferença de Tugan para Bulgakov, segundo Luxemburgo, é que este tenta manter-se fiel à teoria marxista, procurando desenvolvê-la. Já Tugan "critica Marx por não haver sabido aproveitar sua própria análise brilhante do processo de reprodução"[77]. A acumulação, para Tugan, seria totalmente independente do consumo e da renda, porque o mercado da produção capitalista seria sua própria produção, sendo, portanto, ilimitada. A única circunstância que saturaria o mercado seria a falta de proporcionalidade quando da ampliação da produção[78].

Neste contexto, o comércio exterior adquire um papel dado pela paisagem natural dos diversos países, então, alguns exportam produtos agrícolas para outros que exportam produtos manufaturados, equilibrando as respectivas balanças comerciais, como Bulgakov também acreditava.

Ocorre que as oscilações, as crises, são atribuídas por Tugan à falta de proporcionalidade. No entanto, para Rosa, ao se analisar o processo de reprodução deve-se partir de uma média que exclui as crises, pois mesmo que o equilíbrio seja rompido, ele volta a se estabelecer, caso contrário viver-se-ia

---

76. Solução idêntica a Ricardo e Say.

77. Rosa Luxemburgo, *A Acumulação do Capital: Contribuição ao Estudo Econômico do Imperialismo*, p. 211

78. É muito parecido com Bulgakov, mas acrescenta a desproporcionalidade e revisa a teoria marxiana, rejeitando a sua teoria do valor. Para Tugan, também as máquinas *criam* valor.

o colapso do capitalismo. Acontece que a média de Tugan seria a proporcionalidade, a acumulação capitalista infinita, o que Luxemburgo considera um absurdo, pois o colapso deste modo de produção é resultado de contradições intrínsecas a ele. Se se abolir a sua superação, então voltamos aos clássicos e abolimos sua historicidade, e o capitalismo seria o sistema social natural para os seres humanos.

Para provar que os esquemas correspondiam à realidade, Tugan partiria de uma lei fundamental do capitalismo de que os meios de produção crescem mais rápido que os meios de consumo para dizer que, por causa disso, o consumo humano era cada vez menos importante e, portanto, também as máquinas produziriam mais-valia, sendo elas produtoras e consumidoras do mais-produto. Esse raciocínio é um sofisma para Luxemburgo, pois, embora seja verdade que os meios de produção se desenvolvem mais rapidamente que os de consumo, isso é um reflexo do desenvolvimento técnico e sobre ele Marx baseou a teoria da queda tendencial da taxa de lucro, pois não haveria a possibilidade de um desenvolvimento *ad infinitum* do capitalismo.

Essa última visão, de que a produção dos meios de produção seria independente do consumo, não passa de uma miragem da economia vulgar de Tugan-Baranovsky. O mesmo não se aplica, na verdade ao fato com o qual tenta provar seu sofisma [de que as máquinas também produzem mais-valia e, portanto, a acumulação pode ser infinita]: é inegável que o crescimento do departamento dos meios de produção seja mais rápido em comparação com o dos meios de consumo. É um fato indiscutível que se observa não somente em países industriais antigos, como em todos os lugares em que o progresso técnico domina a produção. É nesse fato que se baseia também a lei fundamental de Marx sobre a tendência de queda da taxa de lucro[79].

Além disso, em uma economia baseada no lucro, o desenvolvimento dessas forças produtivas tem neste o seu limite: o avanço técnico só é aplicado se seu custo for menor do que o do capital variável que ele substitui. Conforme explicita Luxemburgo, "o modo de produção capitalista, que supostamente propicia um desenvolvimento técnico extremo, encontra no lucro – seu pressuposto básico – efetivamente uma forte barreira social que se opõe ao progresso técnico"[80].

79. Rosa Luxemburgo, *A Acumulação do Capital: Contribuição ao Estudo Econômico do Imperialismo*, p. 217.
80. *Idem*, pp. 218-219.

Em resumo, os marxistas legais russos opuseram-se aos ceticistas, buscando as bases de desenvolvimento do capitalismo na Rússia, mas ao fazerem isso caíram no outro oposto, atestando não só o desenvolvimento como sua infinitude retornando às teorias de Say e Ricardo, aos harmonicistas estudados no primeiro confronto: equilíbrio entre produção e consumo. Para Rosa, "a demonstração que partiu da possibilidade de existência do capitalismo termina na impossibilidade de existência do socialismo"[81], pois se o capitalismo não tem fim, outra formação social não pode surgir.

A análise dos russos termina a Seção 2 do livro com o resultado: depois de todo esse tempo encontramo-nos com a mesma questão, quem realiza a mais-valia a ser acumulada? A exposição histórica da investigação científica do problema serviu para apresentar suas idas e vindas até ali, suas relações com os respectivos tempos históricos e com o tempo de Rosa Luxemburgo, na medida em que ela insere comentários, citações e referências de pessoas de sua época.

Encontramos referências a Lenin, Kautsky e à escola histórica alemã. A história do problema é também uma discussão com as teorias de sua época, culminando com a inserção da autora no debate através de uma formulação teórica própria, na Seção 3 do livro.

A discussão com a escola histórica alemã[82] é uma referência presente nessa Seção 2 e em outros textos da autora[83]. Ela não se detém muito na análise de cada autor, eles são, coletivamente, desqualificados e citados ironicamente, mas é interessante notar os momentos em que eles aparecem no livro. Primeiro na discussão sobre a teoria de Rodbertus; alguns partidários dessa escola defendiam que Rodbertus seria o pai fundador do socialismo científico, vimos que Engels responde a Rodbertus sobre o suposto roubo teórico no prefácio ao Livro II. Para Rosa, o autor permanece sob o dogma de Smith, o que já compromete a reivindicação e toda a análise.

Estes catedráticos alemães, como eram também chamados, eram da segunda fase da escola histórica, ou socialistas de cátedra, porque defendiam

---

81. *Idem*, p. 222.

82. Especificamente, Gustav Schmoller, Adolph Heinrich Gotthelf Wagner, Albert Eberhard Friedrich Schäffle, Karl Diehl.

83. "Im Rate der Gelehrten" ("No Conselho dos Eruditos"), *Die Neue Zeit*, 1903-1904; *RR*, 1899; "Agrarische Interessen und Zollpolitik" ("Interesses Agrários e Política Alfandegária"), *Leipziger Volkszeitung*, 1900; "Die 'deutsche Wissenschaft' hinter den Arbeitern" ("A 'Ciência Alemã' atrás dos Trabalhadores"), *Die Neue Zeit* (Stuttgart), 1899-1900; *Greve de Massas, Partido e Sindicatos*, 1906.

reformas sociais levadas pelo Estado para melhorar a situação dos mais pobres, o que justifica sua defesa de Rodbertus como o fundador do socialismo científico, e eram em sua maioria professores de universidades alemãs.

O outro momento em que os catedráticos aparecem é na análise dos marxistas legais. O paralelo é plausível, porque os três teóricos citados apresentam a acumulação como um processo infinito e possível em um só país já que, de alguma forma, a produção capitalista cria seu próprio mercado. Essa segunda fase da escola histórica enfatizava, em geral, o papel do Estado no desenvolvimento de uma nação, defendendo o protecionismo como política para a defesa das indústrias nacionais e tinha os Estados Unidos como grande exemplo de desenvolvimento com protecionismo[84]. Ao mesmo tempo, tinham teorias que dividiam o mundo entre os grandes países manufatureiros e os agrícolas, entre outras divisões tributárias dos estágios de List.

Talvez Luxemburgo atribua a teoria de List a todos os membros da escola histórica de sua época, mas a importância de criticá-los estava na influência que tinham no pensamento político alemão e em demonstrar como o mesmo pensamento se espalhava por meios autodenominados marxistas[85]. A comparação parte sempre do papel atribuído aos mercados externos pelos marxistas russos: não eram fundamentais para a acumulação, porque ela poderia ocorrer dentro de um país. Assim, em Struve um país como a Rússia prescindiria de mercados externos porque era muito grande, como no caso dos Estados Unidos. Para Rosa, essa análise é semelhante àqueles socialistas catedráticos que viam uma divisão entre três grandes regiões no mundo (Inglaterra, Rússia e Estados Unidos) e a Alemanha junto com outros países europeus deveria tomar medidas como tarifas alfandegárias e uma forte armada para combater estas hegemonias. Em Bulgakov, Luxemburgo vê uma aproximação com List, porque o russo apontaria o comércio internacional como uma troca entre as nações manufatureiras e as de matérias-primas, separadas desta forma de

---

84. Essa escola foi bastante influenciada pelas ideias de Friedrich List, mas tinha diversas tendências, algumas mais e outras menos intervencionistas.

85. No texto *Zurück auf Adam Smith!* (*De Volta a Adam Smith!*), Rosa Luxemburgo desconstrói teorias de um dos representantes da escola histórica por ser citado em artigos de Eduard Bernstein. Ela faz uma pequena história dessa escola, retoma a história da escola clássica e os avanços feitos por Marx para concluir que a segunda escola histórica surgiu por causa do socialismo, como reação a ele, e não porque faltava uma oposição à burguesia. A escola histórica defendia reformas com base na economia burguesa e naquele momento haveria duas alternativas: ou aceitar os avanços feitos por Marx ou entrar em falência (Cf. Rosa Luxemburg, *Gesammelte Werke*, vol. I/I pp. 728-737).

acordo com a paisagem natural de cada uma. Tugan seguiria da mesma forma, trabalhando com categorias como países agrícolas e países industrializados. A consequência dessas teorias é desconsiderar o capitalismo como um modo de produção mundial, o que na perspectiva dos catedráticos é correto, pois eles enfatizam as economias nacionais defendendo o protecionismo e o militarismo, duas faces da política de defesa nacional, e se opondo ao livre-cambismo.

Vimos anteriormente que Rosa se opunha à essas duas medidas e o SPD, embora com muitas discordâncias internas, declarava-se também contrário à elas. Adiante, veremos como a autora analisa a relação dessas medidas com a acumulação de capital.

Na interlocução de Luxemburgo com seus contemporâneos, ela tece críticas a Lenin, especificamente ao texto "Zur Charakteristik der ökonomischen Romantik" ("Sobre as Características do Romantismo Econômico") publicado em 1899 com outros escritos. Para ela, Lenin cometeria o mesmo erro que Tugan e Bulgakov: tão preocupado em demonstrar as falhas dos populistas na análise do produto social total, ele acabara eliminando o problema dos meios de consumo ao resolver a questão com o crescimento do Departamento I em detrimento do II, o que levaria à menor produção de meios de consumo e ao aumento na produção de meios de produção, deduzindo daí que a produção é o mercado dela mesma. Para Rosa, o aumento dos meios de produção é um reflexo do progresso técnico, é uma lei geral que aparece no capitalismo através do maior crescimento relativo de capital constante que variável. Ocorre que os três russos teriam visto na lei geral do progresso técnico uma lei específica do capitalismo, na qual a produção apareceria como finalidade e o consumo humano como secundário, submetendo um departamento ao outro, o que, para Rosa, é um erro.

> Quando Bulgakov, Iljin [Lenin] e Tugan-Baranovsky suspeitam haver desvendado nessa lei a natureza específica da economia capitalista, ou seja, a produção como objetivo em si, e o consumo humano apenas como fato secundário, cometem um grande erro. O crescimento do capital constante à custa do capital variável é somente a expressão capitalista dos efeitos gerais da produtividade crescente do trabalho[86].

Ainda mais discreta que a crítica a Lenin foi a direcionada a Kautsky. Luxemburgo utilizou a resenha deste autor[87] contra Tugan-Baranovsky para

---

86. Rosa Luxemburgo, *A Acumulação do Capital: Contribuição ao Estudo Econômico do Imperialismo*, p. 217.

87. Karl Kautsky, "Krisentheorien", *Die Neue Zeit*, Ano xx, vol. 2 (1902).

desconstruir a ideia de que seria possível a acumulação ao mesmo tempo em que há retrocesso absoluto de consumo. Kautsky disse, no texto de 1902, que isso só seria possível na passagem da reprodução simples para a ampliada. Em nota, no entanto, ela diz que Kautsky apresenta um consumo maior do que deveria ser por desconsiderar a produtividade do trabalho, o que não invalida a crítica dele a Baranovsky; o principal é que ele não vai ao problema central, a relação entre produção e consumo do ponto de vista da reprodução, mas permanece na análise das crises e, portanto, do produto social como um todo em si e não como parte da estrutura mesma da acumulação.

Percebemos que em grande parte das questões, inclusive nas referências que o livro traz, os mercados externos ou o comércio exterior são um ponto central, a forma como uns e outros analisam o papel desses mercados na reprodução social determina seus aliados e inimigos teóricos. É assim desde Sismondi, que vê a tendência expansionista e o consequente aguçamento da concorrência mundial, temendo as consequências disso para a Europa. Aqueles que defendiam o capitalismo em um só país, que abstraíam seu alcance mundial e acreditavam na reprodução infinita dentro de uma fronteira nacional são, de um modo geral, filiados direta ou indiretamente a Ricardo-Say, pois acreditavam na produção pela produção. Aqueles que veem ser impossível a acumulação sem um mercado mundial acabam por considerá-la impossível devido ao acirramento da concorrência internacional (Sismondi e populistas).

Essa é a divisão que percorre todos os debates teóricos da segunda seção: os partidários de Say e Ricardo e os de Sismondi. Eles não o são conscientemente, vide os marxistas russos, mas chegam às mesmas conclusões, seja naturalizando o próprio modo de produção capitalista ou recorrendo a um retrocesso técnico para melhorar a distribuição de renda. Entre esses dois lados, Luxemburgo coloca-se mais próxima dos sismondianos e populistas porque eles entendiam a importância do mercado externo e, principalmente, porque Sismondi apresentou a verdadeira questão da acumulação: quem realiza a mais-valia? Questão que foi ignorada desde sua formulação, mas que Rosa retoma e propõe como centro de sua análise, como seu problema fundamental.

Chegamos ao momento de resolução do problema no qual os mercados externos têm sim um papel fundamental, como apontaram os populistas. No entanto, será preciso redefinir o próprio conceito antes de entender as relações intrínsecas e extrínsecas ao capitalismo.

O Problema na História

Para amarrar as três partes dessa obra e dar sequência com a apresentação de sua teoria da acumulação, Luxemburgo inicia a Seção 3, "As Condições Históricas da Acumulação", com um capítulo que retoma sua crítica a Marx, ao mesmo tempo em que explica a filiação reivindicada por Tugan-Baranovsky.

Como apresentado anteriormente, os esquemas de Marx não explicariam a origem da demanda e se baseariam em quatro condições:

1. A mais-valia deve ter a forma natural necessária à capitalização.

2. A ampliação só acontece com os elementos produzidos exclusivamente no modo de produção capitalista.

3. A ampliação é do mesmo tamanho que o mais-produto capitalizável, sendo condicionada por ele.

4. Não há limite para a acumulação, porque a produção capitalista é consumidora exclusiva do mais-produto, ela é seu próprio mercado.

Dessas condições seria possível extrair: a causa das crises como resultado de uma desproporção entre os departamentos I e II e a produção como finalidade do capitalismo – resultados presentes na teoria de Baranovsky. Essa interpretação consta apenas no Livro II, segundo Luxemburgo, e está em contradição com outros pressupostos de Marx, principalmente com a crescente produtividade do trabalho e a consequente alteração na composição orgânica do capital. Esse argumento seria excluído dos esquemas de reprodução ampliada, pois estão baseados em uma sociedade composta apenas de capitalistas e trabalhadores.

O grande problema é o condicionamento *a priori* da forma material da mais-valia, ou seja, ela já viria ao mundo como objeto necessário para a ampliação da produção. Essa determinação, para Rosa, impediria o avanço técnico, o crescimento por saltos, porque as bases materiais da nova reprodução já estariam dadas pelo período anterior, não sendo possível alterá-las, já que só a produção capitalista forneceria componentes para o novo ciclo segundo os pressupostos de Marx.

Essa forma material também faria coincidir realização e acumulação, porque ao realizar a mercadoria, que tem a forma material necessária à ampliação, forçosamente ocorreria acumulação. Essa correspondência acaba com a contradição fundamental do capitalismo entre produção e consumo.

O esquema exclui, porém, a contradição profunda e fundamental entre as capacidades de produção e de consumo, da sociedade capitalista, da contradição que é decorrente da acumulação capitalista, que periodicamente procura aliviar-se por meio das crises e impele o capital para ampliação constante do mercado[88].

Por isso, ela separa a *representação* material da *forma* material, ou seja, a representação da mais-valia nos objetos produzidos e a materialidade desses mesmos objetos. Assim, a mais-valia tem sua representação em uma quantidade do produto total assim como em cada um dos produtos, ou seja, cada produto individualmente tem no seu valor parte do valor do capital constante, do variável e da mais-valia, assim como na massa total uma quantidade desses materiais equivale ao valor de cada um dos componentes do produto social total. A questão é que Marx unifica essa representação material à própria utilidade dos produtos, que só poderiam encontrar seu mercado no capitalismo, ou seja, os produtos seriam coisas úteis apenas para a renovação e ampliação da produção.

Não obstante o fato de haver uma coincidência quanto à soma do valor dos capitais individuais assim como de suas partes respectivas (do capital constante, do capital variável e da mais-valia) com a dimensão do valor do capital social total; não obstante o fato de coincidirem perfeitamente as duas partes componentes deste e a mais-valia total, a representação material dessa grandeza (nas respectivas partes do produto social) difere totalmente, no entanto, com a forma material que assumem as relações de valor dos capitais individuais[89].

Luxemburgo separa as duas, pois entre cada período produtivo e a acumulação existem dois momentos: primeiro, a realização da mais-valia em forma pura de valor, em dinheiro; e segundo, transformação desse dinheiro em capital produtivo[90]. Sendo a realização a questão fundamental da acumulação – "como se realiza a mais-valia?" –, a forma material do produto social total não é necessariamente a da reprodução ampliada capitalista, porque a realização da mais-valia tem como condições:

1. Círculo de compradores fora da sociedade capitalista.
2. Elementos materiais correspondentes e necessários à ampliação da produção.
3. Fornecimento de trabalho vivo adequado às necessidades do capital.

---

88. Rosa Luxemburgo, *A Acumulação do Capital: Contribuição ao Estudo Econômico do Imperialismo*, p. 238.
89. *Idem*, p. 240.
90. *Idem*, pp. 246-247.

Por causa da primeira condição, a forma material da mais-valia tem de corresponder às necessidades do mercado que ela pretende conquistar. Segundo Luxemburgo,

[...] se supusermos, no entanto, que a mais-valia se realiza fora da produção capitalista, poderemos deduzir daí que sua forma material não tem nada a ver com as necessidades da produção capitalista em si mesma. Sua forma material corresponderá às necessidades daqueles círculos não-capitalistas, que auxiliam na realização desta[91].

Após realizada a mais-valia e para reiniciar o processo produtivo é necessário adquirir os elementos materiais para tal, mas como fazê-lo se os meios de produção também foram vendidos para compradores não-capitalistas? Os materiais para a produção também são adquiridos desses meios externos e não apenas na troca intracapitalista, como supunha Marx. Além disso, a intensificação do uso dos meios de produção e seu barateamento, decorrentes do avanço da produtividade do trabalho, são formas de reiniciar a produção em escala ampliada sem necessariamente adquirir novas máquinas.

Outro elemento indispensável para a produção é o trabalho vivo, que constitui o capital variável. Marx faz este aparecer no produto social como massa crescente de meios de subsistência, mas estes são os meios necessários para a manutenção do trabalho vivo, este sim elemento essencial para a produção; a manutenção do trabalhador é apenas um mal necessário.

Essa força de trabalho em escala crescente é encontrada também fora do capitalismo. Em Marx, ela vem do exército industrial de reserva que tem uma de suas fontes na população que sai do campo e vai para a cidade. Marx não veria a semelhança desse processo com a acumulação primitiva, expansão do capital sobre áreas ainda não conquistadas, e essa seria a sua grande diferença com Luxemburgo. A força de trabalho é adquirida, pois, com a destruição de modos de produção não-capitalistas, em mercados externos.

Ela está de acordo com o pressuposto geral de Marx, de que a forma material do produto social é relevante na produção e de que os meios materiais para o seu recomeço devem existir na sociedade antes de iniciado o processo (pressupostos apresentados na Seção 1). No entanto, a forma material do mais-produto não deve atender necessariamente à produção capitalista, como quer

---

91. *Idem*, p. 243.

Marx, mas ao mercado a que se dirige. Mesmo mercado que fornece parte dos componentes materiais necessários à reprodução e ampliação.

Estabelecido o meio da acumulação capitalista, os círculos externos, sintetizam-se os principais conceitos que Luxemburgo analisara nos debates anteriores, mas que ela redefine: mercado interno, mercado externo, comércio mundial. Vimos que teóricos anteriores falaram bastante sobre isso ao estudarem a reprodução capitalista, no entanto, eles nunca saíram do pressuposto de um modo de produção fechado, no qual só existiriam capitalistas e operários. Em Rosa, o mercado externo não se define pelas fronteiras nacionais, mas pelas fronteiras de produção: ele está em modos de produção não-capitalistas, como os camponeses; o mercado interno é o modo de produção capitalista, entre duas fábricas, por exemplo; e o comércio mundial é o intercâmbio entre o modo de produção capitalista e os não-capitalistas. "[...] o comércio mundial é por princípio uma condição histórica de existência do capitalismo, comércio este que, nas condições concretas existentes, é, por natureza, uma troca que se verifica entre as formas de produção capitalistas e as não-capitalistas"[92].

A realização da mais-valia dá-se no mercado externo, também nele se adquire parte dos capitais constante e variável adicionais. Mas, com o desenvolvimento internacional do capital, o reinvestimento dessa mais-valia já vendida torna-se sempre mais difícil, porque a renovação de (c) e (v) é sempre possível enquanto massa, objetos úteis, mas enquanto valor encontra dificuldade, pois uma crescente massa de mais-valia precisa se realizar de novo fora dos Departamentos I e II, ao mesmo tempo em que o crescimento do volume dos componentes da produção amplia as fronteiras do capitalismo, sobrando cada vez menos áreas de realização. Por isso, os mercados intracapitalistas são cada vez maiores e mais importantes para a troca, mas também a disputa por áreas não capitalistas cresce. Essa contradição seria o reflexo da queda tendencial da taxa de lucro decorrente da crescente composição orgânica do capital (c/v). Como (m) depende de (v) e a taxa de lucro = m/(c+v), conforme (v) diminui em relação a (c) a mais-valia diminui, relativamente, e também a taxa de lucro.

Apesar de a capitalização da mais-valia ser o objetivo específico e a mola propulsora da produção, a renovação dos capitais constante e variável (assim como da parte consumível da mais-valia) constitui, por outro lado, a base ampla e pré-condição da produção. E se

---

92. *Idem*, p. 247.

com o desenvolvimento internacional do capital a capitalização da mais-valia se torna a cada instante mais urgente e precária, de modo absoluto enquanto massa, bem como em relação à mais-valia, essa base de capital constante e variável, por sua vez, também se torna cada vez maior. Daí o fato contraditório de os antigos países capitalistas representarem, um para o outro, mercados cada vez maiores e imprescindíveis, e se digladiarem ao mesmo tempo mais intempestivamente na qualidade de concorrentes e em função de suas relações com os países não-capitalistas. As condições de capitalização da mais-valia e as condições de renovação do capital total cada vez mais entram em contradição, o que, de resto, é apenas um reflexo da contraditória lei da taxa decrescente de lucro[93].

A renovação de (c) e (v) acontece no mercado interno, enquanto a realização da mais-valia para posterior reinvestimento acontece no mercado externo. No entanto, o desenvolvimento do capital dificulta esse reinvestimento, por um lado pois passa a ocorrer também no mercado externo criando novas áreas capitalistas, como já vimos. Por outro lado, favorece a continuidade da acumulação capitalista por causa do barateamento dos meios de produção importados das colônias ou países periféricos.

Há uma contradição entre as condições de reinvestimento da mais-valia (cada vez mais difíceis) e as de renovação do capital, o que seria um reflexo da lei da queda tendencial da taxa de lucro. Enquanto a renovação do capital total torna-se mais fácil pelo barateamento dos meios de produção, também é dificultada pela expansão da economia capitalista que acaba com seus mercados de realização.

Ou seja, a queda da taxa de lucro induz ao barateamento dos elementos do capital constante como forma de compensá-la e contrariar a diminuição da mais-valia. Com matérias-primas mais baratas é possível diminuir (c+v). Embora (v) também tenda a diminuir relativamente, o incremento de (c) o compensa. O papel dos mercados externos no fornecimento de matérias primas barateadas é, pois, essencial para manter a taxa de lucro nos níveis anteriores.

Dessa forma, a acumulação do capitalismo não seria nem impossível, nem infinita, mas um processo contraditório que se desenvolve construindo seus próprios limites no esgotamento do mercado. Ela caminha no limiar das duas posições expostas nos debates anteriores – a impossibilidade e a infinitude.

---

93. *Idem*, pp. 251-252.

A conclusão é que "o capitalismo vem ao mundo e se desenvolve historicamente em meio social não-capitalista"[94]. Ele é essencialmente a retomada cíclica do processo de acumulação primitiva descrito por Marx no capítulo 24 do Livro I. Para Luxemburgo, a sua marcha possui três fases:

1. Luta contra a economia natural.
2. Luta contra a economia mercantil.
3. Concorrência do capital no cenário mundial, ou imperialismo.

Os três capítulos seguintes do livro de Rosa – "A Luta Contra a Economia Natural", "Introdução da Economia de Mercado" e "Luta Contra a Economia Camponesa" – falam basicamente da primeira fase da acumulação, e apenas nesse último capítulo é que ela rapidamente explica o processo da luta contra a economia mercantil nos Estados Unidos e nas colônias sul-africanas, para então entrar nos mecanismos do imperialismo nos três últimos capítulos do livro.

A destruição da economia natural possui quatro objetivos econômicos:

1. Apossar-se das principais fontes produtivas: terras, minérios, pedras preciosas etc.
2. Liberar força de trabalho e submetê-la ao capital.
3. Introduzir a economia mercantil.
4. Separar agricultura e artesanato.

Ao capitalismo de nada serve a economia natural, pois ela é autossuficiente, estabelecendo sempre uma relação entre produtores e meios de produção. Por isso, o primeiro passo para o capital é introduzir a propriedade privada, separando os produtores da terra e liberando força de trabalho. É o que Marx aponta no capítulo 24 quando diz que "a assim chamada acumulação primitiva é, portanto, nada mais que o processo histórico de separação entre produtor e meio de produção. Ele aparece como 'primitivo' porque constitui a pré-história do capital e do modo de produção que lhe corresponde"[95].

Para Luxemburgo, este processo não ocorre apenas na gênese do capitalismo, ele é reposto a todo o momento, constituindo a história da acumulação

---

94. *Idem*, p. 253.
95. Karl Marx, *O Capital: Uma Crítica da Economia Política*, vol. I, t. 2, 1984, p. 262.

do capital: história essa baseada na necessidade capitalista de transformar as sociedades de economia comunal em compradoras de produtos capitalistas e fornecedoras de mão de obra e matérias-primas. Para tanto, na Europa, o desmantelamento da economia natural manifestou-se na forma das revoluções burguesas, enquanto nos países não-europeus ela veio sob a forma da *política colonial* baseada na violência, pressão fiscal e endividamento. Os exemplos de destruição da propriedade comunal fora da Europa são dados pela colonização inglesa na Índia e francesa na Argélia. Rosa utilizou uma literatura de meados do século XIX, mas também livros do início do século XX, como o relato de viagem de Lord Roberts of Kandahar de 1904 e a reportagem de *Journal Officiel* de 1912.

Depois do processo de pura violência na expropriação dos povos indígenas é necessário introduzir a economia mercantil para que aquela população se transforme em fonte de realização da mais-valia. Para tanto, os transportes têm um papel essencial, pois eles abrem o caminho para o capital, sendo em si mesmos áreas de investimento. Nesse processo, é apenas aparentemente que o capital não força fisicamente o consumo. A história da Guerra do Ópio, utilizada por Luxemburgo como exemplo de abertura mercantil, mostra como a força militar é essencial para expandir as fronteiras da acumulação destruindo as estruturas sociais locais.

> Querendo escapar das trincheiras, os chineses caíam nos fossos, enchendo-os literalmente de soldados indefesos, que suplicavam por clemência. Foi nessa massa de corpos humanos que, supostamente contra a ordem dos oficiais, os sipaios atiraram sem parar. Assim foi Cantão aberta ao comércio[96].

Por fim, é preciso separar a economia camponesa do artesanato, pois a vida no campo em geral produzia todos os objetos necessários à existência humana: alimentos, ferramentas, roupas, sapatos etc. Para o capitalismo, o camponês também deve se tornar um comprador de mercadorias e fornecedor de força de trabalho, no entanto, é mais fácil primeiro transformá-lo em comprador, incluindo-o na economia mercantil, para depois transformá-lo em proletário através da pressão dos grandes conglomerados agrícolas. Essa é a história do capítulo 29, "A Luta Contra a Economia Camponesa" do livro *A Acumulação do Capital*.

---

96. Rosa Luxemburgo, *A Acumulação do Capital: Contribuição ao Estudo Econômico do Imperialismo*, p. 268.

Este capítulo é basicamente construído por exemplos históricos como forma de demonstrar seu modelo. A experiência dos Estados Unidos seria, para Rosa, exemplar para entender a separação da atividade do artesão do campesinato, última tarefa para a eliminação da economia natural e que ao mesmo tempo inicia a luta contra a economia mercantil.

Os Estados Unidos teriam aberto sua economia camponesa para o mercado capitalista após a Guerra de Secessão (1861-1865), o que permitiu o avanço de fazendeiros sobre terras indígenas, inserindo os primeiros como pequenos produtores e compradores de produtos industrializados nas regiões interiores do território, consumindo pequenas ferramentas e máquinas ou produtos de consumo individual. Mas essa abertura foi seguida pela entrada de grandes capitais em sociedades anônimas vinculadas a projetos de expansão de ferrovias. Em pouco tempo, os fazendeiros que haviam expandido o oeste americano eram jogados para o norte, além da fronteira com o Canadá, devido à especulação fundiária e à queda do preço dos produtos agrícolas, o que tornava insustentável a manutenção dos pequenos produtores, muitas vezes endividados por tentarem manter a produção por algum tempo.

No caso das colônias sul-africanas, as tensões entre os boêres e a expansão capitalista inglesa terminaram em guerra, a Guerra dos Boêres, que acabou com a economia camponesa dos colonos holandeses. A disputa, nesse caso, era pelas terras e pela força de trabalho dos nativos africanos: ambos queriam explorá-las, no entanto, um produzia de modo escravista e o outro assalariado.

As economias mercantis instauradas nos dois exemplos citados também seriam destruídas através da concorrência entre os grandes capitais internacionais, aqueles que haviam atingido a última fase da acumulação, a imperialista.

A tendência do movimento de reprodução, para Luxemburgo, era a transformação de todas as regiões em capitalistas. Neste momento, o modelo teórico de Marx corresponderia à realidade e também ao fim do capitalismo. No entanto, esse resultado final "continua sendo uma simples construção teórica"[97]; a dominação total do mundo não-capitalista, a superação da última barreira à acumulação é uma tendência, um desenvolvimento teórico, expresso nos esquemas de reprodução ampliada de Marx. Os limites econômicos do capitalismo são, portanto, deduções abstratas que não se concretizam apenas por seus impulsos objetivos, o que não quer dizer que eles não sejam reais.

---

97. *Idem*, p. 285.

Interessante notar que nestes capítulos diversas vezes Luxemburgo escreve sobre os métodos "pacíficos" do capitalismo na concorrência mundial, principalmente após a introdução da economia de mercado.

Todas as camadas e sociedades não-capitalistas têm de se tornar consumidoras [*Abnehmer*] de mercadorias do capital e têm de vender-lhe seus produtos. Parece que é ao menos esse o marco inicial da "paz" e da "igualdade", do *do ut des*, da reciprocidade de interesses da "concorrência pacífica" e das "influências civilizadoras". Se o capital, pela força, pode roubar aos grupos sociais seus meios de produção e forçar os trabalhadores a se tornarem objeto de exploração capitalista, não pode, porém, pela força, transformá-los em consumidores [*Abnehmer*] de suas mercadorias nem pode forçá-los a realizar sua mais-valia. Essa hipótese parece confirmar-se pela circunstância de os meios de transporte (ferrovias, navegação, canais) representarem os pré-requisitos indispensáveis à expansão da economia mercantil em regiões de economia natural[98].

O fato dos transportes serem o instrumento essencial de expansão das fronteiras externas dá a impressão[99] de que a introdução do mercado seja um processo pacífico em oposição à destruição da economia natural, apresentada como um processo de espoliação violenta dos meios de produção, especialmente da terra. No entanto, o que vemos são exemplos históricos em que o avanço do mercado se utiliza da mesma força física para abrir portos, fornecer concessões, empurrar empréstimos. É o caso da China e a venda de ópio no país: a tentativa de proibição da droga gerou reação da Inglaterra, o que levou à abertura dos portos chineses para o produto enquanto o mesmo era proibido em território inglês. Ou dos Estados Unidos e da miséria do fazendeiro, anteriormente agente do genocídio indígena, com o avanço do grande capital sobre o oeste através das ferrovias. A história do capitalismo, mesmo utilizando a política econômica, é permeada de violência, seja direta com as guerras, seja indireta causando a miséria de milhares de pessoas.

A ênfase na violência desse desenvolvimento remete-nos às discussões do SPD na década de 1910, quando os conflitos internacionais se acirravam enquanto a direção e os setores de direita e centro do partido insistiam na improbabilidade de um conflito mundial. O debate de 1911 sobre a crise do Marrocos e o destaque na defesa da paz pelos socialistas aparecem no livro des-

---

98. *Idem*, p. 265.
99. "Parece", *scheint* no original alemão.

206 ROSA LUXEMBURGO – CRISE E REVOLUÇÃO

ta forma, indiretamente, quando Rosa explica as relações intrínsecas ao capitalismo que tornam a paz dentro deste sistema impossível, justamente a tese que defende no já citado texto "Friedensutopien" ("Utopias de Paz") de maio de 1911. Considera, portanto, que métodos como empréstimos e impostos podem parecer pacíficos quando observados de relance, mas são, na verdade, formas de expressão da violência física e inviáveis sem ela. O capitalismo é intrinsecamente brutal sendo impossível pensar a paz dentro desse modo de produção. "Assim como na China e mais recentemente no Marrocos, o caso egípcio nos mostra como atrás dos empréstimos internacionais, das obras de irrigação e de outras obras civilizadoras o militarismo fica à espreita como executor da acumulação do capital"[100].

Esses métodos atuam de forma diferente na última fase da acumulação, a imperialista. Após ter inserido a economia mercantil, o capitalismo passa a disputar com esta os recursos humanos e materiais da região, avançando sobre ela para, enfim, sobrepor-se completamente ao modo de produção local. Um dos efeitos desse processo é a emancipação dessas regiões, caracterizando, assim, a fase imperialista: a independência dessas áreas e sua inserção na competição internacional por mercados externos. Cada vez mais, mais nações tornar-se-iam independentes e entrariam na concorrência mundial, acirrando-a e limitando ainda mais as áreas de acumulação.

No entanto, vemos neste trecho do livro que nem todas as áreas entram da mesma forma na concorrência mundial, pois os países com desenvolvimento mais antigo acabam submetendo as novas áreas capitalistas através dos mecanismos do imperialismo: os empréstimos, as tarifas alfandegárias e o militarismo[101]. Esses instrumentos têm efeitos externos e internos, visto que expandem as fronteiras externas do capital e também pressionam as condições de existência da classe trabalhadora dentro do capitalismo.

No caso dos empréstimos internacionais e do militarismo, Luxemburgo pontua suas presenças em todas as fases da acumulação. O primeiro deles teria múltiplas funções. Ela lista as seguintes:

---

100. Rosa Luxemburgo, *A Acumulação do Capital: Contribuição ao Estudo Econômico do Imperialismo,* p. 300.
101. "O que existe de contraditório na fase imperialista se revela claramente nas oposições características do moderno sistema de empréstimos externos. Eles são imprescindíveis para a emancipação das nações capitalistas recém-formadas e, ao mesmo tempo, constituem para as velhas nações capitalistas o meio mais seguro de tutelar os novos Estados [...]". *Idem,* p. 288.

1. Transformação do dinheiro de camadas não-capitalistas em capital.

2. Transformação de dinheiro em equivalente de mercadorias.

3. Transformação de dinheiro em fundo de consumo dos dependentes da classe capitalista.

4. Transformação do capital-dinheiro em capital produtivo (por meio da construção de ferrovias e do fornecimento de armamento).

5. Transferência de capital acumulado das antigas nações capitalistas para as novas[102].

As duas últimas funções seriam específicas do imperialismo e dariam aos empréstimos um importante papel na emancipação de zonas não-capitalistas, no entanto, criam uma relação de dependência entre as áreas mais novas e as mais antigas e, além disso, ao abrirem novas áreas de investimento também criam novos concorrentes no comércio internacional. Assim,

> [...] a realização da mais-valia exige somente a expansão geral da produção mercantil, mas a capitalização, pelo contrário, exige uma substituição progressiva da produção mercantil simples pela produção capitalista, o que limita a realização e a capitalização da mais-valia a um quadro cada vez mais estreito[103].

Rosa relaciona o problema da realização à sobreacumulação. Ela vê a relação entre as necessidades de reinvestimento do capital acumulado, que não encontra mais lugar nos países antigos, e a realização da mais-valia, que exige a abertura constante das fronteiras externas. Os empréstimos são, para ela, elemento fundamental para a expansão de mercado e de investimentos e atuam através dos Estados. Os governos não europeus, inclusive, seriam essenciais para a expansão das áreas capitalistas, tomando empréstimos de ingleses, alemães, franceses, explorando a população para além de seus limites físicos, arrancando-os de seus antigos modos de vida.

Sismondi e Tugan achavam esse mecanismo infrutífero, pois os países europeus pagariam suas mercadorias com o próprio dinheiro emprestado, já que este é o grande responsável pela abertura de mercado consumidor pelo mundo. Luxemburgo responde:

---

102. *Idem, ibidem.*

103. *Idem*, p. 289.

208   ROSA LUXEMBURGO – CRISE E REVOLUÇÃO

Em todas essas empresas [o capital alemão] tira nova mais-valia dos asiáticos, que são utilizados como força de trabalho. Essa mais-valia, contudo, tem de ser realizada em conjunto com os meios de produção alemães empregados na produção (material ferroviário, máquinas etc.). Quem ajuda a realizá-la? Em parte é o próprio comércio gerado pelas ferrovias, pelas instalações portuárias etc., e que floresce em meio à economia natural da Ásia menor. Por outro lado, na medida em que o comércio não cresce suficientemente rápido e de acordo com as necessidades de realização do capital, os rendimentos naturais da população são transformados à força em mercadorias, por intermédio da ação do Estado, e convertidos em dinheiro, para a realização do capital e sua mais-valia[104].

A mais-valia é realizada pela população local através da exploração do trabalho e de seus rendimentos, espoliados pelos impostos.

No exemplo de Rosa Luxemburgo, o fato da Alemanha ter implantado ferrovias na Ásia menor já mostra que aquela área exterior serviu para a venda (realização) de mais-valia produzida anteriormente e que em seguida ainda gerou nova demanda com a ampliação do comércio local.

Contudo, isto tem um limite, pois as novas áreas também precisarão ser capitalizadas e haverá de novo uma contradição entre essa necessidade e a venda posterior da mais-valia resultante dessa capitalização que nada mais é do que o reinvestimento produtivo de nova mais-valia gerada. Isso impulsiona continuamente os capitais em busca de novas áreas, além de mantê-los em intercâmbio nas velhas, já que nelas o mercado também cresce na medida em que aquelas novas áreas passam a ser exploradas, auxiliam em mais "venda" de mais-valia e, portanto, na ampliação da produção interna. Daí a aparente contradição apontada por Rosa e aqui já citada: "Daí o fato contraditório de os antigos países capitalistas representarem, um para o outro, mercados cada vez maiores e imprescindíveis, e se digladiarem ao mesmo tempo mais intempestivamente na qualidade de concorrentes" por novos mercados.

O campo de realização da mais valia é cada vez mais estreito, porque a massa de mais-valia a ser capitalizada é cada vez maior. A contradição entre realização e investimento é a forma da contradição fundamental entre produção e consumo na acumulação.

Junto com os empréstimos, o Estado atua também na adoção das tarifas protecionistas, reflexo da concorrência mundial por áreas de acumulação. O livre-cambismo foi apenas um episódio curto na história do capitalismo du-

104. *Idem*, p. 302.

rante o período de produção e circulação simples de mercadorias, no qual a Inglaterra imperava. Com a crise de 1873[105], a Inglaterra deixa de ser o centro da questão e a mudança na política alfandegária se realiza por causa da expansão do modo de produção capitalista no mundo, saindo da economia mercantil para entrar na concorrência mundial em que os Estados Unidos ameaçavam os interesses agrários europeus.

A causa geral da mudança de política alfandegária era bem mais profunda. O ponto de vista da simples troca de mercadorias, origem da ilusão livre-cambista da harmonia de interesses existente no mercado mundial, foi abandonado tão logo instalou-se o grande capital industrial nas principais nações do continente europeu e este começou a preocupar-se com as condições de sua acumulação. Estas, no entanto, em vez de realçarem a reciprocidade de interesses dos Estados capitalistas, punham em primeiro plano os antagonismos e sua concorrência na luta pela conquista do mundo não-capitalista[106].

Com o avanço do capitalismo em outras nações, a concorrência internacional tomou o primeiro plano em detrimento da interdependência econômica, ou seja, apesar de dependerem uns dos outros como mercados e como produtores de bens para a reprodução, as nações capitalistas preferem levantar barreiras econômicas garantindo seus mercados externos para a acumulação[107]. Esse monopólio expressa-se nas colônias na forma do livre-cambismo, as quais não podem ter tarifas alfandegárias, já que devem estar abertas ao comércio com os países desenvolvidos. A desigualdade das relações entre países capitalistas e entre estes e os territórios não-capitalistas expressa as relações de mercado interno e mercado externo na acumulação de capital.

O protecionismo, como os empréstimos, dificulta o desenvolvimento das forças produtivas ao atrapalhar a troca de mercadorias, já que a Alemanha, por exemplo, não conseguia produzir todos os bens de que precisava, além de encarecer, principalmente, os bens de consumo e, portanto, os salários, logo,

---

105. Lembremos seus efeitos na Alemanha bismarckiana: o descrédito dos liberais e a adoção de políticas protecionistas para proteger a agricultura e desenvolver a indústria no país.

106. Rosa Luxemburgo, *A Acumulação do Capital: Contribuição ao Estudo Econômico do Imperialismo*, p. 307. Aqui, lembramos da crítica de Luxemburgo a MacCulloch, para o qual a ideia de harmonia entre produção e consumo, oferta e demanda, são reflexos da produção e circulação simples e não poderiam ser utilizados para a análise da acumulação.

107. Claramente, Rosa Luxemburgo está discutindo com camaradas do partido que acreditavam que a interdependência da economia capitalista impediria um conflito mundial. Ela sublinha o fato de que, contraditoriamente, a tendência na era concorrencial era o conflito.

diminuindo a acumulação. Ao mesmo tempo, a necessidade de realização leva os países a adotarem medidas de proteção de suas fronteiras nacionais e de seus mercados externos. Para que essa proteção fosse efetiva era preciso desenvolver também a marinha, complementação do sistema militar na era imperialista.

Rosa conecta os três elementos da fase concorrencial, empréstimos, protecionismo e militarismo, identificando dois níveis da acumulação de capital: o interno, na esfera capitalista, dado entre capitalistas e operários, cuja violência é difícil de perceber porque é processo econômico; e o externo, entre áreas capitalistas e não-capitalistas, dado no comércio exterior cujos métodos são os três apontados acima e a violência é o principal veículo.

A teoria burguesa tenta nos convencer de que o desenvolvimento da indústria e a inserção de capital levariam a uma concorrência pacífica, sendo a violência da colonização um aspecto esporádico. No entanto, como vimos acima, Luxemburgo ironiza companheiros de seu próprio partido que acreditavam nisso, pois aquilo que seria pacífico, como a expansão dos transportes, na verdade só poderia ocorrer com o respaldo das armas.

Três anos antes, em 1911, Luxemburgo dizia:

> Os amigos da paz dos círculos burgueses acreditam que a paz mundial e o desarmamento podem se concretizar no âmbito da sociedade atual, mas nós, que estamos sobre a perspectiva materialista da história e do socialismo científico, temos certeza que o militarismo só poderá ser eliminado do mundo junto com o estado de classes capitalista[108].

O entendimento da violência como intrínseca ao capital era anterior ao livro e fazia parte das resoluções do partido, mas na década de 1910 as disputas eleitorais nublaram os debates sobre o caráter internacional do sistema e demandaram uma explicação mais exaustiva de como "a violência política é apenas o veículo do processo econômico"[109].

Nesse sentido, o militarismo tem duas funções para Luxemburgo: meio de coerção e de acumulação. Por isso, ela discorda de Vorontsov quando ele fala que o militarismo seria um meio de eliminar mais-valia, sendo financiado pelos capitalistas e não pelos operários. Para ela, o aparato militar é financiado pelos trabalhadores através dos impostos e por camadas não-capitalistas através do sistema tributário, constituindo, dessa forma, uma fonte de acumulação.

---

108. Rosa Luxemburg, "Friedensutopien", em *Gesammelte Werke*, vol. 2, pp. 492-493.
109. Rosa Luxemburgo, *A Acumulação do Capital: Contribuição ao Estudo Econômico do Imperialismo*, p. 309.

Na verdade, para Luxemburgo, os dois meios de financiamento da indústria bélica são os impostos indiretos e as *tarifas protecionistas*[110]. Dessa forma, as tarifas teriam duas funções: assegurar áreas de exploração e espoliar parte do poder de consumo das camadas não-capitalistas. No entanto, ela menciona essas tarifas apenas uma vez no capítulo 32, "O Militarismo como Domínio da Acumulação de Capital", e enfatiza a contribuição dos camponeses através dos impostos arrecadados com a expansão da economia mercantil, conforme ela relata diversas vezes nos capítulos anteriores.

O militarismo como área de acumulação opera no Estado, por isso, nesse quesito, este último não é apenas um penduricalho do consumo de mais-valia, mas uma fonte de demanda. O Estado como meio de coerção gera apenas custos e, em relação aos meios de consumo de que seus agentes necessitam, participa da mais-valia e de parte dos impostos indiretos. Ele gera demanda na necessidade de material bélico.

Os impostos indiretos que são retirados dos operários, portanto do capital variável, não alteram a mais-valia, pois são recolhidos após a sua produção. Eles alteram a composição do produto total em meios de produção e força de trabalho, liberando parte desses meios que iriam para a produção de meios de subsistência para os trabalhadores e os realoca na indústria militar.

É como se os salários fossem reduzidos, o que limitaria a demanda de meios de consumo, mas quando esta vem dos trabalhadores não é um espaço de realização e sim um ônus para o capital. Aqui está a diferença crucial entre produzir armas e canhões, e não batata e chucrute. Se ao invés dos impostos indiretos optasse-se por reduzir os salários haveria maior ônus político, pois os sindicatos se envolveriam, além do que o aumento de preços demora mais para ser perceptível do que a redução direta dos salários.

Outra fonte de demanda do Estado são as camadas exploradas não-capitalistas que Rosa resume como camponeses. A tributação das posses dos camponeses transfere parte de seu poder de compra ao Estado, ou seja, parte do poder de compra necessário ao capital para realizar a sua mais-valia, ficando a impressão de que trocou "elas por elas". No entanto, são esses tributos

---

110. Lembremos dos debates sobre impostos indiretos, tarifas e militarismo. Luxemburgo comenta a questão em alguns textos insistindo na pauta da redução de impostos indiretos que financiam o aparato militar alemão. No interior da social-democracia alemã, este parecia ser um consenso.

que forçam o camponês a transformar seu produto em mercadoria, em escala crescente, transformando-os em compradores.

O dinheiro que arrecadam com a venda de seus produtos no mercado não existiria, portanto, sem a pressão tributária. Além disso, eles poderiam entesourar essa quantia ou consumir em pequenas porções facilmente satisfeitas por uma produção mercantil local. Ao contrário, se esse valor é concentrado nas mãos do Estado transforma-se em uma demanda homogênea e concentrada que exige uma indústria desenvolvida, uma produção em larga escala. "Sob a forma de encomenda de material bélico feita pelo Estado, esse poder de compra concentrado das grandes massas de consumidores escapa, além disso, do arbítrio e das flutuações subjetivas do consumo pessoal, para adquirir regularidade quase automática, um crescimento rítmico"[111]. Assim, o dinheiro concentrado no Estado através de impostos indiretos ou alfandegários cria uma nova demanda grande, constante e crescente, livre de questões subjetivas.

Se voltarmos a *RR*, veremos que é a mesma interpretação tanto na argumentação contra Bernstein quanto contra Schippel, no entanto, o tema é tratado de forma mais cuidadosa em *Acumulação*, apresentando o militarismo como mecanismo estruturante do capitalismo, mesmo que não discorra mais sobre como ele funciona, terminando o livro logo em seguida.

Para Luxemburgo,

Quanto mais o capital se utiliza do militarismo para assimilar os meios de produção e a força de trabalho de países e sociedades não capitalistas através da política mundial e colonial, mais energicamente trabalha o mesmo militarismo em casa, nos países capitalistas, a tal ponto, para retirar progressivamente das camadas não-capitalistas desses países, ou seja, os representantes da produção simples de mercadorias, assim como da classe trabalhadora, seu poder de compra, ou seja, roubar sempre mais, da primeira, suas forças produtivas e pressionar, para baixo, o nível de vida da última, para aumentar violentamente a acumulação de capital a custa de ambas[112].

---

111. Rosa Luxemburgo, *A Acumulação do Capital: Contribuição ao Estudo Econômico do Imperialismo*, p. 319.

112. Rosa Luxemburg, *Gesammelte Werke*, vol. 5, p. 410. A tradução da Nova Cultural pareceu-me incompleta: "Quanto mais capital necessita recorrer ao militarismo para apropria-se dos meios de produção e da força de trabalho dos países e das sociedades não-capitalistas, com tanto mais energia trabalha o mesmo militarismo em casa, nos países capitalistas – os representantes da economia mercantil simples e a classe operária. Procura roubar da primeira as forças produtivas, e forçar a queda do nível de vida da segunda, aumentando à custa de ambas, violentamente, a acumulação do capital" (Cf. Rosa Luxemburgo, *A Acumulação do Capital: Contribuição ao Estudo Econômico do Imperialismo*, p. 319).

Por isso, como todos os outros instrumentos do capitalismo imperialista, o militarismo expressaria a contradição entre realização e capitalização ou investimento da mais-valia. Por um lado, funciona como válvula de escape já que cria demanda estatal para parte da mais-valia; por outro, precisa dos trabalhadores e de áreas não-capitalistas para existir, só que os destrói seja pela miséria causada pelos impostos, seja pelas guerras que promove. Ao aumentar a exploração das camadas mercantis e do proletariado, o capitalismo cria as condições de sua decadência limitando suas fontes de exploração. Por isso, há a tendência de intensificação das catástrofes e convulsões, sociais e econômicas. Em determinado momento, suas contradições só poderão ser resolvidas com sua superação, com o socialismo que permitiria o avanço ilimitado das forças produtivas visando à satisfação das necessidades humanas. É assim que Luxemburgo termina seu livro, quase que convocando o proletariado à revolução.

Seu final abrupto é consequência da finalidade indicada no prefácio: uma contribuição para a luta prática contra o imperialismo. Ela pretendia demonstrar aos camaradas de partido que a única saída para o imperialismo era a revolução socialista. Medidas remediadoras, como a propaganda pela paz ou a tentativa de tornar a colonização mais humanitária, não caminhavam no sentido da transformação do sistema, apenas o reproduziam.

Glosas sobre A Acumulação

O estudo de *Acumulação* de Rosa Luxemburgo mostra que o próprio Estado está intrinsecamente voltado para a acumulação de capital, sendo improdutiva a tentativa de reformá-lo por dentro, era preciso tomá-lo ou destruí-lo de maneira revolucionária. Não adiantava participar de eleições e reivindicar mais autoridade para o parlamento, a eleição de 1912 já havia demonstrado isso, era preciso o movimento de massas para mudar a sociedade. Do contrário colocava-se no horizonte, ao menos teoricamente, a perspectiva da barbárie, pois as condições objetivas do capital apontavam para uma barreira física como seu fim histórico, deixando como saída a divisa revolução ou barbárie. Embora essa alternativa apresente-se somente mais tarde no texto *A Crise da Social-Democracia*, ela se faz presente em *Acumulação* como o reverso possível da revolução – em 1913 a fé de Luxemburgo nas massas não havia ainda sido abalada com a adesão à guerra.

A sua teoria da acumulação é um chamado à ação revolucionária que dá unidade às suas análises econômicas e propostas de ação, como o combate às

214   ROSA LUXEMBURGO — CRISE E REVOLUÇÃO

tarifas alfandegárias ou à colonização. O período do capitalismo concorrencial e a mudança na geopolítica mundial com o desenvolvimento dos Estados
Unidos estavam presentes desde os textos do "Panorama Econômico e Sociopolítico" e eram consensos genéricos entre os socialistas.

Em *Acumulação*, Luxemburgo conseguiu relacionar os pequenos consensos dos socialistas em uma teoria econômica revolucionária que entende a acumulação como um processo histórico de avanço sobre as economias naturais,
instituindo a propriedade privada. A partir daí, inicia-se a troca de mercadorias, a produção mercantil simples, especializando-se o produtor, introduzin-
do a divisão do trabalho, o desenvolvimento das relações sociais transforma
uns em proprietários dos meios de produção e outros em trabalhadores. Com
o surgimento da grande indústria, ela se expande sobre as áreas de economia
mercantil até que existam vários países capitalistas. O momento imperialista
da acumulação é aquele da concorrência internacional entre esses países, no
qual são essenciais o crédito, o protecionismo e o militarismo. Não que estes instrumentos não estivessem presentes antes, mas ganham nova expressão
nessa fase, subjugando e englobando as áreas não-capitalistas, mas, principalmente, servindo de meio de disputa de um país capitalista contra o outro por
áreas de expansão.

Por isso, a especificidade do militarismo na fase imperialista é a marinha.
Limitados aos mercados externos de suas fronteiras nacionais, os países con-
tinentais europeus viram-se forçados a conquistar os mares e disputar com a
Inglaterra as fronteiras de além-mar[113], buscando compradores para a mais-
-valia capitalizável.

Compradores que, ao lado de consumidores, ressurgem como sujeitos
econômicos. Vimos que em *RR* os consumidores se opõem a produtores e
constituem categoria diferente de capitalistas e operários. Em *Acumulação*,
Rosa transita entre consumidores e compradores, a primeira palavra, *Konsu-
menten,* aparece quarenta vezes no livro e a segunda, *Abnehmer/Käufer*, aparece
45. Ambas as categorias são retiradas da esfera da circulação, a qual Luxemburgo enfatiza para formular o problema da acumulação. Os consumidores ora
se confundem com os capitalistas, na reprodução simples, ora são objeto de

---

113. Vemos aqui que essa percepção só poderia vir de alguém na Alemanha, país que investia muito na
construção de uma armada para fazer frente à inglesa, procurando expandir seus domínios fora da
Europa.

questionamento – quem seriam eles? –, na reprodução ampliada. O mesmo ocorre com os compradores. A primeira categoria aparece oposta a produtores em alguns momentos, mas sua especificidade é o valor de uso, está dentro da esfera da satisfação de necessidades solventes da sociedade. Já a segunda corresponde à sociedade capitalista produtora de mercadorias, que precisa realizar valores, mais-valia, e por isso a ênfase nas pessoas que realizam o valor. Na Seção 3, Luxemburgo realça que a questão ali era um círculo de *compradores*, fora da produção capitalista, e não de consumidores. Embora as duas palavras se confundam em alguns momentos, elas expressam, na circulação, a oposição interna às mercadorias como valores de uso e valores. Na maioria dos casos em que "consumidores" aparece, estes remetem ao consumo pessoal e não à compra genérica de quaisquer produtos capitalistas. Mas Rosa explica no capítulo 26, "A Reprodução do Capital e Seu Meio", que

> [...] a realização da mais-valia é, de fato, a questão vital da acumulação capitalista. Prescindindo-se do fundo de consumo dos capitalistas, por uma questão de simplicidade, a realização da mais-valia exige como primeira condição um círculo de compradores fora da sociedade capitalista. Referimo-nos a compradores, não a consumidores. A realização da mais-valia não nos indica nada, previamente, sobre a forma material dessa mais-valia[114].

Por não indicar a forma material da mais-valia, a necessidade é de compradores já que "consumidores" remete aos realizadores de bens de consumo, portanto, o departamento II, quando, na verdade, a realização pode ser também de meios de produção, como vimos anteriormente. A questão central é a realização do valor da mais-valia e não seu valor de uso, embora esse seja essencial para a troca e, portanto, para a circulação, sem a qual a reprodução não pode acontecer.

A reprodução é unidade de produção e circulação. Marx analisara o primeiro processo em *O Capital*. Era preciso, no entanto, resolver o segundo e a relação entre os dois, daí o destaque dado à circulação na análise do problema. Vimos que, em *RR*, Rosa afirma que analisar o capitalismo no mercado de trocas apresenta as relações de forma invertida, crítica dirigida a Bernstein, que pretende resolver os problemas do capitalismo regulando as trocas e repartindo o produto social total de forma mais justa. No entanto, em *A Acumulação*, "achamos que prescindir totalmente da circulação [*Geldzirkulation*]

---

114. Rosa Luxemburgo, *A Acumulação do Capital: Contribuição ao Estudo Econômico do Imperialismo*, p. 241.

no esquema da reprodução ampliada, fato que leva o processo de acumulação a apresentar-se a nós de forma tão simples e sem nenhuma complicação, importa em grandes inconvenientes"[115].

No processo de reprodução social, a circulação de capital aparece como momento fundamental, pois a transformação da mais-valia da forma mercadoria para a forma dinheiro é essencial para que possa ser capitalizada depois em sua forma natural de meio de produção ou força de trabalho. No trecho citado, a versão original fala em circulação de dinheiro (*Geldzirkulation*), o que entra em contradição com a abstração do meio de circulação – dinheiro – na análise da reprodução. No entanto, trata-se aqui de enfatizar a importância da intermediação do dinheiro nas relações de troca capitalistas como capital monetário e como momento em que se separa compra e venda[116].

O ponto de partida para Luxemburgo é a necessidade de transformação do capital na circulação. A partir daí ela encontra o problema da demanda efetiva trabalhando com os ciclos D...D' e M'...M' de Marx. O primeiro ciclo enfatiza a produção do lucro em escala ampliada como objetivo do capital e a centralidade do dinheiro no processo, já o segundo ciclo enfatiza a forma material das mercadorias que precisam ser realizadas para que o processo todo se repita. O fundamental é que o capital precisa passar pela forma dinheiro para ser reintroduzido na produção; o dinheiro separa os dois momentos da troca, a compra e a venda, e este fator não é de menor importância no capitalismo. Se voltarmos a Marx, a forma do equivalente universal e a existência do dinheiro mundial são fatores de nascimento do capitalismo junto com a mercadoria.

O capital-mercadoria precisa se defrontar com outras mercadorias no mercado para ser transformado em capital-dinheiro e então entrar na produção. Quem realiza a mais-valia incutida naquelas mercadorias? Quem são os compradores desse mais-produto, no qual a mais-valia se encontra?

---

115. *Idem*, p. 83.

116. Depois de indicar que não há a necessidade de passar pela forma dinheiro para que a realização aconteça, Miglioli diz que o papel desempenhado pelos mercados externos luxemburguianos é feito pelo dinheiro na troca entre os capitalistas. Para Miglioli, Luxemburgo não entenderia como a troca pode se processar dentro do sistema, porque não levaria em conta o papel do dinheiro como intermediário. Temos visto que não só ela leva em conta, como esse é um ponto polêmico de sua teoria, pois confuso, na medida em que não é possível entender com clareza o que ela entende pela forma dinheiro.

Luxemburgo responde com os mercados externos ao modo de produção capitalista. No entanto, ao observarmos esses mercados, o problema parece só aumentar: como os autóctones das colônias poderiam trocar mercadorias europeias por dinheiro realizando-as? A única solução possível dentro da teoria luxemburguiana seria: "o dinheiro entra em circulação, portanto, antes de tudo como pagamento de salários"[117]. Desta forma, ao expandir a economia capitalista para outras áreas, os autóctones seriam transformados em assalariados ou pequenos produtores para o modo de produção da metrópole e assim se iniciaria o processo de trocas. Mas Luxemburgo não disserta sobre isso, pois ela está mais preocupada em explicar as relações entre o desenvolvimento capitalista, o imperialismo e o colapso. E nessa perspectiva, indiretamente, explica as relações de desigualdade entre os diversos países, o colonialismo do século XIX e o papel do Estado na acumulação, desenvolvendo pontos já presentes em *RR*.

Não há um capítulo sobre "o papel do Estado na acumulação", no entanto, ele é uma constante no processo histórico, desde a destruição da economia natural até a expansão da demanda por meio do belicismo. É só através da centralização do Estado que economias mais capitalizadas puderam submeter outras, utilizando-se das estruturas locais para introduzir a propriedade privada. Assim, as diferenças regionais, em muitos casos, foram aprofundadas pelo capital, dando poder a uma casta em detrimento da outra para poder se apossar dos meios de produção – terra e trabalho – das zonas não-capitalistas. Se as estruturas locais já fossem centralizadas, como no Egito, tanto melhor, pois o governo fazia o trabalho da espoliação e encaminhava os lucros para os países centrais. O Estado em *Acumulação* é, pois, um elemento estruturante da expansão capitalista, não apenas como comprador, realizador de mais-valia, mas como instrumento de espoliação. Rosa Luxemburgo foi uma das primeiras a enfatizar essa importância[118]. Em *RR*, parecia consenso entre os socialistas que o Estado deveria ser tomado e não reformado, mas no início do século XX

---

117. Rosa Luxemburgo, *A Acumulação do Capital: Contribuição ao Estudo Econômico do Imperialismo*, p. 49.

118. Caio Mello diz que Luxemburgo não apresentaria o Estado militarizado como um fator estruturante do capitalismo. "[...] ao invés de vincular este aparato militar com a solução daquele excedente de capital-mercadoria inicial oscilou entre uma total desvinculação do mesmo em relação à expansão capitalista, como se houvesse uma troca cordial com as regiões não-capitalistas (o Estado-parasita- -penduricalho)" (Cf. Caio Roberto B. de. Mello, *Contribuição ao Estudo do Sistema de Crédito em O Capital de Karl Marx*, p. 187). No entanto, o desenvolvimento histórico da acumulação e o papel do militarismo na fase imperialista, em Luxemburgo, provam o contrário uma vez que sem um Estado centralizado com exército e armada não seria possível a expansão capitalista no mundo.

esse consenso foi desfeito e a preocupação com as eleições, bem como a demonstração de ineficácia do instrumento para a esquerda radical, exigia uma elaboração sobre as estruturas do capitalismo.

Para tanto, Luxemburgo transforma a crescente anarquia capitalista e a contradição entre produção e consumo (causa das crises), pontos fundamentais de *RR*, em média da reprodução ampliada capitalista e na contradição entre realização e investimento. O desenvolvimento da capacidade produtiva e a restrição do consumo é a contradição fundamental do sistema mesmo em *Acumulação*. Da mesma forma, a anarquia capitalista continua presente no livro, pois o desenvolvimento do capitalismo leva ao aumento da concorrência internacional e das barreiras à realização sem qualquer tipo de planejamento, mas o principal não são as perturbações, crises, catástrofes e sim como o desenvolvimento interno do capital leva a isso.

As duas análises baseiam-se na lei da queda tendencial da taxa de lucro. Em *RR*, este problema é fundamental para o capitalismo e leva, por exemplo, à concentração (na verdade centralização) de capital em sociedades anônimas; ela é causa das crises, pois estas abaixam os preços, aumentando a taxa de lucro. Em ambos os textos, a lei da queda é resultado da crescente produtividade do trabalho, que aumenta a composição orgânica do capital e reduz, relativamente, a mais-valia. Em *RR*, a lei da queda não era resultado da contradição entre consumo e produção:

> É antes num processo "livre de interferências" da produção capitalista que ele encontra perigos que são maiores do que as crises propriamente ditas. Trata-se da queda constante da taxa de lucro, que não se origina da contradição entre a produção e a troca, mas do desenvolvimento da produtividade do trabalho, que possui a tendência extremamente perigosa de impossibilitar a produção para todos os capitais menores e médios e, assim, coloca barreiras ao progresso das inversões de capital e à sua nova formação[119].

Ela indicava nesse texto a importância de fatores intrínsecos à estrutura do sistema na sua tendência ao colapso, muito embora apresente também um aparente contrassenso, pois o aumento da produtividade do trabalho faz crescer a produção, dificultando a realização, porque o consumo não a acompanha. Por isso, a queda da taxa de lucro parece se relacionar também

---

119. Rosa Luxemburgo, "Reforma Social ou Revolução?", em Isabel Loureiro (org.), *Rosa Luxemburgo: Textos Escolhidos*, vol. I, p. 44.

com a contradição entre produção e consumo, mas de fato não tem nela sua origem[120]. Na verdade, é difícil dizer onde as contradições se originam, visto que o movimento do capital desencadeia uma série de relações com múltiplos efeitos – é o caso da composição orgânica crescente e da tendência à queda da taxa de lucro.

Em *Acumulação*, Luxemburgo aponta contratendências à queda da taxa de lucro que Marx já havia indicado, como a elevação da taxa de mais-valia, o barateamento dos meios de produção e a expansão dos mercados externos[121]. Sua teoria da acumulação aponta uma das formas de o capital deter a queda da taxa de lucro: ultrapassando geograficamente as barreiras da realização e através da demanda do Estado. Quando este compra armas, elas não servem para o consumo produtivo de novas empresas, mas o armamentismo crescente permite adiar o problema da realização de parte da mais-valia social.

Mais uma vez sua teoria parte da circulação e termina nela, porque esse processo é essencial no capitalismo, na sociedade de trocas, e mal explicado pelos economistas, inclusive por Marx. Mas a perspectiva da circulação/demanda gerou, e gera, grandes debates em torno dos erros e acertos de Luxemburgo. Muitos autores enfatizam os erros de sua crítica a Marx e a consideram subconsumista por derivar o problema a partir da circulação e o colocar do ponto de vista da demanda[122]. Marx mesmo, em passagens do Livro II, escreve que perguntar pelos consumidores seria tautologia e que a escala da produção seria determinada pelo impulso à valorização do capital e não pela demanda. Luxemburgo então pergunta: de onde vem esse impulso? A questão é que o processo de reprodução social, ou o movimento do capital social total, segun-

---

120. O incremento da composição orgânica e, portanto, da produtividade do trabalho, amplia o volume produzido, mas diminui o valor unitário das mercadorias. O valor do produto total não se modifica, mantidas todas as outras condições constantes. Mesmo assim, é preciso levar em conta que uma quantidade crescente de mercadorias encontra limites para sua realização se não houver expansão de mercados.

121. Henryk Grossman também aponta estes elementos como contratendências e diz que o desenvolvimento industrial dá importância crescente às matérias-primas que influem diretamente no lucro, daí a necessidade de se encontrar matérias-primas sempre muito baratas para garantir altas taxas de lucro nos países centrais. "[...] à crescente produtividade da maquinaria e do trabalho corresponde um consumo maior de matérias-primas, o que faz cair o valor unitário dos produtos, mas aumenta a demanda por insumos. A tecnologia mais desenvolvida só será usada naquilo que é vantajoso e necessário para o centro, porque, como vimos, é na diferença tecnológica que se transfere a mais valia da periferia para o centro" (Cf. Rosa Rosa Gomes & Lincoln Secco, "Economia Política da Violência: Uma Nota sobre Rosa Luxemburgo e Henryk Grossman", p. 254).

122. Ver Michael Krätke, *The Luxemburg Debate* e Paul Sweezy, *Teoria do Desenvolvimento Capitalista*.

do Marx, inclui produção e circulação. Portanto, para entendê-lo é preciso observar as duas esferas e, do ponto de vista da circulação, apresenta-se o problema da demanda *solvente*.

Ao analisar as duas esferas conjuntamente, Luxemburgo viu que o reinício da produção ampliada no capitalismo precisa de um salto da forma mercadoria que não é explicado dentro dos esquemas de Marx, que se preocupam em provar a importância do capital constante (c) para o produto social total. A todo momento, Luxemburgo sublinha a importância da forma material que o capital social total tem para a reprodução, mas ela percebe também que essa forma material não necessariamente se relaciona com as necessidades dos Departamentos I e II, mas sim com as demandas sociais *solventes*, o que significa que se trata de necessidades sociais que realizam mais-valia, não necessariamente capitalistas. Dizer que sua teoria seja de subconsumo é, portanto, analisar seu trabalho de forma simplista e descontextualizada.

Primeiro, porque, conforme Trigg, a análise de Luxemburgo da reprodução social é bem mais complexa, explorando as relações entre reprodução e circulação do dinheiro. Ela enfatiza a importância da circulação do dinheiro transformando capital-mercadoria em capital-dinheiro, mas também considera a forma material do mais-produto para viabilizar a realização. Para Trigg, Rosa não se resume ao consumo, ela faz análises do dinheiro no Livro II de *O Capital* em que demonstra os problemas na investigação de Marx; para ele, indiretamente, ela põe a pergunta de onde vem a demanda *e* o dinheiro[123].

Apesar de seu enfoque na circulação (seja de mercadorias ou do dinheiro), ela acentua a todo o momento que só a *produção* capitalista gera mais-valia; se houvesse outra forma de obter mais-valia, a própria produção seria descartada no capitalismo, pois este não objetiva suprir as necessidades sociais das pessoas, mas extrair lucro.

Segundo, porque a teoria do subconsumo corresponde a um grupo de intelectuais que enxergava a causa das crises no baixo consumo dos trabalhadores, defendendo o aumento de salários como forma de resolver a injustiça do capitalismo e a desproporção entre consumo e produção. Isso corresponde em parte à teoria de Bernstein, adepto da transformação social através da dis-

---

123. Andrew Trigg, "Where Does the Money *and* Demand Come From? Rosa Luxemburg and the Marxian Reproduction Schema", em Riccardo Bellofiore (org.), *Rosa Luxemburg and the Critique of Political Economy*, London; New York, Routledge Taylor & Francis, 2009, pp. 34-52.

tribuição igualitária da renda. Na verdade, esse tipo de teoria foi usado para apoiar o limite reformista de partidos socialistas e Luxemburgo já havia criticado essa posição em *RR*. Sobre o subconsumo, encontramos na transcrição de suas aulas da escola do partido:

> O que significa a suposição atual de que o subconsumo da massa é culpado pela crise, de que, por isso, a força de consumo da massa deve ser elevada; assumindo-se disso, falsamente, que os trabalhadores devem manter seus salários muito elevados. Isso teria como consequência uma nova grande ampliação da produção. Para a satisfação da demanda aumentada, haveria uma oferta ainda maior. *O modo de produção capitalista tem a tendência de sobrepor cada barreira, já que ele só tem em consideração o lucro*[124].

Assim, se de acordo com a teoria subconsumista os salários fossem aumentados, a consequência é que toda a produção elevar-se-ia seguindo o esquema do produto social total (P): c + v + m. Se (v) aumenta, (P) aumenta e, de acordo com as regras do capitalismo, aumenta em uma proporção maior, ou seja, salários elevados representam uma oferta maior ainda, o que não resolve as crises. Também em *Anticrítica*, Luxemburgo rechaça as teorias subconsumistas, ironizando as explicações de Kautsky acerca do problema das crises[125].

De acordo com Paul Singer, no prefácio à edição da Nova Cultural do livro *Acumulação*, Luxemburgo pertenceria à linha teórica que vê o consumo como determinante na reprodução ampliada, o que poderia causar potencial produtivo ocioso. Uma outra linha enfatizaria as condições de produção, ignorando o consumo; a sociedade produziria sempre em seu potencial máximo, o que poderia causar insatisfação de necessidades sociais. Ou seja, para Singer, Luxemburgo faz parte dos teóricos que limitam a produção da sociedade às suas necessidades de consumo. Ele ressalta corretamente que o que a distingue é a contradição entre poupança (abstenção do consumo pelos capitalistas) e acumulação (capitalização). O aumento da poupança induz à retração do investimento, a solução do capitalismo para Luxemburgo seria a expansão para os mercados externos.

Para Rosa, o problema está na própria expansão do capitalismo que acaba com seus mercados externos ao exportar capital, ao investir em outros lugares.

---

124. Fundo Rosa Luxemburg, BArch NY 4002/16, fol 115-116.
125. Rosa Luxemburgo, *A Acumulação do Capital: Contribuição ao Estudo Econômico do Imperialismo*, p. 349.

Contudo, é importante lembrar que, para Rosa, a reprodução exige um determinado grau de desenvolvimento da produtividade e o processo produtivo é fruto de condições técnicas e sociais, sendo a especificidade do capitalismo a despreocupação em atender às necessidades de consumo. Seu objetivo é o lucro, portanto, o consumo só entra como um fator da reprodução porque, sem ele, ela não pode acontecer. Com isso, Rosa enfatiza também a forma *material* dos objetos produzidos. Seguindo este raciocínio, Luxemburgo não se encaixa exatamente entre aqueles que determinam a reprodução pelas necessidades de consumo: em Rosa Luxemburgo, a necessidade de expansão externa existe para que a capacidade produtiva continue ao máximo e o sistema não colapse em uma crise. A limitação do mercado leva ao colapso porque a produção continua ao máximo, se ele não se expande será saturado em algum momento, o que leva à necessidade de destruição e centralização de capital através da crise. Por isso, para Luxemburgo, capacidade produtiva e mercado, produção e circulação, são determinantes na reprodução ampliada capitalista.

Ela formula o problema da realização da mais-valia, mas em nenhum momento submete a produção à circulação. Os limites do capital se encontram na contradição entre produção e realização da mais-valia, portanto, também entre esta e a sua capitalização posterior, ou entre capacidade de produção e consumo. E isto não porque não há necessidades a serem supridas, mas porque estas não são a finalidade desse modelo e sim o lucro. Assim, o sistema tem uma grande capacidade de produção não acompanhada pelo consumo, porque não se trata de produzir para todos e sim com a finalidade de acumular. Aqui reside a própria existência do problema da realização, pois o sistema visa a produzir para o lucro, não para a satisfação das necessidades da população.

Em *RR*, Luxemburgo tratou da contradição entre produção e consumo. Contradição, não desproporção, pois a primeira pressupõe um problema intrínseco ao sistema que não pode ser resolvido com mero ajuste na distribuição de renda. No entanto, em *Acumulação*, ela aparece como pano de fundo, pois é a contradição fundamental do capitalismo, de acordo com a leitura luxemburguiana de Marx.

Hoje, percebemos que a geografia não é uma barreira para o capitalismo, visto que ele cria novas áreas de acumulação e não apenas se expande sobre as já existentes.

No entanto, na época o espaço era um limite *tendencial*, é importante lembrar. No contexto político era necessário chamar a atenção para a luta contra o imperialismo evitando um conflito mundial, mas a crítica feita a Marx mostrou-se uma barreira à elucidação do problema pelos socialistas da época. Seus companheiros de partido, presos a uma leitura "cientificista", não conceberam a possibilidade de Marx errar e as críticas, desde então, terão nesse ponto o seu foco.

Capítulo 4
A Recepção da Obra de Rosa Luxemburgo

... eu sinto que o colapso de um mundo velho se aproxima. A princípio, eram pressentimentos fracos e distantes, mas têm se tornado cada vez mais claros e fortes. Eu não sei outra coisa senão que algo grande e terrível que também me diz respeito está a caminho. Sinclair, nós viveremos aquilo sobre o que às vezes conversamos! O mundo quer se renovar. Cheira a morte. Nada de novo surge sem morte – é mais horroroso do que eu havia pensado[1].

HERMANN HESSE

As críticas ao livro de Rosa Luxemburgo acompanham as disputas internas e rearranjos políticos do SPD. Desde a radicalização da campanha contra o "voto de classes" na Prússia, em 1910, e a hesitação da direção do partido em apoiar as bases radicalizadas, Luxemburgo rompera com Kautsky e perdera espaço de publicação nos órgãos de imprensa do partido[2]. Nas cartas da autora, entre 1911 e 1912, aparecem diversas preocupações e rixas políticas. Em muitos momentos, ela se preocupa com a perda de apoiadores e tenta manter as influências que tem, principalmente na redação do *Leipziger Volkszeitung* (Paul Lensch) e da revista *Die Neue Zeit* (Franz Mehring)[3]. Era realmente importante, pois embora ela fosse uma oradora requisitada e professora da escola do SPD, quase não conseguia mais publicar. O clima se acirrou depois das eleições de 1912, quando Luxemburgo publicou os textos "Was nun?" ("E Agora?") e "Unsere Stichwahltaktik" ("Nossa Tática no Segundo Turno"), nos quais ela critica os acordos da direção com os liberais, demonstrando que poderiam ter o mesmo número de mandatos ou mais sem aquela aliança.

Neste contexto, a recepção de seu livro não poderia ter sido diferente. Embora houvesse críticas positivas, em geral, o que marcou a sua publicação foi a rejeição, supostamente pelos inúmeros erros de cálculo e interpretação[4].

---

1. Hermann Hesse, *Demian: die Geschichte von Emil Sinclairs Jugend*, s.l.p., Suhrkamp, 2013, p. 182.
2. Ver Carl E. Schorske, *German Social Democracy* e Annelies Laschitza, *Im Lebensrausch, trotz alledem*.
3. Mehring era escritor da revista.
4. Pode-se entender o esquecimento da teoria de Luxemburgo até os dias atuais como reflexo desse momento, pois muitas das críticas aqui analisadas foram reproduzidas durante o século XX.

Encontramos oito[5] críticas publicadas no ano de 1913 em diversos periódicos do partido. A maioria delas saiu nos primeiros meses do ano, quando a obra acabara de ser lançada, e são bastante ásperas[6].

Em todos os artigos, explica-se o que é reprodução ampliada e acumulação e há pouca divergência sobre o seu significado. A reprodução ampliada seria a repetição da produção de forma ampliada e a acumulação seria a expressão capitalista desse processo, que tem no lucro, na mais-valia, a sua finalidade. Toda sociedade realizaria reprodução ampliada, porque deve contar com o aumento populacional, provisões, produzir para os que não trabalham etc., mas só no capitalismo esse mecanismo não visa atender às necessidades das pessoas e sim produzir maiores lucros para os proprietários. Essas duas definições variam muito pouco, somente com respeito à reprodução simples que, para Luxemburgo, por exemplo, não existe no capitalismo, constituindo-se em uma ficção analítica, justamente porque mesmo fora do capitalismo seria necessário produzir mais-produto, enquanto para Anton Pannekoek e Max Schippel seria um processo real que ocorre em algumas sociedades simples.

A questão principal das divergências é a pergunta de Luxemburgo, apresentada de diversas maneiras: quem são os compradores da mais-valia acumulada? Quem realiza a mais-valia? Onde se encontra a demanda ampliada ou efetiva?

Em relação a essas questões encontramos diferentes posições, as quais podemos dividir em dois tipos: as que concordam que existe um problema e as que não veem problema algum. Dentre as do primeiro tipo, a crítica do *Leipziger Volkszeitung* corrobora com a teoria de Luxemburgo, enquanto Otto Bauer procura outra solução. E entre as do segundo tipo, temos os subconsumistas e os revolucionários, Gustav Eckstein e Miron Isaakowitsch Nachimson, de um lado, e Anton Pannekoek, de outro. Poderíamos incluir um outro tipo, representado por Franz Mehring, que apenas descreve a obra.

A primeira das críticas encontradas foi a publicada no *Leipziger Volkszeitung* em três partes, entre 16 e 18 de janeiro de 1913, intitulada "Ein neues Werk des Marxismus" ("Uma Nova Obra do Marxismo"). O artigo foi manchete do

---

5. Não incluímos nesta lista a crítica feita em *Der Bibliothekar*, já citada anteriormente. Segundo Laschitza, quase todos os cem jornais do SPD comentaram de alguma forma o livro entre os meses de fevereiro e março.

6. Embora Krätke, *The Luxemburg Debate* (*O Debate Luxemburgo*), ache a crítica de Eckstein educada, interpreto-a como incisiva ao não ver nenhuma contribuição de Luxemburgo para o pensamento econômico.

jornal, mas não apresenta autoria[7]; como Lensch era ainda diretor do órgão nesta época[8] é possível que tenha influenciado uma leitura mais favorável do livro, já que era aliado de Luxemburgo até este momento.

Para o autor não identificado, a burguesia seria incapaz de fazer generalizações e de entender os problemas do mundo, pois ela não se colocaria do ponto de vista revolucionário, tendo muitos interesses no sistema econômico atual, e, por isso, só o marxismo poderia analisar as leis do desenvolvimento capitalista, porque só ele vislumbraria a sua superação, entendendo-o como um sistema histórico que "desde o nascimento carrega em si a semente da morte e só tem significado como sinal de algo maior e mais elevado: o socialismo"[9].

Nesse sentido, ele corrobora a teoria de Luxemburgo e recupera a história dos revisionistas, que diziam que a obra de Marx estava ultrapassada, porque o desenvolvimento do capitalismo havia modificado muito a estrutura social. Para o autor, esta corrente científica fora derrotada já há dez anos, provavelmente referindo-se ao Congresso de 1903, quando o revisionismo foi dado oficialmente como extinto do partido, não deixando, no entanto, de existir enquanto prática. Tentando provar a morte do revisionismo, o texto cita obras que estudaram as mudanças do capitalismo do ponto de vista marxista: Otto Bauer com *Die Nationalitätenfrage und die Sozialdemokrati*e (*A Questão das Nacionalidades e a Social-Democracia*), Rudolf Hilferding com *O Capitalismo Financeiro* e Rosa Luxemburgo com *A Acumulação do Capital,* esta aprofundando-se mais sobre o imperialismo do que Hilferding e provando a necessidade do colapso e a inevitabilidade do socialismo.

Na série apresenta-se um resumo do livro e a teoria das áreas não-capitalistas de Rosa Luxemburgo. O autor tece elogios à análise que Rosa faz de Marx, apontando "com precisão" as diversas passagens em que ele recolocou o problema sem, no entanto, resolvê-lo. O texto frisa, ainda, a consciência de Rosa de que o volume dois de *O Capital* era um rascunho e não um texto finalizado e de que, sobre a questão da acumulação, Marx discutiria com Smith sobre a reposição do capital constante, fato que Luxemburgo acentuaria na primeira

---

7. Em *The Luxemburg Debate*, Michael Krätke diz que esse artigo foi escrito por Franz Mehring, mas de acordo com as cartas e com o dossiê NY 4131/ 11ü do Fundo Emil Eichhorn no Bundesarchiv em Berlin-Lichterfeld, Mehring teria terminado o artigo apenas em fevereiro.

8. Lensch pediu demissão do jornal em julho de 1913. Fonte: Fundo Sozialdemokratische Partei Deutschlands (SPD), BArch RY 20/ 11 145/ 42, fol. 1.

9. "Ein neues Werk des Marxismus", *Leipziger Volkszeitung*, Leipzig, capa, 16 jan. de 1913.

parte de seu livro, nos capítulos dois, três e quatro, que fazem a análise do processo de reprodução em Quesnay, Smith e Marx, apontando os avanços e problemas de cada um.

O artigo elogiou a história do problema feita por Luxemburgo na segunda parte do livro.

Estes "confrontos" teóricos aparecem para nós aqui não como abstrações sem vida[10] e mesquinharias, mas como ações históricas do autoentendimento social, cujo caráter depende, em grande medida, do grau de maturidade histórica que a sociedade burguesa alcançou naquele momento[11].

Limitados por seus contextos históricos, os autores não poderiam ter respondido à questão da acumulação. Essa análise assemelha-se à de Georg Lukács, feita posteriormente. O desenvolvimento histórico do problema, apresentado dessa forma, mostra a compreensão do método materialista da história de Rosa Luxemburgo. Segundo Lukács,

[...] ao analisarem [Rosa e Lenin] a mudança e a reversão das concepções que precederam sua maneira de colocar o problema, ao considerarem cada uma dessas etapas do esclarecimento ou da confusão intelectuais no conjunto histórico de suas condições e consequências, fazem surgir o próprio processo histórico cujo resultado constitui sua abordagem e sua solução, com uma intensidade que não pode ser atingida de outro modo[12].

De acordo com o artigo do *Leipziger Volkszeitung*, assim como os autores estudados por Rosa, também ela estaria condicionada pelo seu momento histórico, por isso ela poderia afirmar que a acumulação capitalista só seria possível através do imperialismo, pois esse era o seu contexto.

O artigo apresenta a teoria de Luxemburgo entre os dois extremos dos confrontos teóricos anteriores: a impossibilidade e a infinitude da reprodução ampliada capitalista. Em Luxemburgo, a compreensão seria dialética, pois a acumulação seria possível, mas, ao se desenvolver, apontaria o fim do capitalismo. Ao explicar como isso se processa na obra, o autor sublinha que as áreas não capitalistas são também fonte de matérias-primas e força de trabalho

---

10. A palavra é *blutleer*, que quer dizer, literalmente, sem sangue, pálido.
11. "Ein neues Werk des Marxismus", *Leipziger Volkszeitung*, Leipzig, capa, 17 de jan. de 1913.
12. Georg Lukács, *História e Consciência de Classe*, p. 118.

necessárias. O capitalismo precisa subjugar todas as áreas, com seus meios de trabalho e força de trabalho, abrindo as fronteiras da produção de mais-valia.

O artigo ressalva que Marx descreveu esse processo no capítulo 24 do livro I, "A Assim Chamada Acumulação Primitiva", mas em Luxemburgo a espoliação faria parte da própria essência do desenvolvimento capitalista, pois sem ela o sistema não poderia existir. Ao mesmo tempo, esse processo também construiria as bases de destruição dessa sociedade. Por isso, a última parte de seu livro se dedicava a provar historicamente a sua tese do *milieu* capitalista, jogando luz sobre a questão do imperialismo. Especialmente seus últimos capítulos sobre tarifas alfandegárias e militarismo estimulariam o debate e o desenvolvimento dos temas.

Para o autor, Rosa apresentou as relações do imperialismo com o militarismo e, consequentemente, a impossibilidade da paz dentro desse sistema, já que a guerra era elemento fundamental. Mais ainda, mostrou que o fortalecimento do imperialismo preparava também o fim do capitalismo, pois toda classe dominante antes de cair deveria chegar ao seu auge.

Esse artigo é o que melhor apresentou a importância do livro e procurou resumir suas principais ideias, contribuindo para uma possível difusão de seu pensamento que, como vimos, parece ter sido pequena.

Julian Marchlewski[13] também escreveu uma resenha, intitulada "Eine marxistische Untersuchung über den Imperialismus" ("Uma Pesquisa Marxista sobre o Imperialismo") e publicada no *Münchener Post* nos dias 30 e 31 de janeiro de 1913, elogiando a obra de Luxemburgo.

Para Marchlewski, a obra mostraria que o imperialismo não era um acaso, mas uma consequência do desenvolvimento do sistema, expandindo-se para além de suas fronteiras, tendo como consequência a necessidade de dominação política de outros territórios e do militarismo para roubar, oprimir, dominar, e também rivalizar com outros capitalistas. Por fim,

> [...] a camarada Luxemburgo dá-nos um esclarecimento científico das tendências imperialistas. Ela explica as fases teóricas, nas quais ela mostra através de exemplos da expansão capitalista na América, Índia, Egito e China, de que modo os sistemas econômicos dos povos de civilização não-capitalista são decompostos e arruinados através das dívidas estatais, da construção de fábricas[14].

13. O artigo saiu com o nome de Jan Karski, pseudônimo de Marchlewski.
14. Jan Karski, "Eine marxistische Untersuchung über den Imperialismus", *Muenchener Post*, München, p. 2, 31 jan. de 1913.

Ambas as resenhas concentraram-se nas contribuições de Luxemburgo para o debate da social-democracia e não apenas nos problemas de sua análise, como muitos fizeram. Mas respostas às muitas críticas ácidas vieram posteriormente, da década de 1930 em diante, ao se discutir o problema da demanda efetiva, com exceção de Franz Mehring que, no calor do momento, fez desta resposta o principal ponto de sua resenha.

Segundo as cartas de Rosa Luxemburgo do início de 1913, Franz Mehring acabara de escrever a resenha em fevereiro desse mesmo ano, publicando-a no *Frankfurter Volksstime* a partir do dia 12 daquele mês[15] como artigo editorial (*Leitartikel*), em três edições seguidas[16].

A publicação da resenha de Mehring causou polêmica no partido, porque o autor pediu a Emil Eichhorn, membro do Pressebüro (Comitê Editorial), que os textos fossem encaminhados para as redações dos jornais social-democratas através desse órgão central com sua autoria, e não como posição do partido. A justificativa em carta de Emil Eichhorn ao Büro foi que o assunto era de interesse de muitos pequenos jornais pelo país, mas que eles não conseguiriam dedicar tempo à escrita de uma resenha devido ao pessoal limitado e à complexidade do tema, por isso, seria interessante encaminhar o artigo de Mehring para instalar o debate no partido, devendo o texto ser devidamente assinado pelo autor[17].

O Pressebüro fora criado no Congresso de Essen em 1907 para facilitar a difusão de informações para os órgãos de imprensa social-democratas. Segundo a ata de 1909, "o Bureau tem a tarefa de conseguir o mais rápido informações importantes de natureza política, econômica e social, assim como material legislativo e estatístico importante e atual para a imprensa do partido"[18].

A difusão das informações se daria por telefone, telégrafo e carta, mas não poderia transmitir editoriais políticos, nem tratar de temas teóricos e táticos do partido[19]. Por isso e pelo desgaste das relações de Luxemburgo dentro

---

15. Informação recolhida no jornal *Vorwärts* de 13 de fevereiro de 1913. Ver também Rosa Luxemburg, *Gesammelte Briefe*, vol. 4, p. 267, nota 40. Segundo Annelies Laschitza, 25 jornais publicaram a resenha de Mehring.

16. As versões dos artigos aqui utilizadas foram encontradas no Fundo Emil Eichhorn do Bundesarchiv (BArch, NY 4131/ 11ü).

17. Carta de Emil Eichhorn ao Pressebüro de 10 de fevereiro de 1913, Berlim, Fundo Emil Eichhorn, BArch, NY 4131/ 11ü.

18. *Protokoll des Parteitages abgehalten zu Leipzig*, 1909, p. 42.

19. Ver *Protokoll des Parteitages abgehalten zu Essen*, 1907.

do partido, o pedido de Mehring foi reprovado pela direção, que emitiu um comunicado em 12 de fevereiro dizendo que esse envio não era de seu conhecimento e lamentava a utilização abusiva do Pressebüro. No *Vorwärts*, em 12 de fevereiro de 1913, publicou-se uma nota com o título "Ein unzulässiges Vergehen" ("Uma Atitude Inadmissível") condenando a atitude de Mehring e enfatizando que a função do Pressebüro era espalhar notícias sobre temas consensuais do partido, o que não seria o caso.

A controvérsia contou com diversas notas na seção "Aus der Partei" ("Do Partido") do *Vorwärts* entre 12 e 18 de fevereiro[20], terminando na Comissão de Controle. Em 17 de junho desse mesmo ano, a resolução desse órgão foi que o uso do Pressebüro por Mehring foi inaceitável, mas não foram impostas sanções[21].

As relações de Mehring e Luxemburgo com os dirigentes estavam bastante tensas, especialmente com Kautsky. Vimos anteriormente que as polêmicas entre eles levaram ao rompimento das relações entre Luxemburgo e Kautsky. Por esse motivo, o pedido de extensa publicação de um texto que respondia críticas ao livro e defendia a obra como um avanço no debate, uma obra que, diga-se de passagem, ia na contramão das ideias da direção, causou tanta controvérsia.

O texto de Mehring divide-se em uma série de três artigos com o título "Das historische Wesen des Imperialismus" ("A Essência Histórica do Imperialismo") e dirigia-se fundamentalmente à crítica da crítica. Até então, no mínimo, dois artigos haviam sido publicados: o de Nachimson e o de Anton Pannekoek. Eles, segundo Mehring, não explicavam a teoria para outros companheiros e muitas vezes compreendiam o seu conteúdo de maneira equivocada.

Mehring salienta a importância da obra por ser a primeira a procurar entender o imperialismo em sua essência histórica, no contexto do alto grau de desenvolvimento do capitalismo e, para tanto, Luxemburgo não poderia fugir a esquemas matemáticos já que seu ponto de partida era a própria teoria de Karl Marx. Ocorre que estes esquemas não eram o mais importante e os erros cometidos em seus cálculos não desautorizariam a autora, como queriam as críticas. A imprensa publicara diversas dessas críticas, mas, para Mehring, seu

---

20. Entre os dias 14 e 18 de fevereiro também o *Leipziger Volkszeitung* publicou a troca de respostas.

21. Circular da Comissão de Controle assinada por Bruhne e Geck. Fundo Sozialdemokratische Partei Deutschlands (SPD), BArch, RY 20/II 145/42.

papel deveria ser de divulgar as ideias do livro, como Engels fez com o primeiro volume de *O Capital*[22], e seria esse seu objetivo com o artigo, por isso, descreveu, nos textos seguintes, a teoria de Luxemburgo, explicando o ponto de partida e de chegada de Rosa.

Para Mehring, não se tratava de colocar Luxemburgo em um pedestal ou arremessá-la ao inferno, mas entender o quanto ela contribuíra para avançar no esforço científico socialista, movimentando a produção de conhecimento. Se queriam agora refutar a teoria, deveriam se debruçar sobre os livros e documentos e dispender o mesmo tempo que Rosa na elaboração de uma explicação; a social-democracia e a consciência de classe só teriam a ganhar com isso. "Se se quer refutar o livro da camarada Luxemburgo – e sua crítica rigorosa é apresentada decerto no interesse do partido –, deve-se ter a mesma dedicação, meticulosidade e o mesmo esmero que ela aplicou na tarefa dela. Tanto mais rico será o ganho do partido"[23].

O único que procurou desenvolver o debate foi Otto Bauer. Ele tomou o problema da acumulação e propôs outra interpretação, por esse motivo, Luxemburgo debateu com ele em sua *Anticrítica*[24]. Mas antes de falar sobre ele, observemos as críticas de Nachimson, Pannekoek, Eckstein e Schippel.

O texto publicado no jornal *Dresdner Volkszeitung,* entre 21 e 22 de janeiro de 1913, leva o nome do próprio livro e não tem assinatura, mas nas cartas completas de Luxemburgo identifica-se a autoria do russo Miron I. Nachimson[25], chamado por Lenin de social-chauvinista[26].

A resenha inclui o livro no debate entre os economistas russos dos anos 1880 sobre a possibilidade ou não do capitalismo na Rússia, tema do terceiro confronto em *Acumulação.* Por sua vez, a obra de Luxemburgo tentaria explicar a incapacidade do capitalismo em forma pura, ou seja, o sistema não seria possível sem a existência de colônias, sobreviveria às custas de economias menos avançadas. Tal teoria colocaria a certeza da queda do capitalismo em patamares

---

22. Um dos textos de Friedrich Engels para explicar, defender e divulgar a obra de Marx foi publicado em 1868 como brochura sob o título *Konspekt über das Kapital* (*Folheto sobre O Capital*).

23. Franz Mehring, "Das historische Wesen des Imperialismus", Fundo Emil Eichhorn, BArch, NY 4131/ 11Ü.

24. O texto foi escrito nos anos de prisão durante a Primeira Guerra Mundial. Sua primeira publicação foi apenas em 1921 (Cf. Rosa Luxemburg, *Gesammelte Briefe,* vol. 4, p. 264, nota 19).

25. Rosa Luxemburg, *Gesammelte Briefe,* vol. 4, p. 263, note 15.

26. Wladimir Lenin, "Der Imperialismus als höchstes Stadium des Kapitalismus", em *Lenin Werke,* Berlin, Dietz Verlag, 1971, vol. 22, p. 294.

superiores aos de Marx. Segundo este autor, para Luxemburgo, o capitalismo teria incapacidades internas que o levariam ao colapso e ela tentaria provar isso matematicamente. "Ou seja, sem um estímulo externo, somente por sua incapacidade interna, o capitalismo se esfacela. E isto, Rosa Luxemburgo pretende ter comprovado matematicamente! Realmente uma descoberta pioneira!"[27]

Para Nachimson, a importância dos mercados externos, ressaltada em Luxemburgo, seria apontada por Marx, mas não de maneira absoluta como ela faria e sim como possibilidade de contenção da queda da taxa de lucro. A expansão do mercado seria consequência da busca por lucro. O lucro exigiria uma acumulação muito maior do que os investimentos internos permitiriam em determinadas circunstâncias, exigindo a expansão para o comércio exterior, pois o capital excedente pressionaria a taxa de lucro para baixo, levando à necessidade de exportação tanto de capital quanto de mercadorias. O que impulsionaria ao comércio externo seriam, pois, as diferentes taxas de lucro entre os países.

Rosa diz que a "contradição histórica em que encontram os interesses da acumulação, isto é, da realização e da capitalização da mais-valia, de sua expansão vista sob o ângulo particular da troca de mercadorias"[28].

Observamos que Nachimson não se atenta para a contradição da acumulação que Rosa explicita acima. Embora ela não se atenha tanto à lei da queda tendencial da taxa de lucro especificamente, trata das contratendências a essa queda. O desenvolvimento histórico do capitalismo apresentado no livro, especialmente na época da concorrência mundial, é a busca de mercados para realização de mais-valia e de áreas para investimento, fazendo avançar a grande indústria capitalista sobre regiões de economia natural e mantendo, ou até aumentando, a taxa de lucro, ao menos durante um tempo.

O autor julga ainda muito abstrata a análise de Rosa, que não levaria em conta a complexidade da empresa capitalista. Seria preciso, para ele, observar a necessidade de aumento de capital constante e força de trabalho a qualquer aumento do consumo, seja industrial ou privado: "Cresce a demanda por meios de consumo para os capitalistas, então, o fabricante adquire também novas máquinas e trabalhadores para produzir mais mercadorias para estes"[29].

---

27. "Die Akkumulation des Kapitals", *Dresdner Volkszeitung*, Dresden, n. 16, Ano 24, 21 Jan. 1913. A palavra *epochemachende* foi traduzida como "pioneiro", mas significa "que fez época".

28. Rosa Luxemburgo, *A Acumulação do Capital: Contribuição ao Estudo Econômico do Imperialismo*, p. 308.

29. [Nachimson], "Die Akkumulation des Kapitals", *Dresdner Volkszeitung*, n. 17, Ano 24, Dresden, 22 jan. 1913.

Além disso, grande parte da mais-valia seria utilizada nas transformações técnicas que o capitalismo conhece de tempos em tempos. Esses fatores seriam suficientes para explicar a demanda interna.

O problema central em Rosa seria a sua ênfase nos objetivos da produção em geral. O capitalista individual procuraria o seu lucro e se houvesse aumento de demanda, cada um procuraria preencher esse espaço individualmente; se houvesse possibilidade de exportar, então cada capitalista o faria, diminuindo o consumo interno. Nachimson vê apenas o capital individual, não enxergando uma produção em geral. A consequência é a inexistência do problema de demanda em sua perspectiva. Ele ignorou que as leis do modo de produção capitalista agem pelas costas dos produtores, assim, por mais que este modo de produção se apresente como um aglomerado de indivíduos, há determinações sòciais que permitem a sua reprodução.

Mas, se em Nachimson não havia problema de demanda, a queda da taxa de lucro impulsiona o capitalismo para a expansão. O sistema teria a possibilidade de acumular internamente, mas esse processo seria muito mais lento; as colônias funcionariam, então, como fonte de lucro extra e estimulariam a expansão da produção ao aumentarem a demanda, acelerando a acumulação.

Como consequência política, ele defendia que a luta contra a colonização deveria acontecer dentro das fronteiras nacionais, reivindicando maiores salários, o que atingiria indiretamente as colônias, pois o aumento salarial incrementaria o mercado interno e as possibilidades de acumulação dentro do país o que, além de melhorar as condições de vida dos trabalhadores, diminuiria a necessidade de expansão para mercados externos. Defendia, na verdade, a teoria subconsumista, segundo a qual os baixos salários são a causa da baixa demanda.

No oposto político de Nachimson encontra-se a crítica de Anton Pannekoek, publicada no jornal *Bremer Bürger-Zeitung*, entre 29 e 30 de janeiro de 1913, também com o título da obra.

Para Pannekoek, os consumidores do mais-produto seriam os próprios trabalhadores e capitalistas, conforme o esquema mostrava. O que Luxemburgo considerava um absurdo, a produção pela produção, seria o próprio funcionamento do capital. Ela ignoraria o momento propulsor desse movimento: a produção e a acumulação de mais-valia. O objetivo do capitalismo seria a mais-valia, o lucro, que só pode ser fabricado no processo produtivo, por isso o capital aparentaria ter um movimento sem sentido, produção pela produção. "Nesse absurdo, evidencia-se que a natureza interna do capitalismo não está na produção, mas em colocá-la como meio a serviço da formação de mais-valia e capital, este sim, o grande objetivo"[30].

Quanto ao problema do dinheiro – a mercadoria precisaria se transformar em dinheiro para ser realizada e reiniciar a acumulação, portanto, de onde vem o dinheiro? – Marx teria resolvido a questão com o entesouramento e o meio de circulação, os quais Luxemburgo também ignoraria.

Rosa supôs que os esquemas refletiriam a realidade, mas eles deveriam explicar quais as condições fundamentais para a acumulação, conhecendo as diferentes exigências e suas consequências para então formar um quadro mais próximo da realidade, não explicar a realidade em si.

Sobre o suposto equívoco de Marx – não considerar a produtividade do trabalho –, na verdade, seriam os exemplos de Rosa que estariam errados, dando a impressão de que seria impossível construir um esquema em que a produtividade aumentasse e, mesmo assim, a acumulação acontecesse. Pannekoek, assim, tenta provar matematicamente por uma série de equações que seria possível a acumulação em uma sociedade composta somente de capitalistas e operários e com aumento da composição orgânica do capital.

Outro problema apontado por Luxemburgo é que a produção do ciclo seguinte estaria determinada pelo anterior, segundo os esquemas de Marx, o que não corresponderia à realidade. No entanto, diz Pannekoek, Rosa Luxemburgo ignorou os estoques de mercadoria, que alargariam em certa medida os limites de acumulação. Rosa concluiria que os esquemas seriam incompatíveis com a lei da queda da taxa de lucro e desprezariam a contradição entre produção e consumo. Mas, para Pannekoek, essa contradição só seria importante na análise das crises e não teria nenhum papel dentro dos esquemas de reprodução ampliada.

O único crédito que Pannekoek dá à obra de Luxemburgo é sua exposição histórica do problema, ao resumir o debate entre harmonicistas e não-harmonicistas, encaixando-a dentro desta última corrente ao reafirmar a irracionalidade constitutiva do capitalismo.

Também a solução de Rosa não seria de todo falsa, mas não explicaria o imperialismo, objetivo da obra. Segundo ele, ela conseguiu descrever um movimento do capitalismo desde seu nascimento: a busca por mercados con-

---

30. Anton Pannekoek, "Die Akkumulation des Kapitals", *Bremer Bürger-zeitung*, Bremen, Literarische Rundschau, 29 jan. 1913.

sumidores e produção de mercadorias em meios não-capitalistas. No entanto, ela não conseguiu trazer a especificidade da política mundial moderna: por que o imperialismo era diferente da colonização espanhola?

Para Pannekoek, a necessidade de meios não-capitalistas viria porque o capitalismo se desenvolveu dentro desses meios. Uma vez constituído o fato prático, a expansão do capital precisaria ampliar suas áreas não-capitalistas de produção. Assim, a apresentação do que seria para Rosa o desenvolvimento do capitalismo é, para Pannekoek, um resultado prático da economia: alargamento das áreas de troca.

O capitalismo estabelece de fato troca com produtores não-capitalistas porque ele se desenvolveu neste ambiente de produtores. Esta existência de compradores e fornecedores não capitalistas é *um fato prático*, mesmo que *não uma necessidade* sem a qual um capitalismo nascente não poderia existir. Por ela ser fato uma vez, a ampliação do capitalismo exige simultaneamente *uma ampliação da produção não-capitalista* com a qual ele troca. Por isso, essas regiões precisam ser ampliadas continuamente, com frequência à força; aqui está a verdadeira causa da luta contra a economia natural[31].

A especificidade do imperialismo seria a expansão externa na forma de exportação de capitais com dominação política. "Nós entendemos, assim, sob imperialismo, a ambição das potências capitalistas modernas de trazer as maiores áreas estrangeiras possíveis para a sua dominação política, direta ou indireta"[32].

O que impulsiona as potências para essa expansão, e distingue o imperialismo da política mundial capitalista em geral, é a necessidade de investimentos.

Assim, Nachimson e Pannekoek explicavam o imperialismo através da necessidade de exportação de capitais. A diferença é que o primeiro tinha a perspectiva do capital individual, enquanto o segundo utilizava a categoria de capital social total.

A diferença de pontos de vista refletia também diferenças políticas: Pannekoek era aliado político de Luxemburgo neste momento, ambos defendiam uma ação política das massas, agitadas pelo partido. Por isso, seu texto, embora crítico, encontra contribuições e é menos incisivo que Nachimson, um reformista russo que defendia o subconsumismo.

Sob a perspectiva reformista mais críticas viriam.

31. *Idem, ibidem.*
32. *Idem, ibidem.*

Enquanto Mehring brigava com a redação do *Vorwärts*, o jornal publicou no suplemento "Literatische Rundschau" ("Panorama Literário"), de 16 de fevereiro de 1913, uma resenha bastante incisiva de Gustav Eckstein. Em certa medida, essa publicação foi uma resposta provocativa a Mehring que tentou divulgar seu artigo através do Pressebüro. Como dito, o texto de Mehring saudava o livro como um importante início da investigação acerca das raízes do imperialismo; já Eckstein tentou desconstruir toda a obra de Luxemburgo.

Eckstein concentrou-se na explanação dos objetivos dos esquemas de reprodução ampliada de Marx para depreciar a teoria de Luxemburgo, pois ela os teria analisado erroneamente. Por isso, começou definindo o valor para chegar à origem da demanda no capitalismo e ao problema das crises. O valor seria determinado pelo trabalho socialmente necessário e este seria o trabalho que satisfaz as necessidades sociais em relação a determinada mercadoria. Deste ponto de vista, todo o objeto produzido que não encontrasse comprador não teria valor, porque foi produzido acima das necessidades sociais, não tem, portanto, trabalho socialmente necessário.

> [...] é socialmente necessário apenas o trabalho que se revele suficiente para a satisfação da demanda existente do gênero de mercadoria em apreço. Assim sendo, se em dado momento se colocam no mercado mais chapéus ou máquinas a vapor, por exemplo, do que a sociedade necessita, o trabalho incorporado pela mercadoria excedente revela-se desnecessário, razão pela qual também não cria nenhum valor, o que explica, por sua vez, a respectiva invendabilidade[33].

No entanto, no Livro I de *O Capital*, Marx define o trabalho socialmente necessário como "aquele requerido para produzir um valor de uso qualquer, nas condições dadas de produção socialmente normais, e com grau social médio de habilidade e intensidade de trabalho"[34].

Ele é o que define o tamanho do valor, mas não tem relação direta com a satisfação de necessidades sociais, estas seriam o motivo da produção em qualquer sociedade, mas no capitalismo têm um papel secundário, pois o objetivo principal é a valorização do valor. No entanto, para alcançar essa valorização, seria preciso produzir mercadorias que fossem realizadas, portanto, tivessem

---

33. Gustav Eckstein, "Crítica à Acumulação do Capital de Rosa Luxemburgo", em Rosa Luxemburgo, *A Acumulação do Capital: Contribuição ao Estudo Econômico do Imperialismo*, p. 407.
34. Karl Marx, *O Capital: Uma Crítica da Economia Política*, vol. I, t. I, p. 48.

uma necessidade social para, assim, realizar o valor. Este só se manifesta na troca, pois é uma relação social. Por isso, Eckstein está correto quando diz que aquilo que não se realiza na troca não tem valor, no entanto, a relação entre a não realização e o trabalho socialmente necessário parece estranha quando vemos a apresentação dos conceitos em Marx. Além disso, a partir desse raciocínio ele conclui que a demanda determina a produção[35].

A grande questão seria: qual o tamanho dessa necessidade social e do que dependeria essa grandeza? A resposta dele: o tamanho seria determinado pela repartição social da renda e pela possibilidade de se obter lucro. Ele exemplifica que a necessidade de máquinas a vapor é determinada pela possibilidade de produzir mercadorias com lucro. Quantas mercadorias produzir e qual seu preço dependeria do salário, do lucro e da renda, mas estas formas de rendimento dependem das condições e relações de produção, o que torna a tarefa complicada, mas exclui o problema da demanda de Rosa Luxemburgo.

Quando se observa a realidade, os capitalistas individuais apresentam-se como independentes. Assim, pergunta Eckstein: como se regula a produção? Através dos preços, permitindo ao capitalista lucro máximo. Mas a forma como o alcança seria às cegas, pois não seria possível saber o tamanho da necessidade social, por isso, a especulação dominaria o sistema. Dessa forma, os esquemas mostrariam como deveria ser o equilíbrio entre os departamentos, mas como a produção seria dirigida pelo lucro, ela se afastaria a todo o momento das necessidades sociais e desse equilíbrio. Por isso, de tempos em tempos os equilíbrios seriam agitados por crises violentas.

Segundo Eckstein, Luxemburgo teria distorcido a exposição de Marx. Além do problema da demanda não existir, pois os capitalistas consumiriam o mais-produto em palácios e meios de guerra, a preocupação dos esquemas seria estabelecer as proporções para a reprodução em uma situação de equilíbrio.

Luxemburgo sustentaria todo o seu livro sob essa visão equivocada dos esquemas, o que a levaria a outros erros, como sua crítica à interpretação de

---

35. Há um amplo debate sobre a definição do valor. Neste trabalho, utilizamos a compreensão de Michael Heinrich de que o valor existe em uma sociedade que tem na troca o seu centro. Ele expressa uma forma de relação social própria do capitalismo, por isso, não existe *a priori*; trata-se de uma relação que existe no palco mundial, não apenas em uma unidade empresarial. Por este motivo, Eckstein desconsidera o valor das mercadorias não realizadas, entretanto, essa sua compreensão não o aproxima de uma interpretação revolucionária do modo de produção capitalista, que era o pano de fundo do debate econômico.

Marx sobre o dinheiro. Ela ignoraria o papel do entesouramento como base do sistema de crédito. A sua análise dos esquemas a levaria a entender errado o que Marx explicou sobre o dinheiro, transformando a pergunta de Marx – de onde vem o dinheiro para a acumulação – na pergunta: de onde vem o dinheiro para a compra do mais-produto? Ou seja, quem são os compradores?

Para Eckstein, os erros atingiriam o ápice no último capítulo sobre o militarismo. O dinheiro descontado dos trabalhadores para a produção de uniformes, comidas ou balas continuaria fazendo parte do departamento II e não geraria nova demanda, apenas modificaria o uso das mercadorias. O que Eckstein não percebe é que a diferença desse valor de uso para Luxemburgo é determinante na acumulação, pois a menor produção de meios de consumo para trabalhadores libera mais capital para a produção de mais-valia e posterior acumulação: o fato de serem balas de canhão determina que o valor desse tipo de produto seja acumulado e não entre na conta do capital variável. Para Luxemburgo, este último capital é despesa, portanto, quanto menor ele for, melhor; ao contrário, Eckstein conta com o aumento do capital variável (salário) ou do consumo capitalista para a realização da mais-valia.

Após tantos erros na base de sua teoria, a solução de Luxemburgo só poderia estar igualmente errada. Para Eckstein, embora a exposição sobre a exploração estivesse correta, as causas econômicas não estariam, pois o problema não seria a demanda, mas a regulação da produção para atender às necessidades sociais. Responder que os capitalistas produzem para regiões não-capitalistas do mundo só deixaria o problema mais agudo, pois esses setores consumiriam um valor, mas devolveriam aos capitalistas outro, muito maior, através da exploração.

Para Eckstein, a incompreensão dos pressupostos teóricos de Marx fizeram-na criar uma teoria totalmente imprecisa, principalmente quando conclui com a catástrofe. Eckstein defendia um estudo das crises para entender como o mercado se regula no capitalismo, já que elas expressariam esse momento de ajuste das contradições do capital.

Faltava aos reformistas[36] a compreensão do colapso como parte do movimento dialético entre condições objetivas e subjetivas, conforme Luxemburgo explicitou em seu prefácio.

---

36. Ainda que Eckstein seja considerado um austromarxista e essa corrente não seja colocada dentro do reformismo, a postura adotada por ele no debate em torno do livro de Luxemburgo e quanto ao colapso encaixam-no dentro dessa tática.

240   ROSA LUXEMBURGO – CRISE E REVOLUÇÃO

Outra crítica bastante forte feita a Luxemburgo veio de Max Schippel. Reconhecido como integrante da corrente reformista dentro do partido, os debates entre os dois remontam à entrada de Rosa no SPD com o texto "Miliz und Militarismus" ("Milícia e Militarismo"), de 1899.

Max Schippel publicou no *Sozialistische Monatshefte* em 1913 um artigo com o título "Die Grundgeheimnis des Imperialismus" ("O Segredo Fundamental do Imperialismo"). Com certeza, apareceu após a crítica de Anton Pannekoek, no final do mês de janeiro, porque o autor faz referências ao texto de Pannekoek. Apesar do tom bastante irônico, é um dos poucos que se concentrou na terceira seção do livro, especificamente na explicação do imperialismo.

Ele parte da indagação: se os camponeses também são mercado externo para o capitalismo, porque se aventurar no ultramar para realizar a mais--valia? Em seguida, considera que Luxemburgo desconstruiu a lei do valor, fundamental no marxismo, já que em Marx essa lei também se apresentaria na produção simples. Por causa disso, os mercados externos de Luxemburgo representariam não apenas demanda, mas também oferta. Ele explica:

> [...] seria difícil dizer, sem abandonar os próprios princípios marxianos, como po-
> deriam os compradores não-capitalistas nacionais (não-assalariados e não-capitalistas)
> desenvolverem-se tão facilmente em poder de compra para a controversa parte da mais-
> -valia. Sem dúvida, certas leis marxianas valem apenas para a esfera capitalista, no sentido
> de serem circunscritas a sua parte superior. Mas exatamente a lei fundamental do valor
> vale, segundo Marx, também para a produção simples de mercadorias: os proprietários de
> mercadorias, em questão, provenientes dessa esfera lançam na circulação o mesmo valor
> em forma de mercadorias quanto ele, primeiro na forma dinheiro, retira em lucro. Nova
> demanda de compra é aqui tanto mais nova oferta de venda[37].

Schippel vê também em Luxemburgo uma diferenciação na interpreta-ção da política mundial em países desenvolvidos e colônias ou semicolônias. Os primeiros, capitalistas, mereceriam uma análise racional e econômica, en-quanto os segundos estariam relegados à análise histórica. Ele critica a falta de observação das relações existentes entre esses povos explorados pelo capitalis-mo. Para ele, Rosa abstrairia a opressão, a exploração e a miséria que existem nesses lugares, muitas vezes devido aos próprios regimes políticos.

---

37. Max Schippel, "Die Grundgeheimnis des Imperialismus", *Sozialistische Monatshefte*, 19(1913), caderno 3, p. 151.

No entanto, o fato de Rosa dar pouca atenção às formas de organização das produções não-capitalistas não invalida seu trabalho, uma vez que sua intenção era descrever o capitalismo, como este modo de produção funciona, e não todos os outros, sobre os quais ele se sustenta. Além disso, Loureiro destaca que em *Introducción a la Economía Política*,

> Luxemburgo não faz nenhuma defesa romântica das comunidades primitivas. Pelo contrário, mostra de que modo todo um processo de lentas transformações internas levou essas comunidades a tornarem-se, de uma maneira ou de outra, sociedades permeadas pela desigualdade e pela violência[38].

A crítica de Schippel é curta e se assenta sobre pressupostos externos aos objetivos da obra, que quer entender a exploração capitalista no imperialismo. Ele explica pouco de quais seriam seus próprios pressupostos teóricos e deixa muitas dúvidas acerca do que seria, para ele, o imperialismo.

Por fim, chegamos à crítica de Otto Bauer, publicada em 1913 na revista científica do SPD, *Die Neue Zeit*. Anos depois, a *Anticrítica* de Luxemburgo dedicou-se a respondê-la; não sem razão, pois de todas as críticas estudadas, ela é a única que propõe outra reposta ao problema da acumulação.

Na primeira parte, Bauer apresenta conceitos básicos, destaca a contradição entre a capacidade de consumo e o desenvolvimento ilimitado das forças produtivas, gerando a queda da taxa de lucro. A questão teria sido estudada por vários autores antes de Marx, mas foi este quem separou os dois departamentos e estabeleceu as proporções entre eles para que a reprodução ocorresse sem problemas. No entanto, como o capitalismo é um sistema anárquico, as crises seriam estruturais para o restabelecimento de um certo equilíbrio. Por isso, mesmo mantidas as proporções de acumulação, a queda da taxa de lucro aconteceria, o que faria dela uma questão interna da reprodução ampliada capitalista.

Bauer propõe-se a fazer outro esquema de acumulação com a ressalva de que corresponderia ao momento de equilíbrio e não ao movimento real do

---

38. Isabel Loureiro, *Rosa Luxemburg: Os Dilemas da Ação Revolucionária*, p. 59. Em nota, Loureiro cita um trecho de Rosa para exemplificar seu argumento. "[...] a comunidade agrária acaba aqui por ser instrumento do atraso político e econômico. O camponês russo, castigado a golpes de vara por seus próprios companheiros de comunidade, para benefício do absolutismo czarista, constitui a crítica histórica mais feroz aos estreitos limites do comunismo originário e a expressão mais clara de que também essa forma de sociedade está sujeita à norma dialética de que a razão se torna insensatez e o favor, vexação" (Cf. Rosa Luxemburg, *Introducción a la Economía Política*, pp. 159-160). Tradução de Felipe C. de Lacerda.

capital. Seria o equilíbrio para o qual ele tende. Segundo Otto Bauer, toda sociedade considera o crescimento populacional, a diferença do capitalismo é que este se guiaria pelo lucro, mas de uma forma ou de outra atenderia àquele crescimento. Com este pressuposto, ele constrói uma tabela com diversos esquemas de reprodução para substituir os de Marx, retirando, supostamente, a arbitrariedade dos cálculos.

O autor faz testes com o esquema para explicar a acumulação e conclui que ela poderia ocorrer dentro do capitalismo se considerado o pressuposto de que a acumulação segue o crescimento populacional. Os cálculos apresentam uma diferença importante entre ele e Luxemburgo: Bauer diz que a mais-valia presente nos produtos se realiza no ano posterior à sua produção, a realização aqui ocorre em períodos diferentes da produção.

> [...] no primeiro ano, os capitalistas compram os meios de produção que o aumeto da população operária põe em movimento durante o segundo ano e que, já no primeiro ano, os capitalistas compram os bens de consumo que vendem ao aumento da população operária durante o segundo ano; quer dizer, que se compra uma parte do produto do trabalho do primeiro ano para empregá-lo como capital produtivo adicional durante o segundo ano. Se não aceitássemos essa hipótese, resultaria impossível a realização durante este ano da mais-valia produzida durante o primeiro ano[39].

Ele questiona a autora sobre a realização do mais-produto fora do capitalismo: se assim o é, como pode a produção se ampliar se os produtos necessários para tal foram exportados? Não haveria os meios necessários. No entanto, para Luxemburgo, o material exportado constitui-se de produtos cujo valor de uso corresponde aos meios externos e de lá se trazem outros valores de uso para a expansão.

Para Bauer, o movimento do capital ocorre entre a sub e a sobreacumulação. A acumulação do capital seria o momento de equilíbrio entre estes dois extremos de crise e o mercado mundial funcionaria dentro deles, tentando uma estabilidade em escala global. Deste modo, países com longos períodos de sobreacumulação exportariam mais-valia, como a França e a Inglaterra. Países com longas subacumulações importariam capital, como os países do leste europeu, por exemplo.

---

39. Otto Bauer, "La Acumulación del Capital", em Lucio Colletti, *El Marxismo y el "Derrumbe" del Capitalismo*, p. 353. Tradução de Felipe C. de Lacerda.

É importante ressaltar aqui que sub e sobreacumulação para Bauer tem um significado diferente de outros teóricos. Sub e sobreacumulação, para a maior parte dos estudiosos, relacionam-se à quantidade de capital disponível para a capitalização: há pouco ou muito. Para Bauer, a subacumulação é o momento em que o capital variável diminui muito, o exército de reserva cresce, o salário cai muito até o momento em que é necessário retomar seu crescimento e superar a crise. O salário toma o sentido contrário, a expansão do capital variável aumenta seus níveis até que o exército de reserva é absorvido e o capital precisa seguir o movimento contrário baixando os níveis salariais novamente, essa é a sobreacumulação.

O imperialismo serviria para ampliar os limites da expansão capitalista baseado no crescimento populacional e no desenvolvimento da produtividade, na medida em que aumentaria a massa de trabalhadores e, assim, expandiria a possibilidade de acumulação, ajudando também na superação das crises ao abrir mercados para a exportação de excedentes.

Vê-se que Bauer baseia a acumulação no crescimento populacional e, por isso, para ele, não haveria necessidade de mercados externos. As desregulações geradas por excesso ou falta de capitais seriam ajustadas pelas crises. O papel do imperialismo seria, então, ampliar a possibilidade de regulação ao permitir a exportação de capitais dos países desenvolvidos – com sobreacumulação – para os subdesenvolvidos – com subacumulação.

Portanto, há um ponto de confluência entre ambos sobre o papel do imperialismo. "Se em uma sociedade capitalista isolada, a acumulação não é impossível, sim está confinada dentro de certos limites. De fato, o imperialismo serve ao objetivo de ampliar estes limites."[40] Assim, se em Bauer é possível a reprodução capitalista em uma sociedade fechada, sua limitação impulsiona os agentes do capital para a expansão e utiliza, para tanto, o imperialismo. A teoria de Luxemburgo também explica o imperialismo pela expansão dos mercados, mas o justifica estruturalmente na composição do modo de produção.

Além disso, a concepção da destruição do capitalismo em ambos também não é muito distante. É que Rosa Luxemburgo foi colocada no ostracismo como economista porque defendia um suposto colapso "automático". No entanto, os últimos parágrafos de seu livro se aproximam do final da crítica de Bauer.

---

40. *Idem*, p. 362.

244 ROSA LUXEMBURGO – CRISE E REVOLUÇÃO

[...] o capitalismo também resulta imaginável sem expansão. Mas seja com ou sem expansão, o próprio capitalismo conduz a seu ocaso. Se lhe é possível a expansão, provoca a rebelião das massas operárias mediante a carrida armamentista, a crescente pressão impositiva, as catástrofes bélicas. Se a expansão lhe está negada, estreitam-se os limites da acumulação e as crises se tornam mais frequentes, prolongadas e devastadoras. Tanto em um como em outro caso, uma parte crescente da massa do povo descobre que seus interesses vitais são incompatíveis com a sobrevivência do modo de produção capitalista.

O capitalismo não fracassará por causa da impossibilidade mecânica de realizar a mais-valia. Sucumbirá sim à rebelião à qual impulsiona as massas do povo[41].

Os limites econômicos que Luxemburgo traça para o capitalismo não eram automáticos, mas tendenciais, assim como a queda da taxa de lucro. Para ela também o colapso, o ocaso do capitalismo, só viria de fato com a ação das massas.

Das cinco críticas contrárias à teoria de Luxemburgo, quatro baseiam-se no capital excedente ou sobreacumulação para explicar o imperialismo. Em que pesem as diferenças entre os críticos, este parece ser um elemento em comum influenciado pela leitura de Rudolf Hilferding, já que este autor em *O Capital Financeiro* estuda a subjugação dos capitais comercial e industrial ao capital financeiro através dos bancos e sua influência na expansão das empresas, especificamente, o papel do crédito.

Para Hilferding, os bancos passaram a controlar os outros capitais através do sistema de crédito e das sociedades por ações, fornecendo capital para a expansão da produção e entrando como sócios das empresas através da compra de ações[42]. Assim, as crises não seriam mais apenas de superprodução, mas também de capitalização, porque este para de expandir, não encontra áreas de investimento, estagnando a produção e, consequentemente, a venda.

Quem equipara a crise simplesmente a uma superprodução de mercadorias passa ao largo da causa principal: o caráter capitalista da produção. Os produtos não são unica-

---

41. *Idem*, p. 363. Tradução de Felipe C. de Lacerda.
42. Victor Klagsbrunn, em artigo comentando as teses de financeirização baseadas na teoria de François Chesnais, critica indiretamente o conceito de capital financeiro de Hilferding. Para Klagsbrunn, Chesnais recupera e atualiza este conceito de Hilferding, no entanto, este estaria equivocado, pois tentava generalizar uma situação específica, alemã, para o resto do mundo. Esqueceria assim que, em Marx há uma contradição entre capital bancário e industrial, e que o valor só pode ser produzido na esfera da produção, sendo minimamente estranha a ideia de que o bancário domine o industrial produzindo a supremacia da esfera financeira. Ver Victor Hugo Klagsbrunn "Uma Leitura Crítica dos Conceitos de Mundialização do Capital e de Regime de Acumulação com Predominância Financeira".

mente mercadorias, mas também produtos de capital, e a superprodução durante a crise não é uma simples produção de mercadorias, mas também de capital. Isso quer dizer simplesmente que o capital foi investido na produção em tal medida que suas condições de exploração caíram em contradição com suas condições de realização, de tal modo que a venda dos produtos não rende mais o lucro que faça possível uma expansão e uma acumulação ulteriores. A venda de mercadorias estanca porque cessa a expansão da produção[43].

Neste contexto, os investimentos externos, em sua maioria feitos através de empréstimos, seriam a forma do capitalismo de evitar a sobreacumulação. Mas é preciso dizer que também para Rosa a exportação de mercadorias é vista como exportação de capital na forma-mercadoria para a expansão da produção capitalista, como investimento[44].

Três daquelas críticas (Nachimson, Pannekoek e Eckstein) também se contrapõem a Luxemburgo por considerarem que não existe problema com a demanda ou com a reprodução ampliada. Nachimson e Pannekoek veem na expansão da produção o seu próprio mercado consumidor, seguindo os esquemas de Marx; enquanto Eckstein vai além e explica que o problema seria equacionar a produção com as necessidades sociais, equilibrar oferta e demanda, planejar a economia socialista[45].

Em que pese as críticas acertadas aos erros cometidos por Rosa Luxemburgo, ela sabia que os esquemas eram instrumentos teóricos de Marx e reitera isso diversas vezes, mas perdeu muito tempo analisando e criticando algo que não estava errado dentro da proposta marxiana – apresentar as proporções entre os departamentos e os componentes do capital social total. Ao mesmo tempo, há a necessidade de utilizar esses esquemas, porque seus adversários teóricos partiam daquelas premissas e através disso ela mostra que matematicamente tudo poderia acontecer, mas não no meio histórico do capital.

---

43. Rudolf Hilferding, "Cárteles y Trusts", em Lúcio Colletti, *El Marxismo y el "Derrumbe" de Capitalismo*, p. 328. Tradução de Felipe C. de Lacerda.

44. Além dos empréstimos, que também são exportações de capital.

45. Caio Mello tem uma análise esclarecedora sobre economia planejada: "[...] a única conclusão razoável que se pode tirar do papel da planificação do tempo de trabalho social aplicado à produção, executada pelos planificadores, a qual representa a verdadeira face do planejamento social do tempo de trabalho no comunismo de Ruy, é que ela é exatamente uma representação... do valor! logo do trabalho abstrato, da forma-mercadoria, do Estado etc. isto é, do conjunto das categorias burguesas que deveriam ser suplantadas" (Cf. Caio Roberto B. de Mello, *Contribuição ao Estudo do Sistema de Crédito em O Capital de Karl Marx*, 2007, p. 136).

Os mesmos autores que a criticaram por causa dos esquemas foram incapazes de entender a análise feita por ela e de prosseguir os estudos de Marx sobre o desenvolvimento do capitalismo, apenas reproduzindo seus cálculos, porque se limitaram ao problema das crises e à possibilidade ou não da acumulação com a finalidade de entender as turbulências econômicas. Se observarmos as críticas atentamente, veremos que quatro delas (Nachimson, Pannekoek, Eckstein, Bauer) encaixam-se ainda na visão dos marxistas legais russos para os quais o capitalismo consumia todo o mais-produto.

Luxemburgo estuda a acumulação e vê as crises como resultado das contradições internas da reprodução ampliada capitalista, como em *RR*, em que as crises eram a forma do colapso, não seu conteúdo. Assim, embora adentre o binômio possível-impossível, na verdade, ela se equilibra entre as duas opções: o capitalismo carrega consigo os germes de sua decomposição, que aparecia na forma de crises periódicas.

Diferente do que os críticos consideraram desde 1913, Rosa Luxemburgo não era uma defensora do *Kladderadatsch*[46], ela retoma a dialética como fio condutor da análise da realidade, pois não defende o colapso puro e simples, nem a impossibilidade absoluta da acumulação, mas quer entender as condições objetivas que precisam existir para a revolução, as contradições internas do capital atuando para o seu fim. Mas este só seria possível com a ação das massas. Condições objetivas e subjetivas atuam reciprocamente e a tarefa da social-democracia seria difundir a consciência de classe sob bases objetivas.

Segundo Krätke, para Luxemburgo, "não é a forma histórica e contingencial do fim, que ninguém pode conhecer ou prever. É a finitude histórica do capitalismo, o limite lógico determinável e intransponível do desenvolvimento capitalista no tempo e no espaço"[47].

Muitas das resenhas e dos críticos posteriores concentraram-se nos erros de Luxemburgo e não se preocuparam em compreender realmente seu ponto de partida e desenvolvimento. Rosa Luxemburgo não exclui a exportação de

---

46. Expressão do norte da Alemanha que significa que algo quebra com barulho e em muito pedaços. Foi usada como nome de uma revista satírica fundada por Albert Hoffmann e David Kalisch e publicada entre 1848 e 1944. Esta revista popularizou a expressão que passou a ser usada em discussões políticas para ironizar a teoria do colapso do capitalismo.

47. Michael Krätke, "Rosa Luxemburg und die Analyse des gegenwärtigen Kapitalismus", em N. Ito; A. Laschitza & O. Luban (orgs.), *Rosa Luxemburg: Ökonomische und historisch-politische Aspekte ihres Werkes,* 2010, p. 136.

capitais, ponto sublinhado na discussão da época, mas a desenvolve junto com as necessidades de realização; ambas levam à expansão do capital para outras áreas, o que toma a forma do imperialismo na era concorrencial. O imperialismo é, então, definido por ela como "a expressão política do processo de acumulação do capital em sua competição pelo domínio de áreas do globo ainda não conquistadas pelo capital"[48].

Nesse ponto, Jorge Miglioli[49] vê que para Luxemburgo o imperialismo se definiria pela escassez dos mercados externos, sem uma relação estrutural com o desenvolvimento do capitalismo, tendo um sentido externo ao sistema. O autor critica Luxemburgo por não caracterizar o capital monopolista, mas não repara que também para ela o imperialismo é a última fase do capitalismo, só que caracterizado pela concorrência no mercado mundial, e não pelo monopólio.

Miglioli aponta a origem dos erros de Luxemburgo na caracterização dos capitalistas como bloco, como se tomassem as decisões coletivamente. Por isso, ela não aceitaria a venda e a realização entre capitalistas, ignorando o papel do dinheiro como intermediário na troca e o transferindo para os mercados externos. Assim, as contribuições de Luxemburgo estariam no aspecto lógico com a ênfase na questão da demanda *em geral* e da realização, mas não existiriam quanto ao aspecto histórico, pois o imperialismo nos países centrais mostrou-se pouco rentável quando analisamos as balanças comerciais.

No entanto, balança comercial é uma categoria da economia burguesa que serve para análises conjunturais ou de médio prazo, mas quando se quer analisar o capitalismo em seus aspectos fundamentais, essas categorias precisam ser superadas. Não é possível ver a questão da acumulação como um mero problema de regulação entre oferta e demanda, ou o produto social total como v + m, o essencial está em torno da mais-valia, sua produção, realização e capitalização. Nesse sentido, a balança comercial dos países imperialistas poderia até ser negativa, mas as empresas capitalistas destes países haviam se expandido e concentrado capital.

O crédito também é um ponto crítico em Luxemburgo. Para Caio Roberto Bourg Mello[50], ela não enfatiza suficientemente a importância do sistema

---

48. Rosa Luxemburgo, *A Acumulação do Capital: Contribuição ao Estudo Econômico do Imperialismo*, p. 305.
49. Jorge Miglioli, *Acumulação de Capital e Demanda Efetiva*.
50. Caio Roberto B. de Mello, *Contribuição ao Estudo do Sistema de Crédito em O Capital de Karl Marx*.

de crédito na dominação das potências mundiais sobre outras regiões, ela não avalia a relação entre os Estados beligerantes e o crescimento das dívidas públicas, pois falta-lhe uma análise mais detalhada do sistema de crédito.

De fato, a autora detém-se mais sobre o assunto em *RR* do que em *Acumulação*. No livro, o crédito aparece sob a forma dos empréstimos estrangeiros, sendo atores centrais para a exportação de capitais, gerando uma relação de dependência entre Estados antigos e recentes e atuando, desta forma, como importante instrumento de concorrência intracapitalista. Não obstante, apesar de aventar a dívida pública ao conectar os Estados e os empréstimos, Luxemburgo passou ao largo da importância deste instrumento para a acumulação do capital[51].

Outro problema central nas críticas é o dinheiro. Eckstein e Pannekoek insistem que ele é resolvido através dos meios de circulação e do entesouramento. Luxemburgo analisa as tentativas de Marx de resolver a questão da reprodução ampliada através da pergunta "de onde vem o dinheiro?", que para ela é equivocada.

O papel do dinheiro na acumulação está relacionado à circulação do capital, à forma-dinheiro que este toma no processo de circulação que é essencial para a reprodução. Para Rosa Luxemburgo, não interessa de onde vem o dinheiro, para analisar a reprodução ampliada é preciso supor que os meios de circulação existem e são suficientes. É preciso entender onde está a *zahlungsfähig Berdürfnis*[52], a isto corresponde a demanda, às necessidades com capacidade de pagamento. É o dinheiro em todas as suas determinações como Marx coloca em *O Capital*: medida dos valores (e padrão de preços), meio de circulação e dinheiro (meio de pagamento, entesouramento e dinheiro mundial); o que significa que pode haver circulação sem o dinheiro enquanto corpo físico. Assim, a demanda solvente não necessariamente é paga em moeda ou papel-moeda. Veremos que essa interpretação se complica com *Anticrítica*.

A Anticrítica de Luxemburgo

Era claro para Luxemburgo e outros que o debate sobre o colapso era o debate sobre os caminhos para o socialismo. Na defesa de sua obra, em *A Acumulação do Capital ou O Que os Epígonos Fizeram da Teoria Marxista: Uma Anticrítica*, a autora indica desde o início divergências não teóricas.

---

51. Sobre a dívida pública ver Caio Roberto B. de Mello, *op. cit.*
52. Ver nota 54, do capítulo 3 (p. 181).

A RECEPÇÃO DA OBRA DE ROSA LUXEMBURGO   249

O que há de realmente extraordinário nesse episódio todo é revelar que o livro deve ter tocado em paixões outras além das "puramente científicas". De qualquer forma, para chegar-se a um juízo correto de todas as razões em jogo, é mister, no entanto, conhecer o assunto em pauta, ao menos em suas linhas gerais[53].

Ela escreveu um opúsculo de quase oitenta páginas, na edição brasileira, no qual repassa sua teoria da acumulação e responde às principais críticas que recebeu na época. Importante notar que o texto foi escrito em 1915 enquanto esteve presa, após a deflagração da guerra e o apoio do SPD ao Estado alemão no conflito incorporando-se à "política da união nacional (*Burgfrieden*)"[54].

Em *Anticrítica,* Luxemburgo se concentra no que seria a crítica mais elaborada, a de Otto Bauer. Segundo ela,

> [...] essa teoria representa, em si mesma, algo totalmente novo. Para os outros "especialistas" qualquer questão referente à base social ou econômica da acumulação não passaria de disparate, ou então seria, no mínimo, "difícil de responder". Bauer, no entanto, monta toda uma teoria para poder responder a essa questão[55].

Apesar disso, Rosa dedica metade do texto à exposição resumida de sua teoria e à crítica de outros teóricos. A anarquia capitalista ganha a cena após ter sido menos enfatizada no livro. Ela ressurge para explicar que o objetivo de *Acumulação* era entender como o capital satisfazia suas necessidades de reprodução básicas, mesmo dentro de toda a anarquia e falta de planejamento. Para tanto, seria necessário levar em conta a troca, pois é nela que as mercadorias se confrontam e podem chegar a seu destino final como valores de uso.

Duas características básicas do capitalismo são apresentadas: *1.* "intercâmbio geral de mercadorias", tudo é trocado no mercado por dinheiro, sem este é impossível obter os meios de subsistência; e *2.* assalariamento, o fato de o trabalhador receber em dinheiro e não em espécie[56]. Todas as relações no

---

53. Rosa Luxemburgo, *A Acumulação do Capital: Contribuição ao Estudo Econômico do Imperialismo,* p. 325.
54. Isabel Loureiro, *A Revolução Alemã (1918-1923),* p. 43. *Burgfrieden* quer dizer literalmente paz no burgo, entre os cidadãos.
55. Rosa Luxemburgo, *A Acumulação do Capital: Contribuição ao Estudo Econômico do Imperialismo,* p. 351.
56. Krätke diz que "trabalhadores são obrigados a restringir suas trocas a 'bens salariais' não porque os meios de produção são proibidos para eles, mas porque lhes falta os meios para comprar meios de produção próprios e iniciar seu próprio negócio. Em uma economia de mercado, é a quantidade de dinheiro que eles têm para gastar regularmente que lhes exclui dos mercados para produção ou bens 'capitalistas'. Mas eles são 'agentes livres', responsáveis pela sua sobrevivência e estabelecem seus

capitalismo, no mercado e na produção, são mediadas pelo dinheiro e "essa sociedade capitalista persegue um só grande objetivo: o lucro em forma de dinheiro, a acumulação de capital-dinheiro"[57].

Para Luxemburgo, a acumulação de capital não é em bens, mas em capital monetário, por isso a necessidade de realização do lucro contido em certa quantidade de mercadorias antes do reinício da produção. É a separação da compra e da venda, dada pelo dinheiro na troca de mercadorias, e o assalariamento que permitem a acumulação de dinheiro pelo capitalista.

> [...] só se empregam trabalhadores, ou seja, que estes apenas se encontram em situação de obter meios de subsistência para si mesmos na medida em que produzam esse lucro destinado à acumulação e na medida em que exista a possibilidade de realmente acumular-se esse lucro sob a forma de dinheiro[58].

Neste raciocínio, Luxemburgo acaba recolocando o problema de Marx – de onde vem o dinheiro? – sem perceber, como analisa Trigg. Ao enfatizar a realização como troca por dinheiro, devemos pensar de onde as economias mercantis tiram este material uma vez que, em muitos casos, essas economias eram recém-ingressas no mercado capitalista. Talvez a exploração de metais seja um momento importante do avanço sobre novas áreas, tomando os recursos minerais, como nas colônias espanhola e portuguesa, e depois as nas explorações no sul da África.

A diferença das colonizações dos séculos anteriores ao XIX é que a partir deste momento a submissão política e a destruição dos modos de vida originários são acompanhadas pela exportação de capital para essas regiões não-capitalistas. A expansão da economia mercantil para fora da Europa possibilitou o desenvolvimento do capitalismo dentro do continente e levou à necessidade histórica do imperialismo no século XIX devido à concorrência internacional entre os países centrais.

Vemos que a teoria de Luxemburgo explica o processo histórico de divisão do mundo entre desenvolvidos e não-desenvolvidos, industrializados e produtores de *commodities*. Como afirma Krätke:

> próprios 'padrões de vida' [...]". O que significa que o assalariamento cumpre o papel ideológico da igualdade de condições (Cf. Michael Krätke, "A Very Political Political Economist: Rosa Luxemburg's Theory of Wages", em Riccardo Bellofiore (org.), *op. cit.*, p. 165).

57. Rosa Luxemburgo, *A Acumulação do Capital: Contribuição ao Estudo Econômico do Imperialismo*, p. 331.

58. *Idem, ibidem*.

Nesse processo de transformação, o Estado desempenha um papel central, tal como no processo da assim chamada acumulação primitiva na Europa. Que o processo de expropriação, de destruição violenta de formas camponesas de economia, formas de propriedade pré-capitalistas e *não-capitalistas*, faz parte da história do capitalismo desde o início até hoje; que as nações capitalistas desenvolvidas se enriquecem continuamente à custa dos países e regiões da Terra onde a forma de produção capitalista ainda não domina, ou domina apenas parcialmente; que todo o mercado mundial capitalista, inclusive o de países e regiões que, como colônias ou semicolôniais, fazem parte dos "impérios" dos principais países capitalistas, constitui uma relação de exploração – são ideias que devemos a Rosa Luxemburgo.

Podemos ler sua análise da transformação dos espaços *não-capitalistas* como o início de uma explicação para o empobrecimento dos países coloniais, portanto, como uma teoria do "subdesenvolvimento" causado pela expansão capitalista[59].

Mas o ponto central de Luxemburgo em *Anticrítica* é a questão dos esquemas, pois a maioria dos críticos os defendem como expressão do movimento do capital social total, principalmente Eckstein e Pannekoek. Ambos tratam os esquemas como manifestações da realidade, quando para o próprio Marx serviam apenas para mostrar que por trás da confusão capitalista, da iniciativa particular, havia regras mínimas de movimentação dos capitais, observáveis através do capital social total. Os esquemas serviam para mostrar as proporções deste capital: quanto deveria ir para cada departamento e qual a relação entre (c), (v) e (m) para que a reprodução social acontecesse.

É preciso notar que, na verdade, Eckstein matiza a relação dos esquemas com a realidade; para ele, os esquemas não condizem com o movimento real por causa da falta de planejamento da produção que a submete à especulação.

Segundo Luxemburgo, ao ver nos esquemas a realidade, seus críticos acabaram com a contradição entre produção e consumo, explicando as crises apenas por desproporções entre os ramos da produção; elas não seriam resultado do próprio movimento do capitalismo, de sua tendência à expansão das forças produtivas e limitação do mercado, mas de distorções entre a fabricação de meios de produção e de meios de consumo. Desta forma, não haveria limites econômicos para o capitalismo, porque ele criaria seu próprio mercado, já que

---

59. Michael Krätke, "A Herança Econômica Recalcada", em Jörn Schutrumpf (org.), *Rosa Luxemburgo ou o Preço da Liberdade*, p. 84.

a acumulação poderia acontecer dentro desse modo de produção, fechado[60]. "Se a exemplo dos 'especialistas' admitirmos que existe uma acumulação capitalista sem limites de ordem econômica, o socialismo perde o fundamento objetivo, sólido, de sua necessidade histórica"[61]. Pelo mesmo motivo, a criação de mercado, o expansionismo imperialista não é explicado, "o socialismo (como fim) e o imperialismo (como estágio preparatório do socialismo) deixam de constituir uma necessidade histórica"[62].

Luxemburgo enfatiza, contra seus críticos, essa necessidade do imperialismo pelas condições de desenvolvimento da acumulação e do socialismo e pelas condições de desenvolvimento do capitalismo. Mas isso não significa um raciocínio teleológico. A necessidade histórica é baseada na ação dos homens e na não naturalidade dos modos de produção, mas também no desenvolvimento lógico de uma estrutura social, o que não quer dizer que exista um futuro pré-determinado, mas o desenvolvimento lógico-histórico aponta algo candente.

A análise do valor já mostra efetivamente – de forma muito abstrata – a insustentabilidade e impossibilidade de uma sociedade ordenada e mantida exclusivamente pelo valor, que o fim (lógico, não histórico) do capitalismo é visível já na análise de seus começos e pontos de partida (lógicos e históricos)[63].

Antes de 1914, o socialismo era a única saída para Luxemburgo, embora a barbárie já fosse perceptível como o outro da revolução. Contudo, o texto em questão foi escrito em 1915, período em que ela tentava digerir a derrota dos créditos de guerra e do apoio da social-democracia às políticas bélicas do imperador alemão. Por isso, a certeza histórica do socialismo é muito mais enfatizada do que a ação audaz das massas. Esta é debatida no erro dos socialistas de então que não teriam cumprido com seu dever histórico como direção do proletariado.

Para chegar a este ponto, Luxemburgo destrincha a teoria de Otto Bauer: seu método (novos esquemas matemáticos), sua teoria da população, sua redução das classes a somente uma (trabalhadores) e sua teoria do imperialismo.

---

60. É o que defendem Nachimson, Pannekoek, Eckstein e Bauer. Schippel provavelmente também concorda com isso, mas sua crítica não deixa clara sua posição sobre o assunto.

61. Rosa Luxemburgo, *A Acumulação do Capital: Contribuição ao Estudo Econômico do Imperialismo*, p. 347.

62. *Idem, ibidem*.

63. Michael Krätke, "Rosa Luxemburg und die Analyse des gegenwärtigen Kapitalismus", em N. Ito; A. Laschitza & O. Luban (orgs.), *op. cit.*, p. 138.

Bauer cria outros esquemas matemáticos para demonstrar que a acumulação capitalista encontra seu mercado consumidor no aumento populacional e cresce de acordo com este. Na explicação matemática, Luxemburgo critica Bauer por não considerar a crescente exploração do trabalho com o aumento do progresso técnico e a necessidade do dinheiro na troca. Nos esquemas de Bauer, os dois departamentos pareceriam trocar as mercadorias por transferência e Rosa insiste na necessidade do dinheiro[64].

O cerne do problema de Bauer é o crescimento da população como motivação para a acumulação capitalista, porque aquele crescimento faria crescer a demanda. Ele estabelece um equilíbrio entre produção e população cuja condição é a igualdade na velocidade de crescimento entre a segunda e o capital variável.

No entanto, (v) é um valor que corresponde à necessidade de reprodução da força de trabalho, portanto, ele se altera com o progresso técnico, pois este barateia os meios de sobrevivência, diminuindo a participação relativa do capital variável no produto total. Desta forma a porcentagem de crescimento de (v) diminuiria em relação ao aumento da população, porque é necessário menos dinheiro para a manutenção da massa de trabalhadores.

Se, por outro lado, se supõe a melhoria das condições de vida dos trabalhadores através da manutenção dos salários e crescimento do capital variável (v) igual ao da população, então o progresso técnico beneficiou os operários e a taxa de mais-valia se mantém. Mas se é assim, porque o capitalista amplia a produção?

A teoria populacional de Bauer baseava-se simplesmente no trabalhador, de forma que não apenas limitava a sociedade a capitalistas e operários, como reduzia o crescimento populacional aos últimos ao considerar que os 5% de crescimento vegetativo entrariam como capital variável correspondendo à força de trabalho adicional. Na teoria de Bauer a acumulação seria maior em países com maior crescimento populacional, já que a primeira depende do segundo. No entanto, o que se verificava já no início do século era a redução do crescimento vegetativo em países desenvolvidos, fruto do capitalismo, pelo tipo de sociedade que impõe, e pelos avanços técnico-científicos. Os dados apontavam que, no capitalismo, o crescimento da acumulação era inversamente proporcional ao da população.

---

64. Henryk Grossman examinou mais atentamente os esquemas de Bauer demonstrando que, mesmo com seus pressupostos, o capitalismo não poderia durar infinitamente. Ver Henryk Grossman, *La Ley de la Acumulación y del Derrumbe del Sistema Capitalista* e Rosa Rosa Gomes & Lincoln Secco "Economia Política da Violência: Uma Nota sobre Rosa Luxemburgo e Henryk Grossman".

Isso se passaria na situação de equilíbrio, mas para explicar o movimento do capitalismo Bauer introduz as flutuações entre sub e superacumulação. Subacumulação ocorreria quando os capitalistas capitalizam menos que o crescimento da população e a superacumulação ocorreria quando capitalizam mais. No primeiro caso, há menor investimento em (v) e a formação de um exército de reserva, que faz diminuir os salários aumentando a taxa de mais-valia. Aos poucos, a população é reempregada e o capital inicia seu movimento em direção ao segundo caso. Na superacumulação, o investimento em (v) é maior que o crescimento vegetativo, levando à absorção do exército de reserva. A taxa de lucro cai muito e o capital inicia seu movimento em direção ao outro extremo, com a eclosão de outra crise.

Para Bauer, o operariado cresce e a ampliação da produção acontece de acordo com esse crescimento, sendo forçada por ele. Para Marx, e Bauer tenta usá-lo para se justificar, a acumulação é pressuposto do capitalismo e o crescimento do operariado é condição dela. Condição que serve à manutenção de uma taxa de exploração satisfatória para o capital.

A teoria de Bauer vai contra alguns princípios básicos da teoria marxista, como a lei geral da acumulação capitalista, que diz que quanto maior o capital e sua capacidade expansiva, maior o exército industrial de reserva.

Quanto maiores a riqueza social, o capital em funcionamento, o volume e a energia de seu crescimento, portanto também a grandeza absoluta do proletariado e a força produtiva de seu trabalho, tanto maior o exército industrial de reserva. A força de trabalho disponível é desenvolvida pelas mesmas causas que a força expansiva do capital. A grandeza proporcional do exército industrial de reserva cresce, portanto, com as potências da riqueza. Mas quanto maior esse exército de reserva em relação ao exército ativo de trabalhadores, tanto mais maciça a superpopulação consolidada, cuja miséria está em razão inversa do suplício de seu trabalho. Quanto maior, finalmente, a camada lazarenta da classe trabalhadora e o exército industrial de reserva, tanto maior o pauperismo oficial. *Essa é a lei absoluta geral, da acumulação capitalista*[65].

Assim, segundo Marx e os dados populacionais, o avanço do capitalismo gera mais desemprego e miséria, e não o contrário. Para Bauer, o imperialismo serviria para aumentar os contingentes operários e, assim, expandir os limites da acumulação, circunscritos à população interna. Mas Rosa Luxemburgo

---

65. Karl Marx, *O Capital: Uma Crítica da Economia Política*, São Paulo, vol. I, t. 2, p. 209.

destaca um erro de observação: o capital foge de lugares com excesso de mão de obra assalariada e grande exército de reserva, para lugares onde há falta, porque ela ainda está presa a modos de produção arcaicos, levando décadas para que o capital consiga libertá-la.

Todos os críticos apresentados aqui insistem na manutenção do pressuposto de Marx de uma sociedade composta apenas de capitalistas e operários, reiterando a teoria de Marx sobre a acumulação. O resultado desta posição é que a expansão capitalista não aparece como algo necessário, embora exista. Enquanto para Luxemburgo, "a expansão vem acompanhando toda a evolução humana histórica do capital para assumir, em sua fase imperialista atual, um caráter tão intempestivo que o mesmo chega a pôr em questão toda a cultura humana"[66].

Todo esse quiproquó teórico acerca da melhor interpretação de Marx parece não se relacionar em nada com a prática. Seria uma discussão de doutores? É aqui que Luxemburgo confronta toda a análise que fez do texto de Otto Bauer com a crítica recebida em geral.

Não há, para ela, uma relação direta entre o apoio à guerra e a interpretação da teoria de Marx. Vários operários defenderiam o socialismo por serem conscientes dos princípios básicos da luta de classes, e ainda assim lutavam por suas pátrias na guerra imperialista. Contudo, existia uma relação estreita entre a abordagem dos problemas teóricos e a prática dos partidos políticos: no caso do SPD, a imobilidade tática e o apego ao parlamentarismo condiziam com o apego aos dogmas de Marx (ou suas fórmulas). A única exceção aqui é Anton Pannekoek.

Pannekoek é exceção apesar de não admitir a existência do problema da demanda. Para ele, Luxemburgo entendera os esquemas de Marx de forma errada e chegara, portanto, à questões e conclusões equivocadas. No entanto, em outro texto seu publicado em 1934 no *Ratecorrespondez*, imprensa dos comunistas conselhistas, sob o título "Die Zusammensbruchstheorie des Kapitalismus" ("A Teoria do Colapso do Capitalismo"), o autor analisa Rosa Luxemburgo, Otto Bauer e Henryk Grossman apontando os erros em cada uma dessas teorias. Entretanto, enfatiza ao final que o colapso do capitalismo é real em Marx, mas é obra da classe trabalhadora. Segundo ele, "a acumulação de capital, as crises, a pauperização, a revolução proletária, a tomada do poder pela classe trabalhadora formam juntas, agindo como uma lei natural,

---

66. Rosa Luxemburgo, *A Acumulação do Capital: Contribuição ao Estudo Econômico do Imperialismo*, p. 398.

uma unidade indivisível, o colapso do capitalismo"[67] e "a visão marxiana de que o colapso do capitalismo será obra da classe trabalhadora e, por isso, um ato político"[68]. Assim, mesmo que Pannekoek em outros textos coloque-se em um terceiro grupo no partido, que não está nem entre os radicais nem entre os reformistas, defendendo o único princípio da luta de classes[69], ele encontra-se no mesmo lado teórico que Rosa Luxemburgo ao ver o colapso objetivo do capitalismo sem esquecer que ele precisa ser feito pelos trabalhadores, pelas pessoas.

Que Marx não tenha teorizado o imperialismo e apenas descrito a expansão do capital era compreensível, pois a concorrência mundial ainda não existia daquela forma em sua época, em que a Inglaterra dominava o mercado internacional. No entanto, era inconcebível que socialistas do final do século XIX a negassem, baseando-se, além de tudo, em um esquema que apresenta em si "a contradição real que se estabelece entre a tendência à expansão ilimitada do capital e a barreira que ele estabelece, contra si mesmo, pela destruição de todas as outras formas de produção"[70].

Por causa disso, para Luxemburgo, o esquema prevê a destruição do capitalismo, ao contrário do que os críticos queriam provar. Não obstante, era importante não perder de vista que "a acumulação não constitui apenas um processo econômico – constitui também um processo político"[71]. Frisava, portanto, seu aspecto *tendencial*. No jogo político, a consciência do proletariado precisava intervir e, por causa disso, era necessário o estudo e a compreensão correta da teoria de Marx, também em suas falhas.

Além disso, ao ressaltar o aspecto político do processo econômico, Luxemburgo apontou para as possibilidades de frear esse colapso, como as contratendências da lei da queda da taxa de lucro. O desenvolvimento do capitalismo em suas leis econômicas levaria ao colapso não somente do sistema, mas do planeta e seus recursos naturais. Depois de duas guerras mundiais e duas bombas atômicas, as economias centrais precisaram estabelecer determinados limites ao belicismo e acordos mundiais "humanitários". Nenhum dos dois

---

67. Anton Pannekoek, "The Theory of the Collapse of Capitalism", *Ratecorrespondez*, jun 1934.
68. *Idem.*
69. Anton Pannekoek, "Marxist Theory and Revolutionary Tactics", *Pannekoek and Gorter's Marxism*, London, Pluto Press, 1978, pp. 50-73 (publicado originalmente na *Die Neue Zeit* em 1912. Anton Pannekoek, "Deckungsfrage und Imperialismus", *Die Neue Zeit*, n. 32, 1913-1914, caderno 4, pp. 110-116).
70. Rosa Luxemburgo, *A Acumulação do Capital: Contribuição ao Estudo Econômico do Imperialismo*, p. 400.
71. *Idem, ibidem.*

foi cumprido integralmente, mas a existência de uma legislação progressista amenizou os ânimos entre os países concorrentes e entre capital e trabalho.

A crítica final de Luxemburgo a seus camaradas, neste texto de 1915, retorna às discussões sobre o pacifismo, agora já no contexto da Grande Guerra. A teoria da acumulação ilimitada vinculava-se à defesa do pacifismo, dos tratados de paz, do convencimento da burguesia de que o militarismo e o imperialismo eram prejudiciais a ela mesma.

Assim, a discussão geral com referência à resolução da contradição histórica que existe entre o proletariado e o capital transforma-se na utopia de um compromisso histórico entre o proletariado e a burguesia, visando ao "abrandamento" dos contrastes imperialistas existentes entre os Estados capitalistas[72].

Essas teorias transformavam a luta entre capital e trabalho em compromisso entre proletariado e burguesia pelo apaziguamento das tensões internacionais.

---

72. *Idem*, p. 401.

Considerações Finais

Mais uma guerra mundial como esta e as perspectivas do socialismo ficarão enterradas sob as ruínas empilhadas pela barbárie imperialista.

ROSA LUXEMBURGO, 1916[1].

Quando iniciei essa pesquisa estávamos em 2013. Manifestações, muita gente reivindicando vários direitos e as tarifas de ônibus diminuindo no Brasil inteiro. Houve vários junhos, com certeza, e até pela extensão e diversidade do território compreendo que este não foi um só movimento. Vi o de São Paulo, o da metrópole frenética que foi obrigada a parar seus carros e deixar o povo passar queimando tudo, destruindo os produtos do trabalho alienado de uma sociedade de consumo que os tem como objeto de desejo. Naquele momento, por poucas semanas, esse desejo foi profanado e se mostrou para que servem bancos e carros importados: nada.

Junho passou. As nossas Jornadas de Junho conheceram também o momento de sua derrocada, não em sangue como as do junho francês de 1848, mas em falsificação, distorção, manipulação midiática. O junho das massas, da revolução – embora não tenhamos chegado a tanto, e assim pode ser contado como parte do aprendizado que leva à transformação radical – caiu diante da defesa "da propriedade, da família, da religião e da ordem"[2].

Três anos depois chegamos ao fim desse mestrado no momento em que o Partido da Ordem tomou as rédeas dos acontecimentos e nós aguardamos atônitos a chegada de nosso Napoleão III. Ele virá? Com que roupa? Sob que

---

1. Rosa Luxemburgo, "A Crise da Social-Democracia", em Isabel Loureiro (org.), *Rosa Luxemburgo: Textos Escolhidos*, vol. 2, p. 143.

2. Karl Marx, *O 18 Brumário e Cartas a Kugelmann*, p. 32.

manto e de qual monte descerá o falsário unificador de um país estruturalmente dividido?

Em 2013, as motivações para o estudo da obra econômica de Rosa Luxemburgo estavam no curioso fato de que os países periféricos pareciam incólumes à crise de 2008 enquanto o centro do mundo se esfacelava. O término do estudo é um tanto mais pessimista, pois tudo foi recolocado em seu lugar: a periferia do capital desmonta diante da crise, o que, ao contrário da Europa, significa o retorno à miséria de milhões de pessoas; a ordem se impõe pela força; e a extrema direita avança física e ideologicamente.

Da Revolução à barbárie. Guardadas as devidas proporções, parece-me que em três anos percorremos o que Luxemburgo viveu em nove (1905-1914). Assim como as crises, seria também o reacionarismo cada vez mais constante e intenso?

Penso agora que a perspectiva de estudar Rosa Luxemburgo foi entender como nos afundamos na barbárie e qual a possibilidade de sairmos dela. Seu estudo econômico revelou o lugar do Terceiro Mundo no capitalismo e por que aqui, onde o sistema aparece em toda a sua crueza e violência, não há trégua, não há paz. Aqui não há espaço para Estado de bem-estar, só para a competição feroz entre os trabalhadores enquanto as empresas constituem monopólios e evitam a concorrência.

Enquanto isso, espalha-se um discurso de que o problema do capitalismo é a sua financeirização. Não! O problema do capitalismo é ele mesmo, a financeirização – e há muitos debates sobre o próprio fenômeno – é apenas uma de suas facetas. Basta analisar a história da periferia do mundo. "A grande paz", "os trinta anos gloriosos" só existiram para países ricos, no resto do mundo reinava a guerra, o massacre, a miséria de sempre.

E aqui está Rosa Luxemburgo para não nos deixar esquecer disso. Que mesmo em seus meios mais "inocentes", o capital só avança com barbárie. Para combatê-lo, os socialistas não deveriam se utilizar, pois, das mesmas armas. Seria necessário criar uma disciplina operária da autoatividade, uma organização operária pela base, construída no movimento. A história provou que ela estava certa[3], mesmo tendo sido derrotada pelo leninismo em sua época.

---

3. "A questão da 'espontaneidade' referia-se na verdade à oposição de Luxemburgo à visão compartilhada por Lenin e Kautsky de que a tática, baseada na teoria, dos líderes do partido político poderia e deveria dirigir o movimento socialista. Acontecimentos – a capitulação do SPD na guerra de 1914 e a construção da ditadura do partido bolchevique na Rússia depois de 1918 por um lado, e diversas tentativas

O retorno às ideias de Luxemburgo não foi, portanto, apenas para seus textos políticos ou sua figura de referência, uma espécie de mártir da classe operária. "Luxemburgo entende o real como totalidade em que os elementos econômicos e políticos mantêm uma unidade indissolúvel"[4]. Ela realiza literalmente uma economia política, unidade primordial para a luta de classes e que também existe entre consciência de classe e espontaneidade em seu pensamento.

A retomada de seus escritos econômicos teve, portanto, o sentido de devolver a eles o seu lado político e de pensar o capitalismo na atualidade, lembrando-nos dos problemas estruturais do sistema cuja relação e cujo mecanismo de funcionamento só foram encontrados através da análise histórica: o militarismo, o Estado, a colonização como acumulação primitiva sempre reconstituída.

Não se pretendeu justificar, explicar ou expor os erros de Luxemburgo, visto que há bibliografia mais qualificada para isso, mas resgatar o papel da autora no debate econômico, devolvendo-lhe sua importância em vez de simplesmente ridicularizar seu livro, como fazem economistas de esquerda, ou a colocar como um norte moral da revolução. Luxemburgo colocou a questão da acumulação em outro patamar, apontou o problema da demanda efetiva e desde então marxistas, liberais e keynesianos se batem sobre o assunto. Podemos citar Henryk Grossman, Fritz Sternberg e Paul Sweezy nas décadas de 1930 e 1940, Ernest Mandel na década de 1960 e David Harvey mais recentemente.

Todos esses autores trataram da questão da acumulação do capital, mais especificamente de sua reprodução e continuidade com uma diferença de corte dada por volta da década de 1950, ou pela Segunda Guerra Mundial: se antes as teses se direcionavam para o colapso ou não do sistema, a partir desse momento elas querem entender sua continuidade, por que ele sobrevive.

David Harvey em seu livro *O Novo Imperialismo* propõe uma análise da reprodução ampliada do capital através da acumulação por espoliação, que é a mesma coisa que acumulação primitiva. Seria um novo nome para o processo iniciado a

---

de trabalhadores revolucionários de lutar sem ou contra partidos e sindicatos da esquerda, por outro lado – provaram a exatidão do ponto de vista dela" (Cf. Paul Mattick, "Economics, Politics and Crisis Theory: Luxemburg, Bukharin and Grossmann on the Limits of Capital", em Riccardo Bellofiore (org.), *op. cit.*, p. 99).

4. Isabel Loureiro, *Rosa Luxemburg: Os Dilemas da Ação Revolucionária*, p. 42.

partir da década de 1970 em que populações e camadas sociais são espoliadas de seus bens e/ou direitos permitindo o escoamento de capitais excedentes.

Para o autor, o problema não está na demanda efetiva[5], como para Luxemburgo, mas sim na "falta de oportunidades de investimentos lucrativos". A expansão geográfica, base do imperialismo, cumpre papel na criação de demanda, mas também permite a aquisição de insumos a custos muito baixos, o ponto fundamental para se resolver a sobreacumulação[6].

A teoria econômica de Rosa propõe a compreensão do capitalismo como um sistema em seu desenvolvimento histórico, levando necessariamente ao imperialismo. Ela o encara do ponto de vista geográfico, do espaço físico, perspectiva muito compreensível em seu contexto, em que a especulação não havia atingindo os níveis da moeda fiduciária. Daí seu entendimento do limite espacial da acumulação.

Em sua teoria, o processo de acumulação primitiva é intrínseco ao capitalismo que sobrevive e se desenvolve através dela. Além disso, embora a autora coloque a questão da demanda efetiva e parta deste ponto para fazer sua análise, os problemas da acumulação encontram-se nos dois níveis da reprodução: a circulação e a produção, sendo um problema de realização e de reinvestimento, problemas que se relacionam e se retroalimentam no desenvolvimento da acumulação capitalista. Desta forma, Harvey parece se aproximar mais de Luxemburgo do que explicita, pois esta autora também aponta a importância dos meios de produção e da mão de obra das áreas expropriadas, conforme discutimos no terceiro capítulo.

Harvey resolve a questão dentro da expansão espaço-temporal através da espoliação na qual o Estado cumpre um papel essencial, o que parece um desenvolvimento da teoria de Rosa, que analisou a exploração de formas não-capitalistas de produção para resolver o problema da demanda efetiva, tendo o Estado também um papel central.

Para Luxemburgo, o capitalismo enquanto formação social é dependente de formas não-capitalistas de produção. Essa formulação leva à explicação histórica da acumulação e à compreensão do imperialismo como uma "expressão política do processo de acumulação do capital"[7]. O imperialismo seria uma

---

5. O problema da demanda efetiva é o problema de quem realiza a mais-valia.
6. Falta de aplicações lucrativas para os capitais excedentes.
7. Rosa Luxemburgo, *A Acumulação do Capital: Contribuição ao Estudo Econômico do Imperialismo*, p. 305.

consequência necessária do desenvolvimento histórico do capitalismo, "uma força expansiva" que acompanha o modo de produção desde sua origem[8] e a fase final do sistema atingida pelos países desenvolvidos.

Para Roman Rosdolsky[9], à parte toda a sua crítica à metodologia da autora, aquilo que Harvey critica como subconsumo é a principal contribuição do livro de Luxemburgo: trazer de volta à cena o conflito entre valorização do capital e capacidade limitada de consumo como causa da expansão do capitalismo.

> [...] cabe à Rosa Luxemburgo o mérito de haver recolocado o foco do debate nesse ponto (que se deduz rigorosamente da própria doutrina de Marx, mas com o qual os seguidores reformistas não conseguiram lidar), apesar de ter chegado a uma solução muito insatisfatória para o problema[10].

No entanto, seus críticos contemporâneos, à esquerda e à direita, preocuparam-se em enfatizar sua interpretação errônea dos esquemas de reprodução de Marx e não tocaram na questão essencial de seu trabalho: a contradição do capital entre produção e consumo.

Rosdolsky, no trecho acima, indica-nos que os "reformistas não conseguiram lidar" com o problema. Por isso, foi essencial estudar o contexto de publicação do livro de Luxemburgo e entender o propósito da própria autora ao fundamentar seu pensamento político em uma obra densa de teoria econômica. Nesse movimento, retornamos à unidade entre política e economia.

Da mesma forma que as ideias políticas de Rosa são atuais para pensar a transformação da sociedade, não podemos deixar de lado seu pensamento econômico que pode nos ajudar a entender quais foram as mudanças que levaram – e ainda levam – à reprodução do sistema como ele se configura hoje.

Isto só pôde ser feito através da contextualização histórica de *A Acumulação do Capital*, livro publicado em 1913, pouco antes de deflagrada a Primeira

---

8. Paul Singer, "Apresentação", em Rosa Luxemburgo, *A Acumulação do Capital: Contribuição ao Estudo Econômico do Imperialismo*, p. XLI.

9. Roman Rosdolsky, *Gênese e Estrutura de* O Capital *de Karl Marx*. Na esteira de Rosdolsky, Paul Singer trata também do problema da crítica que Rosa faz aos esquemas de Marx e caracteriza sua teoria como de subconsumo, mas intriga-se com o fato de ela ter achado um problema mesmo percorrendo caminhos tortuosos (Cf. Paul Singer, "Apresentação", em Rosa Luxemburgo, *A Acumulação do Capital: Contribuição ao Estudo Econômico do Imperialismo*).

10. Roman Rosdolsky, *op. cit.*, p. 74.

Guerra Mundial, apoiada em certa medida pelo Partido Social-democrata Alemão, do qual Rosa fazia parte, ao aprovar os créditos de guerra.

A Alemanha imperial unificada e sob o comando de Guilherme II era um país tardiamente industrializado que crescia a todo vapor e buscava seu lugar na divisão mundial de áreas de influência. Inglaterra e França exportavam capitais para as colônias ou países subdesenvolvidos e a Alemanha entrava nessa disputa criando as condições para o desenvolvimento da corrida armamentista e da guerra.

Ao mesmo tempo, desenvolvia-se também velozmente o movimento operário alemão, atuando dentro de um regime burguês democrático demais para uma ditadura, mas autocrático demais para uma democracia, em que havia tensão entre uma monarquia centralizada e um parlamento burguês. Nesse contexto, parecia aos militantes operários que o caminho da sociedade era sua democratização, pois ao longo do período foram conquistadas diversas leis de assistência e a burguesia parecia estar mais aberta às pressões populares.

Vê-se a luta de classes nesses dois níveis da sociedade alemã: uma burguesia que queria o seu quinhão do mundo e um proletariado que desejava dividir os frutos do trabalho e viver melhor. As duas faces se alimentam necessitando uma da outra para a sua existência.

Nesse contexto, uma mulher polonesa, determinada e com grande oratória aparece e confronta os homens do partido colocando-se na linha de frente do debate teórico. Observamos que o debate de 1898-1899 colocou as principais questões econômicas da época – militarismo e protecionismo – e um dos principais problemas dos movimentos sociais até hoje, sintetizado no título *Reforma Social ou Revolução?*

A exposição de Luxemburgo nesse texto demonstra um marxismo ainda ortodoxo e engessado. Durante todo esse período ela escreve sobre a necessidade de se equilibrar as duas questões, encarando as reformas como táticas e a revolução como estratégia. Rosa chama a atenção para o crescimento do papel do parlamentarismo dentro da social-democracia e os perigos desse movimento. Suas respostas, ao longo desses quinze anos, ao dilema são teoricamente perfeitas e revolucionariamente belas, mas difíceis de visualizar seus efeitos práticos. Em alguns momentos, ela é mais direta quanto às ações a serem tomadas e na década de 1910 enfatiza muito a necessidade de retomada da palavra de ordem "luta de classes". Mas o fato é que até hoje a esquerda está às voltas com essa questão: como fomentar a luta de classes e lutar por reformas, se todas as vezes que se luta por reformas elas se transformam na própria finalidade?

Observamos no desenvolvimento dos debates do SPD, como o militarismo e o protecionismo vinculam-se sempre às temáticas da colonização e da política mundial, ambas unificando as questões de economia e política que aparecem muito cindidas nos debates do partido. Isso é claro quando eles debatem a greve de massas e separam a todo momento lutas econômicas de lutas políticas, dando maior ênfase às últimas. O pensamento de Luxemburgo parece caminhar no sentido oposto, procurando unificar as duas pautas, principalmente depois de 1905, quando vimos que a greve de massas, expressão da revolução, é a unidade de todos os aspectos da vida social.

O ano de 1905 é um ano de viragem. Embora tenhamos visto que a discussão sobre as greves fosse anterior, é nesse momento que a revolução se apresenta, que a insurreição se coloca novamente como possibilidade de luta. Se a Comuna de Paris parecia ter encerrado o período das barricadas e aberto um período de luta democrática, a Revolução de 1905 conclama a esquerda às ruas. Mas o partido, fortemente estruturado, com uma série de funcionários, opta pela autoconstrução da organização perdendo a ênfase no discurso de classe.

Desse momento em diante, com o acirramento dos conflitos entre trabalhadores e capitalistas, a eclosão de diversas greves sem orientação da direção e o acirramento da concorrência entre capitalistas, os ortodoxos e reformistas do partido escolhem o discurso da paz, da pacificação dentro da sociedade capitalista. Luxemburgo sublinha a impossibilidade de tal perspectiva e seu livro *A Acumulação do Capital* é uma explicação da essência violenta do capitalismo, argumentando que em tal sistema a paz é impossível e, se ela existe em algum lugar, é porque em outro se apresenta em toda a sua barbárie. A violência é intrínseca ao capitalismo, não há forma de humanizá-lo e, por isso, ele não é de forma alguma conciliável com ou transformado em socialismo. São propostas totalmente antagônicas porque o capital desumaniza e barbariza as relações, enquanto o socialismo devolve a humanidade das relações sociais.

Cotejando diversos elementos do livro com os debates da social-democracia, vimos que Luxemburgo repete argumentos que pareciam consensuais no partido, como o financiamento do militarismo por impostos diretos e a importância dos empréstimos no financiamento da colonização. Ela unifica esses elementos em uma teoria histórica para explicar a essência do capital e sua tendência. Mas seus críticos não se importaram com isso, e pouquíssimos deles perceberam as qualidades do trabalho: a explicação do Estado como agente central da acumulação e o processo de espoliação como essência do próprio capital. Seus críticos importaram-se apenas com as avaliações feitas por ela da teoria marxiana. Não que eles mesmos não tivessem críticas a Marx, mas nenhum deles o criticava diretamente, era mais fácil reivindicá-lo e o distorcer. Bernstein e Rosa foram ingênuos e acreditaram no papel científico do marxismo, esquecendo do tom dogmático que é dado a ele até os dias de hoje. Rosa, como mulher, pecava duplamente ao criticar Marx, um homem.

Mesmo após a Revolução Russa de 1917, a obra de Luxemburgo permaneceu ignorada no debate teórico socialista. No prefácio à obra de Bukhárin sobre o imperialismo, em 1915, Lenin sequer cita o livro de Luxemburgo, comentando apenas o superimperialismo de Kautsky.

Para os comunistas, a camarada valeria apenas como uma agitadora das massas, uma mulher forte e guerreira, cujos textos teóricos e políticos teriam pouco valor para a luta revolucionária.

Nos anos 1920 e nos anos 1930, teóricos como Henryk Grossman retomaram o problema da demanda efetiva e da acumulação, dialogando com Rosa Luxemburgo. E ao longo do século XX outros críticos voltaram à sua obra para tratar da demanda efetiva e, recentemente, formular novas teses sobre a acumulação e o imperialismo.

Grossman também aponta erros na análise de nossa autora, erros encontrados também por Roman Rosdolsky, e afirma que os esquemas de Marx pressupunham o equilíbrio entre oferta e demanda para analisar os efeitos da acumulação do capital e a mais-valia. O método científico, para ele, pressupunha deixar tudo ao mais constante para analisar apenas uma variável. Portanto, Luxemburgo erraria na crítica aos esquemas de Marx quando, segundo Grossman, ela exige que mostrem a realidade.

Apesar disso, Rosa Luxemburgo contribuiu para a compreensão da acumulação do capital mesmo que não a tenha explicado inteiramente e que tenha abandonado a explicação no seu ápice, o militarismo. Ela desejava contribuir para o estudo econômico do imperialismo, debate apenas iniciado naquele momento e ainda muito difuso, como vimos no Congresso de 1912.

Por isso, nossa autora contribui de fato para entender o imperialismo ao juntar os elementos dispersos do próprio pensamento socialista da época e desenvolver essas avaliações. O imperialismo seria então o momento histórico da acumulação capitalista em que os países desenvolvidos se utilizam do crédito, da pressão tributária e da máquina militar para submeter e disputar áreas ainda fechadas à produção capitalista; momento da concorrência no cenário mundial. Após o período de acumulação de capital nas colônias dos séculos XVI e XVII, as mudanças políticas e econômicas na Europa do século XVIII e o desenvolvimento do capitalismo em outros países, em sua maioria europeus, no século XIX, chega-se à concorrência mundial no final deste século e início do XX – esse é o percurso da acumulação capitalista para Luxemburgo. Percurso generalizante que aponta a existência estrutural de economias periféricas sem, no entanto, deixar isso claro, parecendo às vezes crer que o caminho da acumulação seria o mesmo em todos os lugares. Transcorrida a história sabemos que as economias periféricas e os economicamente excluídos permanecem e são essenciais para o sistema. Ela não percebeu a longevidade disso, tampouco pudera, sua preocupação era com a revolução socialista, vislumbrada bem perto naquele contexto.

Em Luxemburgo, há mecanismos internos e externos de acumulação. Internamente, entre os Estados capitalistas, utilizam-se as tarifas alfandegárias e a indústria bélica para acumular. Externamente, o capital atua com o crédito e a violência militar para dominar. Talvez por isso nas periferias do mundo seja mais difícil observar o militarismo como um meio econômico, porque ele aparece com toda a sua força coercitiva para conter as consequências da fome, da miséria, da desumanização.

Percebemos uma mudança em Luxemburgo acerca do seu entendimento do Estado, mesmo que ela não esteja muito clara. Em 1898-1899, o Estado aparecia como um possível agente da socialização através da estatização, assim como a centralização de capital poderia expressar os limites da anarquia capitalista ao denotar uma necessidade de socialização. Ao longo do tempo, centralização e concentração são as causas do acirramento da concorrência e da própria anarquia, caminhando para a barbárie. A centralização bancária alemã não era a expressão de uma necessidade de socialização, mas uma característica do imperialismo alemão e causa das tensões mundiais.

A anarquia capitalista deixada ao relento teria como fim a barbárie, que só é percebida como tal quando volta para suas origens, a Europa. Como afirmou nossa autora em *A Crise da Social-democracia*, "esse 'mundo civilizado' só hoje descobriu que a mordida das feras imperialistas é mortal, que suas exalações são perversas. Ele só o percebeu quando as feras enterraram as garras afiadas no seio da própria mãe, a civilização burguesa europeia"[11].

A Europa só critica as políticas que aplica mundo afora quando elas se voltam contra ela mesma e, ainda assim, não percebe isso como autocrítica. Pelo contrário, é sempre culpa do outro: a culpa da guerra não é da Alemanha, é da Rússia; não é da França, é da Alemanha; e assim por diante. Este é um dos motivos que explica porque Rosa fez a crítica, e não outro militante, ao sentido civilizatório dos europeus: essa crítica só poderia vir da Polônia, situada na periferia da Europa sob disputa entre três de seus impérios.

Nesse sentido, o lugar social e individual da teoria do imperialismo de Luxemburgo é claro. É preciso reafirmar apenas, como Luxemburgo o fez em 1916, que a sua teoria da acumulação demonstra um capitalismo essencialmente expansionista e por isso a história de seu desenvolvimento leva necessariamente ao imperialismo. Mostra também que a anarquia do sistema é resultado de seu caráter irracional do ponto de vista da sociedade, da sobrevivência humana e da própria natureza ao exaurir os recursos naturais, tendendo, por estes motivos, ao colapso. Este apresenta-se no livro como a objetividade da revolução, feita pelos homens e apenas por eles. A barbárie em *Acumulação* se faz presente apenas pelo seu outro, na sua não presença, pois, se os homens não transformam o mundo, o desenvolvimento tendencial do capitalismo é necessariamente seu colapso na barbárie.

Após a deflagração da guerra mundial, com o apoio da social-democracia, a divisa socialismo ou barbárie tornou-se uma realidade permanente. Ela põe a urgência da tarefa da revolução para salvar a humanidade de seu colapso civilizacional. A Alemanha não cumpriu a sua tarefa e os acontecimentos da República de Weimar significaram a desumanização completa das pessoas. E não terminou ali, apenas se expandiu. Os métodos desenvolvidos pelo nazismo no extermínio e barbarização de seres humanos são aplicados de formas diferentes mundo afora até hoje. Não se trata mais de salvar o mundo da barbárie, mas de resgatá-lo.

---

11. Rosa Luxemburgo, "A Crise da Social-democracia", em Isabel Loureiro (org.), *Rosa Luxemburgo: Textos Escolhidos*, vol. 2, p. 142.

Anexo

DISTRIBUIÇÃO DE MANDATOS NAS ELEIÇÕES ALEMÁS ENTRE 1890 E 1912

	1890	1893	1898	1903	1907	1912
SPD	35	44	56	81	43	110
Linksliberale (liberais de esquerda)	77	48	49	35	50	41
Sonstige Liberale (outros liberais)	4	3	4	3	3	1
Nationalliberale (nacional-liberais)	38	51	48	50	56	45
Zentrum	107	96	102	100	101	90
Deutsche Reichspartei – DRP (Partido do Império Alemão)	19	28	22	21	24	14
Deutsch-Konservative Partei – DtKP (Partido Conservador Alemão)	71	69	53	52	59	41
Bauern (Agricultores)	–	3	11	8	8	9
Deutsche-Hannoversche Partei – DHP (Partido Alemão de Hannover)	11	7	9	7	2	5

Outros conservadores	0	3	4	3	5	7
Antissemitas	4	16	12	9	14	6
Minorias nacionais	31	29	27	28	32	28
Total	397	397	397	397	397	397

Fonte: Valentin Schröder (2016) Wahlen in Deutschland bis 1918 – Reichstagswahlen – Ergebnisse reichsweit. Disponível em: https://www.wahlen-in-deutschland.de/krtw.htm, acesso em 03.abr.2018.

Resoluções

Essas resoluções e propostas foram traduzidas, a partir das atas dos respectivos congressos do SPD, pela autora.

Legenda:
[] trechos acrescentados ao texto final
{} trechos retirados do texto final
() nome de quem propôs a alteração ou outra observação

Congresso de Hannover, 1899

Resolução Bebel para o ponto 5 da pauta: (aprovada)

O desenvolvimento da sociedade burguesa, até aqui, não dá motivo algum para o partido desistir ou mudar suas ideias fundamentais sobre a mesma.

O partido está como antes no terreno da luta de classes, no qual a libertação da classe trabalhadora só pode ser sua própria obra e considera consequentemente como tarefa histórica da classe trabalhadora a conquista do poder político para, com a ajuda do mesmo, estabelecer o maior bem-estar possível de todos através da socialização dos meios de produção e introdução do modo de produção e circulação social-democrata.

Para alcançar este objetivo, o partido utilizará qualquer meio compatível com suas ideias fundamentais que prometa sucesso. Sem enganar-se sobre a essência e caráter dos partidos burgueses como representantes e defensores da ordem estatal e social vigente, não recusará uma aliança com eles de caso a caso, desde que se trate de um fortalecimento do partido nas eleições, ou expansão dos direitos políticos e liberdades do povo, ou uma verdadeira melhoria da situação social da classe trabalhadora e promoção das tarefas civilizacionais, ou do combate aos esforços dos inimigos dos trabalhadores e do povo. Mas o partido dá provas de sua total autonomia e independência em toda a sua atividade e considera qualquer resultado que alcance apenas como um passo que traz o seu objetivo final para mais perto.

O partido é neutro em relação à fundação de cooperativas econômicas; ele considera a fundação de tais cooperativas como adequada desde que existam as pré-condições necessárias para conduzir a uma melhoria da situação econômica de seus membros; ele vê também na fundação de tais cooperativas, assim como em qualquer organização dos trabalhadores para defesa e promoção de seus interesses, um meio adequado para a educação da classe trabalhadora tendo em vista a condução autônoma de seus assuntos, mas o partido não atribui a essas cooperativas econômicas nenhuma importância significativa para a libertação da classe trabalhadora das correntes da escravidão do salário.

No combate ao militarismo na água e na terra e à política colonial, o partido mantém-se na posição tomada até aqui. Do mesmo modo, subscreve a sua política internacional, que tem como objetivo o entendimento e a confraternização dos povos, em primeiro lugar, da classe trabalhadora nos diferentes países civilizados, para conduzir a realização das tarefas civilizatórias comuns no terreno de uma federação universal.

Por tudo isso, não há motivo para o partido mudar nem o seu {programa} [princípios e reivindicações fundamentais], nem a sua tática, nem o seu nome [isto é, fazer do Partido Social-democrata um partido democrático-socialista de reformas] e recusa qualquer tentativa determinada que vá no sentido de encobrir ou desviar a sua posição sobre a ordem estatal e social vigente e sobre os partidos burgueses.

Resolução sobre o ponto 6 da pauta. (aprovada)

O Congresso esclarece:

O exército [*Heerwesen*] posto, conforme todo o seu desenvolvimento e organização, é o meio de poder mais distinto de manutenção e consolidação da dominação de classe; uma proteção fundamental para todos os esforços contra o povo e os trabalhadores; uma instituição que só é possível através de grandes sacrifícios, continuamente crescentes e injustamente divididos, de bens e sangue, os quais a sociedade dominante impõe, especialmente, para as classes trabalhadores.

O esforço do partido deve, por isso, se dirigir para deformar o exército desde sua base, para que a força de defesa da nação transforme-se de um meio de opressão interna e de constante inquietação externa para um meio de assegurar os direitos do povo e liberdades e defesa contra ataques estranhos.

Com este fim, o partido exige uma organização de defesa do país e do povo construída sobre bases democráticas, que torne impossível as castas e as contradições entre povo e exército, obrigando cada homem capaz de lutar ao serviço das armas e direcionando sua formação para soldados úteis através de uma educação juvenil adequada.

A partir deste ponto de vista, o partido considera evidente manter o ponto 3 do programa inalterado e requere dos parlamentares representantes do partido que não concedam, futuramente, nenhum meio para o sistema militar posto e que utilizem cada oportunidade para propagandear as exigências colocadas no ponto 3 do programa.

Proposta dos camaradas Adolf Hoffman, Ledebour, Rosa Luxemburgo e Clara Zetkin: (aprovada)

O partido recusa veementemente as opiniões exprimidas nos artigos sobre o militarismo do camarada Schippel e vê neles um atentado contra os princípios do partido social-democrata.

Congresso de Mainz, 1900

Proposta 64 – Resolução sobre Política Mundial. (aprovada)

O congresso declara:

A política internacional dedicada à política colonial com o objetivo da exploração capitalista e desenvolvimento do poder militar, como ela tem se expressado também nos acontecimentos na China, nasce, em primeiro lugar, do desejo ávido da burguesia por novas oportunidades para aplicação do capital constantemente aumentado, para o qual as oportunidades de exploração no país não são mais suficientes, assim como da necessidade de novos mercados de consumo, que todo país anseia usurpar para si.

Esta política se baseia na apropriação violenta de regiões estrangeiras e na bruta subjugação e exploração dos povos indígenas. Mas ela também leva necessariamente à desmoralização e ao embrutecimento dos elementos exploradores, que querem libertar sua ânsia por roubo através dos meios mais repudiáveis, mais inumanos e assim provocam uma crescente indignação dos maltratados.

A política de conquista ultramarina e roubo leva ainda à hostilidades e atritos entre as potências rivais e, em consequência disso, ao inaceitável armamento marítimo e terrestre. Ela contém o germe para os perigosos conflitos internacionais, que colocam em questão as relações culturais e de transporte construídas a muito custo por caminhos pacíficos e, por fim, tornam possível uma catástrofe geral.

A social-democracia, como inimiga da opressão e da exploração do homem sobre o homem, protesta firmemente contra a política de roubo e conquista. Exige que as desejáveis e necessárias relações culturais e de circulação com todos os povos da Terra sejam realizadas, respeitando e protegendo os direitos, as liberdades, assim como a independência desses povos e que eles sejam ganhos para as tarefas da cultura moderna e da civilização apenas através do ensino e do exemplo. Os métodos atuais utilizados pela burguesia e pelos detentores do poder militar de todas as nações são o escárnio mais sangrento da cultura e da civilização.

O congresso declara {ainda} [especialmente]:

{A política de guerra dedicada atualmente pelo Império alemão à China baseia-se na busca da conquista militar, na fome chauvinista por terras e na fúria por lucro capitalista da burguesia.}

[A política de guerra sino-alemã, pela qual o governo do Império se responsabilizou, baseia-se além da universal fúria por lucro da burguesia, na ânsia por fama militar e na paixão chauvinista e ambiciosa de alcançar uma "grande Alemanha".]

O Partido Social-democrata Alemão julga essa política repudiável e protesta firmemente contra a aventureira e violenta política chinesa do governo, que causa riscos duros para o povo e requer um enorme sacrifício de bens e sangue.

No envio de tropas para a China sem o questionamento e permissão da representação do povo, assim como na utilização dos meios monetários necessários para isso, vê o congresso do partido um ato inconstitucional e, por isso, ilegal do governo. O congresso indica a imediata convocação do Reichstag para que os representantes da classe trabalhadora tenham a possibilidade de criticar a política administrativa absolutista do governo, assim como a política inimiga do povo dos partidos que favoreçem o desrespeito à representação do povo e o governo personalista.

Proposta 65 – (Sobre o ponto 8 da pauta: A política de transporte e comércio) e Resolução sobre o mesmo tema. (aprovada)

A social-democracia vê no equilíbrio das condições de produção e, principalmente, de trabalho, tanto no mercado nacional quanto no internacional, um pressuposto importante para o fortalecimento econômico, social e político da classe trabalhadora. O tempo desse equilíbrio é determinado em grande medida pelas políticas de transporte e comércio de um país.

A atual política de transporte no Império Alemão – que prescinde de uma organização uniforme, que não tem influência decisiva dos representantes do povo, que se volta predominantemente para questões fiscais – não apenas impede qualquer facilitação efetiva da circulação, ela impede principalmente os trabalhadores de aproveitar as chances do mercado de trabalho. Ela falha mais ainda, inibida pela oposição parlamentar, no campo das hidrovias, em baratear amplamente o transporte de bens e, ao mesmo tempo, abrir vastas regiões para a indústria. Do que o trabalho poderia esperar vantagens tanto como produtor quanto como consumidor.

A política de transporte reinante impede o equilíbrio das condições de produção e trabalho no mercado interno em prejuízo da classe trabalhadora e da economia política alemã. Nesse sentido se direciona, atualmente, os objetivos da política comercial que já prejudica o povo através de suas tarifas protecionistas. Esses objetivos devem resultar para a Alemanha em suas relações com o mercado mundial, as mesmas consequências que a política de transporte dentro da economia política nacional. Os grandes proprietários e a maior parte dos industriais, os cartéis agrícolas e empresariais aspiram, entre os não desconhecidos auxílios do governo, uma política protecionista que deveria fechar em alto grau a Alemanha à economia mundial, mas entregaria o mercado interno aos interessados em o exaurir, livre de qualquer concorrência externa. Sob a divisa: "proteção ao trabalho nacional" deve o trabalhador, sobretudo a classe trabalhadora, carregar impotente e desamparada a ditadura do preço do empresariado. Como a importação alemã consiste de quatro quintos de matérias-primas e alimentos, esta política protecionista encarece os mais importantes meios de produção e a vida da classe trabalhadora alemã que, em comparação com países concorrentes, já é hoje pior posicionada, diminuindo dessa forma por algum tempo a capacidade econômica dessa classe e afetando, por isso, não apenas a ambição do operariado alemão por melhores condições de vida e trabalho, mas também a posição da produção alemã no mercado mundial, no qual a Alemanha só pode defender seu lugar por longo tempo com matérias-primas baratas e uma classe trabalhadora bem paga e bem de vida. A aproximação das condições de produção e trabalho dentro dos países da economia mundial está travada e, assim, impedida a promoção da paridade internacional dos interesses dos trabalhadores no campo da economia.

A partir dessas considerações, o Partido Social-democrata Alemão, tendo em vista as iminentes escolhas e tarefas importantes das políticas de transporte e comércio, luta:

A.

1. por uma organização da política de transporte unificada dentro da região econômica alemã através da adoção do sistema ferroviário no Império com a recusa da administração fiscal criada sobretudo na Prússia;
2. pelo amplo desconto nas tarifas pessoais para concretização do direito jurídico formal do trabalhador à livre circulação (*Freizugigkeit*);
3. pela ampliação dos sistema de hidrovias alemão, em caso de emergência, através do Império.
4. [pelo amplo desconto nas tarifas de bens, especialmente alimentos, dos portos e postos de fronteira até o interior do país. (emenda Luxemburg)]

B.

1. [pela abolição de todas as aduanas e de todo aumento dessas tarifas, especialmente para alimentos (emenda Luxemburg)], pela, quando possível, eliminação, eventualmente redução, das atuais taxas aduaneiras com a nova organização das tarifas alfandegárias;
2. por uma política comercial contratual que tenha como objetivo suprimir progressivamente as tarifas comerciais mútuas e desenvolver a circulação mundial livre;
3. pela recusa de todas as medidas legislativas aduaneiras (como tarifa máxima e mínima, aduanas de valor etc.) que dificultem um contato político-comercial mais estreito da Alemanha com outros Estados;
4. [pelo princípio da "porta aberta" e contra o das "esferas de interesse" em consideração a China e todas as regiões não europeias. (emenda Luxemburg)]

Proposta 70 – Camarada Luxemburg e Gogowsky (Ação Parlamentar) (aprovada)

O partido encarrega a bancada a falar no Reichstag sobre as novas medidas do governo prussiano direcionadas contra a utilização da língua polonesa nas escolas da província de Posen e, sobretudo, a combater, com toda a ênfase, o tratamento dos poloneses como cidadãos de segunda classe.

Congresso de Dresden, 1903

Proposta 130 – Resolução Bebel, Kautsky, Singer.

O congresso exige que a fração permaneça na posição tomada até aqui sobre a questão da ocupação dos postos de vice-presidente e redator no Reichstag, qual seja, recusa de todas as obrigações requeridas fora do expediente.

O congresso condena decididamente os esforços revisionistas para mudar o sentido da nossa, até aqui comprovada e vitoriosa, tática assentada na luta de classes, da tomada do poder político para, através da superação dos nossos inimigos, trilhar uma política de cooperação dentro da ordem existente.

As consequências de uma tal tática revisionista seria a modificação de um partido, que batalha por uma transformação rápida da sociedade burguesa atual em uma sociedade socialista, sendo revolucionário no melhor sentido da palavra, para um partido que se contenta com a reforma da sociedade burguesa.

O congresso condena ainda todos os esforços de esconder as existentes e sempre crescentes contradições de classe com o objetivo de facilitar o apoio aos partidos burgueses.

O congresso espera que a fração utilize o grande poder, que alcançou através do aumento do número de seus membros assim como dos eleitores, para defender com o maior vigor e energia, os interesses da classe trabalhadora, a expansão e segurança das liberdades politicas e dos direitos iguais para todos, de acordo com os princípios do nosso programa, e para conduzir mais energicamente do que até agora foi possível a luta contra o militarismo, contra a política colonial e internacional, contra a injustiça, a opressão e a exploração em todas as formas.

A resolução diz agora o seguinte (aprovada)

[O congresso exige que a fração, embora argumente sua pretensão de ocupar as posições de primeiro vice-presidente e redator no Reichstag com candidatos de seu meio, recuse [assumir obrigações cortesás ou se submeter a qualquer outra condição que não esteja pautada na constituição do Império. (alterado pela proposta 144 de Stadthagen)] (Alterado pela proposta 140 de Bebel, Kautsky e Singer)]

O congresso condena decididamente os esforços revisionistas para mudar o sentido da nossa, até aqui comprovada e vitoriosa, tática assentada na luta de classes, da tomada do poder político para, através da superação dos nossos inimigos, trilhar uma política de cooperação dentro da ordem existente das coisas.

As consequências de uma tal tática revisionista seria a modificação de um partido, que batalha por uma transformação rápida da sociedade burguesa atual em uma sociedade socialista sendo revolucionário no melhor sentido da palavra, para um partido que se contenta com a reforma da sociedade burguesa.

[Por isso, o congresso, em oposição à tendência revisionista existente no partido, tem a certeza de que as contradições de classe não se enfraquecem, mas fortalecem continuamente e declara:

1. Que o partido recusa a responsabilidade pelas circunstâncias políticas e econômicas existentes no modo de produção capitalista e, por isso, rejeita qualquer concessão de meios que sejam adequados à manutenção da classe dominante no governo.

2. Que a social-democracia, conforme a resolução Kaustky do Congresso Socialista Internacional em Paris no ano de 1900, não busca uma parcela da administração governamental dentro da sociedade burguesa (adicionado pela proposta 143 de Wurm e outros)].

O congresso condena ainda todos os esforços de esconder as existentes e sempre crescentes contradições de classe com o objetivo de facilitar o apoio aos partidos burgueses.

O congresso espera que a fração utilize o grande poder, que alcançou através do aumento do número de seus membros, assim como dos seus eleitores, [para o esclarecimento sobre o objetivo da social-democracia e [adicionada pela proposta 144 de Stadthagen)] de acordo com os princípios do nosso programa, para defender com o maior vigor e energia os interesses da classe trabalhadora, a expansão e segurança das liberdades políticas e dos direitos iguais para todos e para conduzir mais energicamente do que até agora foi possível a luta contra o militarismo, contra a política colonial e [das potências mundiais (alterada pela proposta 141 de Legien)], contra a injustiça, a opressão e a exploração em todas as formas. ["E agir energicamente para a construção da legislação social e realização das tarefas políticas e culturais da classe trabalhadora" [adicionada pela proposta 141 de Legien)].

Congresso de Jena, 1905

Proposta 149 – Resolução da Diretoria e alguns e algumas camaradas sobre a revolução na Rússia: (aprovada)

O congresso saúda com feliz satisfação o maior acontecimento da história mundial do presente, a Revolução Russa, como o poder que vai derrubar finalmente o absolutismo carregado com corrupção e crimes e com isso não apenas abrir os caminhos do desenvolvimento liberal e cultural dos povos escravizados e padecidos, mas também libertar as massas lutadoras pela libertação de todos os países de seu mais feroz inimigo. Com orgulho, recorda o congresso o fato de que – quão variado são também as forças sociais e históricas que atuam para esse objetivo – hoje é o jovem proletariado da Rússia que constrói sob a direção social-democrata a força motriz mais importante no ringue contra o absolutismo e posiciona sempre de novo e de novo as heroicas massas, que opõem combativas sua fome e seus corpos aos algozes e carrascos do absolutismo.

O congresso transmite a todos os lutadores pela liberdade política na Rússia a garantia de sua mais profunda simpatia e admiração, mas especialmente para aqueles homens e mulheres, sem diferença de nacionalidade e raça, que, apoiados sobre a base da concepção social-democrata, atuaram e lutaram com e no proletariado – aqueles cujo trabalho tenaz, com sacrifício e cheio de perigo há muitos anos preparava o acordar do proletariado e fomentou fielmente sua formação e organização até hoje, através do que o proletariado foi capaz de completar a tarefa revolucionária do momento com a certeza de que a luta pela submissão do absolutismo é uma etapa necessária na luta contra o capitalismo.

Mas o congresso sente-se também obrigado a expressar sua mais profunda indignação sobre os atos bárbaros com os quais os algozes do despotismo procuram manter seu governo abominável, especificamente, através de chacina cruel não apenas de homens e mulheres da revolução, mas também de incontáveis não participantes, principalmente mulheres e crianças.

O despotismo russo, através dessa devastação bárbara, dirigiu-se diante de todo o mundo civilizado e, assim, justificou todo meio utilizado contra ele que leve à sua destruição.

Proposta 151 – Resolução Bebel para "A greve política de massas e a social--democracia" (aprovada).

1. Pelo esforço das classes dominantes e autoridades de privar a classe trabalhadora de uma influência legítima na ordem pública das coisas na comunidade ou de roubar [essa influência], tanto quanto ela conseguiu através de seus representantes no corpo parlamentar, e assim fazer da classe trabalhadora política e economicamente sem direitos e inerte, julga-se indicado o congresso declarar que é o dever imperioso de toda a classe trabalhadora se contrapor com todos os seus meios disponíveis a todo ataque contra os direitos humanos e dos cidadãos e exigir sempre a plena igualdade de direitos.

Em especial, a experiência ensinou que os partidos reinantes, inclusive a burguesia de esquerda, são contra o sufrágio universal, igual, direto e secreto, que eles apenas o toleram, mas logo se empenham em aboli-lo ou piorar, que através do mesmo o reinado deles entra em perigo. Por isso a resistência deles à expansão do sufrágio universal, igual, direto e secreto para cada estado (Prússia etc.) e a própria piora da lei atualmente retrógrada com medo de uma ainda tão pequena influência da classe trabalhadora no corpo parlamentar.

Exemplo disso é a robalheira de sufrágios pela burguesia, cobiçosa por dominação, descomedida e covarde, e por uma pequena-burguesia tacanha na Saxônia e nas assim chamadas repúblicas de Hamburg e Lubeck e a piora nas eleições locais em diferentes estados alemães (Saxônia, Saxônia-Meiningen) e cidades (Kiel, Dresden, Chemnitz etc.) pelos representantes de diferentes partidos burgueses.

Mas considerando que, especialmente, o sufrágio universal, igual, direto e secreto é pressuposto para um desenvolvimento político normal da comunidade assim como a plena liberdade de coligação para a elevação econômica da classe trabalhadora.

Considerando ainda que a classe trabalhadora através de seu crescimento numérico contínuo, de sua inteligência e de seu trabalho para a vida social e econômica de todo o povo, assim através de sacrifícios materiais e físicos que ela suporta para a defesa militar do país, constitui o principal fator da sociedade moderna, ela não deve exigir apenas a conservação, mas também a ampliação do sufrágio universal, igual, direto e secreto para todo o corpo representante no sentido do programa social-democrata e a salvaguarda do pleno direito de coligação.

Dessa forma, o congresso declara que, especialmente em caso de um ataque ao sufrágio universal, igual, direto e secreto ou do direito de coligação, é dever de toda a classe trabalhadora utilizar vigorosamente todos os meios despontados para defesa.

O congresso considera como um dos meios mais eficazes de luta para repelir tal crime político contra a classe trabalhadora ou para conquistar um importante direito para sua libertação nesses casos

"a utilização a mais abrangente da suspensão em massa do trabalho".

Mas para que a utilização desse meio de luta seja possível e o mais eficaz, é inevitavelmente necessária a maior expansão da organização política e sindical da classe trabalhadora e o incessante esclarecimento e instrução das massas através da imprensa operária e agitação oral e escrita.

Essa agitação deve expor a importância e necessidade dos direitos políticos da classe trabalhadora, especialmente do sufrágio universal, igual, direto e secreto e da total liberdade de coligação, indicando o caráter classista do Estado e da sociedade e os abusos diários perpetrados pela classe dominante e governo contra a classe trabalhadora através da posse exclusiva do poder político.

Todo camarada do partido é obrigado a aderir à organização sindical quando ela existir para a sua profissão ou puder ser fundada, e defender os objetivos e propósitos dos sindicatos. Mas todo filiado sindical com consciência de classe tem também o dever de se juntar à organização política de sua classe – a social-democracia – e agir para a difusão da imprensa social-democrata.

II. O congresso encarrega a direção de produzir uma brochura na qual as exigências colocadas na presente resolução são justificadas. A difusão massiva dessa brochura para toda a classe trabalhadora alemã deve ser organizada.

Congresso de Mannheim, 1906

Proposta 136 – Resolução Bebel sobre "A greve política de massas"

I

{O congresso ratifica as decisões do Congresso de Jena relativas à greve política de massas} [O congresso ratifica a resolução do Congresso de Jena sobre greve política de massas e tem como superada toda a discussão sobre a resolução do Congresso Sindical de Colônia depois da constatação de que essa resolução não está em contradição com a resolução de Jena (Legien, Bebel)].

O congresso aconselha outra vez, com especial vigor, a atenção às decisões que requerem o fortalecimento e expansão da organização partidária, a expansão da imprensa do partido e a adesão de camaradas do partido nos sindicatos e dos membros de sindicatos na organização partidária.

Assim que a diretoria do partido considerar dada a necessidade de uma greve política de massas, ela deve entrar em contato com a Comissão Geral dos sindicatos e tomar todas as medidas que são necessárias para executar uma ação bem-sucedida.

II

Os sindicatos são indispensavelmente necessários para a elevação da situação de classe dos trabalhadores dentro da sociedade burguesa. Eles não ficam atrás em importância do Partido Social-democrata, que tem de liderar a luta pela elevação da classe trabalhadora e pela igualdade de direitos em relação às outras classes da sociedade no terreno político, mas além disso quer alcançar sua próxima tarefa, a libertação da classe trabalhadora de toda opressão e exploração através da superação do sistema assalariado e da organização dos meios de produção e de circulação baseados na igualdade social, ou seja, da sociedade socialista. Um objetivo que também os trabalhadores conscientes do sindicato devem necessariamente aspirar. Ambas organizações dependem, assim, nas suas lutas de um acordo mútuo e ação conjunta.

Para ter um procedimento uniforme em ações que tocam os interesses dos sindicatos e do partido igualmente, as direções de ambas organizações devem procurar se entender. [Mas, para assegurar essa uniformidade do pensamento e da ação do partido e do sindicato, que constitui uma exigência indispensável para o progresso vitorioso da luta de classes proletária, é absolutamente necessário que *o movimento sindical* seja *preenchido* pelo espírito da social-democracia. Por isso, é dever de cada camarada do partido agir nesse sentido (Kautsky)].

Proposta 163 – Quarck e 20 Camaradas:

Na emenda Kautsky (nº 157) à resolução Bebel (nº 136), no 2º parágrafo, final da primeira frase. No lugar de "ser dominado", colocar "ser atingido".

Proposta 157 – Kautsky e 32 camaradas (Mudanças na resolução Bebel sobre greve de massas)

1. Na resolução Bebel, segunda parte, terceira linha de cima para baixo, ao invés de "Eles não ficam atrás em importância do Partido Social-democrata", dizer "Eles não são menos necessários que o partido social-democrata".

2. No final da resolução acrescentar o seguinte parágrafo:

Mas para assegurar essa uniformidade do pensamento e da ação do partido e do sindicato, que constitui uma exigência indispensável para o progresso vitorioso da luta de classes proletária, é absolutamente necessário que os sindicatos sejam comandados pelo espírito da social-democracia. Por isso, é dever de cada camarada do partido agir nesse sentido nos sindicatos e se sentir ligado às resoluções dos congressos do partido na atividade sindical, assim como em todas as outras ocupações públicas, no sentido definido pelo camarada Bömelburg. Isto é conveniente ao interesse do próprio movimento sindical, pois a social-democracia é a forma mais elevada e mais abrangente da luta de classes proletária e nenhuma organização proletária, nenhum movimento proletário pode fazer justiça completa à sua tarefa se não for preenchido pelo espírito da social-democracia.

Congresso de Jena, 1911

Proposta 71 – Diretoria, p. 160: (aprovada)

Resolução sobre a questão Marrocos.

O congresso da social-democracia alemã em Jena protesta vigorosamente contra qualquer tentativa de provocar uma guerra assassina entre povos civilizados como são o francês, o inglês e o alemão e que necessariamente se transformaria em uma guerra mundial e terminaria com uma catástrofe generalizada.

O congresso rejeita os esforços de uma malta de grandes capitalistas de fixar seus pés no Marrocos para o explorar colonialmente de um jeito mais efetivo e para tal recorre aos bens e sangue do povo alemão sob a falsa divisa de que "a honra e os interesses da nação" o exigem como uma falsificação consciente dos fatos e hipocrisia descarada.

Os únicos de cada lado que têm interesse nessa inquietação de diferentes povos civilizados são, além dos piratas coloniais, os chauvinistas da água e da terra, cuja oficina é a guerra, que tem sede de *avancement* e condecorações e os fabricantes e fornecedores de material de guerra de todo tipo que com a guerra metem no bolso enormes ganhos contabilizando que centenas de milhares de homens perecem nessas lutas, milhões são derrubados pela necessidade e miséria.

É apenas graças à, já há muitos anos, intensa correria dos círculos interessados que a Europa central e ocidental tenha passado por um estado de inquietação bélica repetitivo (ou constante).

Esses despojadores tentaram empurrar para o governo do Império o papel de criado conformado, com isso eles sacrificam pelos seus interesses o exército da nação e a força de seu povo. O grau em que eles conseguem isso mostra o quanto o governo de hoje é apenas um comitê administrativo para os interesses da classe proprietária.

O congresso rejeita com indignação esses desaforos criados para o povo e espera que, especialmente a classe trabalhadora alemã utilize todos os meios possíveis para evitar uma guerra mundial.

O congresso exige a convocação imediata do Reichstag para que seja dada aos representantes do povo oportunidade de expressar seu pensamento e se opor às maquinações inimigas do povo.

Congresso de Chemnitz, 1912

Resolução Haase, pp. 529-530 (aprovada)

O Imperialismo.

Sob o definhamento das condições de vida do proletariado explorado, impele a produção enormemente desenvolvida à expansão dos mercados, a enorme acumulação de capital pressiona para novas áreas de investimento e possibilidades de valorização.

Com a crescente exportação de mercadorias e capital, de produção e meios de transporte cresce sempre mais o tráfego mundial e se expande a economia mundial. As organizações dos empresários, cartéis e trustes, que dominam a vida econômica em crescente medida e são fomentadas imensamente pelo protecionismo, aproveitam-se de suas influências sobre os governos de seus Estados para utilizar a força estatal nos seus esforços expansionistas para subjugar áreas econômicas do mundo à sua esfera de influência e poder e excluir concorrências estrangeiras. Para tal fim, a violência mais brutal é bem-vinda, se ela promete sucesso. Uma política inescrupulosa de roubo e conquista, cujo caráter de inimigo do povo foi acusado no congresso de Mainz em 1900, é resultado desses esforços expansionistas imperialistas. Para executar proveitosas empresas de espoliação e trazer o butim em segurança, é ampliada e aperfeiçoada de maneira inaudita o instrumento de assassinato.

Entre os Estados, cujas classes capitalistas têm a mesma necessidade de expansão e seguem o mesmo objetivo para a sua satisfação, surgem graves complicações e fortes contradições, que dão novamente o impulso para multiplicação e reforço dos armamentos até o desvario.

O assim produzido perigo de uma guerra mundial devastadora será ainda mais inflamado pela desavergonhada corrida dos magnatas do capital e *Junkers*, que tem especial interesse no fornecimento de material de guerra, no aumento do funcionalismo público e dos principais postos no exército e marinha.

O imperialismo fortalece o poder do afiador, ameaça o direito de coalizão e impede o desenvolvimento da política social. As despesas armamentistas imputam às massas, ao povo, um peso insuportável, enquanto o encarecimento dos alimentos arruína sua saúde.

Os partidos burgueses caíram, sem exceção, no encanto do imperialismo, eles concedem sem resistência todas as exigências para o exército e a marinha. A social-democracia combate o mais vigorosamente os esforços imperialistas e chauvinistas, onde quer que eles estejam, contra isso, ela zela com toda determinação pela solidariedade internacional do proletariado, que em parte alguma nutre sentimentos hostis contra outro povo.

Embora o imperialismo, que é um escoamento do modo de produção capitalista, só possa ser completamente superado com este, não se deve deixar passar nada que diminua seus efeitos perigosos para a comunidade.

O congresso manifesta o desejo resoluto de mobilizar tudo para promover entendimento entre as nações e cuidar da paz.

O congresso exige que, por meio de acordos internacionais, seja posto fim à corrida armamentista, que ameaça a paz e joga contra a humanidade uma catástrofe terrível.

O congresso reivindica, ao invés da política de conquista ávida por butim, a liberdade do tráfego mundial e a eliminação do protecionismo que serve apenas ao enriquecimento dos magnatas do capital e de grandes proprietários.

O congresso espera que os camaradas de partido engajem toda a sua força incansável no alargamento da organização política, sindical e cooperativista do proletariado consciente para combater o violento imperialismo com forças ampliadas até que seja derrotado. Esta é a tarefa do proletariado: transpor o mais alto estágio alcançado pelo capitalismo na sociedade socialista e, assim, assegurar permanentemente a paz, a autonomia e a liberdade dos povos.

Manuscrito de Rosa Luxemburgo
Fonte: BArch NY 4002/75 Bl. 46-47

1857 1ª Crise Mundial.

Abolição das tarifas de cereais e, desde então, passagem da Inglaterra para o livre-comércio. Os defensores do livre-comércio profetizaram que as crises nunca mais parariam.

Descobrimento de minas de ouro na Califórnia e Austrália abriu novos mercados para a indústria inglesa (1850 e 1851); a produção de ouro – até lá principalmente Brasil, Síria, cresceu de uma média de 150 milhões *Mark* ao ano para 760 milhões em 1853 (agora, 1909 – 460 milhões de dólares). O fim da guerra da Criméia em 1856 deu nova expansão à indústria inglesa.

No meio tempo, entretanto, desenvolveu-se a indústria capitalista também em outros países europeus depois da revolução de 1848. Por isso, a crise afetou também a Alemanha, Suécia, Dinamarca, mas especialmente os Estados Unidos.

Sob a pressão de inquietações políticas (1848), os capitais europeus afluíram em massa para os Estados Unidos. Segundo um palpite de Schäffle, foram 1000 milhões de florins (F = ± 2 *Mark*) colocados em papéis americanos em 1849-1854. A Inglaterra sozinha tinha, em 1857, 80 milhões de libras em papéis americanos. Nos Estados Unidos enorme incremento. A guerra da Criméia interrompeu a exportação russa de cereal do que a América se aproveitou. Compra de terras do Estado e especulação – ao mesmo tempo, imigração em massa da Alemanha e Polônia russa para os Estados Unidos – 1852-1853 foram compradas terras do Estado nos Estados Unidos por 1,7 milhões de dólares, 1854-1856 por 20,4 milhões. Ao lado disso, grandiosas construções de ferrovias. 1856 ampliação da rede de ferrovias dos Estados Unidos em 4 ¹/2 mil milhas e muita prospecção. Os preços das mercadorias subiam, isso atraiu a importação. 1857 a importação de mercadorias cresceu em 32 milhões de dólares. [...] de algodão, alto preço do algodão, apesar disso, enorme ampliação da indústria algodoeira. Especulação colossal dos bancos americanos e dos importadores sobre as importações de mercadorias europeias.

1857 excelente safra na Europa e isso deu o empurrão para os Estados Unidos, [...] principalmente exportação de cereais. A bancarrota de um pequeno banco deu o sinal de pânico para todas as bolsas da América. Queda dos preços em XII 1857 em 20-30%.

A crise americana transplantou-se imediatamente para a Inglaterra. Em outubro, suspensão de pagamentos em um banco em Liverpool, a partir daí, pânico em toda a Inglaterra.

Daqui transportou-se instantaneamente para a França (o desconto constantemente 4% apenas 1847 5%, em XI 1857 10%!)

Concomitantemente seguiu-se a queda em Hamburgo, de lá para a Prússia e também para a Suécia e Dinamarca, e América do Sul com a qual Hamburgo tinha uma forte circulação.

Glossário de Nomes

AUER, Ignaz (1846-1907) nasceu em Dommelstadl, Alemanha. Era "seleiro" (*Sattler*), pessoa que fabricava e reparava selas e outros materiais de couro resistente. Um dos responsáveis pela união do partido em 1875, trabalhou muito tempo na organização do movimento operário, inicialmente na associação dos seleiros e depois no SPD. Foi membro da diretoria do partido desde 1890 e da fração do Reichstag entre 1898 e 1907. A unidade da organização era um princípio para ele, pertencendo ao grupo dos revisionistas em seus últimos anos de vida.

BARTELS, Friedrich Johann Carl (1871-1931) nasceu em Pommern, Alemanha. Era pintor (*Malerhandwerk*). Mudou-se para Hamburgo, onde representou o SPD em 1904, e em 1906 tornou-se secretário do partido para a região Schleswig-Holstein. Entrou para a direção do SPD em 1913.

BAUDERT, Friedrich Louis August (1860-1942) nasceu em Apolda, Alemanha. Era tecelão (*Strumpfwirker*). Trabalhou em diversas cidades, foi redator de vários jornais e cofundador da Liga de Trabalhadores Têxteis (Textilarbeiterverband). Parlamentar de 1898 a 1906 e depois eleito em 1912. De 1906 a 1919 foi secretário regional do partido em Thüringen. Em 1918, foi delegado no primeiro congresso de conselhos em Berlim.

BAUER, Otto (1881-1938) nasceu em Viena, Áustria. Estudou na Universidade de Viena e fez doutorado em área não identificada. Era da ala radical ao entrar para a social-democracia. Em seu escrito *Weg zum Sozialismus* (*Caminho para o Socialismo*), de 1919, defendia a transformação socialista sem a destruição econômica. Era a favor de uma assembleia nacional constituinte entre alemães e austríacos. Considerado um austromarxista.

290   ROSA LUXEMBURGO – CRISE E REVOLUÇÃO

Bebel, August Ferdinand (1840-1913) nasceu em Köln-Deutz, Alemanha. Era torneiro de madeira (*Drechsler*). Mudou-se para Leipzig em 1860 onde entrou em contato com o movimento operário. Tornou-se político, jornalista e dirigente do SPD tendo pertencido à direção de 1892 até a sua morte e eleito para o Reichstag desde 1877 até 1912. Bebel era a figura que tentava unificar o partido, construindo propostas de consenso. Dirigente da organização a vida toda, foi um grande orador e autor de livros muito lidos na época, como *Frau und der Sozialismus* (*A Mulher e o Socialismo*).

Bernstein, Eduard (1850-1932) nasceu em Berlim, Alemanha. Político e jornalista, membro do SPD desde sua fundação, em 1875. Em 1878, emigrou para a Suíça por causa das leis antissocialistas e depois para a Inglaterra, onde permaneceu de 1888 até 1901, quando pôde retornar para a Alemanha. Em Londres, estudou economia política com Engels. Durante todo o período, colaborou com numerosos jornais social-democratas, sendo uma das principais personagens do revisionismo. Foi deputado pelo Reichstag em 1902 e 1912.

Blume, Georg (1849-1921) nasceu em Hildesheim, Alemanha. Era carpinteiro (*Tischler*). Membro do SPD pelo menos desde 1880.

Bock, Friedrich Louis Wilhelm (1846-1931) nasceu em Großbreitenbach, Alemanha. Era sapateiro e fixou-se em Gotha em 1869. Em 1873, tornou-se presidente do Sindicato Alemão de Sapateiros (Deutsche Schuhmachergewerkschaft) e redator do jornal da instituição. Parlamentar no Reichstag pela social-democracia entre 1884 e 1887, 1890 e 1906 e eleito novamente em 1912. Era redator em Gotha.

Bömelburg, Theodor (1862-1912) nasceu em Westönnen, Alemanha. Era pedreiro (trabalhador qualificado) e líder sindical. Entrou no SPD em 1887 e foi eleito deputado em 1903 e 1907.

Braun, Otto (1872-1955) nasceu em Königsberg, hoje a província russa de Kaliningrado, que era da Prússia até o final da Segunda Guerra Mundial. Político e tipógrafo. Membro do SPD desde 1888, Braun teve diferentes cargos dirigentes na organização entre eles o de presidente do SPD na Prússia Oriental e membro da comissão de controle, também participou como redator de jornais e calendários.

Bruhl, Paul (1876-1950) nasceu em Hirschberg, Alemanha. Era serralheiro de máquinas (*Maschinenschlosser*). Foi secretário do partido desde 1912 e, em 1912-1913, pertenceu à direção. Pertenceu ao USPD retornando ao antigo partido em 1922. Foi membro da assembleia nacional constituinte de 1919-1920.

GLOSSÁRIO DE NOMES   291

CALWER, Richard (1868-1927) nasceu em Esslingen, Alemanha. Formado em teologia e economia política, cursou as universidades de Tubingen, München e Berlin, entrando para a redação do jornal social-democrata *Braunschweiger Volksfreund* em 1891. Era defensor do revisionismo, mas independente de Bernstein, divulgando suas ideias publicamente, o que levou a divergências com a direção e sua saída da organização em 1909. Mesmo assim, continuou muito próximo ao movimento operário, chefiando a seção sobre economia de jornais da Comissão Geral (Generalkommission) dos sindicatos da Alemanha. Defendia, com David, a aliança com deputados burgueses.

DAVID, Eduard Heinrich Rudolph (1863-1930) nasceu em Ediger, Alemanha. Estudou para trabalhar no comércio, mas já na época se juntou aos socialistas e em 1893 fundou um jornal. Ao entrar para o partido, perdeu seu cargo de professor ginasial e adquiriu proeminência na discussão social-democrata acerca de uma política agrária para os camponeses. Foi parlamentar pelo SPD desde 1903 até 1930. Participou ativamente na formulação da política do partido durante o período da guerra e, após a revolução, foi o primeiro presidente da Assembleia Nacional de Weimar em 1919.

EBERT, Friedrich (1871-1925) nasceu em Heidelberg, Alemanha. Era "seleiro" (*Sattler*). Entrou na vida sindical por influência de um tio e em 1889 foi secretário de atas (*Schriftführer*) da Liga dos Seleiros. Desde 1893, pertenceu à comissão de imprensa do *Bremer Bürger-Zeitung*. Teve cargos sindicais, sendo muito ativo em atividades dessas organizações. Em 1905, entrou para a direção do partido como secretário. Foi eleito deputado para o Reichstag em 1912 e escolhido presidente do partido no ano seguinte. Em 1918, declarou a república na Alemanha e destituiu a monarquia ao mesmo tempo em que Karl Liebknecht, mesmo a contragosto, o fez somente para evitar maior radicalização. Foi também responsável, junto com Gustav Noske, pela derrota do levante em Berlim em 1919 e pelas mortes de Liebknecht e Luxemburgo. Assumiu a presidência em fevereiro de 1919, permanecendo até o final de 1924.

ECKSTEIN, Gustav (1875-1916) nasceu em Viena, Áustria. Estudou na Universidade de Viena e fez doutorado em Direito. Uniu-se à social-democracia ainda na faculdade, influenciado pelo movimento pelo sufrágio. Trabalhou (*Mitarbeiter*) no *Vorwärts, Leipziger Volksblatt, Kampf* e *Neue Zeit*. Em 1910, lecionou na escola do partido e logo em seguida assumiu a redação da *Neue Zeit*. Considerado austromarxista.

EICHHORN, Emil (1863-1925) nasceu em Röhrsdorf, Alemanha. Era mecânico até se tornar funcionário do partido em 1893 como redator em Dresden, depois em Mannheim em 1900, entre outros cargos. Foi deputado no Reichstag entre 1903 e 1911 e era próximo dos radicais. Integrou o USPD em 1917 e esteve ao lado dos radicais na revolução de 1918 como chefe de polícia em Berlim. Em 1920, foi deputado pela bancada comunista.

292 ROSA LUXEMBURGO – CRISE E REVOLUÇÃO

EISSNERT, Leonhard (1866-1949) nasceu em Reichenberg, Alemanha. Era carpinteiro e entre 1897 e 1920 foi comerciante de cigarros e também de livros. Presidente da comissão de imprensa do jornal *Abendblattes* em Offenbacher a. M. entre 1910 e 1914.

ELM, Johann Adolph v. (1857-1916) nasceu em Hamburg, Alemanha. Fazia cigarros. Aos 20 anos, foi membro do movimento socialista como sindicalista e teve que emigrar na época das leis antissocialistas, passando quatro anos nos Estados Unidos. Depois da revogação das leis, ajudou a fundar a Comissão Geral dos Sindicatos Alemães (*Generalkommission*). Entre 1894 e 1907 foi membro do Reichstag. Teve inúmeras iniciativas reformistas, como a fundação da cooperativa de consumo em Hamburgo.

ERNST, Eugen (1864-1954) nasceu em Murowana-Goslin, na província de Posen, que pertenceu desde 1918 à Polônia. Era tipógrafo de formação. Entrou para o SPD em 1886 após começar a participar do movimento sindical. Foi *Verstrauensmann* (administrador) do distrito eleitoral de Berlim 6 entre 1897-1900 e 1902-1905. De 1903 a 1918 foi zelador da tipografia do *Vorwärts*. Após a revolução, em 1919, tornou-se ministro e presidente da polícia em Berlim e também participou da Assembleia de 1919 a 1920. Já na Alemanha Oriental, foi membro do Sozialistische Einheitspartei Deutschlands (SED – Partido Socialista Unificado da Alemanha) e publicou uma autobiografia em 1946.

FISCHER, Richard (1855-1926) nasceu em Kaufbeuren, Alemanha. Era tipógrafo de formação e se filiou ao SPD em 1873. Foi eleito para o Reichstag em todas as eleições de 1893 a 1912 pelo distrito de Berlim 2, mas sua cidade natal localiza-se na Baviera, ao sul do país. Trabalhou na impressão do jornal *Die Sozialdemokrat* em Zurique e Londres de 1880 a 1890 quando passou a secretário da direção. E em 1893 tornou-se gerente da livraria-editora *Vorwärts* e em seguida da livraria e tipografia Paul Singer. Membro da direção de 1907 a 1912 e redator da Assembleia Nacional de 1919-1920.

FRIEDEBERG, Raphael (1863-1940) nasceu em Tilsit, Prússia oriental (atualmente Rússia). Era médico, judeu e membro do SPD. Foi o primeiro dono do *Sozialistische Monatshefte*. Militante ativo das causas da saúde. Durante sua atividade política mudou seu pensamento aproximando-se mais do anarquismo, especialmente no período de 1904-1905, início de sua desilusão com o SPD e sua política parlamentarista, bem como com o sindicalismo pouco ativo. Aproximou-se, então, dos sindicalistas de oposição em Berlim, defendia a greve geral e o sindicalismo antiparlamentar. Em 1907, participou do III Congresso Internacional de Anarquistas, em Amsterdam, e foi expulso do SPD. Militou até 1909, depois se dedicou à carreira médica.

FROHME, Karl Franz Egon (1850-1933) nasceu em Hannover, Alemanha. Era engenheiro-mecânico de formação, mas dedicou-se à política e à escrita. Ingressou no SPD na sua fundação, em 1875, e desde então foi membro de diferentes redações de jornais social--democratas. Foi membro do Reichstag de 1881 a 1920. Pertencia à ala reformista do partido.

GERISCH, Karl Alwin (1857-1922) nasceu em Rautenkranz, Alemanha. Formou-se engenheiro-mecânico em 1874 e entrou para o SPD logo depois, militando no movimento dos trabalhadores concomitantemente. Em 1890, tornou-se presidente do partido ao lado de Paul Singer e em 1892 tornou-se tesoureiro, cargo em que ficou até 1912. Foi eleito para o Reichstag em 1894 e 1903 e apoiou a maioria na questão dos créditos de guerra com o argumento de que a guerra era contra o reacionarismo russo, opondo-se a conquistas por parte da Alemanha.

GEYER, Friedrich August Karl (1853-1937) nasceu em Großenhain, Alemanha. Fabricava charutos (*Zigarrenmacher*) e entrou para o sindicato da categoria em 1868 sendo membro da direção da seção na Saxônia entre 1869 e 1874. Entrou para o SPD logo em sua criação e fundou uma fábrica de charutos com outros social-democratas em 1882. Trabalhou em redações de jornais socialistas e sindicais. Co-fundador do USPD em 1917, migrou para o KPD em 1920, mas o deixou também por não participar da revolta de março.

GRUMBACH, Salomon (1884-1952) nasceu em Mulhausen, Alsácia, à época pertencente à Alemanha e hoje à França. Filiou-se ao SPD em 1902. Foi enviado a Paris em 1908 como correspondente do *Vorwärts* e lá permaneceu até 1914. Recusou-se a se alistar no exército alemão, fugindo para Genebra, onde continuou sua atividade para o partido. Foi preso nos anos 1940 durante a ocupação nazista da França e se alistou na resistência.

GRUNBERG, Helene (1874-1928) nasceu em Berlim, Alemanha. Era alfaiate. Entrou no SPD em 1890 e em 1896 entrou para o movimento sindical, organizando principalmente as faxineiras. Foi a primeira mulher a ser secretária remunerada do movimento operário.

HAASE, Hugo (1863-1919) nasceu em Allenstein, Prússia oriental (atualmente Polônia). Era advogado. Foi membro da direção do SPD entre 1911 e 1916 e ajudou a fundar o USPD em 1917. Defendia os princípios do partido acima de tudo e representava a síntese do programa de Erfurt, era pela unidade, pacifista e combatia a militarização e o imperialismo. Foi eleito com o apoio da esquerda, mas não abriu mão da advocacia, exercendo a função apenas em meio período.

HEINE, Wolfgang. (1861-1944) nasceu em Posen, anexação alemã das partições da Polônia. Era advogado, político e escritor. Foi membro do Reichstag entre 1898 e 1918. Era contra qualquer justiça classista, aquela que representa interesses de uma classe específica. Para os marxistas, o termo *Klassenjustiz* é usado para a justiça que defende a burguesia,

294   ROSA LUXEMBURGO — CRISE E REVOLUÇÃO

mas, como reformista, Heine achava que uma justiça que atendesse aos interesses da classe trabalhadora não deveria ser o objetivo da social-democracia. Pertencia à ala direita do partido e trabalhou para o *Sozialistische Monatshefte* e o *Berliner Tageblatt*. Participou do governo após a revolução de 1918.

HELPHAND, Alexander (1867-1924) nasceu na Rússia, conhecido como Parvus. Foi o primeiro imigrante do leste europeu a ser reconhecido na social-democracia alemã como um teórico e político importante. Era contra o revisionismo e acreditava que a luta deveria ter objetivos políticos práticos para transformar o Estado por dentro, alcançando posições de poder e as utilizando como alavancas para a revolução.

HENKE, Alfred (1868-1946) nasceu em Altona, Alemanha. Trabalhava com charutos (*Zigarrenarbeiter*) e militava no movimento sindical com os trabalhadores do tabaco. Transformou-se em redator de 1900 a 1922 do *Bremer Bürger-Zeitung* e foi eleito para o Reichstag em 1912, participando também da Assembleia Nacional em 1919. Encontrava-se na ala esquerda do partido trabalhando conjuntamente com Luxemburgo, Mehring e Pannekoek em diversos momentos. Foi para o USPD em 1917 com a divisão do partido, retornando com a reunificação em 1922. Durante a Revolução Alemã teve importante papel na república dos conselhos formada em Bremen (*Bremer Räterepublik*), com o ataque das tropas do governo, envolveu-se na Assembleia Nacional.

HILFERDING, Rudolf (1877-1941) nasceu em Viena, Áustria. Doutor em medicina pela Universidade de Viena. Por volta de 1901, entrou no movimento social-democrata e em 1902 trabalhou para a revista *Die Neue Zeit*. Em 1906 tornou-se professor na escola do partido, mas precisou deixar logo a atividade por causa da perseguição da polícia prussiana, passando a redator do *Vorwärts*. Em 1910, publicou sua obra *Das Finanzkapital* (*O Capital Financeiro*) que refuta a ideia de colapso econômico, embora defenda que a fase do capital financeiro (controle do capital industrial pelos bancos) era a última do capitalismo, no entanto, o fim do sistema viria apenas com uma luta política, enfatizando a subjetividade. Foi contra a concessão dos créditos de guerra pela social-democracia. Chamado para ser médico na guerra em 1915, teve que sair da redação do *Vorwärts* e ingressou no USPD apenas em 1919, após o fim do conflito, retornando ao SPD em 1922. Exilou-se na França e ao ser descoberto pela polícia francesa em 1941, foi entregue aos funcionários alemães e assassinado pela Gestapo. Depois de 1919, desenvolveu a teoria do "capitalismo organizado" segundo a qual a social-democracia poderia desenvolver reformas estruturais pacificamente, modificando o funcionamento do sistema, mas sem derrubá-lo propriamente.

HOCH, Gustav (1862-1942) nasceu em Neubruck (Posen), anexação alemã das partições da Polônia. Estudou ciência política (*Staatswissenschaft*) e ingressou no SPD em 1888.

Trabalhou em jornais do partido como o *Frankfurter Volksstimme* na década de 1890, era também redator de jornais sindicais e colaborava às vezes com o *Die Gleichheit*, jornal feminista do SPD. Foi eleito como deputado do Reichstag em 1898, 1907 e 1912, participando também da Assembleia Nacional em 1919-1920. Morreu em um campo de concentração por ter origem judia.

KAUTSKY, Karl (1854-1938) nasceu em Praga, na época parte do Império Austro-Húngaro, atualmente capital da República Tcheca. Jornalista e teórico socialista. Aderiu ao socialismo por volta de 1875 através da amizade com Eduard Bernstein na época da unificação dos partidos Allgemeiner Deutscher Arbeitsverein de Ferdinand Lassale e Sozialistische Arbeiter Partei Deutschlands (SAPD) de August Bebel e Wilhelm Liebknecht para a formação do SPD. Fundou a revista científica do SPD, *Die Neue Zeit*, em 1883. É reconhecido como o teórico da social-democracia alemã e permaneceu entre o revisionismo e o radicalismo durante a década de 1910. Tornou-se membro do USPD em 1917.

KOLB, Wilhelm (1870-1918) nasceu em Karlsruhe, Alemanha. Era pintor, mas trabalhou em diversas funções no SPD. A partir de 1899, foi redator do *Karlsruhe Volksfreund*. Era dirigente do partido em sua cidade e defendia a posição reformista, fazendo alianças locais na câmara da região por ser deputado nos parlamentos regionais.

LEDEBOUR, Georg (1850-1947) nasceu em Hannover, Alemanha. Trabalhou como comerciante em Hannover. Iniciou sua militância política em partidos liberais, mas se decepcionou com a inatividade deles e entrou para o SPD em 1891. Era crítico ao sistema imperial e contra alianças com partidos burgueses. Posição que defendeu no Reichstag entre 1900 e 1918. Com a guerra, colocou-se na oposição e se filiou ao USPD em 1917. Permaneceu até o final da vida em uma posição entre os comunistas e os social-democratas, opondo-se a Lenin e recusando a reunificação do USPD com o SPD.

LEGIEN, Carl Rudolf (1861-1920) nasceu em Marienburg, pertencente à Prússia na época (atualmente Polônia). Era torneiro de madeira (*Drechsler*), trabalhando alguns anos no ofício através do qual iniciou suas atividades na social-democracia, ingressando no partido em 1885. Ingressou também no movimento sindical para o qual trabalhou complementando o pouco que recebia com ocupações de meio período como torneiro. Ao ser escolhido para a *Generalkommission* em 1891 dedicou-se exclusivamente às atividades políticas. Foi também deputado pelo SPD no Reichstag em 1893, 1903, 1907 e 1912. Juntou-se aos apoiadores da política de união nacional, *Burgfrieden*.

LENSCH, Paul (1873-1926) nasceu em Potsdam, Alemanha. Estudou economia política (*Nationalökonomie*), formou-se doutor. Entrou em contato com a obra de Marx e Hegel

296   ROSA LUXEMBURGO – CRISE E REVOLUÇÃO

durante os estudos, engajando-se no marxismo científico. Em 1902 tornou-se redator do *Leipziger Volkszeitung* e de 1908 a 1913 foi chefe-redator do mesmo jornal. Influenciado por Mehring e Luxemburgo tornou-se um marxista radical, opondo-se ao revisionismo e à teoria da adaptação. Em 1913, retirou-se de suas funções no jornal para tomar posse como deputado eleito para o Reichstag em 1912. Em 1914, era um dos 14 deputados do SPD contra a concessão dos créditos de guerra. Mas logo depois mudou da ala esquerda radical para a direita nacionalista. A guerra para ele significava a luta da Alemanha desenvolvida contra a Inglaterra imperialista que queria barrar o socialismo. A vitória na guerra levaria ao desenvolvimento de um Estado democrático e ajudaria na vitória do socialismo. Ele defendia um socialismo nacional, mas ficou isolado mesmo dentro do SPD. Foi expulso do partido em 1922 pelas críticas que fazia em um jornal defensor da indústria, *Deutschen Allgemeinen Zeitung*, promovendo sua ideia do socialismo como racionalização da economia.

LIEBKNECHT, Karl (1871-1919) nasceu em Leipzig, Alemanha. Filho de Wilhelm Liebknecht. Estudou direito e economia política em Leipzig. Cumpriu um ano de serviço militar como voluntário e, depois do doutorado, abriu uma firma de advocacia com o irmão Theodor em Berlim (1899). Entrou para o SPD em 1900 participando da câmara de Berlim até 1913 e foi eleito deputado para o Reichstag em 1912. Era conhecido por seu trabalho como advogado político, principalmente para o movimento operário russo. Iniciou sua militância contra o militarismo após a publicação de um livro, em 1907, permanecendo preso por isso até 1909. Em 1911, fez uma viagem para agitação política aos Estados Unidos. Rompeu com a disciplina partidária em dezembro de 1914 e foi o único deputado a rejeitar os créditos de guerra no Reichstag. A partir daí engajou-se fortemente na luta contra a guerra até que foi condenado a 4 anos e 1 mês de prisão em 1916, mesmo ano em que foi expulso do SPD. Solto em 1918, declarou a república socialista na revolução de novembro. Defendia a soberania dos conselhos e foi um dos líderes da radicalização de janeiro de 1919, tendo sido assassinado no dia 15 desse mês com Rosa Luxemburgo a mando do governo social-democrata.

LIEBKNECHT, Wilhelm (1826-1900) nasceu em Giessen, Alemanha. Estudou filosofia e foi professor em Zurique. Lutou na revolução de 1848 e na defesa da constituição no batalhão de trabalhadores. Fugiu para a Suíça em 1849 e trabalhou na associação de trabalhadores em Genebra. Preso e expulso do país em 1850, viveu até 1862 em Londres aproximando-se da família Marx. Em 1869, em Eisenach, fundou o Partido Social-democrata dos Trabalhadores (Sozialdemokratische Arbeiterpartei) junto com August Bebel. Permaneceu preso de 1872 a 1874, tendo sido eleito para o Reichstag neste ano. Participou da unificação de seu partido com a associação de Lassalle, em 1875, criando o SPD e desde 1876 tornou-se dirigente do jornal central *Vorwärts*. Ao lado de Bebel, foi um dos principais dirigentes do SPD inclusive no Reichstag, ao qual pertenceu de 1888 até sua morte. Defendia a democracia como pressuposto do socialismo. Representava a ortodoxia marxista dentro do partido e circulava entre revisionistas e revolucionários. No final da vida, condenou a política colonial publicamente. Pai de Karl Liebknecht.

MARCHLEWSKI, Julian (1886-1925) nasceu em Włocławek, Polônia. Fez o *Abitur* (exame do final do ensino médio), mas por problemas econômicos da família, tornou-se tintureiro (*Färbereiarbeiter*). Conheceu Luxemburgo em 1893, em Zurique, depois que saiu da prisão, fundando com ela e Jogisches o que viria a ser o SDKPiL. Depois da revolução de 1905, quando foi para Warschau, escrevia artigos principalmente sobre economia política. Foi colaborador do *Leipziger Volkszeitung* até 1913, em 1914 tornou-se correspondente econômico do *Bremer Bürger-Zeitung* e fundador do *Sozialdemokratischen Korrespondenz* junto com Luxemburgo e Mehring. Durante a guerra, pertenceu à Liga Spartakus e participou do comitê central do KPD em 1919. Até sua morte trabalhou para a diplomacia soviética. Estava em tratamento na Itália quando morreu por problemas de saúde antigos. Utilizava o pseudônimo de Jan Karski.

MEHRING, Franz (1846-1919) nasceu em Schlawe, Pomerânia. Pertencia à Alemanha até 1945 (atualmente Polônia). Estudou filologia clássica em Leipzig. Mudou para a Universidade de Berlim e se juntou ao movimento de burgueses radicais em 1868. Distanciou-se cada vez mais deles, especialmente por ser contra a Guerra Franco-Prussiana em 1871. Defendia os trabalhadores e sua obra histórica tem grande influência de Lassalle. Depois de muitos anos de debates e discussões com a social-democracia, de momentos de aproximação e afastamento, entrou para o SPD em 1891. Entre 1891 e 1912, escreveu o editorial (*Leitartikler*) da revista *Die Neue Zeit*, de 1902 a 1907 foi redator-chefe do *Leipziger Volkszeitung* e contribuía também para o *Vorwärts* e o *Die Wahre Jacob*. Foi também professor da escola do partido entre 1906 e 1910. A partir de 1912, cresceu sua oposição à direção e à maioria do partido, ficando em 1914 no grupo de oposição do SPD. Em 1916, fundou a Liga Spartakus e participou da criação do KPD em 1918-1919. Morreu em janeiro de 1919, logo após as mortes de Liebknecht e Luxemburgo.

MICHELS, Robert (1876-1936) nasceu em Colônia, Alemanha. Estudou história e economia política. Frequentou círculos acadêmicos, tornou-se doutor e professor da Universidade de Basel em 1914. Em 1903, entrou para a social-democracia alemã e saiu logo em 1907 por divergências práticas e teóricas, publicando um livro, em 1911, que é uma análise sociológica dos partidos políticos a partir de sua experiência no SPD, *Zur Soziologie des Parteiwesens* (*Os Partidos Políticos*). Engajou-se no nacionalismo italiano entrando no partido fascista de Mussolini em 1922.

MOLKENBUHR, Hermann (1851-1927) nasceu em Wedel, Alemanha. Desde criança trabalhou como operário, inicialmente em uma fábrica de chicória (produto parecido com

298   ROSA LUXEMBURGO – CRISE E REVOLUÇÃO

café, mas à base de raízes) e depois como fabricante de charutos. Por isso, sua formação escolar foi escassa, mas estudou sozinho política, economia e literatura e entrou em contato com as idejas de Lassalle ingressando em sua organização (ADAV) em 1871. Após as leis antissocialistas, encontrou dificuldades para trabalhar e emigrou para os Estados Unidos, em 1881, retornando em 1884. Depois de 1890, participou da redação do *Hamburger Echos*, foi secretário da direção em 1904, permanecendo como membro do órgão até sua morte. De 1890 a 1924, foi deputado no Reichstag. Apoiou a aprovação dos créditos de guerra em 1914 ao lado da direita do partido, representada por Eduard David.

MÜLLER, Adolf (1863-1943) nasceu em Witlich, Alemanha. Estudou medicina e economia política, mas terminou dedicando-se ao trabalho de jornalista. Foi chefe de redação do jornal *Münchener Post* entre 1895 e 1919, desenvolvendo-o como representante da linha reformista dos membros do SPD que vinham do sul do país, além de fazer o jornal se expandir muito além de sua região, tornando-se o redator mais bem pago da social-democracia alemã. Colaborou muito com o esforço de guerra procurando influenciar outros partidos social-democratas a favor da Alemanha. Tornou-se funcionário da diplomacia após 1919.

MÜLLER, Hermann (1876-1931) nasceu em Mannheim, Alemanha. Não pôde terminar os estudos e se tornou comerciante, tendo se aproximado da social-democracia através do interesse pela filosofia de Feuerbach, colocando-se inicialmente à esquerda dentro do partido. Sua trajetória foi a de um funcionário do partido passando por redações, associações de amparo, organizações locais até se tornar secretário da direção em 1907. Com o tempo passou para a direita do partido, em colaboração com Ebert, atuando como censor interno do *Vorwärts* durante a guerra. Foi eleito presidente do partido em 1919 e se tornou chanceler em 1920 e de 1928 a 1930.

NIEUWENHUIS, Domela (1846-1919). Importante socialista holandês da Sociaal-Democratische Bond (SDB – Liga Social-democrata). Publicou um resumo popular de *O Capital* com a autorização do próprio Marx, em 1881. Segundo Guérin, era um socialista de tendência libertária e defendia uma greve geral em caso de guerra, proposição feita em 1891 e 1893 nos congressos da Internacional Socialista.

NOSKE, Gustav (1868-1946) nasceu em Brandenburg, Alemanha. Aprendeu a fazer balaio. Era um autodidata e a partir disso engajou-se no movimento operário. Ingressou no partido em 1884, sendo mais ativo politicamente a partir de 1897, trabalhando em jornais locais até ser eleito para o Reichstag em 1906, onde permaneceu até 1920. Era um pragmático que não se interessava pelos debates teóricos do partido. Apoiou a posição da maioria do SPD na guerra e negociou o fim da revolução. Montou os *Freikorps* (corpos francos) e foi responsável pelas mortes de Liebknecht e Luxemburgo em 1919.

GLOSSÁRIO DE NOMES 299

PANNEKOEK, Anton (1873-1960) nasceu em Vaassen, Holanda. Astrônomo. Até os anos 1920, Pannekoek era uma personagem conhecida do movimento operário. Sua maturidade política acompanhou o auge da social-democracia, tendo participado dos movimentos socialistas alemão e holandês. Antes de 1914, colaborou para a *Die Neue Zeit* e ensinou na escola do partido. Junto com Rosa Luxemburgo foi um dos líderes da ala esquerda do SPD. Com o início da guerra chamou a atenção para a necessidade de formar uma nova Internacional e foi uma figura importante no movimento de *Zimmerwald*. Articulou uma forte crítica ao leninismo e propunha um outro tipo de comunismo como proeminente teórico do KAPD. De 1920 até sua morte permaneceu ativo como intelectual do comunismo conselhista.

PFANNKUCH, Wilhelm (1841-1923) nasceu em Kassel, Alemanha. Foi carpinteiro (*Tischler*) por 20 anos. Foi redator de diferentes jornais sindicais. Co-fundador da Generalkommission em 1892. Foi membro da direção do SPD desde 1894 até sua morte. Eleito para o Reichstag em 1884, 1898, 1903 e 1912. Na revolução alemã, defendeu Ebert e Scheidemann.

PÉUS, Heinrich (1862-1937) Elberfeld, hoje Wuppertal, Alemanha. Era escritor, fundou a cooperativa de consumo de Dessau em 1901 e foi eleito para o Reichstag em 1903 e 1912.

QUESSEL, Ludwig (1872-1931) nasceu em Königsberg, hoje a província russa de Kaliningrado, que era pertencente à Prússia até o final da Segunda Guerra Mundial. Estudou direito, economia política e ciências sociais. Trabalhou de assistente de relojoeiro. Foi eleito para o Reichstag, pelo SPD, em 1912.

SCHEIDEMANN, Philipp (1865-1939) nasceu em Kassel, Alemanha. Era tipógrafo, entrou para a Liga dos Tipógrafos (Buchdruckerverband) e para o SPD aos 18 anos. Desistiu de sua profissão e em 1895 passou a viver de cargos dentro do partido, inicialmente em redações de jornais. Membro da bancada parlamentar desde 1903, presidiu-a em 1913 após a morte de August Bebel. Também integrou a direção do partido a partir de 1911.

SCHIPPEL, Max (1859-1928) nasceu em Chemnitz, Alemanha. Estudou filosofia, economia política (*Volkswirtschaft*) e ciência política (*Staatswissenschaft*). Entre 1885-1886 entrou em contato com o SPD na câmara de comércio de Dresden. Trabalhou para o *Volksblatt* de Berlin, *Volkstribune* e *Neuen Zeit*. Entre 1894-1895 foi redator do *Der Sozialdemokrat*. Desde 1897 até a morte colaborou para o *Sozialistischen Monatshefte* com o pseudônimo de Isegrim. Foi membro do Reichstag de 1890 até 1905 e integrava a ala reformista do partido, sendo contra o armamento do povo.

SCHMIDT, Robert (1864-1943) nasceu em Berlim, Alemanha. Fabricava pianos. Foi redator do *Vorwärts* de 1893 até 1903, depois secretário do Secretariado Central dos Trabalhadores em Berlim. De 1903 a 1919 foi membro e funcionário da Generalkommission.

300 ROSA LUXEMBURGO — CRISE E REVOLUÇÃO

Foi eleito para o Reichstag em 1893, 1903, 1907 e 1912. Em 1919, tornou-se ministro da alimentação e da agricultura.

SCHOENLANK, Bruno (1859-1901) nasceu em Muhlhausen, Alemanha. Estudou economia política, história e filosofia. Seguiu a carreira de jornalista e se tornou membro do SPD em 1883. Trabalhou em diversos jornais do partido e foi também agitador. Em 1893, foi eleito para o Reichstag. Assumiu a direção do *Leipziger Volkszeitung* em 1894 e transformou o jornal no mais importante do partido depois do *Vorwärts*.

· SCHOENLANK, Bruno Franz Georg Paul (1891-1965) nasceu em Berlim, Alemanha. Filho de Bruno Schoenlank. Era escritor. Entre 1911 e 1913, foi um membro ativo do SPD e próximo de Rosa Luxemburgo. Foi membro do USPD entre 1917 e 1922, retornando ao SPD em 1922.

SILBERSCHMIDT, Hermann (1866-1927) nasceu em Muhlbock, que pertencia à Prússia (atualmente Polônia). Era pedreiro. Empregado na Liga dos Pedreiros Alemães desde 1898 e membro do SPD desde 1887. Eleito para o Reichstag em 1912.

SINGER, Paul (1844-1911) nasceu em Berlim, Alemanha. Filho de comerciante judeu. Trabalhou em fábricas de tecido e chegou a possuir a sua própria, que foi fechada por causa de sua atividade política. Militou desde 1868 com August Bebel e Wilhelm Liebknecht. Fundou o jornal oficial do SPD em 1884, *Vorwärts*, que tinha o nome de *Berliner Volksblatt*. Foi parlamentar no Reichstag e membro da direção do partido de 1884 a 1911.

STADTHAGEN, Arthur (1857-1917) nasceu em Berlim, Alemanha. Filho de judeus, advogado. Advogou entre 1884 e 1892, quando perdeu sua licença por causa de um discurso proferido em Leipzig com críticas ao sistema judiciário. Entrou para a social-democracia entre 1884 e 1887 e foi deputado pelo SPD em 1890, 1893, 1898, 1903, 1907 e 1912. Opôs-se ao partido durante a guerra e sofreu sanções por isso, tendo sido retirado da redação do *Vorwärts*. Foi expulso com outros 17 da bancada do SPD no Reichstag em março de 1916 e fundou um grupo com Hugo Haase, que depois se juntou ao USPD em 1917. Lecionou na escola do partido desde 1906 até sua saída.

STUCKLEN, Daniel (1869-1945) nasceu em Nuremberg, Alemanha. Era *Feingoldschläger* (provavelmente, dourador). Entrou no SPD em 1886. Morou por um período em Budapeste e militou na social-democracia húngara. Respondeu a vários processos por ofensa à majestade. Exerceu mandato parlamentar em 1903, 1907 e 1912 no Reichstag.

SUDEKUM, Albert (1871-1944) nasceu em Wolfenbuttel, Alemanha. Estudou ciência política (*Staatswissenschaft*) e economia política. Entrou para o SPD por volta de 1895 sob influência de Vollmar. Trabalhou em diferentes órgãos de imprensa do partido e foi deputado no Reichstag pelo SPD de 1900 até 1912.

VOLLMAR, Georg von (1850-1922) nasceu em Veltheim, Alemanha. Foi político, escritor e colaborador de diferentes jornais. Foi deputado pelo Reichstag e pelos Landtag da Saxônia e da Baviera. Defendia desde 1891 a atuação do SPD para a conquista de reformas, fazendo alianças com partidos burgueses quando possível e era assim que atuava na Baviera.

WELS, Otto (1873-1939) nasceu em Berlim, Alemanha. Foi presidente do SPD em 1919 e deputado do partido desde então. Imigrou em 1933, retornando para Paris em 1938, onde morreu. Era próximo de Gustav Noske nos anos da república.

WENGELS, Robert (1850-1930) nasceu na Alemanha. Era tecelão (*Strumpfwirker*). Trabalhou para o *Vorwärts* em 1895 e foi membro da direção entre 1901 e 1914.

ZETKIN, Clara (1857-1933) nasceu em Wiederau, Alemanha. Filha de professor em uma pequena vila, ela mudou com a família para Leipzig em 1872 e entrou para o SPD por influência do marido, Ossip Zetkin, que morreu em 1891. Morou em Zürich e Paris. Iniciou a militância na pauta feminina da social-democracia em 1889 acreditando que a questão da classe e da mulher não se separavam e que era necessário um movimento feminista classista, rejeitando, assim, qualquer aliança com o movimento feminista burguês. Participou de diversas órgãos do partido. Entre 1891 e 1917 foi redatora do jornal *Die Gleichheit*. Em 1917, juntou-se ao USPD e em 1919 ao Kommunistischen Partei Deutschlands (KPD – Partido Comunista Alemão). Entre 1927 e 1929 foi membro do comitê central do KPD e de 1920 a 1933 foi deputada no Reichstag pelo mesmo partido. Em janeiro de 1933, Zetkin vai para Moscou onde morre em seguida.

ZIETZ, Luise (1865-1922) nasceu em Bargteheide, Alemanha. Filha de tecelões, trabalhou como empregada doméstica (*Dienstmädchen*) e em uma fábrica de tabaco. Posteriormente, tornou-se professora de jardim de infância. Ingressou no partido em 1892 e desde então lutou pela causa feminista, rejeitando qualquer proximidade com as mulheres burguesas. Foi a primeira mulher a integrar a direção do SPD, em 1908. No entanto, apoiou a política do partido durante a guerra, encorajando mulheres a ajudarem no esforço de guerra, o que lhe rendeu muitas críticas da esquerda. No final do conflito, integrou o USPD, mas afastou-se cada vez mais da esquerda, distanciando-se também de Clara Zetkin e permanecendo em uma posição de centro até o fim da vida.

Fontes

Friedrich Ebert Stiftung. Archiv der sozialen Demokratie.

Verhandlugen des Deutschen Reichstags.

_____. *Reichstags-Handbuch*, 12. Legislaturperiode, Berlim, 1907.

_____. *Reichstags-Handbuch*, 13. Legislaturperiode, Berlim, 1912.

_____. *Reichstags-Handbuch*, 1. Wahlperiode 1920, Berlim, jul. 1920.

_____. *Reichstags-Handbuch*, 3. Wahlperiode 1924, Berlim, 1925.

_____. *Reichstags-Handbuch*, 4. *Wahlperiode*, Berlim, 1928.

_____. *Reichstags-Handbuch*, 5. Wahlperiode 1930, Berlim, 1930.

_____. *Handbuch der verfassunggebenden deutschen Nationalversammlung Weimar 1919*, Berlim, 1919.

Die Wahre Jacob: *Illustrierte Zeitschrift für Satire, Humor und Unterhaltung*, n. 830, ano 35, 1918.

Gedenkstätte *Deutscher Widerstand*.

Base de dados *BIOSOP-Online, Biographien deutscher Parlamentier 1848 bis heute*.

Österreichisches *Biographisches Lexikon*.

Sächsische *Biographien*.

Deutsche *Biographie*.

Pressemappe *20. Jahrhundert*.

Lane, A. Thomas, *Biographical Dictionary of European Labor Leaders*, vol. 1, New York, Greenwood Press, 1995.

Schorske, Carl E. *German Social Democracy: 1905-1917: The Development of the Great Schism*. Cambrigde, Harvard University Press, 1993.

Secco, Lincoln. "Notas para a História Editorial de *O Capital*", *Novos Rumos*, ano 17, n. 37, 2002.

Gerber, John. *Anton Pannekoek and the Socialism of Workers' Self-Emancipation, 1873-1960*, Amsterdã, Kluwer Academic Publishers; International Institute of Social History, 1989.

Bibliografia

ABENDROTH, Wolfgang. *Storia Sociale del Movimento Operario Europeo*. Torino, Einaudi, 1971.

ANDERSON, Perry. *Linhagens do Estado Absolutista*. São Paulo, Brasiliense, 2004.

ANDRADE, Joana El-Jaick. *O Revisionismo de Eduard Bernstein e a Negação da Dialética*. Departamento de Sociologia, Universidade de São Paulo, São Paulo, 2006, 210f. Dissertação de Mestrado.

ANGELL, Norman. *The Great Illusion: A Study of the Relation of Military Power to National Advantage*. New York; London, G. P. Putnamis Sons, 1913. Disponível em: http://www.gutenberg.org/files/38535/38535-h/38535-h.htm. Acesso em: 9.dez.2014.

ANTUNES, Jadir. "Os Esquemas de Reprodução de Marx e a Crítica Não-Dialética de Rosa Luxemburg". *Veritas*. vol. 57, n. 1, jan.-abr. 2012, pp. 52-70, Porto Alegre.

ARTHMAR, Rogério. "A Economia Clássica contra os Fatos ou Sismondi entre Ricardianos". *Economia e Sociedade*. vol. 18, n. 2 (36), ago 2009, pp. 261-285, Campinas.

BARAN, Paul & SWEEZY, Paul M. *El Capital Monopolista: Ensayo Sobre el Orden Economico y Social de Estados Unidos*. México, Siglo Veintiuno, 1988.

BAUER, Otto. *Die Nationalitätenfrage und die Sozialdemokratie*. Wien, Verlag der Wiener Volksbuchhandlung Ignaz Brand, 1907.

BELLOFIORE, Riccardo (org.). *Rosa Luxemburg and the Critique of Political Economy*. London; New York, Routledge, 2009.

BERNSTEIN, Eduard. *Die Voraussetzungen des Sozialismus und die Aufgaben der Sozialdemokratie*. Berlin, Dietz Verlag, 1991.

_____. *Socialismo Evolucionário*. Rio de Janeiro, Instituto Teotônio Vilela; Jorge Zahar Editor, 1997.

BORN, Karl Erich. *Von der Reichsgründung bis zum Ersten Weltkrieg. Handbuch der deutschen Geschichte*, Band 16. München, Deutschen Taschenbuch Verlag, s.d.

BUKHARIN, Nikolai Ivanovitch. *A Economia Mundial e o Imperialismo: Esboço Econômico*. Trad. Raul de Carvalho. São Paulo, Nova Cultural, 1988.

BULLETIN Périodique du Bureau Socialiste International: 1909-1913. Genebra, Minkoff, 1979.

BLUM, Mark E. *The Austro-Marxists, 1890-1918*. S.l., The University Press of Kentucky, 1985.

BREMBERGER, Marília Pássaro. "As Leis Antissocialistas de Bismarck". *Mouro Revista Marxista*, ano 4, n. 7, set. 2012, pp. 155-166.

CARONE, Edgar. *A II Internacional Pelos Seus Congressos (1889-1914)*. São Paulo, Editora Anita/Edusp, 1993.

_____. *República Velha (Instituições e Classes Sociais)*. São Paulo, Difusão Europeia do Livro, 1970 (Coleção Corpo e Alma do Brasil).

COGGIOLA, Osvaldo. *Questões de História Contemporânea*. Belo Horizonte, Oficina de Livros, 1991.

COLE, G. D. H. *Historia del Pensamiento Socialista*. México, Fondo de Cultura Económica, 1974.

COLLETTI, Lucio. *El Marxismo y el "Derrumbe" del Capitalismo*. 3. ed. S.l., Siglo XXI Editores, 1985.

DELLHEIM, Judith. "Mit Luxemburgs 'Akkumulation des Kapitals' zu einer solidarischen postimperialen Lebensweise". In: BRIE, Michael (org.). *Mit Realutopien den Kapitalismus transformieren? Beiträge zur kritischen Transformationsforschung 2*. Hamburg, VSA, 2015.

DIERS, Andreas. "Rosa Luxemburg: Theorie, Kontext, Aktualität. Konferenz zum 140. Geburtstag in Moskau". *Jahrbuch für Forschungen zur Geschichte der Arbeiterbewegung*. S.l., NDZ, ano II, vol. I, jan. 2012, pp. 145-150.

DROZ, Jacques. *História Geral do Socialismo*. Lisboa, Horizonte, 1972, 6 vols.

DUNAYEVSKAYA, Raya. *Rosa Luxemburgo: La Liberación Femenina y la Filosofía Marxista de la Revolución*. México, Fondo de Cultura Económica, 1985.

ELEY, Geoff. *Forjando a Democracia: A História da Esquerda na Europa, 1850-2000*. São Paulo, Fundação Perseu Abramo, 2005.

EMIG, B.; SCHWARZ, M. & ZIMMERMANN, R. (org.). *Literatur für eine neue Wirklichkeit: Bibliographie und Geschichte des Verlags J. H. W. Dietz Nachf. 1881-1981 u. d. Verl. Buchh. Vorwärts, Volksbuchh. Hottingen/Zurich, German Cooperatuve Print & Publ. Co., London, Berliner Arbeiterbibliothek, Arbeiterjugend-verl., Verlagsgenossenschaft "Freiheit", Der Bucherkreis*. Berlin; Bonn, Dietz, 1981.

ENGELMANN, Bernt. *Vorwärts und nicht vergessen: vom verfolgten Geheimbund zur Kanzlerpartei*. München, Goldmann, s. d.

ETTINGER, Elzbieta. *Rosa Luxemburgo: Uma Vida*. Rio de Janeiro, Jorge Zahar, 1989.

FRÖLICH, Paul. *Rosa Luxemburg. Gedanke und Tat*. Berlin, Dietz, 1990.

FRYDMAN, Carola; HILT, Eric & ZHOU, Lily. *The Panic of 1907: JP Morgan, Trust Companies, and the Impact of Financial Crisis*. Working Paper disponível *online*.

GERAS, Norman. *A Actualidade de Rosa Luxemburg*. Lisboa, Antídoto, 1978.

GREBING, Helga. *Geschichte der deutschen Arbeiterbewegung: ein Überblick*. München, Deutscher Taschenbuch Verlag, 1974.

GERBER, John. *Anton Pannekoek and the Socialism of Workers' Self-Emancipation, 1873-1960*. Amsterdam, Kluwer Academic Publishers; International Institute of Social History, 1989.

GOMES, Rosa Rosa & SECCO, Lincoln. "Economia Política da Violência: Uma Nota Sobre Rosa Luxemburg e Henryk Grossman". *Mouro Revista Marxista*, ano 6, n. 9, jan. 2015, pp. 245-255.

GRESPAN, Jorge Luís. *O Negativo do Capital: O Conceito de Crise na Crítica de Marx à Economia Política*. São Paulo, Expressão Popular, 2012.

GROSSMANN, Henryk. *La Ley de la Acumulación y del Derrumbe del Sistema Capitalista*. S.l., Siglo Vientiuno Editores, s.d.

GUÉRIN, Daniel. *Rosa Luxemburg y la Espontaneidad Revolucionaria*. La Plata, Utopia Libertaria, s.d.

HARVEY, David. *Os Limites do Capital*. São Paulo, Boitempo, 2013.

_____. *Novo Imperialismo*. São Paulo, Edições Loyola, 2004.

HAUG, Wolfgang Fritz (org.). *Historisch-kritisches Wörterbuch des Marxismus*. Berlin, Argument-Verlag, 1994.

HAUPT, Georges. *Bureau Socialiste International: Comptes Rendus des Réunions, Manifestes et Circulaires*. Paris, Mouton, 1969.

_____. *La Deuxième Internationale, 1889-1914: Étude Critique des Sources, Essai Bibliographique*. Paris, Mouton, 1964.

HEINICKE, Hartmut. "Rosa Luxemburg – historische und aktuelle Dimension ihres theoretischen Werkes". *Jahrbuch für Forschungen zur Geschichte der Arbeiterbewegung*. S.l., NDZ, 2003, ano 2, vol. 3, sep. 2003, pp. 171-182.

HEINRICH, Michael. *Kritik der politischen Ökonomie: eine Einführung*. Stuttgart, Schmetterling Verlag, 2005.

HERBERT, Ulrich. *Geschichte Deutschlands im 20. Jahrhundert*. C.H. Beck Verlag, 2014.

HEXELSCHNEIDER, Erhard. *Rosa Luxemburg und Leipzig*. Leipzig, Rosa-Luxemburg-Stiftung Sachsen; GNN Verlag Sachsen/Berlin, 2007 (Rosa-Luxemburg-Forschungsberichte Hefte 4).

HILFERDING, Rudolf. *O Capitalismo Financeiro*. São Paulo, Nova Cultural, 1985.

HOBSBAWM, Eric (org.). *História do Marxismo*. Rio de Janeiro, Paz e Terra, 1984, 12 vols. (Coleção Pensamento Crítico).

_____. *A Era do Capital*. Rio de Janeiro, Paz e Terra, 2013.

_____. *A Era dos Impérios (1875-1914)*. São Paulo, Paz e Terra, 2013.

HOBSON, John. A. *Imperialism: A Study*. S.l., Nabu Press, s.d.

HODGSKIN, Thomas. *A Defesa do Trabalho contra as Pretensões do Capital*. São Paulo, Abril Cultural, 1983.

ITO, Narihiko. "Rosa Luxemburgs Vortrag in der SPD-Parteischule uber 'Sklaverei' ". *Jahrbuch für Forschungen zur Geschichte der Arbeiterbewegung*. S.l.: NDZ, 2005, ano 4, v. 2, maio 2005, pp. 139-142.

ITO, N; LASCHITZA, A. & LUBAN, O. (org.). *Rosa Luxemburg: Ökonomische und historisch--politische Aspekte ihres Werkes*. Berlin, Dietz, 2010.

_____.(org). *Rosa Luxemburg im internationalen Diskurs: Internationales Rosa-Luxemburg--Gesellschaft in Chicago, Tampere, Berlin und Zürich (1998-2000)*. Berlin, Dietz, 2002.

KAUTSKY, Karl. "Der Imperialismus". *Die Neue Zeit*, vol. 32, n. 2, 1914.

_____. *Die materialistische Geschichtsauffasung*. Berlin, Dietz Verlag, s.d.

KAVOUSSI, Bonnie. *The Panic of 1907: A Human-caused Crisis, or a Thunderstorm? A Comparison Between* The New York Times *and* Wall Street Journal's *Converage of the United States' First Modern Panic*. Joint Center for History and Economics, Faculty of Arts and Sciences, Harvard University. Disponível em <http://www.fas.harvard.edu/~histecon/crisis-next/1907/papers.html> acesso em 23.abr.2016.

KIENIEWICZ, Jan. *Historia de Polonia*. México, Fondo de Cultura Económica, 2011.

KINDER, Hermann & HILGEMANN, Werner. *Atlas zur Weltgeschichte Karten und chronologischer Abriß*. Munique, Deutscher Tachenbuch Verlag, 1971, 2 vols.

KINNER, Klaus & SEIDEL, Helmut (org.). *Rosa Luxemburg: historische und aktuelle Dimensionen ihres theoretischen Werkes*. Berlin, Karl Dietz Verlag, 2002.

KINNER, Klaus (org.). *Parteibildungsprozesse in der deutschen Arbeiterbewegung*. Leipzig, Rosa-Luxemburg-Stiftung Sachsen; GNN Verlag Sachsen/Berlin, 2006 (Texte zur politischen Bildung, Heft 36).

KLAGSBRUNN, Victor Hugo. "Uma Leitura Crítica dos Conceitos de Mundialização do Capital e de Regime de Acumulação com Predominância Financeira". *Revista Crítica Marxista*, vol. 27, 2008.

KRÄTKE, Michael. *The Luxemburg Debate – The Beginnings of Marxian Macroeconomics*. Paper presented to the International Rosa Luxemburg Conference, Wuhan University, March 2006.

KOWALIK, Tadeusz. *Teoría de la Acumulación y del Imperialismo en Rosa Luxemburgo*. México, Ediciones Era, 1979.

BIBLIOGRAFIA 307

LASCHITZA, Annelies. *Im Lebensrausch, trotz alledem. Rosa Luxemburg, eine Biographie*. Berlin, Aufbau Taschenbuch Verlag, 1996.

LENIN, Vladimir Il'ich. *Desenvolvimento do capitalismo na Rússia*. 2 ed. Trad. José Paulo Netto. São Paulo, Nova Cultural, 1985 (Os Economistas).

_____. *Imperialismo, Estágio Superior do Capitalismo*. São Paulo, Expressão Popular, 2012.

_____. "Der Imperialismus als Höchstes Stadium des Kapitalismus", em *Lenin Werke*, Berlin, Dietz Verlag, 1971, vol. 22.

LIDTKE, Vernon L. *The Outlawed Party: Social Democracy in Germany, 1878-1890*. 1. ed., s.l., Princeton University Press, 1966.

LIST, Georg. *Sistema Nacional de Economia Política*. São Paulo, Abril Cultural, 1983.

LOUREIRO, Isabel. *Rosa Luxemburgo: Vida e Obra*. 5. ed. São Paulo, Expressão Popular, 2005.

_____. *Rosa Luxemburg: Os Dilemas da Ação Revolucionária*. São Paulo, Editora Unesp, 1995.

_____. *A Revolução Alemã (1918-1923)*. São Paulo, Editora Unesp, 2005 (Revoluções do Século xx).

_____. (org.). *Rosa Luxemburgo: Textos Escolhidos*. São Paulo, Editora Unesp, 2011, 2 v.

LÖWY, Michael. *Método Dialético e Teoria Política*. Rio de Janeiro, Paz e Terra, 1975.

_____. "Rosa Luxemburg: A Re-assessment". *New Left Review*, 1/101-102, jan.–abr. 1977.

_____. "A Centelha se Acende na Ação: A Filosofia da Práxis no Pensamento de Rosa Luxemburgo". *Revista Margem Esquerda*, n. 15, 2010.

LUKÁCS, Georg. *História e Consciência de Classe*. São Paulo, Martins Fontes, 2003.

LUXEMBURG, Rosa. *Gesammelte Werke*. Berlin, Dietz Verlag, vols. 1/1 e 1/2, 1974.

_____. *Gesammelte Werke*. Berlin, Dietz Verlag, vol. 2, 1981.

_____. *Gesammelte Werke*. Berlin, Dietz Verlag, vol. 3, 1980.

_____. *Gesammelte Werke*. Berlin, Dietz Verlag, vol. 4, 1974.

_____. *Gesammelte Werke*. Berlin, Dietz Verlag, vol. 5, 1985.

_____. *Gesammelte Briefe*. Berlin, Dietz Verlag, vols. 1-3, 1982.

_____. *Gesammelte Briefe*. Berlin, Dietz Verlag, vol. 4, 1983.

_____. *Gesammelte Briefe*. Berlin, Dietz Verlag, vol. 5, 1984.

LUXEMBURGO, Rosa. *A Acumulação do Capital: Contribuição ao Estudo Econômico do Imperialismo*. São Paulo, Nova Cultural, 1985.

_____. *La Acumulación del Capital*. BUJARIN, Nicolai. *El Imperialismo y la Acumulación del Capital*. Buenos Aires, Pasado y Presente, série Cuadernos del Pasado y Presente, n. 51, 1975.

_____. *El Desarollo Industrial de Polonia y Otros Escritos Sobre el Problema Nacional*. México, Siglo xxi editores, 1979.

MacCULLOCH, John Ramsay. "Mr. Owen's Plans for Relieving the National Distress". *Edinburgh Review*. Londres, David Willison, vol. 32, jul.-out. 1819, pp. 453-477.

MARX, Karl. *A Ideologia Alemã*. 1. ed. São Paulo, Boitempo Editorial, 2007.

_____. *O Capital: Uma Crítica da Economia Política*. São Paulo, Nova Cultural, vol. 1, t. 1, 1985.

_____. *O Capital: Uma Crítica da Economia Política*. São Paulo, Abril Cultural, vol. 1, t. 2, 1984.

_____. *O Capital: Uma Crítica da Economia Política*. São Paulo, Nova Cultural, vols. 3-5, 1988.

_____. *Crítica do Programa de Gotha*. São Paulo, Boitempo, 2012.

MAYER, Arno Joseph. *Força da Tradição: A Persistência do Antigo Regime (1848-1914)*. São Paulo, Companhia das Letras, 1990.

MEHRING, Franz. *Geschichte der deutschen Sozialdemokratie*. Stuttgart, Dietz Verlag, s.d., 4 vols.

MELLO, Caio Roberto B. de. *Contribuição ao Estudo do Sistema de Crédito em* O Capital *de Karl Marx*. Departamento de História Econômica, Universidade de São Paulo, São Paulo, 2007, 268 f. Tese de Doutorado.

MICHELS, Robert. *Os Partidos Políticos*. São Paulo, Editora Senzala, s.d.

MIGLIOLI, Jorge. *Acumulação de Capital e Demanda Efetiva*. Brasília, Hucitec, 2004.

MOORE JR., Barrington. *Injustiça: As Bases Sociais da Obediência e da Revolta*. São Paulo, Editora Brasiliense, 1987.

MULLER, Eckhard. "Rosa Luxemburgs öffentlicher Vortragszyklus zur Nationalökonomie im Herbst 1907. Sechs unbekannte Berichte der Berliner Politischen Polizei". *Jahrbuch für Forschungen zur Geschichte der Arbeiterbewegung*. S.l.: NDZ, 2013, ano 12, vol. 2, maio 2013, pp. 123-138.

MUSSE, Ricardo. *De Socialismo Científico a Teoria Crítica: Modificações na Autocompreensão do Marxismo Entre 1878 e 1937*. Departamento de Filosofia, Universidade de São Paulo, São Paulo, 1997. 259 f. Tese de Doutorado.

NETTL, John P. *Rosa Luxemburg*. London, Oxford University Press, 1966.

OLIVEIRA, Edelweiss Falcão de. *Rosa Luxemburg Reforma e Revolução*. Universidade Federal do Rio de Janeiro, Serviço Social, 2001. 244p. Tese de Doutorado.

PANNEKOEK, Anton; KORSCH, Karl & MATTICK, Paul. *Derrumbe del Capitalismo o Sujeto Revolucionario?* México, Siglo XXI Editores, 1978.

PEDROSA, Mario. *A Crise Mundial do Imperialismo e Rosa Luxemburgo*. Rio de Janeiro, Civilização Brasileira, 1978.

PFANNKUCHE, A. H. *Th. Was liest der deutsche Arbeiter? Tubingen*. Leipzig: Verlag von J. C. B. Mohr, 1900, 79 p.

PRZEWOSKY, Adam. *Capitalismo e Social-Democracia*. São Paulo, Companhia das Letras, s.d.

RAINWATER VON SUNTUM, Lisa Ann. *The Rosa Myth. A Feminist Reading of Rosa Luxemburg in Twentieth Century German Culture*. Departamento de Filosofia, University of Wisconsin-Madison, Michigan, 2002. Tese de Doutorado.

BIBLIOGRAFIA 309

Rosdolsky, Roman. *Gênese e Estrutura de* O Capital *de Karl Marx*. Rio de Janeiro, Eduerj; Contraponto, 2011.

Rovan, Joseph. *História da Social-Democracia Alemã*. Lisboa, Perspectivas e Realidades, 1979.

Sandroni, Paulo. *Novíssimo Dicionário de Economia*. São Paulo, Best Seller; Círculo do Livro, 1999.

Sartre, Jean-Paul. *O Existencialismo É um Humanismo. A Imaginação. Questão de Método*. São Paulo, Nova Cultural, 1987.

Schorske, Carl E. *German Social Democracy: 1905-1917: The Development of the Great Schism*. Cambrigde, Harvard University Press, 1993.

Schütrumpf, Jörn (org.). *Rosa Luxemburgo ou o Preço da Liberdade*. 2. ed. ampl. São Paulo, Fundação Rosa Luxemburgo, 2015.

Secco, Lincoln. "Ciclos Longos e Renovação Tecnológica no Capitalismo". *Práxis*, vol. 6, pp. 41-62, 1996.

_____. "Notas para a História Editorial de *O Capital*". *Novos Rumos,* ano 17, n. 37, 2002. Disponível em <http://www.ehu.eus/Jarriola/Docencia/EcoMarx/notas%20sobre%20las%20ediciones%20de%20El%20Capital.pdf> data de acesso 26.mai.2016.

Soares, Sheila Aparecida Rodrigues. *Organização e Espontaneidade: A Autonomia das Massas no Pensamento Dialético de Rosa Luxemburg*. Departamento de Ciências Sociais, Universidade Estadual Paulista Júlio de Mesquita Filho, Marília, 2009. 208 p., Dissertação de Mestrado.

Souza, Luiz Enrique Vieira. *A Recepção Alemã à Revolução Russa de 1905*. Departamento de Sociologia, Universidade de São Paulo, 2012. Tese de Doutorado.

Steinberg, H. J. *Sozialismus und deutsche Sozialdemokratie*. Hannover, 1967 (Schriftreihe des Forschungsinstituts der Friedrich-Ebert-Stiftung).

Sternberg, Fritz. *El Imperialismo*. México, Siglo xxi, 1979.

Storlokken, Tanja. "Mulheres em Tempos Sombrios: Rosa Luxemburg e Hannah Arendt". Conferência da Sociedade Internacional Rosa Luxemburg. 21-22 de novembro de 2004, Guangzhou, China.

Sweezy, Paul. *Teoria do Desenvolvimento Capitalista*. São Paulo, Abril Cultural, 1983.

Thauer, Wolfgang; Vodosek, Peter. *Geschichte der öffentlichen Bücherei in Deutschlad*. Wiesbaden, Harrassowitz, 1978.

Tougan-Baranowski, Michel. *Crises Industrielles en Angleterre*. Paris, Giard, 1913.

Vodosek, Peter (hrsg.). *Auf dem Weg zur öffentlichen Literaturversorgung: Quellen und Texte zur Geschichte der Volksbibliotheken in der zweiten Hälfte des 19. Jahrhunderts*. Wiesbaden, Harrassowitz, 1985.

Volin. *A Revolução Desconhecida*. São Paulo, Global, 1980.

Wehler, Hans-Ulrich. *Deutsche Gesellschaftsgeschichte*. München, C. H. Beck, 2003, 4v.

WINCKLER, Lutz. *Autor-Markt-Publikum: zur Geschichte der Literaturproduktion in Deutschland*. Berlin, Argument-Verlag West Berlin, 1986.

WINKLER, Heinrich A. *Der lange Weg nach Westen*. München, C. H. Beck, 2010.

WITTMANN, Reinhard. *Geschichte des deutschen Buchhandels: ein Überblick*. München, C.H. Beck, 1991.

Fontes Primárias

BAUER, Otto. "Die Akkumulation des Kapitals". *Die Neue Zeit*, vol. 31, n. 1, 1913.

BERNSTEIN, Eduard. "Probleme des Sozialismus", *Die Neue Zeit*, 15.1896-97.

BÜCHERVERZEICHNIS der 12. städtischen Volksbibliothek im Gemeindeschulhause Turmstrasse 86. Berlin, Druck von W & S. Loewenthal, 1914 (9. vermehrte Auflage).

BÜCHERVERZEICHNIS der mit einer Lesehalle verbundenen 16. städtischen Volksbibliothek zu Berlin auf dem Schulgrundstuck Wattstrasse 16. Berlin, Druck von W & S. Loewenthal, 1913 (7. vermehrte Auflage)

BÜCHERVERZEICHNIS der 5. städtischen Volksbibliothek zu Berlin Wilhelmstrasse 117. Berlin, Druck von W & S. Loewenthal, 1913 (10. vermehrte Auflage)

BÜCHERVERZEICHNIS der 4. städtischen Volksbibliothek zu Berlin im Gemeindeschulhause, Stallschreiberstrasse 54a. Berlin, Druck von W & S. Loewenthal, 1913 (13. vermehrte Auflage)

PROTOKOLL über die Verhandlungen des Parteitages der Sozialdemokratischen Partei Deutschlands abgehalten zu Stuttgart vom 3. bis 8. Oktober 1898. Berlim, Expedition der Buchhandlung Vorwarts, 1898.

_____. abgehalten zu Hannover vom 9. bis 14 Oktober 1899. Berlim, Expedition der Buchhandlung Vorwärts, 1899.

_____. abgehalten zu Mainz vom 17. bis 21. September 1900. Berlim, Expedition der Buchhandlung Vorwärts, 1900. Disponível em <http://library.fes.de/parteitage/index-pt-1900.html> data de acesso 26.abr.2016.

_____. abgehalten zu Dresden vom 13. bis 20. September 1903. Berlim, Expedition der Buchhandlung Vorwärts, 1903. Disponível em <http://library.fes.de/parteitage/index-pt-1900.html> data de acesso 26.abr.2016.

_____. abgehalten zu Jena vom 17. bis 23 September 1905. Berlim, Buchhandlung Vorwärts, 1905. Disponível em <http://library.fes.de/parteitage/index-pt-1900.html> data de acesso 26.abr.2016.

_____. abgehalten zu Mannheim vom 23. bis 29 September 1906. Berlim, Buchhandlung Vorwärts, 1906. Disponível em <http://library.fes.de/parteitage/index-pt-1900.html> data de acesso 26.abr.2016.

_____. abgehalten zu Essen vom 15. bis 21 September 1907. Berlim, Buchhandlung Vorwärts, 1907. Disponível em <http://library.fes.de/parteitage/index-pt-1900.html> data de acesso 26.abr.2016.

_____. abgehalten zu Jena vom 10. bis 16. September 1911. Berlim, Buchhandlung Vorwärts, 1911. Disponível em <http://library.fes.de/parteitage/index-pt-1910.html> data de acesso 26.abr.2016.

_____. abgehalten zu Chemnitz vom 15. bis 21. September 1912. Berlim, Buchhandlung Vorwärts, 1912. Disponível em <http://library.fes.de/parteitage/index-pt-1910.html> data de acesso 26.abr.2016.

SCHIPPEL, Max. "Die Grundgeheimnis des Imperialismus". *Sozialistische Monatshefte*, 19(1913), caderno 3.

STATISTISCHES Jahrbuch für das Deutsche Reich.

Biblioteca e Arquivo Bundesarchiv – Berlim

ARBEITER-NOTIZ-KALENDER. Berlin, Buchhandlung Vorwärts, 1905, 1911, 1912, 1913.

JENSSEN, O. "Die Akkumulation des Kapitals (Bücherbesprechungen)". *Der Bibliothekar.* April 1913.

KARSKI, Jan. "Eine marxistische Untersuchung über den Imperialismus". *Muenchener Post,* München, p. 2, 31 de Janeiro de 1913.

[NACHIMSON]. "Die Akkumulation des Kapitals". *Dresdner Volkszeitung.* Dresden, n. 16 e 17, Ano 24, 21 e 22 jan.1913.

PANNEKOEK, Anton. "Die Akkumulation des Kapitals". *Bremer Bürgerzeitung*, Bremen, Literarische Rundschau, 29.jan.1913.

FUNDO Emil Eichhorn NY 4131/ 11U.

FUNDO Rosa Luxemburg NY 4002/16, 21, 22, 74, 75.

Agradecimentos

Ao meu professor e orientador Dr. Lincoln Ferreira Secco, por ter incentivado a realização desse trabalho, pelas conversas sobre política, economia e revolução. Pela orientação formal e informal de anos.

À minha mãe Maria de Lourdes de Souza, que me apoiou e deu as condições necessárias para fazer o mestrado e estudar esse tema.

Ao GMARX, pelos anos de formação política e acadêmica, especialmente à Vivian Nani Ayres, André Amano, Ciro Yoshiyasse, Guiomar Silva Lopes, Takao Amano. Aos amigos Alessandro Funari, Alessandra Pereira e Camilla Roberts, que acompanharam mais de perto e ajudaram em diversos momentos com traduções, versões e a ansiedade com a chegada dos prazos.

Ao companheiro de todas as horas, Fernando Sarti Ferreira, entre as bombas e nos bares, no desespero e nas risadas, nas viagens de avião, de ônibus, de trem.

A Emmanuel Nakamura, pela ajuda com traduções e pela companhia em Berlim.

Aos professores Dr. Alex Demirovic, Dra. Isabel Maria Loureiro, Dr. Jean Tible, Dr. Michael Löwy e Dr. Gabriel Zacarias.

Tenho que mencionar também os funcionários da biblioteca da Fundação Friedrich Ebert (FES), em Bonn, que enviaram digitalizações de documentos importantes.

Enfim, agradeço a todas que participaram de alguma forma desses três anos: Júlia Fernandez, Camila Aderaldo, Katrin Gildemeister, Brigitte Tilsner,

Raphael de Souza, Daniela Monteiro, Elvira Manfre, Sueli de Souza e outras tantas, sintam-se abraçadas.

Agradeço também à Fapesp e ao parecerista pelo apoio à pesquisa que originou este livro.

Índice Remissivo[1]

Anderson, Perry 54
Angell, Norman 146
Auer, Ignaz 84, 113

Baudert, August 52
Bauer, Otto 226-227, 232, 241-243, 246, 249, 252-255
Baumstark, Eduard 184
Bebel, August 30, 43, 58, 66, 82, 89, 93--97, 100 (n.), 101, 109-111, 112 (n.), 113, 116-120, 123, 129-138, 140-141, 144-146, 154, 157, 159-161
Bernstein, Eduard 14, 17-18, 43, 54, 56-70, 72-74, 79, 84-85, 88-89, 93-97, 100, 112, 118 (n.), 124, 152, 166, 168, 194 (n.), 212, 215, 220, 266
Bismarck-Schönhause, Otto Eduard Leopold von 25-29, 35, 42
Bloch, Marc 24
Bock, Wilhelm 52

Bömelburg, Theodor 114, 124, 132-134
Bonaparte, Louis (Napoleão III) 259
Bonaparte, Napoleão (I) 22, 182
Born, Karl Erich 143
Braun, Otto 149
Bukhárin, Nikolai 16, 266
Bulgakov, Sergei 188, 190-191, 194-195
Bülow, Bernhard Heinrich Karl Martin von 30-32, 36, 135

Calwer, Richard 107
Caprivi, Leo von (*Graf*/conde) 29
Carone, Edgard 68 (n.), 136
Chesnais, François 244 (n.)
Cohen, Max 153
Conservadores 31, 33, 83, 150

Danielson, Nikolai Frantsevich 188-189
David, Eduard 97-98, 120-121, 133, 137-138
Diehl, Karl 193 (n.)

---

1. Deste índice constam nomes (redondo) e partidos, grupos e tendências políticas (Versal-Versalete).

316 ROSA LUXEMBURGO – CRISE E REVOLUÇÃO

Ebert, Friedrich 54, 149
Eckstein, Gustav 226, 232, 237-239, 245--246, 248, 251-252 (n.)
Eichhorn, Emil 227, 230
Elm, Adolf von 52
Engelmann, Bernt 36-37
Engels, Friedrich 18, 43, 56, 58, 62, 69, 88, 101, 124, 160-161, 187, 193, 232

Fischer, Richard 140
Friedeberg, Raphael 118
Frohme, Karl Franz Egon 100 (n.), 120, 124

Geras, Norman 20-21
Gerisch, Alwin 52
Geyer, Friedrich 102
Gomes, Rosa Rosa 13, 15-16
Grebing, Helga 52
Grossman, Henryk 16, 219 (n.), 253 (n.), 255, 261, 266
Grumbach, Salomon 152
Guérin, Daniel 118 (n.)
Guilherme I 25
Guilherme II 26, 29, 32-33, 35, 71, 161, 264

Haase, Hugo 54, 149, 152-153
Harvey, David 261-263
Hecker, Rolf 159 (n.)
Heine, Wolfgang 35, 83, 85-87, 90, 113, 119-120, 122
Heinrich, Michael 238
Helphand, Alexander (Parvus) 86-87
Herbert, Ulrich 27-28, 35, 71
Hesse, Hermann 225
Hilferding, Rudolf 156, 227, 244
Hobsbawm, Eric John Ernest 25, 36, 71, 77, 151 (n.), 169 (n.)

Hobson, John A. 57
Hoch, Gustav 147
Hoffman, Adolf 103
Hoffmann, Albert 246 (n.)
Hohenlohe-Schillingsfürst, Chlodwig Karl Victor zu (*Fürst* / príncipe) 29
Hohenzollern (dinastia) 35
Hollweg, Bethmann 32-33

Jogisches, Leo 124

Kalisch, David 246 (n.)
Kandahar, (Lord) Roberts of 203
Karski, Jan 229
Kautsky, Karl 14, 18, 54, 66, 88, 97, 99, 100 (n.), 109, 112-113, 118 (n.), 132, 134, 138, 141-142, 144, 146, 152, 155, 157, 160, 193, 195-196, 221, 231, 260 (n.), 266
Kirchmann, Julius Hermann von 185-188, 190 (n.)
Klagsbrunn, Victor 244 (n.)
Kolb, Wilhelm 112-133
Kowalik, Tadeusz 182 (n.)
Krätke, Michael 65 (n.), 67 (n.), 90--91, 226 (n.), 227 (n.), 246, 249 (n.), 250

Laschitza, Annelies 109, 152, 226 (n.)
Lassalle, Ferdinand 82, 95
Ledebour, Georg 103, 142, 152
Legien, Carl Rudolf 113, 120-123, 131-135
Lenin, Wladimir Ilitch Ulianov 14, 16, 73, 113-114, 136, 183 (n.), 188, 193, 195, 228, 232, 260 (n.), 266
Lensch, Paul 138, 153, 225, 227
LIBERAIS DE ESQUERDA 31
Liebknecht, Karl 14, 121, 123, 138-139, 153

Liebknecht, Wilhelm 99, 120

Liepmann 149

List, Friedrich 191, 194

Loureiro, Isabel 28, 72, 81, 94 (n.), 163, 166, 241

Löwy, Michael 21

Lukács, Georg 23, 228

Luksenburg, Eliasch 25

Luksenburg, Lina 25

Luxemburgo, Rosa (Luxemburg, Rosa / Luksenburg, Rosalia) 13-16, 18-25, 34, 41, 51-52, 54-56, 61 (n.), 65-79, 81-83, 86-93, 94 (n.), 96-97, 100-109, 113-114, 116 (n.), 118 (n.), 121-129, 133, 136, 141--149, 151, 154-157, 159-160, 161 (n.), 162--169, 171-175, 177-186, 188-200, 202-208, 209 (n.), 210-222, 225-257, 260-268

MacCulloch, John Ramsay 183-184, 190 (n.), 209 (n.)

Malthus, Thomas Robert 182, 185

Mandel, Ernest 261

Marchlewski, Julian 229

Martov, Julius 136

Marx, Karl Heinrich 19 (n.), 23, 41-43, 58-59, 62, 65, 68-69, 71, 78, 82, 87, 94-95, 97-99, 152, 159, 160-161, 163--166, 171-181, 185, 187-188, 190-192, 194 (n.), 197-200, 202, 204, 215-216, 219--220, 222-223, 227-229, 231, 232 (n.), 233, 235, 237-242, 244 (n.), 245-246, 248, 250-251, 254-256, 263, 266

Mehring, Franz 225-226, 227 (n.), 230--232, 237

Mello, Caio Roberto Bourg de 217 (n.), 245 (n.), 247

Michels, Robert 53, 155

Miglioli, Jorge 180, 216 (n.), 247

Mill, James 184 (n.)

Miquel, Johannes von 29

Molkenbuhr, Hermann 144

Moltke, Helmuth von (*Graf*) 33

Müller, Adolf 143

Nachimson, Miron Isaakowitsch 226, 231-234, 236, 245-246, 252 (n.)

Nacional-liberais 31, 33

Nettl, John Peter 125, 157

Nieuwenhuis, Domela 121, 146

Noske, Gustav 113, 136-138

Owen, Robert 182-183

Pannekoek, Anton 16, 24, 153, 226, 231--232, 234-236, 240, 245-246, 248, 251, 252 (n.), 255-256

Partido Operário Social-democrata Russo (social-democracia russa) 116, 149

Partido Popular Progressista 150

Partido Social-democrata Alemão (SPD) (social-democracia alemã) 13-14, 16-18, 21, 23, 27-35, 37, 40-48, 50-52, 54, 56-59, 61 (n.), 63-66, 73-74, 76, 79, 81-84, 88-89, 94, 96-98, 100, 102-108, 110-112, 114-119, 123-128, 131--136, 138-143, 144 (n.), 146-147, 149--151, 154-156, 162, 195, 205, 211 (n.), 225, 226 (n.), 227, 230, 232, 240-241, 246, 252, 255, 260, 264-266

Partido Social-democrata do Reino da Polônia e Lituânia (SDKPiL) 55--56, 149

Partido Socialista Polonês (PPS) 55

Partido Trabalhista (ING) 146 (n.)

Pëus, Heinrich 84, 86

Posadowsky-Wehner, Arthur (*Graf*) 30

Quesnay, François 172, 181, 228
Quessel, Ludwig 153

Radek, Karl 149-150, 153, 156
Ricardo, David 182-185, 187, 191 (n.), 193, 196
Rodbertus, Johann Karl 185-188, 193-194
Rosdolsky, Roman 263, 266

Sartre, Jean-Paul 22
Say, Jean-Baptiste 182-184, 187, 191 (n.), 193, 196
Schäffle, Albert Eberhard Friedrich 193 (n.)
Scheidemann, Philipp 149
Schippel, Max (von Iselgrim) 74-76, 101--103, 212, 226, 232, 240-241, 252 (n.)
Schmidt, Robert 120
Schmoller, Gustav von 190, 193 (n.)
Schoenlank, Bruno 66
Schorske, Carl 52, 100 (n.), 136-137
Secco, Lincoln Ferreira 13
Singer, Paul (economista brasileiro) 221, 263 (n.)
Singer, Paul (politico do SPD) 105-106, 148-149
Sismondi, Jean Charles Léonard Simonde de 182-187, 196, 207
Skinner, Quentin 22
Smith, Adam 164, 172-174, 181, 183, 185, 187, 193, 227-228
Stadthagen, Arthur 84, 138

Stálin, Joseph 162
Sternberg, Fritz 16, 261
Struve, Peter von 188-190, 194
Stücklen, Daniel 112
Sudekum, Albert 137, 139
Suntum, Rainwater von 160 (n.)
Sweezy, Paul 261

Thiers, Marie Joseph Louis Adolphe 25
Trigg, Andrew 220, 250
Tugan-Baranovsky, Mikhail 19, 61, 166, 168 (n.), 188, 191-192, 195-197, 207

Vieira de Souza, Luiz Enrique 115
Volin (Vsevolod Mikhailovich Eikhenbaum) 116
Vollmar, Georg von 43, 65, 85-87, 90, 110-111, 138-139
Vorontsov, Vasilii 188-189, 210

Wagner, Adolph Heinrich Gotthelf 190, 193 (n.)
Waldersee, Alfred Heinrich Karl Ludwig (*Graf* / conde von) 103
Winkler, Heinrich August 33, 35
Winckler, Lutz 161
Wittmann, Reinhard 161

ZENTRUM 31, 141, 150
Zetkin, Clara (Klara) 35, 56 (n.), 86, 101, 103, 121-122, 125, 137-138, 145, 147
Zetkin, Kostjia 51, 87, 95
Zietz, Luise 46

Título	*Rosa Luxemburgo – Crise e Revolução*
Autora	Rosa Rosa Gomes
Editor	Plinio Martins Filho
Produção editorial	Aline Sato
Capa	Gustavo Piqueira / Casa Rex
Revisão e índice	Felipe Castilho de Lacerda
Editoração eletrônica	Camyle Cosentino
Formato	15,5 x 23 cm
Tipologia	Adobe Garamond Pro
Papel da capa	Cartão Supremo 250 g/m²
Papel do miolo	Chambril Avena 80 g/m²
Número de páginas	320
Impressão e acabamento	Graphium